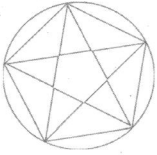

《未成年人犯罪与矫正研究》指导委员会

主　任：戴相英

副主任：方剑良（前期为马守晓）

成　员：赵仁林、张仁浩、张达仁、胡忠南、邢越敏

《未成年人犯罪与矫正研究》课题组

组　长：戴相英、方剑良（前期为马守晓担任）

副组长：胡忠南、裘佳其

成　员：张怀仁、钟明德、周荣瑾、张　权

"浙江监狱文化研究成果"丛书

未成年人犯罪与矫正研究

A Study on Juvenile Delinquency and Corrections

戴相英、方剑良、胡忠南、裘佳其
张怀仁、钟明德、周荣瑾、张　权　著

ZHEJIANG UNIVERSITY PRESS
浙江大学出版社

序（一）

　　1949年新中国成立后，浙江监狱工作承载着中华传统文化的底蕴，坚持与时俱进、科学发展；坚持惩罚与改造相结合，以改造人为宗旨；坚持依法、严格、科学、文明管理；坚持以人为本，彰显公平正义，开创出社会主义监狱的崭新事业，在古越大地上镌刻了光彩夺目的历史篇章。

　　监狱是国家的刑罚执行机关。监狱的使命与国家的发展息息相关。加强文化建设、提高国家文化软实力，兴起社会主义建设新高潮、推动社会主义文化大发展大繁荣，是党的十七大作出的部署。在这千载难逢的机遇下，浙江监狱文化研究站在一个新的历史起点上，抓住机遇，迎接挑战，为了始终保持浙江监狱文化的生命力，更好地发挥文化软实力的重要作用，浙江监狱机关继完成浙江监狱陈列馆建设后，又推出浙江监狱文化研究工程。

　　浙江监狱文化研究工程开展两年多来，参加研究的监狱人民警察潜心研究，善于思考，勇于创新，在监狱法制建设研究、监狱文化建设研究、监狱刑罚执行实务研究、监狱教育改造方法研究、外省籍民工犯罪与社会控制研究、监狱企业法律实务研究等方面都取得了重要成果。这些阶段性成果。为加快监狱管理规范化建设提供了新的支撑力和推动力。

　　按照科学发展观的要求，全面实施依法治监，以更深刻的认识、更开阔的思路、更得力的措施，大力推进浙江监狱文化研究工程，努力解答监狱工作中遇到的各种新问题，努力回答监狱人民普遍关心的热点问题，努力形成一批有较高学术价值和应用价值的研究成果。继续推进浙江监狱文化研究工程，是一件功在当代、利在千秋的事业。我们热切地期待着有更多的优秀成果问世，以展示浙江监狱文化的实力，增强浙江监狱文化的竞争力，扩大浙江监狱文化的影响力，从而，提高监狱文化研究服务于监狱中心工作的力度。

吕昭华

2012 年 10 月

序（二）

　　未成年人犯罪是跨世纪难题，但并非无解的问题。至少我们已经认识到，未成年人犯罪的复杂性远远超过了成年人犯罪，由此需要更为复杂的治理系统加以应对。例如在犯罪学中，对于未成年人犯罪就有许多不同的说法，如犯罪、非行、违法与犯罪、越轨行为、偏差行为、边际行为、不法行为、少年问题等，称谓的复杂反映了视角的多元；也因为犯罪学吸纳了更多人文社会科学的研究成果，对于犯罪现象的关注也更为客观全面。当然，犯罪学的功能是对现象进行描述和解释，而对现象进行高度概括和明确界定进而做出有效规制的功能必须由法律来承担。相对于现象学意义上无比复杂的未成年人犯罪，原先我国刑事立法上所呈现出来的未成年人犯罪是非常简单的，但是现在也开始变得复杂起来。例如经过修正以后的刑事实体法上除了完整的第 17 条以外，增加了数个总则规定（如刑法第 29 条"教唆不满十八周岁的人犯罪的从重处罚"、第 49 条"犯罪的时候不满十八周岁的不适用死刑"、第 65 条关于不满十八周岁的人不构成累犯、第 72 条关于不满十八周岁的人的缓刑、第 100 条第 2 款关于犯罪时不满十八周岁的人免除前科报告义务）和分则罪名（如第 244 之一条、第 262 之一条、第 262 之二条）。2012 年刑事诉讼法的修正为未成年人犯罪增加了特别诉讼程序（第五编第一章共 11 条），标志着未成年人犯罪案件处理特殊化或未成年人刑事司法专业化时代的到来。但是，刑事实体法与程序法的特殊规定仍然无法和未成年人犯罪现象的复杂性相适应，其中的焦点问题是，现有的这些规定均未涉及未成年人刑事责任的性质、内容与承担方式，而其后隐藏的问题就是学术界争论已久的老话题，即未成年人犯罪与成人犯罪有无差异？如有，这种差异是量的差异抑或质的区别？对于这种差异，法律上究竟应该给予怎样的反映？

　　理论问题的解答固然复杂，但现实生活中常常有这样的场景：两个孩子因为小事发生了口角，各自家长的卷入使得事件升级成为武装格斗，就在家长们打得难解难分的时候，忽然发现，原先口角的孩子又和好如初，欢欢喜喜地"打成一片"了。这样的故事能够给我们以无限的启示，其中最起码的一条就是：对于未成年人犯罪的认识和处理，应该有别于成年人。由此，越来越多的人主张，与未成年人违法犯罪相应的诸多内容（如未成年人刑事司法、民事司法、未成年人犯罪预防等）应该成为单独的法律门类（少年法或未成年人法），因为它们已经难以为传统或者狭义刑法体系所包容，已经溢出了传统刑法的范畴。对此主张的通俗解读，就是刑法应该矮化，针对未成年人犯罪应该有未成年人的"刑法"。正如我的老友皮艺军教授所言，这个世界是针对健全人的心智而进行设计的。于是，那些心智健全的人，被当做是可以遵从的人。如果能够遵从而不遵从，他们就要对自己的行为负完全的责任。从社会对未成年人的态度就可以看出，由于这一群孩子是属于心智尚不健全的群体，于是他们所犯的罪错就不能得到与健全的成年人一样的处理，而是要"罪减一等"、网开一面。对于未成年人犯罪的处罚，就应当采用完全不同的法律体系，适用另外一套司法原则。

　　然而，在中国处理未成年人案件的司法实践中，成人刑法或传统刑法观的影响深重，未成年人的特殊性并没有得到足够的重视，许多典型的未成年人犯罪案件，仍然是按照以成年人为标准设计的刑法进行定罪量刑。由于未成年人的特殊情况，刑法只能对其部分行为治罪，其刑事责任不完全，因此刑法成为"残缺的刑法"；因为刑罚的严厉性降低而宽缓程度提高，因此刑罚也成为"有限的刑罚"；传统刑罚和刑事诉讼机制对于未成年犯罪人的适应程度低，因而变成"不合适的刑罚"和"不适当的诉讼机制"。面对复杂的未成年人犯罪，我们现有的刑事法体系显得力不从心，捉襟见肘，亟待改造和完善。

　　从批判刑法的立场出发，我们不能仅仅将目光放在"未成年人"及其"已然之罪"上，应该体现"提前干预"和"向后延伸"的特征，更加注重积极的和一般的预防。少年司法的主旨是教育矫正，惩罚为辅助，其所针对的行为不再只是传统意义上的犯罪行为，还包括了一般不良行为和严重不良行为。所以，要有效治理未成年人犯罪问题，需要变革刑法，并在传统刑罚制度和刑事诉讼机制之外进行制度创新，借鉴吸收各国成功经验，尤其是全国各地试行多年且行之有效的实践做法，为建立中国独特的少年刑法、少年司法制度（如少年法院、少年法官）奠定坚实的理论和实践基础。批判刑法、变革刑法，恰恰就是刑事政策的立场。

自我求学以来，一直关注刑事政策研究。虽然起初我也是学刑法的，但自从接触刑事政策以后，我的情感天平就彻底倒向了刑事政策。其中的缘由很多，概括为一句话，就是刑事政策是在政治的高度考虑犯罪治理。我常常自行将刑事政策学称为"刑事政治学"，甚至自诩为刑事政策学领域刑事政治学派的代表。在我看来，与作为规范法学的刑法相比，刑事政策的思维更加宏观，视野更为开阔，方法更加多样，体系也更为庞大，更加符合治理犯罪这一复杂现象的需要。我的法国恩师安塞尔先生一再强调，犯罪是人类的（human）和社会的（social）现象，而绝非刑法典中一个高度抽象的法律概念，其应对方略必定是一个复杂的系统，而不可能是一部单纯的刑法。犯罪这一复杂现象是刑法难以涵盖的，因而也是刑法无力独立面对的，由此，犯罪治理必须求助于刑事政策这一更为复杂的系统。这是在一般意义上而言，而在犯罪学意义上，未成年人犯罪是一个比成年人犯罪更加复杂的问题。随着"质的差异说"和矫正理论逐渐成为主流，与未成年人有关的法律问题变得有些无所适从，没有一个法律部门能够装得下未成年人违法犯罪及其处遇这一宏大而繁杂的话题。由此，与规范刑法相比，在探讨未成年人犯罪及其矫正方面，刑事政策学的优势不仅是相对的，甚至可以说是绝对的。

作为一线刑罚执行单位的浙江省未成年犯管教所，十分重视实务工作与理论研究的有机结合，组织课题组集体攻关完成的《未成年人犯罪与矫正研究》课题正是立足于刑事政策的立场，以科学发展观为指导，就如何看待未成年人犯罪现象、如何对待未成年犯罪人、如何矫正未成年犯、如何预防未成年人犯罪等问题进行了深入细致的研究。这是监狱文化建设的重要举措，既推动了实务工作，又锻炼了队伍。这对提高教育矫正质量和执法社会效益无疑是十分有益的尝试。他们的研究体现了大视角、多维度和重比较、重实证的特点，在揭示未成年人犯罪严重性的同时，特别阐明了未成年人犯罪及其矫正的复杂性。这样的研究其理论价值和实践指导意义无疑是显著的，当然也许仍然有方法或者结论上的某些不科学或者不成熟。但惟其不成熟才显得年轻、充满活力，而正是这种青春活力才能推动中国的未成年人犯罪研究与相关法律制度不断地走向成熟与完善！

是为序。

卢建平

2012 年 10 月 28 日

（卢建平，北京师范大学刑事法律科学研究院常务副院长、教授、博士导师，中国刑法学研究会副会长，国际犯罪学会理事，国际社会防卫学会理事，国际刑法学协会执行委员兼副秘书长。）

目　　录

绪　论

第一节　问题的提出

　　关注未成年人的成长是每一个民族、每一个国家的历史重任，未成年人的成长状况关系到民族和国家的未来，因此，我们正确对待未成年人和研究未成年人状况是国家未来发展战略的重要课题。在改革开放的历史进程中，我国党和政府高度重视未成年人的健康成长和全面发展，并着力解决未成年人社会化过程中的问题。1979 年 8 月 17 日中共中央转发了《关于提请全党重视青少年违法犯罪问题的报告》，首次把青少年犯罪问题作为一个严重的社会问题公布于众，并把问题的解决列为一项全党的迫切政治任务。1985 年 10 月 4 日中共中央又发布了《关于进一步加强青少年教育预防青少年违法犯罪的通知》，着重强调教育对预防青少年犯罪的重要作用。1986 年 4 月 12 日第六届全国人民代表大会第四次会议通过了《义务教育法》。1991 年 9 月 4 日第七届全国人民代表大会常务委员会第二十一次会议通过《未成年人保护法》。1992 年 2 月 29 日国务院发布了《义务教育法实施细则》。1994 年 8 月 31 日中共中央发布了《关于进一步加强和改进学校德育工作的若干意见》。1996 年 5 月 15 日第八届全国人民代表大会常务委员会第十九次会议通过《职业教育法》。1999 年 6 月 28 日第九届全国人民代表大会常务委员会第十次会议通过了《预防未成年人犯罪法》，至此，我国有关未成年人的基本法律体系初步形成，有关预防未成年人犯罪问题的政策、法律、制度不断健全完善。

　　2000 年 2 月 1 日因两起未成年人犯罪和一起未成年人家长带人打班主任的情况，引起中央高度重视，中共中央总书记江泽民同志在临时召集的中央政治局常委会议上，发表了《关于教育问题的谈话》，再次强调要高度重视教育和青少年学生的思想工作，正确引导和帮助他们健康成长、全面发展。2001 年 5 月 29 日国务院作出了《关于基础教育改革与发展的决定》，确立了基础教育优先发展的战略地位，全面部署基础教育教学的改革与发展。2004年3月22日中共中央国务院发布了《关于进一步加强和改进未成年人思想道德建设的若干意见》,行文一改过去惯用的"青少年"提法,而使用了"未成年人"概念,富含深意,足见思想道德建设抓早抓小之重要,要求全党全社会大力弘扬求真务实精神,大兴求真务实之风,确实把各项相关工作落到实处。2005年3月5日温家宝总理在第十届全国人民代表大会第三次会议上宣布,免除国家扶贫开发工作重点县的农村义务教育阶段贫困家庭学生的书本费、杂费,并补助寄宿学生生活费,到2007年全国农村普遍实行了这一政策。2006年6月29日第十届全国人民代表大会常务委员会第二十二次会议通过《义务教育法》的修订;同年10月11日中共中央通过《关于构建社会主义和谐社会若干重大问题的决定》,对未成年人司法制度进行改革、加强对流浪儿童和服刑人员子女的关心教育作出重要安排;同年12月29日第十届全国人民代表大会常务委员会第二十五次会议通过《未成年人保护法》的修订。2008年7月30日,温家宝总理主持国务院常务会议,决定从秋季起城市义务教育免除学杂费,并强调:"要切实解决好进城务工人员随迁子女的就学问题。进城务工人员随迁子女接受义务教育以流入地为主、以公办学校为主进行解决;对符合当地政府规定接受条件的随迁子女,要统筹安排在就近的公办学校就读,免除学杂费,不收借读费①。"2011年起,国家对贫困边远地区义务教育学生提供免费午餐,政府相关部门郑重提出将流浪儿童全面纳入政府救助体系,在2012年底前消灭城市街头流浪儿童。显然,国家对未成年人的保护政策加紧落实,保护力度逐渐加大,未成年人的教育和违法犯罪的预防工作正在不断得到有效加强。可以肯定,正因为党和政府的高度关注和持续不懈的努力,我国在经济持续快速发展、未成年人成长环境日趋复杂的情况下,还是保持了较低的未成年人犯罪率,这在世界发达国家和其他发展中国家是不可想象的,是一个奇迹。

但是,从我国情况看,未成年犯占罪犯总数从1979年的3.3%②上升到2005年的9.81%③,这是一个严峻的事实。尽管2008年以来明显回落,2011年法院审理的未成年犯占罪犯总数的6.4%④,所占比例还是很高,未成年人的实际违法犯罪数很可能高于这个比例,因为有相当一部分没有进入法院审理程序。我们不得不思考,现有的经济、政治、社会、文化发展水平和条件,与未成年人权益保障、教育、法律等方面的保护政策是否完全匹配,未成年人的"利益最大化"和"优先保护原则"

---

① 新华网:"中国教育史上的里程碑:全面实施免费义务教育",引自网页:http://news.xinhuanet.com/newscenter/2008-07/31/content_8867264.htm。

② 江晨清等:《中国工读教育》,上海教育出版社1992年版,第16—17页。

③ 孙云晓等:"中国未成年人权益状况报告",《中国青年研究》2008年第11期。

④ 国务院新闻办:"中国的司法改革白皮书",2012年10月9日发布。

是否得到了有效落实；政策落实不到位和未成年人犯罪问题的加剧有多大的关联度；未成年人司法改革和独立的司法体系构建，还需要走多长的路，才能确保未成年人司法实现正当与有效的高度统一。

　　带着上述疑虑，首先要反思的是对未成年人的教育。在经济转轨、社会转型、文化多元、价值多元的大背景下，特别是人口大流动带来一系列的社会排斥①问题，未成年人流动和留守的问题，对义务教育造成了严峻的挑战。2004 年是流动人口快速增长的年份，据国家统计局调查资料显示，该年全国农村外出务工劳动力 11823万人，随同父母进入城市的 6—14 岁义务教育阶段适龄儿童达到 700 万人，留守在家的儿童达 2200 万人②。据估算，有 10%左右的流动儿童上不了学，大部分流动儿童上不了好学校，留守儿童由于家庭关爱和教育的缺损、学校管理的粗放，两类儿童的心理问题比较多，应有的保护措施落实难，很容易失学和辍学，成为未成年人违法犯罪的高发人群。浙江全省暂住人口自 2001 年到 2004 年以每年 20%以上的大幅增长，2004 年全省未成年人犯罪受到法院刑事处罚的人数比上年激增了 54.11%，2005 年又增长了 17.44%，未成年人犯罪与流动人的增长高度一致③，全国的情况也差不多，这很能说明问题。近年来教育的结构性问题还是存在，比如职业教育受到冷落，特别是在农村，1998 年以来，中等职业教育的招生规模逐年下降。《中国教育年鉴2004》公布的数据显示，全国普通中等职业技术学校 1.45 万所，比 1998 年减少 2606 所，有 700 万左右的初中毕业生没有经过规范职业培训直接进入社会。从社会学上看，学校教育是未成年人进行社会化的主要机器，也是社会分层的机制，具有教化、筛选和分配社会成员的作用，因此教育公平是社会公平的基础，教育公平是最大的社会公平，教育对一个人尤其是对未成年人的发展具有终身的影响力，更大的问题是学校教育还没有走出"应试教育"的阴影，"素质教育"的全面落实不知有多难。"试"是必要的，问题在于怎样的"试"，但是绝对不能一试衡定，或者决定学生的全部甚至终生，"试"成为评判学校教学质量的全部，问题的核心在于学校、教师和教学只面对"试"的统一标准和要求，几乎没有了学生的个性与差异，何来全面发展。引出江泽民同志《关于教育问题的谈话》的中学生弑母等极端

---

①欧洲委员会将社会排斥定义为对基于公民资格（citizenship）的权利，主要是社会权利
　（social right）的否认，或者这些权利未充分实现。参见曾群、魏雁滨："失业与社会排斥：
　一个分析框架"，《社会学研究》2004 年第 3 期。

②张迎宪："教育公平：构建和谐社会的基础——四川省农民工子女教育问题的调查"，《调
　研世界》2005 年第 12 期。

③根据浙江省公安厅的统计，2001 年浙江暂住人口比 2000 年增长了 42.16%，2002 年比上
　年增长 23.03%，2003 年增长 27.06%，2004 年增长 22.68%。

恶性事件，最近又发生了①。2006 年 1 月 21 日，卸任不久的前教育部副部长张保庆接受上海东方卫视《今天中国》专访时说："我们的教育在育人这个问题上解决得不好，或者说这个问题没解决，这是教育最本质的东西。教育到底要干什么？教育说到底要培养人，那起码要会爱人民、爱国家。这个问题没解决，没有解决好啊，没有很好地解决！"张保庆副部长道出了未成年人的教育问题。根据有关研究结论，学校在预防未成年人犯罪上的责任和作用最大，"我们发现对官方和非官方违法行为所产生的最强、最连贯的影响来自于家庭、学校和同伴的作用。跟违法行为紧密、直接相关的包括父母管教不严，偏执的、威吓的和严厉的惩罚，以及与父母之间的疏离关系。比起家庭关系来，学校关系在抑制违法行为上的作用要更大。另外，除家庭和学校外，跟不良同伴之间的亲密关系有明显的促进违法犯罪的作用②。"在不良的家教、学校教育、文化传媒和同伴，这四大影响未成年人违法犯罪的因素之中，学校显得更为重要，学校教育值得反思。

当下，我们给未成年人提供了一个怎样的学习条件和成长环境？在社会主义核心价值观占主导地位、形成主流优势的前提下，成年人负面示范的影响不能低估，信仰缺失、心理浮躁下突破道德底线的闹剧、悲剧不断上演，每时每刻有多少不良信息误导、污染幼小的心灵，颠覆了家庭、学校、社会的正面教育。在日新月异的今天，往往是在许多成人还没有弄明白怎么回事的时候，已经把问题传导给未成年人了。有多少可以避免的事，由于家庭、学校、社会、司法的保护措施落实不到位，甚至在根本没有保护措施的情况下发生了。反观国家亲权③政策推行走在我们前面的世界发达国家，不断加大对未成年人保护和教育的力度。以美国为例，1965 年实施《初等和中等教育法案》，联邦政府对处境不利的学生进行额外资助，强化了对学校教育的干预；2001 年公布 2002 年推行的《不让一个孩子掉队》法案，对未来的教育改革进行了 10 个方面的规划，在强调教育质量的同时进一步追求教育的

---

① 邓红阳："郑州市 17 岁名校生为摆脱学习压力弑母 事后称'不后悔'曝应试教育之殇"，《法制日报》2012 年 2 月 23 日第 8 版。

② 罗伯特·J.桑普森、约翰·H.劳布：《犯罪之形成——人生道路及其转折点》，汪明亮、顾婷、牛广济、王静译，北京大学出版社 2006 年版，第 258 页。

③ 国家亲权（parens patirae）传统上是指国家居于无法律能力者（如未成年人或者精神病人）的君主和监护人的地位。通常有三个基本内涵：首先，认为国家居于未成年人最终监护人的地位，负有保护未成年人的职责，并应当积极行使这一职责；其次，强调国家亲权高于父母的亲权，即便未成年人的父母健在，但是如果其缺乏保护子女的能力以及不履行或者不适当履行监护其子女职责的时候，国家可以超越父母的亲权而对未成年人进行强制性干预和保护；再次，主张国家在充任未成年人"父母"时，应当为了孩子的利益行事，即应以孩子的福利为本位。参见姚建龙："国家亲权理论与少年司法——以美国少年司法为中心的研究"，《法学杂志》2008 年第 3 期。

公平，从机会的公平到过程的公平，最终实现结果的公平，力求不让一个孩子掉队，让所有的学生都取得成功。美国初等、中等教育与我国最大的区别是他们针对每一个学生有全程的个别化教育策略和详细方案。针对尊重言论自由旗帜下的成人文化娱乐需要，互联网监管在"有害于未成年人"的优先原则重压下得到了加强。正因为有了这些政策基础，20世纪90年代的美国在克林顿担任总统期间，曾创下了连续10年全国犯罪率下降的记录[①]。引导未成年人如何学习、学习什么，以科学理念重新设计适应时代发展要求与未成年人全面自由发展的基础教育架构，在今天无疑是一个国家关于未来发展的先导性战略。科学理论和无数的事实都雄辩地证明：所有的社会问题都会以各种不同的方式投射到未成年人身上，未成年人犯罪问题是社会问题投射发生作用的最集中、最剧烈恶果。

从我国关于未成年人的立法情况看，未成年人司法现在还是成年人司法的附属物。我国未成年人相关刑事法律规定大都散落在成年人刑事法的文本里，没有独立、体系完备的未成年人刑事法，制定规则的理念都是参照成年人的模式和成年人的特性，非常有限的"从宽"、"从轻"或"减轻"等只能算施舍式的让渡，最能体现未成年人身心特点的"利益最大化"、"优先原则"在"保护社会"的虚幻意境中淹没了。青少年犯罪研究专家皮艺军认为中国少年司法要确立六大理念：少年司法保护在法律意义上与成人有质的区别、国家侵权理论下的责任分担、"儿童利益最大化"包括所有儿童的所有权利、儿童权利的优先保护就是对社会权益的保护、柔性司法、没有惩罚只有保护[②]。理念非常美好，但现实要达到这个境地肯定不会一帆风顺，路会走得相当艰难。2011年5月1日开始正式实施的刑法第八次修正案在落实宽严相济的刑事政策上迈出了一大步，对未成年人刑事处理体现了很多"宽"的进步，但在具体的实施过程中还有尚未到位的问题。从浙江省未成年犯管教所（以下简称浙江省未管所）情况看，2011年7月1日至2012年2月8日，该所共新收押了未成年犯1119名，其中刑期不满一年的381名，占34.05%，按照我国刑法修正案（八）的规定，三年以下的应该宣告缓刑，列入社区矫正。法律落实没有到位，引出我所押容压力大增的问题，特别是刑期不满一年的，刑罚执行和教育改造走流程的时间很匆忙甚至时间不够，牵制了太多的精力和资源，容易无形中弱化对重点未成年犯的教育转化，影响了矫正工作的精细化和矫正质量的提高。如何对待未成年犯，我们千万不能忘记可怕的6%现象[③]。20世纪70年代，美国犯罪学家马汶·E.沃尔夫

---

① 戴宜生："他山之石有用吗？——读《犯罪率为什么降低》杂感"，《青少年犯罪研究》2003年第6期。

② 皮艺军："中国少年司法理念与实践的对接"，《青少年犯罪问题》2010年第6期。

③ 关颖："预防未成年人犯罪工作中监护人的作用和责任——兼谈《预防未成年人犯罪法》的修订"，《青少年犯罪问题》2011年第4期。

冈曾在美国费城做过著名的"未成年人违法犯罪纵向调查"。通过对 1 万名 17 岁以下少年为期 10 年的跟踪调查发现：在这 1 万名未成年人中，因违法犯罪被警察处理过的有 3000 名。这部分人在长大后差不多都能自己改正，仅有 6% 的未成年人未能改正，成为惯犯、累犯，他们日后作案的比例占到整个刑事犯罪的 50%，在 17 岁以前如果连续 5 次以上犯罪，90% 以上将来会是犯罪分子。这便是犯罪学研究中"6% 的职业犯罪人现象"的由来。6% 现象给了我们重要警示：预防犯罪的重中之重是要抓早抓小，正确对待未成年人犯罪和未成年犯是非常重要的环节；我们的矫正工作如何有效控制 6% 现象膨胀，最大限度地减少 6% 现象。

基于上述问题的考量，我们试图从本所在押未成年犯调研开始，系统研究未成年人犯罪，以教育保护为基本视角审视未成年犯矫正和未成年人犯罪预防，以求得一个比较契合未成年人身心实际和现实条件可能、有利于扎实推进未成年人司法走向文明进步的答案或方案。

第二节　未成年人犯罪研究与矫正制度述评

一、未成年人犯罪研究述评

20 世纪 80 年代初开始，全国青少年犯罪问题研究成为热点，但对未成年人的犯罪研究直到 90 年代才开始引起重视，到 21 世纪，才确立了独立的研究地位[1]。我国犯罪学研究缺少的是实证研究，更少见的是比较规范的实证研究，犯罪学研究虚幻繁荣的背后在于大量的研究功利性太强、浮躁的心态严重影响了研究的水准。科学的犯罪学实证研究一要有理论，二要有研究方法，三要有统计分析，四要保持价值中立[2]。当以法学学科为背景，对未成年人犯罪研究陷于现象、原因、对策的重复性泥沼里的时候，以社会学、教育学、心理学、医学等学科为背景，对未成年人犯罪的研究，呈现了日渐活跃的氛围，完成了由青少年犯罪为主要研究对象，向未成年人犯罪为主要研究对象的转变[3]。比较有学术价值的研究是运用调查问卷或者量表采集原始数据进行研究，同时进行对照组的调查作对比研究。如盛永慧等对违法犯罪未成年人与正常未成年人的个性特征差异与家庭社会因素进行对照研究，发现违法犯罪未成年人的个性在精神质、神经质上明显高于正常未成年人，使得他

---

[1]赵秉志、张远煌：《未成年人犯罪专题整理》，中国人民公安大学出版社 2010 年版，第 5—18 页。

[2]刘晓梅等："犯罪学实证研究的回顾和展望——天津社会科学院犯罪学学术研讨会学术研讨实录"，《江苏警官学院学报》2010 年第 3 期。

[3]姚建龙："远离辉煌的繁荣：青少年犯罪研究 30 年"，《青年研究》2009 年第 1 期。

们漠视社会道德、道德认知水平低、是否判断能力差、攻击意识强、情绪波动大、自制能力低而容易违法犯罪[①]。李慧民等利用 SCL-90 心理量表测查了犯罪青少年心理健康状况与个性特征的相关性，其结果是 SCL-90 量表的所有因子中，犯罪青少年的得分均显著高于对照组；利用爱森克人格问卷对犯罪青少年的个性特征测查结果仍为 N 分与 P 分显著高于对照组，E 分显著低于对照组；其 SCL-90 各因子得分与人格问卷 N 分呈显著正相关，与 E 分和 L 分有负相关[②]。李俊丽等于 2006 年对未成年犯的人格特点的研究结果为：与高中生组相比，未成年犯的个性具有神经质（N）分和精神质（P）分高，而掩饰性（L）分低的特点；与不同人群相比，内外向倾（E）分没有统一的趋势[③]。上述对比研究规模小、影响不大。规模比较大的只有三次：一是中国青少年犯罪研究会在 1991 年 8 月至 1992 年 2 月，在八个省市对残缺家庭子女、中小学流失生、刑事解教青年的违法犯罪情况进行了重点调查，共收回有效调查问卷 1983 份，形成了《关于八省市青少年违法犯罪问题的调查报告》。二是中国青少年研究中心于 2002 年对十个省市的未成年犯和普通初中学生进行抽样调查，回收未成年犯有效问卷 2780 份，回收初中学生有效问卷 1036 份，形成了《预防闲散未成年人违法犯罪研究报告》。三是由北京师范大学法学院教授张远煌等学者在 2008 年 10 月至 2009 年 3 月对北京、贵州、湖北三省市的未成年犯和普通中学生进行了以相同的年龄、户籍、地域比例下抽样对比调查，分别对色情资讯、暴力资讯的影响和未成年人犯罪趋势等方面进行了研究，发表了一组研究报告[④]。但是，我国到目前为止还没有大规模、规范程度高、纵向的未成年人犯罪实证研究，也就不可能产生系统独立的未成年人犯罪研究理论。这其中的原因比较复杂，确实有客观条件不具备的问题，但根本性原因还是在于研究者的视野和态度。20 世纪中叶，美国哈佛大学谢尔登·格鲁克夫妇一个"青少年违法犯罪揭秘"（UJD）的研究项目，把 500 名未成年违法犯罪人员和 500 名正常未成年人作为研究样本跟踪研究了 18 年，发表一系列研究报告，1000 个原始个案卷宗及相关研究材料封存在哈佛大学图书馆地下室（超过 50 个纸箱），罗伯特·J.桑普森、约翰·H.劳布花

---

①盛永慧等："违法犯罪少年与正常少年个性特征差异及其家庭社会因素"，《中国临床康复》2005 年第 9 期。

②李慧民、王丽、王黎："犯罪青少年心理健康状况与个性特征的相关研究"，《中国临床心理杂志》2002 年第 10 期。

③李俊丽等："未成年犯的人格特点研究"，《中国学校卫生》2006 年第 2 期。

④张远煌、姚兵："中国现阶段未成年人犯罪的新趋势——以三省市未成年犯问卷调查为基础"，《法学论坛》2010 年第 1 期。

了 6 年时间进行重新整理和发掘研究，提出逐级年龄非正式社会控制理论①。相形之下，我们的许多论著太急功近利，光顾着现象描述基础上的理论质性推演，缺乏实证量化支撑，特别是个案纵向调查的基础，自然没有多少底气，理论的科学性打了折扣。

二、西方发达国家的未成年人犯罪研究

犯罪现象是一种复杂的社会变态现象，西方现代文明理论研究渊源深厚，自意大利犯罪学家切萨雷·龙勃罗梭的《犯罪人论》面世以来，习惯上运用多学科理论来研究犯罪问题，形成了犯罪社会学派、犯罪心理学派、犯罪生物学派、犯罪精神学派、犯罪人类学派等不同的学派。对未成年人犯罪的研究也是系统规范的，在不少方面，西方犯罪学的突破性研究理论最初来源于对未成年人研究的成功。某一派理论的诞生实际上代表了以某一种视角和方法研究未成年人犯罪所能达到的较高境界。现今影响力比较大、对未成年人犯罪解释性较为广泛的主要流派有：

（一）犯罪人格论

犯罪人格论也称人类特质论、变态人格论。犯罪人格理论认为，在人的心理中存在一种犯罪人格或变态人格，拥有这种人格的人很容易犯罪。代表人物为弗洛伊德、荣格、埃森克等。

（二）亚文化群论

亚文化群论也称亚文化论。该理论认为，西方社会低阶层成员存在着许多不同的亚文化（次文化层）群，处于主流社会的边缘，没有社会经济地位，被中等阶层为代表的西方社会排斥在外。这些持有相同文化、价值、处境的亚文化群成员便纠集在一起，通过相互支持、相互保护以及相互满足其他各种需要，以寻求另外一种感觉有价值的自我满足的生活方式，其中包括参加犯罪团伙和从事犯罪活动。犯罪亚文化富有凝聚力，犯罪群体容易产生认同感和归属感，这在未成年犯中表现得更充分。还有比较接近的文化冲突论。代表人物是艾伯特·科恩、克洛沃德、奥林、沃尔特·米勒。

（三）社会控制论

该理论认为，犯罪是否发生与各种社会控制的强弱程度有关，犯罪是个体与社会以及个体与各种社会化机关在社会化过程中发生相互作用的结果。社会中所有的人都有犯罪的机会和可能，如果缺乏社会约束，又不关心他人的利益，那么，一个人很容易犯罪。代表人物有比利、赖斯、托比、赫希、雷克利斯等。

①罗伯特·J.桑普森、约翰·H.劳布：《犯罪之形成——人生道路及其转折点》，汪明亮、顾婷、牛广济、王静译，北京大学出版社 2006 年版，第 11 页。

（四）标签论

该理论认为，不良行为并不是由人的社会行为的失败造成的，而是社会中有权的个人、群体和机构将一定的个人或行为贴上了违法或犯罪的标签。犯罪行为是社会反应与行为人形成自我意识之间相互作用的结果。一个人一旦被贴上这一标签，不管这个人有多好，人们都不会相信。该理论来源于符号互动理论，认为越轨行为是社会互动的产物。标签理论的代表人物是美国社会学家贝克尔（Howard S. Becker）和莱默特(Edwin M. Lemert)。

（五）社会冲突论

该理论认为，犯罪是社会长期冲突的产物，是阶级社会在政治上和经济上不平等的必然反应。面对不平等的社会现实，社会的下层人员不得不通过财产犯罪求得生存，同时还从其他非财产性犯罪行为中宣泄他们对不公平的社会现实的不满和沮丧。还有比较接近的源自美国社会学家默顿（Robert Merton）的紧张理论。他认为，当人们无法用合法的手段实现社会所认可的成功时，就会使他们产生挫折感、愤怒等紧张情绪，于是造成人的一种失范状态，这就有可能使他们以犯罪的手段去实现成功目标①。简言之，就是希冀成就的压力转变成了违法行为的推力。美国犯罪学家阿格纽进一步发展了默顿的紧张理论。

（六）差别交往论

该理论认为，犯罪是社会环境所造成的，它反对把生物的或天生的因素作为犯罪的决定因素。该理论以学习原则和学习理论为基础，认为犯罪行为与其他正常行为一样，主要是人与人之间接触、交往中学习来的，具体包括学习犯罪的技能、犯罪的动机及犯罪的规范、态度和价值等等。同时它还强调之所以有些人犯罪，而有些人没有犯罪，是因为个人与社会、与他人交往和接触是互不相同的。代表人物是犯罪社会学家埃德温·萨瑟兰。

当代西方未成年人犯罪的研究主要特点有三方面：一是在心理学、生理学、教育学等基础学科理论的指导下开展研究，研究的学科独立性、规范性都比较强；二是实现宽视角、长时间的实证研究，有较高的科学理论价值；三是未成年人犯罪的研究不仅推动了整个犯罪学研究的进步，还促进了相关基础学科的发展，并对未成年人司法的完善产生了深远影响。

三、国际矫正制度述评

在 20 世纪八九十年代，国际社会对未成年犯的矫正给予了高度关注，着力保护矫正中未成年人的利益最大化，联合国连续三届预防犯罪和罪犯处遇大会，相继

①乔治·沃尔德等：《理论犯罪学》，方鹏编译，中国政法大学出版社 2005 年版，第 168—180 页。

通过了《联合国少年司法最低限度标准规则》(《北京规则》)、《联合国保护被剥夺自由少年规则》(《东京规则》)、《联合国预防少年犯罪准则》(《利雅得准则》)等三个国际公约，从未成年人犯罪的预防、处罚和监禁待遇方面做了具体规定。

（一）矫正方式的原则性规定

《北京规则》第十九条规定："把少年投入监禁机关始终应是万不得已的处理方法，其期限应是尽可能的最短时间。"第二十九条第一款规定："应努力提供帮助少年重获社会新生的半监禁办法，如重返社会训练所、教养院、日间训练中心以及其他这类适当的安排办法。"第十八条第一款规定："应是主管当局可以采用各种各样的处理措施，使其具有灵活性，从而最大限度地避免监禁。"

（二）关于监禁矫正目标的规定

《北京规则》第二十六条规定："提供照管、保护、教育和职业技能，以便帮助他们在社会上起到建设性和生产性的作用。"第二款规定："被监禁少年应获得由于其年龄、性别和个性并且为其健康成长所需要的社会、教育、职业、心理、医疗和身体的照顾、保护和一切必要的援助。"第六款规定："应鼓励各部会和部门之间的合作，给被监禁的少年提供适当的知识或在适当时提供职业培训，以便确保他们离开监禁机关时不致成为没有知识的人。"

（三）关于社区矫正的规定

《北京规则》明确指出："应当充分注意采取积极措施，这些措施涉及充分调动所有可能的资源，包括家庭、志愿人员及其他社区团体以及学校和社区机构，以便促进少年的幸福，减少根据法律进行干预的必要，并在他们触犯法律时对他们加以有效、公平及合乎人道的处理。"《北京规则》第二十三条、第二十四条、第二十五条各款从多方面对此作了规定，并特别强调，"应发动志愿人员、志愿组织、当地机构以及其他社会资源在社区范围内并且尽可能在家庭内为改造少年犯作出有效的贡献"。

（四）关于机构人员的规定

《北京规则》专章规定，要求管理人员应具备适当的条件并包括足够数量的专家，如教育人员、职业教导员、辅导人员、社会工作者、心理学家和心理医生。

联合国有关未成年人的法律对各国未成年犯的矫正制度起到了规范作用。引领未成年犯矫正的是西方发达国家，无论是大陆法系，还是英美法系，专门的未成年犯矫正制度起步早，形成了完全独立、比较成熟的法律体系，系统的人员机构，先进理念、目标下的规范流程。最主要的特点有：矫正从未成年人的事件中介入开始；贯彻优先保护的理念；宽、缓、活的矫正处置；矫正基于恢复，体现了教育结果的公平。

第三节　研究的思路与过程

一、研究目的

在科学理论指导下，以实证研究领衔，找准未成年人犯罪的规律，摸清其成因，科学认识未成年犯，提出针对性的预防犯罪与矫正对策，系统总结、提炼、升华矫正未成年犯的成功经验，对提高教育改造质量具有理论和实践上的指导意义，并以少年司法集犯罪、预防、矫正于一体的宽大视角追求研究的创新与突破，为推进教育学、监狱学、法学、未成年人犯罪学等相关学科建设作出一定的学术贡献。

二、研究基本思路

研究基本定位是以教育为基本视角来透视未成年人的犯罪与矫正、预防问题，以保护为基本立场来提出问题的解决方案，旨在保护未成年人未来的健康发展。

研究基本方法是依靠实证数据和案例的支持，以系统、整体观来分析未成年人犯罪问题，着重研究教育、矫正、预防的正当与有效。

一个基本的假设：成年人犯罪属刻意而为，犯罪的社会条件与犯罪的原因可以不重合或者分离，两者之间的联系与对接是成年人主观愿望的达成，而未成年犯罪的社会条件与犯罪原因是重合的，两者构成犯罪的社会背景，它们之间的联系与对接属于未成年人不成熟大脑幻化而成的"第三空间"（异质空间）。教育、矫正、预防工作的核心就是要及时消除、化解虚幻的"第三空间"，正当有效地制止它的滋生、蔓延。

认真梳理关于未成年人犯罪的国内、国外主要理论研究和实证研究成果，在对未成年犯的大量数据分析和个案访谈的基础上，重点研究我省未成年人犯罪的特点和演变规律，运用系统分析法等相关分析技术，深度分析未成年人犯罪的客观因素（社区、学校、家庭、社会文化环境等）和主观因素（成长经历、个性心理特点、行为习惯等），阐明主、客观因素之间的互动关系和发生机理，探求社会转型、经济转轨、学校管理教学模式与方法、家庭结构与成员素质、社区氛围、文化环境特别是网络媒介和未成年人犯罪之间的内在联系规律，区分造成未成年人犯罪的一般因素与增长因素、必然因素与或然因素、核心因素与外围因素，解剖未成年人犯罪的典型个案，建立比较客观准确的未成年人犯罪的发生模型。在此基础上，建构未成年人犯罪的预防体系。同时，从人的本质、生理、心理、法律关系和社会化需求的角度科学认识未成年犯，并在此基础上，全面检索并界定矫正未成年犯的核心问题，以建构主义等理论为视角，理论探讨适宜未成年犯矫正的模式与技术，在实践操作层面提出全面提高未成年犯矫正质量的模式、体系、方法手段。重点是在思维方式矫正、个案矫正、重新犯罪预防、法律政策等方面提出我们的具体方案与思路。

三、研究方法

一般认为，方法是关于解决思想、说法、行动等问题的门路、程序等。"方法并不是外在的形式，而是内容的灵魂和概念①。"方法是每门学科确立和发展的原问题，是一门学科成熟与否的标志，决定了一门学科能否发展、发展空间多大的前提条件。只有方法论上的创新才能带来科学上的重大突破，未成年人犯罪与矫正的研究也是如此。

（一）实证研究的方法

实证研究的方法在刑事实证学派那里得到充分重视，意大利著名刑法学家龙勃罗梭引入实证主义研究方法，创立了犯罪学，拓展了刑事法学研究的视野。实证研究的方法主要包括经验法则的实证研究方法与科际整合的实证研究方法。

1.经验实证研究法

是指运用经验的社会研究方法进行实地调查研究，而非限于既有文献中的案上作业。此种研究方法来源于培根的实验论、洛克的经验论及孔德的实证论，是对形而上学的反动，认为科学的研究不可过分依赖玄想的功能，而以思维与演绎的方法进行研究，即排斥玄想作为认知的主要工具。虽然重视经验资料，把经验当做求知的基础，但是它仍受逻辑方法的约束。经验实证研究路径为：首先是提出假设，而后收集经验资料，经过整理与分析，以其结果来证实或推断假定。经过如此的认识过程所获得的知识才可作为经验知识，既而建立理论，或作为解决实际问题的资本。如未成年犯的思维方式矫正、对未成年犯监禁与重新犯罪的关系等判断必须通过实践加以检验后，才能得出合理的结论。

2.多学科整合的实证研究法

所谓多学科整合的研究方法，是指以整合与研究客体有关的多种学科的理论与方法而进行的实证研究。未成年人犯罪特别处遇的研究客体具有多方面性的本质，它牵涉到心理学、教育学、生理学、社会学及法学等学科领域，并非任何单一学科的单独研究所能奏效。如未成年犯的人格、社会化程度与犯罪的关联度研究，须借助于心理学等多种学科理论和方法，而社会变迁与未成年人犯罪的关联度研究，就需要更多地借助于社会学的研究方法不可。

---

①黑格尔：《小逻辑》，商务印书馆 1980 年版，第 427 页。

（二）比较分析的方法

比较是指对相关问题进行时空的对比分析，从而找出其共性与个性之处，它是认识事物特征、性质、原因等的重要手段。比较分析法即分析比较不同地区、不同成长环境、不同文化背景等有关未成年人犯罪、预防、矫正的特点与规律。比较分析有三种类型：

1.时空比较

空间比较即横向比较，是把可比的问题置于一定空间范围内进行对比分析，如就未成年人的犯罪原因从沿海经济先发地区与内陆经济后发地区加以比较分析；时间上比较即纵向比较，是从历史的发展过程中探寻有关问题的发生、发展与演变态势，把该问题的过去、现在、未来加以对比分析，从中得出规律性的结论。

2.宏观比较与微观比较

前者指在较大的范围内就有关的问题进行比较分析，后者在较小范围内进行比较研究。

3.综合比较与专题比较。

（三）系统分析的方法

系统科学崛起于20世纪40年代，已成为一种横跨各门学科的方法论，它以系统为着眼点观照整个物质、意识和人的思维，为人类认识、改造自我和客观世界提供了科学的理论和方法。它认为，系统是由若干相互作用、相互影响、相互联系的，具有一定功能要素组成的整体；要素是系统的有机组成部分，影响并作用着系统的性质和功能；要素构成的系统整体大于部分之和。它的产生和发展标志人类思维由"实物为中心"进化到"以系统为中心"，是科学思维的里程碑。贝塔郎菲断言："现代科学和生活的整个领域里都需要按新的方式抽出新的概念。新的概念和范畴，而它们都是以'系统'概念为中心。[①]"系统论方法的实质是以整体为视角、以综合效益为目标，决不放过任何一个要素，协调处理整体与要素以及要素与要素之间的关系。

四、研究过程

自从2011年8月《未成年人犯罪与矫正研究》课题获得浙江省监狱管理局作为重大课题立项以来，在浙江省局监狱工作研究所的大力指导下，浙江省未成年犯管教所（以下简称未管所）党委高度重视，专门召开会议进行了专题研究，把它列入浙江省未管所对外开放的系统工程来抓，为课题研究提供了强有力的组织保障、

---

① 冯·贝塔郎菲：《一般系统论：基础、发展和应用》，秋同、袁嘉新译，清华大学出版社1987年版，第7页。

人才保障和后勤保障。成立了以主要领导挂帅的课题组，抽调精干人员成立研究班子，周密组织、统筹安排、谨慎操作、强力攻关、富有实效。

（一）前期主要工作

1.在浙江省未管所历年研究相关成果的基础上，大量查阅当前未成年人犯罪与矫正研究文献资料，拟定了研究的基本脉络和框架结构。

2.分别在2011年8月和2012年5月召开了二次专家论证会，分别就课题的研究基本观点、研究思路、研究方法、研究重点和专著写作听取各方面专家的意见，着力提高研究水平。

3.编写了未成年犯调查问卷、中学生调查问卷

为使调查问卷更完整、更科学，课题组前后修改了六稿。2012年1月，浙江省未管所专门抽出时间，在全所2500余名在押犯中开展问卷调查。分别在浙江省桐乡市、文成县、平阳县三地调查职高、初中、高中学生共822名。

4.针对外省籍未成年犯占浙江省未管所比重七成之现状

课题组选择了外省籍未成年人相对比较多的四个县市即江西省鄱阳县、四川省筠连县、贵州省毕节市、贵州省赫章县进行了实地走访，与当地公安、法院、司法局、乡镇街道有关人员，就刑释人员安置帮教、未成年人发案与审判、外出务工人员去向及犯罪等情况，进行了广泛而又深入的沟通与交流。三省调研期间，课题组累计召开各类座谈会14次，走访重点家庭15户、走访基层政法单位18家，从中获取了一些关联当地未成年人犯罪的信息资料。

5.针对浙江省未成年人犯罪的总体趋势与特点

课题组前往浙江省绍兴县、慈溪市、桐乡市、乐清市、平阳县、文成县、杭州市江干区九堡镇等7县（市）13个街道社区，了解当地未成年人犯罪与社区矫正、外来流动人口管理等情况。

6.数据录入与统计方面

课题组有关人员夜以继日，克服种种困难，付出了大量心血。经过3个月时间，将2335份有效的在押犯调查问卷、822份在校生调查问卷、2万余份罪犯心理调查问卷数据全部输入电脑。

7.使课题内容更有现实意义

课题组派人前往浙江省高级人民法院，了解十年来浙江未成年人刑事案件审理情况，并获取了相关数据。

（二）问卷编制和数据采集、整理

第一阶段（2011年11月中旬至2012年2月中旬）：前期调研及量表编制。

从2011年11月开始，课题组人员通过查阅大量文献资料、社会调查及对大量未成年犯个案的详细访谈，拟定了与课题研究内容一致的测评量表，共400余题；

之后，经过进一步深化，测评量表又增加了心理测评题和社会学生调查问卷，总题量一度达到700多题。经过反复研究、讨论，七易其稿，最终形成了"未成年人犯罪与矫正调查卷"和社会"学生调查问卷"，总题量603题。"未成年人犯罪与矫正调查卷"包括基本情况卷207题、心理自评问卷59题、行为认知调查卷260题；"学生调查问卷"包括基本情况题57题、心理自评题20题。

第二阶段（2012年2月中旬至4月中旬）：数据录入与整理。

为确保数据录入的正确和高效，增强录入界面的友好性，课题组精心组织有关人员进行数据录入的程序编制和录入，编制了"未成年人犯罪与矫正基本情况调查卷录入程序"、"心理问卷录入程序"、"心理档案录入程序"和"学生问卷录入程序"等文件。

与此同时，对原有心理档案（由2009年前的纸质档案和2009年之后的电子文档组成）进行了整理，对纸质档案，通过编制心理档案录入程序安排录入人员进行电脑录入；对存在于服务器（SQL数据库数据）的心理档案，通过安装虚拟机VVWARE，建立虚拟服务器，安装SQL2000程序，进行了有关数据的提取。

数据录入之后，形成了七个大类的文件（包括ACCESS、BAK、DBF等类型的文件），每类文件数达10多个，共计文件数80余个。课题组安排人员，应用Microsoft Visual FoxPro 6.0、DELPHI7.0、SQL2000等软件工具，通过编制小型代码片断（20余个）和手工操作相结合的方法，通过对录入数据进行初步的整理分类，采用整理比对、再整理再比对的方法，通过艰苦细致的工作，保证了数据的相对正确和完整，最终形成了四个大型的EXCELL文件。

第三阶段（2012年4月中旬至10月中旬）：数据再整理与分析。课题组请浙江大学人力资源战略与发展研究中心副主任陈学军副教授对有关数据进行了全面、细致、深入、科学的整理分析，使海量的数据符合了SPSS软件的统计要求，规避了我们问卷设计的不足。概略计算，这些数据涉及的变量数达2,000多个，数据总量达1,000多万个。

在此基础上，课题组对实证调查资料和文献资料进行了认真消化，召开了10多次研讨会，不断修正研究目标与框架、深化研究内涵、提高研究境界、明确研究分工、加强研究协同，延请各方专家给予指导，帮助课题组攻坚克难。

第四节　研究的理论准备

一、主要概念界定

（一）未成年人

这是一个关于人出生后成长的时间概念。根据我国《未成年人保护法》第二条规定："未成年人是指年龄不满 18 周岁的公民。"与"未成年人"概念相关的还有"少年"、"儿童"、"青少年"。未成年人包含儿童和少年，儿童一般指未满 14 周岁的人；少年一般是指处于青春期（介于儿童期与成年期之间），年龄在 14 周岁以上未满 18 周岁之人。《联合国保护被剥夺自由少年规则》第 11 条第 1 项规定："少年系指未满 18 岁者。"青少年一般指 14 周岁以上 25 周岁以下（含）的人。

（二）未成年人犯罪

在犯罪学研究中，通常用"未成年人犯罪"这个概念，其实其中的含义各不相同，目前还没有一个明确的定论，主要的争议在于构成这个概念的两个基本因素（行为主体的年龄和行为主体的行为范围）还没有形成一致的意见。未成年人犯罪是指 18 周岁以下的人实施的犯罪，但是在年龄下限的设置上有多种意见，有主张不设下限的，有主张设下限的，设下限的意见有 6 周岁、7 周岁、10 周岁、11 周岁、12 周岁、13 周岁、14 周岁之不同。对"未成年人犯罪"行为范围的争议有专指刑法规定的犯罪行为，有加上其他法律规定的违法行为，有再加上违反社会道德规范的行为这三种不同的含义。我们主张在犯罪学的研究领域为有利于拓展研究的范围和深度，根据弗洛伊德精神分析理论，一个人在六岁之前，他的基本特性已经定型，对未成年人犯罪的年龄界定不设下限。对未成年人犯罪的行为界定，还是从宽泛的角度比较妥当。但是，本研究还是采用刑法学概念中的未成年人犯罪的含义，是指 14 周岁以上 18 周岁以下的人触犯了刑法规定行为并需要处罚的行为。

（三）未成年犯

我们认为，未成年人和成年人的犯罪有质的区别，体现在称谓上也应该具有质的不同，而不应仅作类的区分——与成年人对应的是罪犯，与未成年人对应的是未成年犯。应该把因犯罪而被法院判处徒刑的未成年人给一个比较宽泛的称谓，如受训未成年人、严管未成年人，最大限度避免产生标签效应。按照新修正刑诉法的相关规定精神，既然被判五年以下有期徒刑的未成年人的犯罪记录实行封存制度，又何必要给他们戴上"未成年犯"的高帽呢？尽管我们不认同使用"未成年犯"这个概念和称谓，但在本书中我们还是沿用并遵从现有的法律规定，以"未成年犯"这个词来叙述要表达的相关内容。按照我国《未成年人保护法》有关未成年人年龄和《刑法》有关刑事责任年龄的界定，未成年犯专指年满14周岁未满18周岁、实施了《刑法》规定的犯罪行为、依法被判处徒刑的罪犯。这一概念包括了三个方面的含义：

1.未成年犯是年满14周岁不满18周岁的公民

不满14周岁的公民因不负刑事责任不会成为未成年犯，已满18周岁的公民属成年人，因犯罪判刑是成年犯，不是未成年犯。

2.未成年犯必须是实施了《刑法》所规定的犯罪行为

凡年满16周岁的未成年人犯罪要负刑事责任，都可能成为未成年犯；但年满14周岁不满16周岁的人，只有在犯故意杀人、故意伤害致人重伤或死亡、强奸、抢劫、贩卖毒品、放火、爆炸、投毒罪的负刑事责任，才可能成为未成年犯。犯《刑法》规定的其他罪行不负刑事责任，也就不会成为未成年犯。

3.未成年人犯罪必须是被人民法院判处徒刑生效才会成为未成年犯

有的未成年人虽然达到刑事责任年龄，实施了犯罪行为，但因具有法定从轻情节而不予刑事处罚的，也不会成为未成年犯。

（四）矫正

通常认为，现在我们使用"矫正"这个词的本义是从英语单词"correction"翻译过来的。汉语中"矫正"是纠正和改正的意思。《汉书·李寻传》："先帝大圣，深见天意昭然，使陛下奉承天统，欲矫正之也。"《南史·刘穆之传》："穆之斟酌时宜，随方矫正，不盈旬日，风俗顿改。"矫正一词引入司法领域源于西方国家。矫正是个别预防论中治疗模式的核心概念，刑罚的目的不在于惩罚或威慑，而在于把犯罪人的犯罪这种病治好。矫正是一个是与威慑、隔离、报应相对应的概念，随着目的刑主义与教育刑主义的兴起，学界对矫正一词有了更为宽泛的理解。意指国家司法机关和工作人员通过各种措施和手段，使犯罪者或具有犯罪倾向的违法人员得到思想上、心理上和行为上的矫正治疗，从而重新融入社会，成为其中正常成员的过程。目前，在刑法领域，对于在监禁机构内外所进行的针对罪犯的改造行为，我们都可以视之为"矫正"。这里，笔者把我国未成年犯矫正概括为是未成年人犯罪后在监禁机构内外进行教育、感化、训练、矫治等活动的总称。矫正的目标定位是正常社会化，是恢复性司法的集中体现；矫正的手段区别于传统经验型的，是有科学技术含量的规范操作系统；矫正的理念追求区别于纯技术的医治模式，是富含人文精神的特殊情境的内化；矫正的设计是多学科整合的边缘科学的应用性目标、标准、流程在对象个别化意义上的准确表达。

二、指导研究的相关理论

因为该课题研究的范围广、维度多、路径长，指导课题研究的理论涉及多学科、多流派，确实需要生物学、心理学、教育学、犯罪学、社会学、法学等学科理论的支撑。除了前面已经提及的有关犯罪学理论外，需要更多地借重建构主义理论体系。围绕未成年人的生命成长、学习、教育问题，我们还是准备从整体、系统的角度运用建构主义理论来解释未成年人的犯罪、矫正和预防犯罪问题。更重要的是，研究犯罪的目的和着眼点不在犯罪本身，而在于矫正和预防。

建构主义（constructivism）源自关于儿童认知发展的理论，建构主义发展到今天，形成了知识认知、历史文化、社会、激进等流派，尽管存在诸多大方向上的共同点，但确实很难下一个准确的定义或已经没有了可以统领各派的概念。对于未成年人的问题，我们准备从建构主义理论的源头即瑞士的皮亚杰（J. Piaget）、前苏联的维果茨基（Lev Vygotsky，1896—1934）的儿童认知、发展理论里获取滋养和教益，从而完成我们的建构。

皮亚杰是认知发展领域最有影响的一位心理学家，他所创立的关于儿童认知发展的学派被人们称为日内瓦学派。皮亚杰的理论充满唯物辩证法，他坚持从内因和外因相互作用的观点来研究儿童的认知发展。他认为，儿童是在与周围环境相互作用的过程中，逐步建构起关于外部世界的知识，从而使自身认知结构得到发展。儿童与环境的相互作用涉及两个基本过程："同化"与"顺应"。同化是指把外部环境中的有关信息吸收进来并结合到儿童已有的认知结构（也称"图式"）中，即个体把外界刺激所提供的信息整合到自己原有认知结构内的过程；顺应是指外部环境发生变化，而原有认知结构无法同化新环境提供的信息时所引起的儿童认知结构发生重组与改造的过程，即个体的认知结构因外部刺激的影响而发生改变的过程。可见，同化是认知结构数量的扩充（图式扩充），而顺应则是认知结构性质的改变（图式改变）。认知个体（儿童）就是通过同化与顺应这两种形式来达到与周围环境的平衡：当儿童能用现有图式去同化新信息时，处于一种平衡的认知状态；而当现有图式不能同化新信息时，平衡即被破坏，而修改或创造新图式（即顺应）的过程就是寻找新的平衡的过程。儿童的认知结构就是通过同化与顺应过程逐步建构起来，并在"平衡——不平衡——新的平衡"的循环中得到不断地丰富、提高和发展。这就是皮亚杰关于建构主义的基本观点。在皮亚杰的上述理论的基础上，科尔伯格在认知结构的性质与认知结构的发展条件等方面作了进一步的研究；斯腾伯格和卡茨等人则强调了个体的主动性在建构认知结构过程中的关键作用，并对认知过程中如何发挥个体的主动性作了认真的探索；维果斯基创立的"文化历史发展理论"则强调认知过程中学习者所处社会文化历史背景的作用，在此基础上以维果斯基为首的维列鲁学派深入地研究了"活动"和"社会交往"在人的高级心理机能发展中的重要作用。所有这些研究都使建构主义理论得到进一步的丰富和完善，为实际应用于教学过程创造了条件[①]。

维果茨基主要研究儿童发展与教育心理，着重探讨思维和语言、儿童学习与发展的关系问题。由于他在心理学领域做出的重要贡献而被誉为"心理学中的莫扎特"，他所创立的文化历史理论不仅对前苏联，而且对西方心理学产生了广泛的影响。维果茨基理论可以概括为以下五个要点：1)人从出生起就是一个社会实体，是社会历史产物；2)人满足各种需要的手段是在后天通过不断学习掌握的；3)教育与教学是人的心理发展的形式；4)人的心理发展是在掌握人类满足需要的手段、方式的过程中进行的；5)人与人的交往最初表现为外部形式，以后内化为内部心理形式。其理论阐述的重点为心理发展观。从起源上看，低级心理机能是自然的发展结果，是种系发展的产物。高级心理机能是社会历史发展的产物，从社会的、集体的、合作的活动向个体的、独立的活动形式的转换，从外部的、心理间的活动形式向内部的心理过程的转化，就其实质而言就是人的心理发展的一般机制与"内化"机制，内化的过程是一种转化的过程，而不是传授的过程；人所特有的高级心理机能是以社会文化的产物——符号为中介的，符号中介是知识建构的所有方面的关键，符号机制（包括心理工具）是社会机能和个体机能的中介，连接了内部意识和外部现实；人的心理是在活动中发展起来的，是在人与人之间相互交往的过程中发展起来的[②]。

最近发展区概念是维果茨基在 1931—1932 年将总的发生学规律应用于儿童的学习与发展问题时提出来的。维果茨基将最近发展区定义为"实际的发展水平与潜在的发展水平之间的差距。前者由儿童独立解决问题的能力而定，后者则是指在成人的指导下或是与能力较强的同伴合作时，儿童能够解决问题的能力。"（Vygotsky，1978）维果茨基将学生解决问题的能力分成了三种类别：学生能独立进行的、即使借助帮助也不能表现出来的、处于这两个极端之间的借助他人帮助可以表现出来的。维果茨基明确指出了教学与发展之间的关系，教学促进发展，教学应该走在发展的前面，"良好的教学走在发展前面并引导之。"(Vygotsky,1978) 最近发展区是社会文化理论的核心概念之一，它阐明了个体心理发展的社会起源，突出了教学的作用，教学应走在发展前面；彰显了教师的主导地位，教师是学生心理发展的促进者；明确了同伴影响与合作学习对儿童心理发展的重要意义；启发了对儿童学习潜能的

①互动百科："建构主义"，引自 http://www.hudong.com/wiki/%E5%BB%BA%E6%9E%84%
E4%B8%BB%E4%B9%89。

②互动百科："维果茨基"，引自 http://www.hudong.com/wiki/%E7%BB%B4% E6%9E%9C%
E8%8C%A8%E5%9F%BA。

动态评估[①]。

　　总之，我们试图从我国对未成年犯刑罚、矫正的实践出发，以建构主义为理论指导，开展系统研究，重新解释未成年人犯罪的原因，客观阐述对预防未成年人犯罪的观点，对未成年犯矫正进行系统分析，建构正当而有效的矫正定位、矫正策略、矫正模式设计和技术运用体系。我们认为，未成年人犯罪是他们受不良环境与情境同化的结果，而我们的矫正工作是以特殊的情境和条件让未成年犯发生顺应，帮助他们建构新图式，个别化矫正的切入点就是要找准未成年犯的最近发展区。

[①]互动百科："建构主义"，引自 http://www.hudong.com/wiki/%E5%BB%BA%E6%9E%84%E4%B8%BB%E4%B9%89。

第一章

未成年人犯罪现象分析

犯罪现象是指发生在一定区域、一定时期内应受到法律制裁的严重危害社会行为的总称。近年来，我国不少地区未成年人犯罪团伙化、暴力化、低龄化的倾向加剧。个别重特大案件的发生[①]，既给当前的未成年人思想道德建设工作提出了新挑战，又给当今的未成年人司法制度之完善提出了新考量。正确解读未成年人犯罪现象，对于开展未成年人犯罪的特殊预防和一般预防，构建平安、法治与和谐社会，具有十分重要的理论与现实意义。

第一节　未成年人犯罪总体状况

改革开放以来，随着社会经济转型、转轨，人、财、物的大流动，我国的未成年人犯罪比率总体上呈波动上升趋势，已成为专家学者与社会大众关注的一大热点问题。

一、当今未成年人犯罪总体趋势梳理分析

资料显示，1979 年，我国法院判处未成年犯 4954 人，占全部刑事罪犯人数的 4%；1989 年，我国法院判处未成年犯 42766 人，占全部刑事罪犯人数的 8.89%[②]；到了 1999 年，我国法院未成年犯判决数为 40014 人，所占比率降为 6.64%。

---

①如 2012 年 8 月 1 日，辽宁抚顺一名 17 岁少年李某，因女友提出和其分手，竟丧心病狂地杀死了女友亲属 2 人，逃跑途中又杀死 6 人、刺伤 5 人。
②参见林准在 1992 年 11 月"未成年人犯罪的预防、审判和矫治国际研究会"上的讲话，引自网页：www.china.com.cn. 发布日期：1992 年 11 月 14 日，访问日期：2012 年 5 月 10 日。

（一）近年来西方及亚洲主要国家未成年人犯罪概况

近二十年来，美国未成年人犯罪形势不容乐观。据统计，美国每 10 万居民中，13—17 岁男性杀人犯罪比率，1993 年达到 17.9%[①]，是 1984 年相关指标的 3.37 倍；到 1997 年，美国八种罪中，未满 18 岁被告人所占的百分比分别为：杀人罪占 10.2%、伤害罪占 13.6%、强奸罪占 16.8%、抢劫罪占 23.6%、盗窃罪占 29.6%、入室盗窃罪 31.0%、盗窃机动车罪占 32.7%、纵火罪占 49.5%[②]。截至到 2004 年底，全世界 5 个允许对不满 18 岁的少年犯判处死刑的国家中就有美国，而美国 50 个州中有 19 个州允许对少年犯判处死刑。

在英国，少年犯罪已成为困扰该国民众工作和生活的一个严重社会问题。调查数据显示，2004 年，英国 26% 的 10—25 岁青少年表示在过去的 12 个月内至少有 1 次犯罪行为；8% 的人承认在过去 12 个月内有过 6 次以上犯罪行为；25% 的人承认曾在过去 12 个月内从事过多种反社会行为；12% 的 14—15 岁和 9% 的 16—17 岁英国少年曾介入过一个少年犯罪团伙；有 41.3% 的 10—17 岁获释青少年一年内再次犯罪。根据英国青少年委员会的调查，反社会行为俨然已经成为很多英国青少年心目中的"荣誉称号[③]"，很多青少年趋之若鹜。这从一个侧面反映了众多英国青少年在成长中的畸形价值追求与行为方式取向。

作为另外两个大陆法系国家，德国虽有一套较为健全的少年司法制度，但并不能有力地阻止和抑制少年犯罪的发生。有一份调查报告表明，2007 年德国少年犯罪率明显高于往年，其中 14—18 岁的少年暴力行为增长了 4.9%，严重甚至致命的人身伤害行为增长率竟高达 6.3%[④]。而在俄罗斯，随着政治经济转轨，少年犯罪问题日益突出。有数据显示，苏联解体十年后，俄罗斯少年犯罪人数增加了 60%。有 1/3 的该国青年希望学美国讹诈勒索的绑匪。该国的极端组织"光头党"更是名扬海内外。近年来，俄罗斯少年犯罪整体形势虽有所好转，但受邪教之毒害从而引发的一些作案手段特别残忍的犯罪却有增无减。[⑤]

近年来，日本在预防青少年犯罪方面做了大量的工作，许多机制、举措值得借

---

① [美]富兰克林·E. 齐姆林：高维俭译，《美国少年司法》，中国人民公安大学出版社 2010 年版，第 148 页。

② [美]富兰克林·E. 齐姆林：高维俭译，《美国少年司法》，中国人民公安大学出版社 2010 年版，第 127 页。

③ 卢琦：《中外少年司法制度研究》，中国检察出版社 2008 年版，第 132－133 页。

④ 卢琦：《中外少年司法制度研究》，中国检察出版社 2008 年版，第 174 页。

⑤ 如 2008 年 6 月，俄罗斯西部城市雅罗斯拉夫尔，7 名信奉邪教的富家少年诱拐、谋杀了 4 名 15 至 17 岁的少年，并在他们身上每人都刺了 666 刀，4 个凶手还将被害人分尸，吃掉他们的心脏和舌头，再将他们深埋。

鉴。统计数据表明，1998—2007 年 10 年间，日本无论是犯罪少年、触法少年、特别法犯、虞犯少年[1]，人数基本上呈递减趋势。相比 1998 年，2007 年日本犯罪少年人数下降了 34.4%，触法少年人数下降了 33.5%，四类违法少年总人数下降了 33.9%（见表 1-1）。另一个亚洲国家，韩国少年犯罪情况则有些不同。2006—2008 年，韩国少年犯罪总人数在经过前面六年的连续下降过后呈上升态势，特别是 2008 年，竟比上年递增了 53.2%（见表 1-2）。但韩国少年犯罪总人数占全国犯罪总人数的比率，仍处于一个较低的水平，从中反映出韩国少年司法、社会管理、家庭与学校教育良性互动与发展之现状。

表 1-1　日本少年非法状况统计数据（单位：人）

年份	犯罪少年	触法少年	特别法犯	虞犯少年	总人数
1998	157 385	26 905	9 662	1 888	195 840
1999	141 721	22 503	8 622	1 557	174 403
2000	132 336	20 477	7 766	1 887	162 466
2001	138 654	20 067	7 239	1 811	167 771
2002	141 775	20 477	6 729	1 844	170 825
2003	144 404	21 539	7 126	1 627	174 696
2004	134 847	20 191	6 673	1 657	163 368
2005	123 715	20 519	6 010	1 508	151 752
2006	112 817	18 787	5 900	1 482	138 986
2007	103 224	17 904	6 947	1 379	129 454

表 1-2　韩国 2000—2009 年少年犯罪总体情况

年份	2000	2001	2002	2003	2004	2005	2006	2007	2008	2009
少年犯总数	143 643	130 983	115 423	96 085	72 770	67 478	69 211	88 104	134 992	113 022
比率	6.8%	5.6%	5.0%	4.2%	3.2%	3.4%	3.7%	4.5%	5.5%	4.5%

（表 1-1 数据来自吴海航：《日本少年事件相关制度研究》，中国政法大学出版社 2011 年版，第 176 页；表 1-2 数据来自韩国法务部发布的《2010 年犯罪白皮书》。）

---

[1] 日本犯罪少年是指 14—20 周岁触犯刑律的少年；触法少年是指 14 周岁以下触犯刑罚法令的少年；特别法犯是指违反特别法规的少年；虞犯少年是指暂时还没有犯罪，但犯罪倾向较强需要国家进行干预的少年。

（二）十五年来中国未成年人犯罪概况

1. 1997—2008 年间我国法院判决未成年犯人数年均递增 10.51%

表 1-3　1997—2011 年全国未成年人犯罪法院判决情况

年　份	判决刑事罪犯总人数	判决未成年犯总人数	未成年犯数占罪犯总数比率	未成年人犯罪率（万分之一）
1997	526 312	30 446	5.78%	3.95
1998	528 301	33 612	6.36%	4.27
1999	602 380	40 014	6.64%	4.99
2000	639 814	41 709	6.52%	4.97
2001	746 328	49 883	6.68%	5.70
2002	701 858	50 030	7.13%	5.27
2003	742 261	58 870	7.93%	5.90
2004	764 441	70 086	9.17%	6.77
2005	842 545	82 692	9.81%	8.80
2006	889 042	83 697	9.41%	8.83
2007	931 745	87 506	9.39%	9.98
2008	100 7304	88 891	8.82%	——
2009	997 481	77 604	7.78%	——
2010	1005 796	68 193	6.78%	——
2011	1051 250	67 280	6.40%	——

（注：以上数据摘自中国社会统计年鉴、中国法律年鉴以及《中国的司法改革》白皮书；2008—2011 年因未查到我国未成年人人口总数，故"未成年人犯罪率"一栏空缺；另外，2011 年我国判决刑事罪犯总人数 1051250 是根据后两项数据计算，准确性有待验证。）

从表 1-3 可以推断出：（1）1997—2008 年间，我国法院年判决未成年犯人数与年刑事判决总人数呈正比递增关系，其中增幅特别显著的年份是 1999 年、2001 年和 2004 年，分别比上年递增 19.05%、19.6% 和 19.05%，年增幅最小的年份是 2002 年，仅比上年递增 0.29%；（2）2008 年以后，我国法院判处的未成年犯罪人数开始大幅下降，2011 年相比 2008 年，数量上下降了 21611 人，共下降了 24.31%，年均递减 8.10%；（3）1997—2011 年的 15 年间，我国法院判决未成年犯人数占总罪犯人数比重年平均值为 7.64%，最高为 2005 年的 9.81%，最低为 1997 年的 5.78%；（4）未成年人犯罪率（万分之一）从 1997 年开始一直波动上扬，到 2008 年为最高值（估计超过 10%），之后呈下滑态势，说明了全国的未成年人犯罪总体趋势处于可控状态，且有好转迹象。

2. 大学扩招十年我国青少年犯罪占刑事犯罪总人数下降了 7.42%

1998—2008 年，我国 14—25 周岁青少年犯罪总数基本呈递增趋势，但这一年龄段犯罪人数占整个刑事犯罪总数之比率却基本呈下降趋势。2008 年相对 1998 年，14—25 岁青少年罪犯总人数递增了 61.67%，但是青少年罪犯占刑事犯罪总人数比率却下降了 7.42%（见表 1-4）。其中的原因耐人寻味，一大根本性因素应与 1999 年国家开始实施的大学扩招政策不无关系①。从一定程度上而言，十多年来的大学扩招为一大批青年人避免走入犯罪歧途发挥了极好的政策导向及教育引领作用。另从表 1-4 中可知，2003—2009 年，全国未成年犯人数已超过青少年犯总数的四分之一。

表 1-4　1997-2009 年全国青少年犯罪数据统计②

年　份	未成年犯人数	18—25 周岁罪犯人数	青少年罪犯总人数	青少年罪犯人数占罪犯总人数比率	未成年犯人数占青少年罪犯人数比率
1997	30 446	168 766	199 212	37.85%	15.28%
1998	33 612	174 464	208 076	39.39%	16.15%
1999	40 014	181 139	221 153	36.71%	18.09%
2000	41 709	179 272	220 981	34.54%	18.87%
2001	49 883	203 582	253 465	33.96%	19.68%
2002	50 030	167 879	217 909	31.05%	22.96%
2003	58 870	172 845	231 715	31.22%	25.41%
2004	70 086	178 748	248 834	32.55%	28.17%
2005	82 692	203 109	285 801	33.92%	28.98%
2006	83 697	219 934	303 631	34.15%	27.57%
2007	87 506	228 792	316 298	33.95%	27.67%
2008	88 891	233 170	322 061	31.97%	27.60%
2009	77 604	224 419	302 023	30.30%	25.69%

（以上数据摘自张蓉：《未成年人犯罪刑事政策研究》，中国人民公安大学出版社 2011 年版，第 10-11 页。）

①有数据显示，1999 年全国普通本专科招生 159.68 万人，比上年增加 51.32 万人，增长 47.4%，加上成人本专科及高等教育本专科招生，1999 年累计比上年增加 95.82 万人。之后近十年，全国掀起了大学扩招之热潮。

②此表中的青少年罪犯年龄界限为 14 周岁以上 25 周岁以下。

二、浙江省未成年人犯罪基本态势归类分析

（一）十年来浙江省法院审理未成年人刑事案件判决情况

为深入了解浙江省未成年人犯罪之主体构成、案由分布、判决概况，课题组走访了浙江省高级人民法院，得到了浙江省高院有关部门的大力支持，从中得到了许多第一手资料。

1.2004 年以来未成年人刑事处罚人数总体呈递减态势

2002—2011 年，从浙江省法院审理的未成年人刑事犯罪人数情况看，有一大显著特征即 2004 年、2005 年总处罚人数出现了急剧的上升，其中 2004 年比 2003 年递增了 54.31%；2005 年又在 2004 年基础上递增了 17.57%。之后，法院每年审理的未成年人刑事犯罪人数出现了较大的回落，到 2010 年出现一个相对的低谷。从总体上看，2004 年以来浙江省法院每年刑事判决未成年人数在 7000 人上下波动（见图 1-1）。

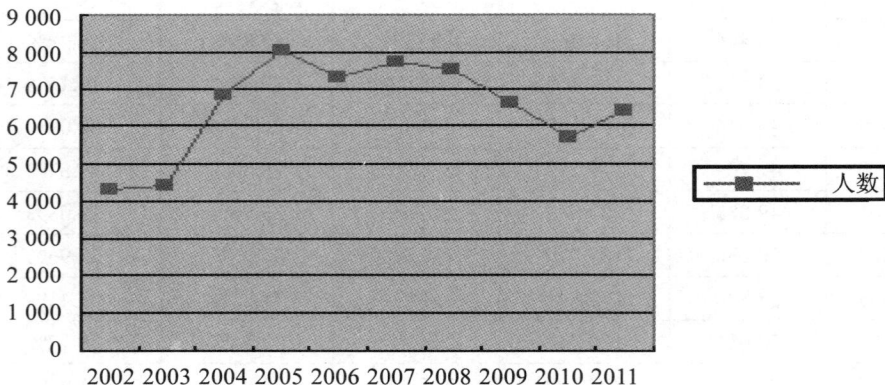

图 1-1　2002-2011 年浙江省法院判决未成年人刑事犯罪人数情况

2. 未成年人盗窃犯罪数量十年来始终居第一位

由表 1-5，我们发现在 2002—2011 年间浙江省未成年人刑事犯罪案由构成有以下一些特点：一是从罪名总体分布看，未成年人犯罪种类相对比较集中，触犯抢劫、盗窃、故意伤害、寻衅滋事、聚众斗殴等五种罪名的人数占了未成年人犯罪总数的八成以上；二是从横向各罪名比重看，除 2011 年外，其余九年比率列居前四位的罪名分别是盗窃、抢劫、寻衅滋事和故意伤害；三是从单一罪名纵向比重看，自2005 年后，浙江省未成年人犯盗窃罪总体比重在下降，而犯故意伤害罪比重在稳步上升，特别是 2011 年，浙江省法院判决的未成年人犯故意伤害罪比率竟达到了8.40%，创十年来的最高值。另外，从表中可以获悉，近三年来浙江省未成年人犯

强奸罪、聚众斗殴罪的比重都在递增，反映了当前一些未成年人在成长过程中心态浮躁、需求失控的现象。

表1-5　2002-2011年浙江省未成年人刑事犯罪案由构成情况

年份	抢劫	盗窃	故意伤害	强奸	故意杀人	聚众斗殴	寻衅滋事	贩毒	合计
2002	30.58%	39.19%	7.26%	4.17%	0.30%	3.57%	7.51%	0.85%	93.43%
2003	27.90%	46.73%	6.02%	2.81%	0.57%	2.10%	7.26%	1.45%	94.84%
2004	27.83%	47.88%	5.82%	1.53%	0.35%	2.26%	6.75%	2.24%	94.66%
2005	28.26%	48.28%	4.98%	1.61%	0.34%	1.78%	6.21%	2.42%	93.88%
2006	30.67%	40.50%	5.85%	1.82%	0.66%	3.35%	8.66%	2.02%	93.53%
2007	28.82%	38.94%	7.05%	1.48%	0.39%	4.18%	8.22%	2.88%	91.96%
2008	30.20%	36.20%	7.02%	1.71%	0.24%	4.14%	8.34%	4.00%	91.85%
2009	32.50%	33.97%	7.05%	1.74%	0.47%	3.40%	8.22%	3.73%	91.08%
2010	26.79%	34.92%	7.10%	2.06%	0.56%	5.57%	8.46%	3.98%	89.44%
2011	26.61%	34.68%	8.40%	2.97%	0.75%	6.50%	7.80%	3.31%	91.02%

3. 未成年人犯罪低龄化倾向近年来有上扬态势

从法院判决层面，我们可对浙江省未成年人犯罪主体构成得出以下结论：其一，从在校生犯罪看，2002、2003年是浙江省在校生犯罪的高发年，到了2008年回落到最低点，之后呈缓慢上升势头，从整体看2011年比2002年下降了5.31%；其二，从作案时的年龄看，经过五年（2004—2008）的低位徘徊后，低龄化趋势又得到了较快的上扬，捕前为14—16周岁的犯罪人数2011年达到了未成年犯总人数的8.88%；其三，从捕前学历构成看，十年中有8%的未成年人初中毕业后能到普通高中、技校或职业中专就读，而超过90%的未成年人则过早地走入社会，这让人看到了未成年犯的整体知识结构；其四，从曾犯罪人员比重看，2008年以来增长势头明显，2010年超过6%，是2002年的3倍，说明随着宽严相济刑事政策的贯彻落实，未成年人犯罪主体出现了一些新的变化；其五，从未成年女犯数量看，每年判决人数比率在2%—4.5%之间，其中比率居前三位的分别是2011年、2003年和2010年，比率分别为4.42%、4.38%和3.45%（具体见表1-6）。

表1-6　2002-2011年浙江省未成年人刑事犯罪主体构成情况

年份	在校生	辍学生	作案时超过14岁 不满16岁	高中以上 文化	曾犯罪 人员	女犯
2002	10.83%	2.42%	8.00%	7.49%	2.00%	3.39%
2003	10.02%	1.77%	6.92%	8.80%	2.17%	4.37%
2004	7.99%	1.48%	4.72%	7.46%	1.79%	2.87%
2005	8.01%	1.22%	4.71%	8.95%	2.59%	3.02%
2006	7.07%	1.07%	5.54%	8.16%	2.72%	2.27%
2007	4.67%	0.81%	5.30%	7.74%	2.88%	2.10%
2008	3.70%	0.57%	6.45%	6.83%	4.05%	2.39%
2009	5.38%	0.62%	9.02%	7.62%	4.76%	2.79%
2010	5.23%	0.80%	7.71%	7.92%	6.05%	3.41%
2011	5.52%	0.47%	8.88%	7.97%	4.89%	4.36%

（二）浙江省与其他省份法院判决未成年犯非监禁刑情况

据《法制日报》报道，2005-2009年，我国法院共判处刑事生效被告人4675177人，其中未成年被告人420514人，占全部生效被告人数的8.99%。在2005—2009年判处的全部未成年犯中，被判处非监禁刑的有144220人，总体适用率为33.84%，高出全部犯罪非监禁刑适用率4.45个百分点。在所有判处非监禁刑的未成年犯中，缓刑占82.57%，免予刑事处罚占5.19%，管制占3.81%，单处罚金占8.43%。其中，2009年，未成年人罪犯非监禁刑适用率最高的五个省区是山东、内蒙古、辽宁、黑龙江、青海，适用率分别为52.01%、45.11%、46.53%、51.55%和33.52%。未成年人罪犯非监禁刑适用率高于全部罪犯非监禁刑适用率且差值列居前五位的省区是青海、四川、天津、海南、北京，差值分别为16.11%、12.54%、12.26%、12.22%和12.08%。未成年人犯罪非监禁刑适用率低于全部犯罪非监禁刑适用率的省区是上海、福建、江西、黑龙江、吉林和浙江。[①]

从浙江省法院2002—2011年对未成年犯判决非监禁刑情况看，有三个鲜明的特征：其一，从非监禁刑人数看，九年间经历了一个向上提升又向下递减的典型波动过程，其中2005年人数为最高值；其二，从非监禁刑适用比率看，十年间基本徘徊在18%—28%区间，平均值为24.46%，最高为2002年的27.28%，2009年以来有上扬之势（见图1-2）；其三，从非监禁刑构成种类看，缓刑占了80%以上，其中缓刑构成比重最高的年份是2011年，占非监禁刑总数的85.8%（见表1-7）。另

---

①佟季、马剑："未成年犯罪非监禁刑适用情况分析"，《法制日报》2010年11月4日。

外，对未成年犯的罚金、免予刑事处罚比例当前已日趋回归理性，反映了当今浙江省法院对未成年人刑事案件刑罚处置时的慎重态度。

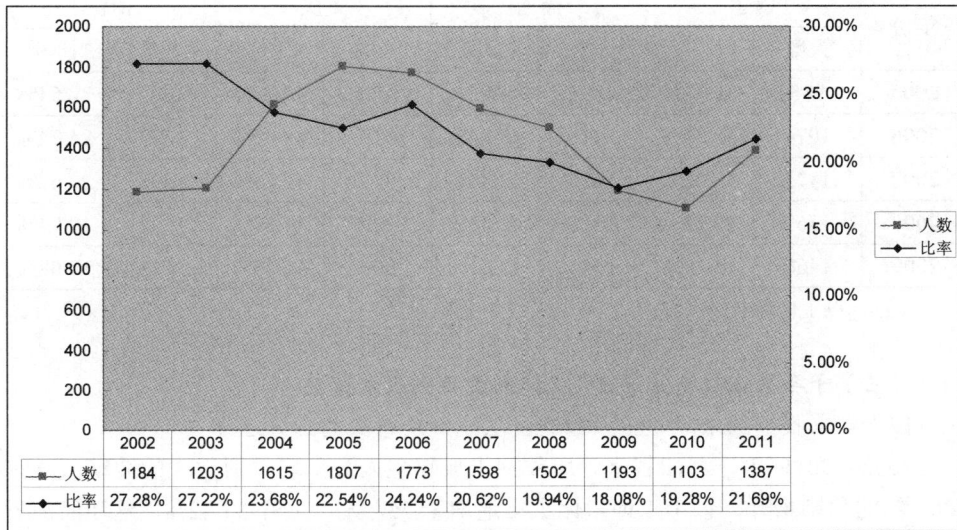

	2002	2003	2004	2005	2006	2007	2008	2009	2010	2011
人数	1184	1203	1615	1807	1773	1598	1502	1193	1103	1387
比率	27.28%	27.22%	23.68%	22.54%	24.24%	20.62%	19.94%	18.08%	19.28%	21.69%

图 1-2　2002-2011 年浙江省法院判决未成年犯非监禁刑情况

表 1-7　2002-2011 年浙江省未成年犯非监禁刑构成情况

年份	2002	2003	2004	2005	2006	2007	2008	2009	2010	2011
缓刑	80.66%	81.55%	80.00%	81.68%	79.47%	80.66%	81.89%	85.00%	84.77%	85.80%
管制	5.66%	5.99%	6.01%	4.26%	3.21%	4.51%	4.46%	2.93%	4.17%	2.31%
罚金	10.14%	11.06%	11.83%	11.29%	9.59%	7.45%	7.32%	6.54%	4.81%	6.27%
免予刑事处罚	3.55%	1.41%	2.17%	2.77%	7.73%	7.38%	6.32%	5.53%	6.26%	5.62%

　　另据了解，2005—2009 年，福建、湖南、重庆、浙江省四省（市）中，未成年犯非监禁刑适用率年均值分别为 33.8%、44.46%、43.2%和 2 1.08%。浙江同湖南、重庆相比，适用率相差悬殊，其主要原因，在于浙江省未成年罪犯籍贯构成中，外省籍人员比重持续攀升，在当前对流动人口尚缺乏系统、规范、有力的监督、管束机制下，浙江省针对外来未成年人刑事犯罪在司法判决方面维持在一个较高的监禁率上，也是省情、市情背景下一大无奈的选择。

表1-8　2005-2009年四省（市）法院判决未成年犯非监禁刑情况①

年份	福建		湖南		重庆		浙江	
	人数	比例	人数	比例	人数	比例	人数	比例
2005	985	31.72%	1895	44.97%	1075	42.78%	1807	22.54%
2006	1074	31.84%	2218	48.84%	910	45.61%	1773	24.24%
2007	1325	33.06%	1455	43.45%	842	41.75%	1598	20.62%
2008	1569	37.22%	1318	42.45%	1096	44.39%	1502	19.94%
2009	1466	35.18%	1044	42.61%	806	41.46%	1193	18.08%

（注：以上四项比例均为"占当年未成年罪犯总数"）

（三）十年来浙江省未管所②收押未成年犯基本情况

1. 十年来收押的未成年犯人数约占法院判决总数的四分之一

2002—2011年，浙江省未管所收押未成年犯人数出现了两次大的波动：一是2004年的急剧攀升，该年收押量比上年递增了554人，上升53.42%，这和浙江省法院2004年刑事处罚未成年人总量比上年增加54.11%基本吻合；二是2010年出现的大幅回落，该年收押未成年犯人数比2009年下降了421人，下降了20.67%（见图1-3）。另据调查，浙江省未管所每年收押未成年犯人数与每年法院判决人数之比率，在2002—2008年基本上处于22%—25%之间，2009年以后有所上升，但都在30%上下浮动（见图1-4）。十年间，浙江省未管所共收押未成年犯16131人，约占浙江省法院判决总人数的24.85%。

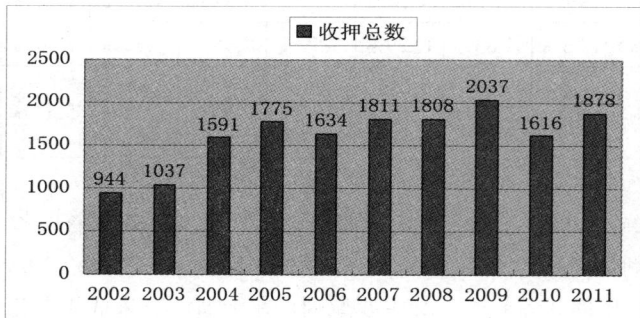

图1-3　2002—2011年浙江省未管所收押未成年犯人数情况

---

① 福建省的相关数据来自乐宇歆等："未成年被告人非监禁刑适用实务问题研究"，《青少年犯罪问题》2011年第3期；湖南省、重庆市的相关数据来自张军（主编）：《中国少年司法》（2010年第2辑、2011第2辑），人民法院出版社2011年。
② 为便于记忆，将"未成年犯管教所"简称为"未管所"，下同。

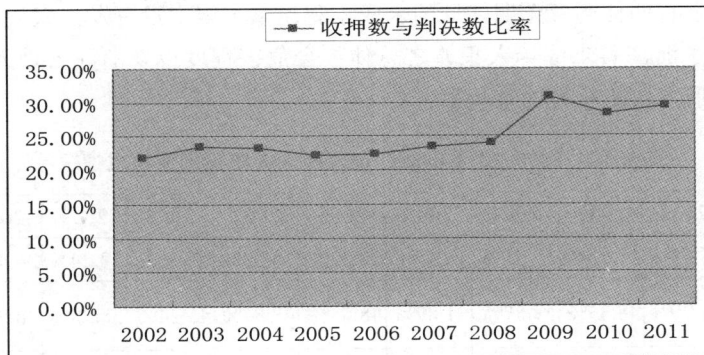

图 1-4 2002—2011 年浙江省未成年犯收押数占法院判决数比率情况

2. 未成年暴力型和财产型犯罪年收监比重最高相差 5 倍

针对未成年犯的判决生效后,受刑罚种类、余刑、年龄等因素影响,大约有不到四分之一的未成年犯会被送到未管所接受教育改造。由此带来的一大问题是,未管所全年收押的未成年犯常规因子构成数据和全省法院判决之未成年犯相关数据会有一些差异。如根据表 1-5 可知法院判决中,未成年人盗窃犯罪数量历年来虽比重不断下降但始终居第一位,而表 1-9 则鲜明地告诉人们:刑罚执行机关每年收押未成年犯时,以抢劫为主要类型的暴力犯始终居第一位。另外,根据下表可知,在刑罚执行环节,暴力型未成年犯与财产型未成年犯比重,最低值是 2005 年的 2.71 倍,最高值是 2009 年的 4.97 倍;2008 年后涉毒型未成年犯比重有持续下降势头,而淫欲型未成年犯比率,在 2010 年后却出现较高幅度的回升。

表 1-9 2002-2011 年浙江省收押未成年犯案由分类情况

年 份	2002	2003	2004	2005	2006	2007	2008	2009	2010	2011
暴力型	69.1%	70.2%	67.2%	67.9%	74.1%	75.7%	73.9%	78.3%	74.4%	71.1%
财产型	20.8%	20.0%	24.7%	25.1%	18.7%	15.4%	17.2%	15.8%	17.1%	19.0%
淫欲型	8.79%	7.16%	4.52%	3.66%	3.67%	4.09%	4.42%	2.95%	5.20%	7.03%
涉毒型	0.42%	1.43%	2.32%	2.53%	2.20%	1.77%	2.54%	2.06%	1.98%	1.60%
其 他	0.95%	1.24%	1.32%	0.9%	1.41%	3.08%	1.94%	0.93%	1.24%	1.28%

3. 两年以下的未成年短刑犯数量十年间增加了 2 倍

十年来,从收押的未成年犯刑期构成看,可以发现一大显著的特点,即每年收押的未成年犯中,刑期在两年以下的比率波动上升趋势非常明显,2011 年已超过年收押量的三分之一,接近 2002 年的 3 倍;十年中,两年以下短刑犯年均递增率为 2.86%,其中上升幅度最大的一次是 2009 年,比上年递增了 10.56%。另外,原判在十年以上有期徒刑及无期徒刑的未成年犯比重十年中没有发生太大的变化。从中充分说明了浙江省未成年人犯罪之总体社会危害程度以及浙江各地人民法院对未成年犯量刑方面的从轻处置政策。

表 1-10　2006-2011 年浙江省收押未成年犯刑期构成情况

年份	2002	2003	2004	2005	2006	2007	2008	2009	2010	2011
不满 2 年	11.95%	17.95%	17.31%	18.07%	20.32%	19.33%	22.68%	33.24%	34.47%	35.41%
2 年以上不满 4 年	51.29%	48.33%	53.57%	51.89%	48.53%	48.87%	45.24%	38.78%	38.92%	38.60%
4 年以上不满 7 年	25.33%	21.68%	18.32%	17.16%	19.28%	20.76%	20.41%	16.99%	18.19%	17.52%
7 年以上不满 10 年	7.34%	8.02%	5.84%	7.65%	7.10%	6.51%	7.25%	6.77%	5.45%	4.90%
10 年以上不满 15 年	2.37%	2.67%	3.58%	3.43%	3.06%	3.04%	3.15%	3.04%	1.92%	2.40%
15 年以上及无期	1.65%	1.34%	1.38%	1.80%	1.71%	1.49%	1.27%	1.18%	1.05%	1.17%

三、浙江省未成年人犯罪区域性构成调查分析

十年来，浙江省 11 个地区中，哪些市（县）未成年人刑事案件高发，哪些市（县）外来未成年人犯罪比率偏高，哪些市（县）关联未成年人的综治防控与司法处置工作做得比较有成效？带着诸多疑问，我们对浙江省未管所狱政查询系统进行了专项数据搜索，并有选择地挑选若干市（县）进行了实地调查。

（一）十年来浙江省各市（县）未成年人犯罪概况

1.浙江省温州籍未成年人犯罪总数相对较高

从表 1-11 可以看出：其一，从各地年收押数横向比较看，2004 年最为特殊，这一年收押宁波籍未成年犯最多，除此外每一年都是温州籍未成年犯人数最多，而列居第二、第三位的却经过了多次调整，如 2002 年前三位分别是温州市、台州市、杭州市，2005 年前三位则是温州市、宁波市、台州市，到了 2011 年前三位又是温州市、台州市、杭州市；其二，从各地年收押数纵向比较看，自 2004 年过后，杭州、宁波、湖州等市未成年犯年收押数基本呈下降态势，而金华市却呈连续递减趋势，该市籍未成年犯年收押比例已从 2004 年的 13.37%下降至 2011 年的 4.72%，七年间下降了 8.65%，可见该市在预防与惩治未成年人犯罪方面进行了卓有成效的工作。

由于浙江省各市人口总量很不均衡，故单从各地年收押未成年犯数量来判断当地未成年人犯罪率高低是不客观的。为此，我们查阅了 2002 年、2006 年、2010 年三个年度浙江省各市男性人口数量，并在表 1-11 基础上计算出了各地未成年犯数

量占各市男性人口总数之比率，从表中我们发现：虽然这三年中每年温州籍未成年犯收押数量都事最多的，但温州籍未成年犯人数占当地男性人口总数比率（万分之一）并非最高的。如2002年，台州籍未成年犯所占比率居第一位；2006年，丽水籍未成年犯所占比率最高；2010年虽然温州籍未成年犯所占比率最高，但和第二位衢州籍未成年犯所占比率并不悬殊。虽然我们一时无法查到2002年、2006年、2010年三年浙江省各市14—18周岁本地户籍未成年人数量，但借助表1-12我们从一个侧面了解到了本地户籍未成年人犯罪在当地所占总体比重。

表1-11　2002—2011年浙江籍未成年犯区域收押情况（单位：人）

年份	杭州	宁波	温州	金华	台州	绍兴	丽水	衢州	嘉兴	湖州	舟山
2002	76	64	152	72	113	60	47	43	11	17	7
2003	75	81	126	78	95	55	59	48	15	20	8
2004	98	127	119	121	103	81	101	70	44	29	12
2005	66	115	138	80	85	78	34	83	43	48	15
2006	65	60	114	77	84	51	51	38	23	29	2
2007	55	25	130	58	53	46	44	42	32	34	7
2008	43	48	129	39	43	37	37	49	19	28	6
2009	42	42	172	37	49	50	33	49	31	24	4
2010	52	23	171	32	51	20	40	50	11	19	7
2011	61	44	130	24	82	50	40	37	20	18	3

表1-12　浙江省各市未成年犯占该市男性总人口比率情况

年份	类别	杭州	宁波	温州	金华	台州	绍兴	丽水	衢州	嘉兴	湖州	舟山
2002	男性总人口数（万）	326.6	276.6	386.2	231.6	284.4	219.9	130.1	128.6	166.3	130.8	49.2
	未成年犯所占比率	0.23	0.23	0.39	0.31	0.40	0.27	0.36	0.33	0.07	0.13	0.14
2006	男性总人口数（万）	338.1	281.7	394.1	234.7	291.0	219.7	131.6	128.3	167.0	130.2	48.4
	未成年犯所占比率	0.19	0.21	0.29	0.33	0.29	0.23	0.39	0.30	0.14	0.22	0.04
2010	男性总人口数（万）	346.6	287.2	408.7	239.1	299.7	220.5	134.5	129.7	169.1	129.9	48.3
	未成年犯所占比率	0.15	0.08	0.42	0.13	0.17	0.09	0.30	0.39	0.07	0.15	0.14

（注：以上2002年、2006年、2010年浙江各市男性人口总数分别来自《浙江统计年鉴2003》、《浙江统计年鉴2007》、《浙江统计年鉴2011》；其中"未成年犯所占比率"指当年收押各市未成年犯数占当地男性总人口万分之一比率。）

下述两图则反映了浙江省未管所两个年份年终时的本省籍押犯数量,从图中可以看到:2011年相比2005年,浙江省各地在押未成年犯从人数上看已大幅回落,如宁波、金华籍未成年犯数量分别下降了140人和148人,下降幅度分别达70%和75.5%;从年末各地押犯数所占比重看,杭州、绍兴、衢州籍比例基本上无大的升降,宁波、金华两市出现了较大幅度的下降,而温州籍年终在押比例却出现了较高上扬,从中反映出浙江省若干地市未成年犯在刑期或年龄构成方面的一些差异。

2.宁波地区未成年犯年收押数五年间下降了9.47%

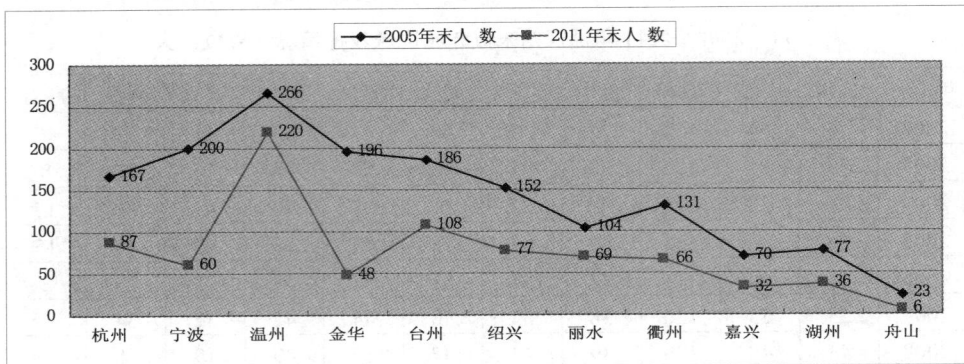

图1-5　2005、2011年末浙江籍在押未成年犯籍贯分布情况

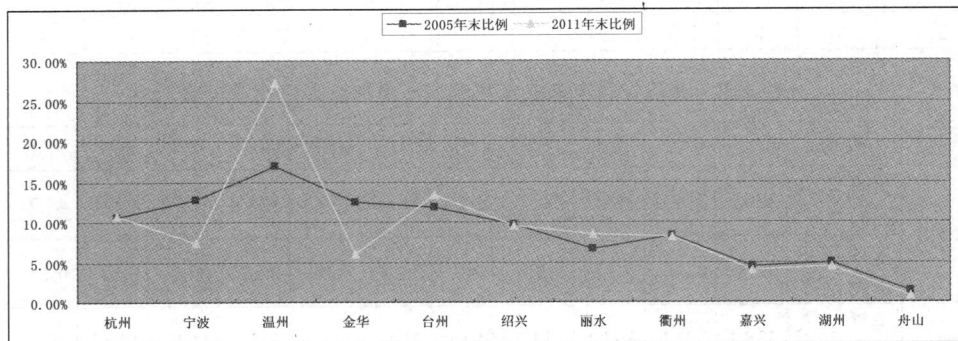

图1-6　2005、2011年末浙江籍在押未成年犯占本省籍犯比例情况

2.浙江省宁波市未成年人犯罪五年间下降势头明显

作为我国沿海市场大省、经济强省,外来务工人口的大量集聚,给浙江经济注入发展动力同时,也给浙江的社会治安造成了诸多不安定因素,近年来浙江省未成年人犯罪高发也是发展中带来的一大现实社会管理难题。资料显示,2005年,浙江省11个地市中温州、宁波、金华三市看守所押送的未成年犯数量占全年收押总数的一半;五年后,温州、台州、杭州三市押送的未成年犯数则达到了总数的56.32%。枯燥的数

字背后，反映的是当地经济发展、综治管理、少年司法的总体状况。

另据统计，2005 年浙江省各看守所送未成年犯人数排列前八位的分别是瑞安市、乐清市、慈溪市、义乌市、杭州市萧山区、余姚市、宁波市、湖州市看守所，分别占年收押总数的 4.22%、3.94%、3.43%、3.32%、3.27%、3.21%、3.15%和 2.93%；到 2010 年，全年送犯数排列前八位的分别是苍南县、瑞安市、温州市、慈溪市、温州市鹿城区、乐清市、台州市路桥区、温州市瓯海区看守所，分别占年收押总数的 6.44%、4.46%、4.15%、3.84%、3.65%、3.34%、3.28%和 3.16%，而义乌市、杭州市萧山区看守所送未成年犯数已下降至第 11 位和第 13 位，比例分别为 2.54%、2.29%。五年时间，看守所送犯数排序的巨大变化，从一个侧面说明了当今未成年人的流动走向、犯罪趋势以及当地在惩治犯罪方面的若干差异。

（二）近年来浙江省若干经济发达地区未成年人犯罪概况

仅了解押犯之地区来源分布，对于揭示未成年犯的生存环境与犯罪背景是不够的。为此，我们走访了一些浙江经济发达地区[①]，就其区域内的未成年人刑事犯罪及法院判决情况进行了专题调研。仔细分析下列两图，可以得到以下结论：一是从未成年被告人所占比率看，乐清市呈连续递减走势，五年间下降了近 10%，而慈溪、桐乡两市五年中虽总体比率都在 10%以下却呈跌宕起伏之势；二是从外地户籍[②]未成年犯所占比重看，四市（县）每一年比率几乎都在 70%以上，其中慈溪、绍兴两地相对较高，乐清、桐乡相对较低，从近年来情况看，绍兴外地未成年人犯罪比重呈直线上升之态；三是从单一年份四市（县）未成年人犯罪看，2007 年乐清市未成年人犯罪比率最高，而 2011 年绍兴县则是外地户籍未成年人犯罪比率最高。

---

① 在 2011 年中国百强县排名榜上，浙江省慈溪市、绍兴县、乐清市、桐乡市分别列第 7、8、18、24 位。
② 为了不刻意区分本省和外省籍，浙江省很多市（县）法院在统计犯罪人员时，分为本地户籍和外地户籍，其中未成年人犯罪中，90%以上外地户籍是外省籍人员。

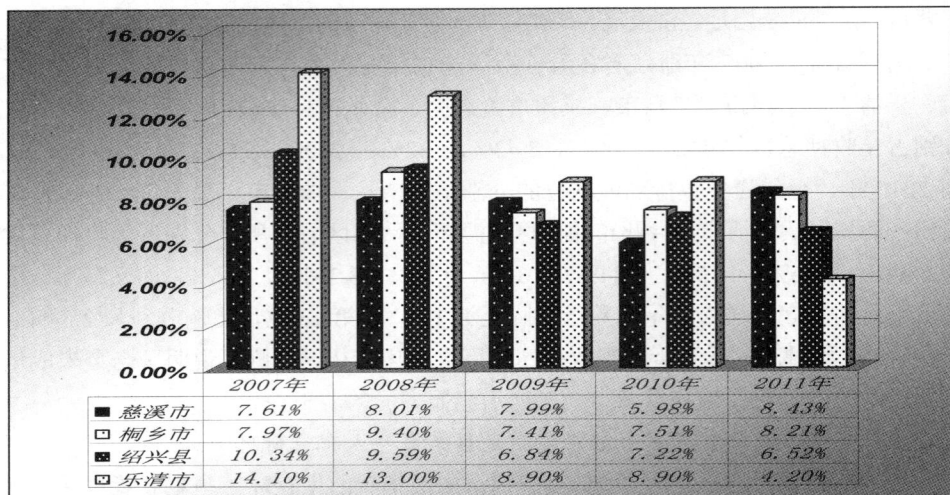

图 1-7　2007—2011 年四市（县）法院判决未成年犯比率情况

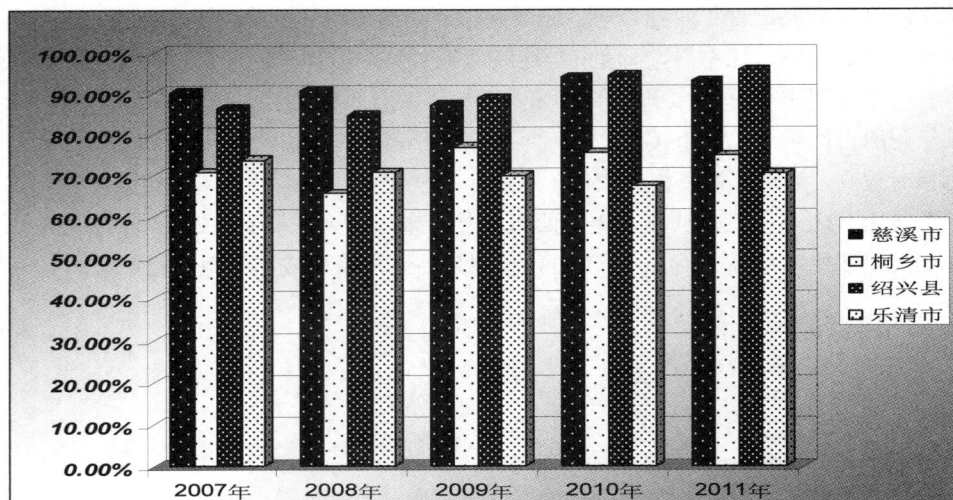

	2007年	2008年	2009年	2010年	2011年
■ 慈溪市	7.61%	8.01%	7.99%	5.98%	8.43%
□ 桐乡市	7.97%	9.40%	7.41%	7.51%	8.21%
▨ 绍兴县	10.34%	9.59%	6.84%	7.22%	6.52%
▧ 乐清市	14.10%	13.00%	8.90%	8.90%	4.20%

图 1-8　2007—2011 年四市（县）法院判决外地户籍未成年犯比率情况

（三）近年来浙江省单一市（县）未成年人犯罪情况调查

为了更深入地了解浙江省一些县域未成年人刑事犯罪与法院判决方面的信息，我们选择浙江省温州市的一个县即平阳县①进行了重点调研，从中采集到的一些数据，可谓从一个侧面反映了当前浙江省未成年人犯罪之发展演变以及少年司法制度在基层法院之贯彻落实情况。

---

① 平阳县距温州市区 50 公里，截至 2010 年底，县内常住人口 76.17 万人，全县共有家庭户 24.88 万户，平均每个家庭户人口为 2.88 人。

表 1-13　2007-2011 年平阳县人民法院对未成年犯判决人数及比率情况

年　份	未成年犯全年判决人数	占全年刑事被告总人数比率	外地户籍未成年人数	占全部未成年犯比率
2007	79	11.13%	68	86.08%
2008	109	9.12%	72	68.57%
2009	95	9.04%	59	62.11%
2010	104	8.39%	46	44.23%
2011	103	6.65%	91	88.35%

表 1-14　2007-2011 年平阳县人民法院对未成年犯量刑情况（单位：人）

年　份	有期徒刑	拘役	缓刑	管制
2007	65	8	4	2
2008	83	1	1	16
2009	82	11	0	2
2010	74	24	4	0
2011	78	21	14	0

表 1-15　2007-2011 年平阳县人民法院判决的未成年犯案由构成情况（单位：人）

年　份	抢劫	故意伤害	盗窃	聚众斗殴	寻衅滋事	贩毒	强奸	其他
2007	21	23	10	7	3	4	3	8
2008	30	32	13	16	10	2	3	3
2009	17	37	12	5	5	6	0	13
2010	18	25	18	3	6	7	1	26
2011	25	20	21	5	2	5	3	22

表 1-16　2007—2011 年平阳县人民法院判决的未成年犯主体构成情况（单位：人）

年　份	在校生	14 岁以上不满 16 岁	初中文化	曾犯过罪	女性
2007	3	5	53	0	3
2008	14	17	74	2	3
2009	5	11	70	16	7
2010	0	8	73	23	2
2011	7	14	59	12	2

从平阳县人民法院五年判决的有关数据可以推断出：其一，从判决的人数看，虽没有大的变动，但该县未成年犯占刑事判决总人数的比重却持续下降，说明了当地未成年人犯罪总体形势日趋好转；其二，从未成年人犯的籍贯构成看，将发达或次发达地区未成年人犯罪主体一概认定为外地户籍是错误的，在经济发展过程中本地户籍未成年罪犯有可能再次居主体地位；其三，从对未成年犯的量刑看，管制、缓刑在该县法院都得到了较好的运用，尤其是 2011 年缓刑比例达 13.6%，可见该县在执行《刑法修正案（八）》立法政策方面作出了积极的努力；其四，从未成年犯案由数量看，该县故意伤害案件居第一位，这与浙江其他地区未成年人犯罪以抢劫或盗窃罪居首之普遍规律有明显差别；其五，从未成年犯主体构成看，2008—2010年每年都有新特点，如 2008 年该县在校生犯罪比例达 12.84%，作案时处于 14—16周岁者比例达 15.6%；2009 年该县女性未成年人犯罪有 7 人，比例达 7.37%，超过当年全省女性未成年犯总体比率 4.58 个百分点；2010 年该县在校生犯罪人数为零，犯罪低龄化势头得到遏制，但是曾犯罪人员竟达到了 22.11%。

平阳县作为处于浙江省经济发达城市周边的一个中等县城，2007 到 2011 年该县未成年人刑事犯罪的基本特点，为解读当今浙江县域层面的未成年人犯罪提供了一个独特样本，从中可看出当前未成年人犯罪在总体趋势是可防可控的，但其发展态势又是错综复杂的。

第二节　未成年人犯罪主要特点

深入探究当前未成年人犯罪的特点与规律，对于建构新形势下未成年人犯罪防控与惩治机制，着眼从源头上减少未成年人犯罪之诱因，确保未成年人健康成长，具有十分重要的理论与现实意义。本节主要立足于浙江省未管所在押未成年犯的调查分析，以求从多个视角呈现与揭示当今流动人口大省的未成年人犯罪的一些主要特征。

一、从浙江省在押犯构成看区域性未成年人犯罪典型特征

（一）从主体构成看，外省籍人员已成为经济发达地区未成年人犯罪的主要人群

据 2011 年浙江省未管所全年收押数据显示，外省籍未成年犯已占全年收押总数的 72.9%，比 2001 年的 28.7%，上升了 44.2 个百分点。在外省籍未成年犯中，按人数多少排列前三位的籍贯分别是贵州省、四川省和云南省，分别占全年收押总数的是 20.45%、9.69% 和 8.47%。在贵州省，尤以毕节地区未成年人在浙江犯罪增长势头最为明显。据调查，2011 年浙江省未管所收押毕节地区未成年犯人数 98 人，占该省未成年犯总数的 25.51%。

为深层次了解外省籍未成年人的成长环境、个性特点及外出需求，2011 年 12 月，我们选取了西南经济欠发达地区贵州省毕节市（县级）、赫章县①两地进行了实地走访。在和当地公安、司法、乡镇有关人员进行工作沟通的基础上，我们费尽周折看望了两名未成年犯的家属，就浙江省未管所的教育改造政策、出所后亲情帮教等问题和他们进行了坦诚沟通。在赫章县人民法院，我们了解到：2009—2011 年，当地法院判决未成年犯人数分别为 70、40、54 人，分别占被判罪犯总数的 13.59%、9.11% 和 13.78%，未成年犯主要案由排列前三位是抢劫、故意伤害和盗窃罪，年平均比率分别为 41.49%、29.97% 和 18.62%。从该县较高的未成年人故意伤害案比例，我们感悟到了一个经济欠发达地区未成年人的生存环境与处世准则。

（二）从民族属性看，近年来一些地区少数民族未成年人犯罪增长势头明显

据统计，2004 年末，浙江省未管所有少数民族未成年犯 122 人，占押犯总数的 4.31%，其中数量列居前三位的分别是土家族、苗族和侗族；而 2010 年末，浙江省未管所共有少数民族未成年犯 265 人，占押犯总数的 10.23%。六年间，少数民族未成年犯比率递增了 5.92 个百分点。另据调查，2011 年，浙江省未管所共收押少数民族未成年犯 311 人，占收押总数的 16.56%。这些人员中，涉及 45 个民族，其中人数排列前五位的分别是土家族、苗族、布依族、彝族和侗族，此五个民族的未成年犯人数占了少数民族未成年犯总数的 78.45%（见图 1-9）。一些少数民族纯朴善良的民风民俗，在年轻一代向往都市生活进程中，已日渐被当前各种社会亚文化所浸染，表现出叛逆、冲动、鲁莽的特征。

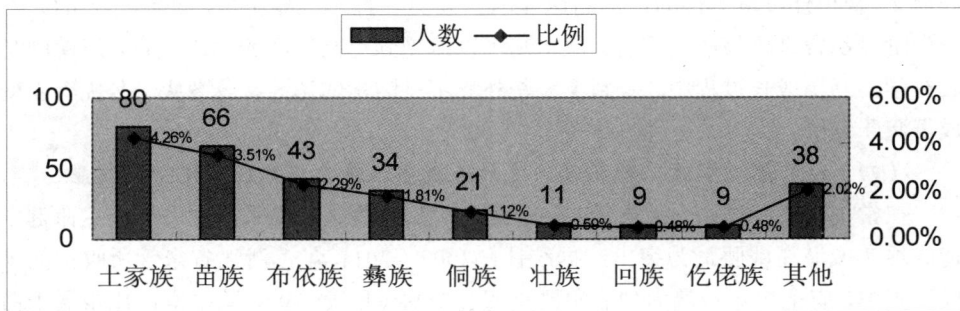

图 1-9 **2011 年浙江省未管所收押少数民族未成年犯情况**②

---

①赫章县未成年人在浙江犯罪人数从 2009 年的 9 人增至 2011 年的 25 人，犯罪类型也由 2009 年的抢劫、故意伤害两个罪发展至 2011 年的抢劫、盗窃、强奸、聚众斗殴、绑架等罪；该县少数民族未成年犯也由 2009、2010 年的仅 1 人发展到 2011 年的 7 人。
②图中数值均为单一少数民族未成年犯数量占少数民族犯总数之比例。

（三）从文化层次看，超过八成未成年犯罪人员没有接受完整的九年制义务教育

为了客观全面地了解当前在押未成年犯的犯罪构成、成长环境等情况，2012年2月，我们对所有在押罪犯进行了大量的问卷调查，共回收有效问卷2335份。调查得知，在押未成年犯中只有15%的人顺利或勉强完成了国家九年制义务教育的学习。在辍学时段分布方面，34.1%、50.7%的未成年犯分别在小学和初中阶段辍学（见表1-17）。在初中辍学时段，尤以初二期间比例最高，这和初二期间学业压力加重、老师及家长管教从严有一定的关系。

表1-17　浙江省在押未成年犯九年制义务教育辍学时间分布

辍学时段	小学四年级之前	小四之后小六之前	初一期间	初二期间	初三毕业之前
频数（n=2335）	400	397	534	591	58
百分比	17.1%	17.0%	22.9%	25.3%	2.5%

未成年犯在学习阶段中途辍学，原因是多方面的。调查中发现，很多未成年犯捕前读书时就有许多不良行为，百分比超过50%的不良行为按比例从高到低排列依次为逃学、抽烟喝酒、在外过夜、早恋、与同学吵架。在逃学这一环节，有25.3%的未成年犯一个月逃学最多时在7次以上。这些不良行为的滋生和蔓延对其后来走上犯罪之路有着潜移默化的影响。调查中还获悉，有24.1%的人以前成绩曾名列班级前茅，曾担任过班干部的比例高达43%。可见在押未成年犯中，有近一半的人在求学阶段都曾是班级的佼佼者，原本其可以接受到更高层次的学历教育，遗憾的是其在学习乃至成长过程中，受到了一些外界不良因素的诱导，最终从一名优等生变成了犯罪分子。

（四）从犯罪类型看，以抢劫为主的未成年人暴力犯罪成人化印记明显

在常规犯罪种类中，故意杀人、故意伤害、抢劫这三类罪对人民群众生命健康造成现实或潜在威胁最为突出。据统计，2002—2011年，浙江省未管所收押的未成年犯中，有七个年份暴力型罪犯比重超过70%（见表1-9），其中案由比重居于前三位的一直是抢劫、盗窃和故意伤害罪。如2011年，浙江省未管所收押的未成年犯中，第一罪名是抢劫罪、故意伤害罪的比例分别为52.8%、7.67%，与2001年相比虽变化不大（抢劫罪比例仅上升了1.05%，故意伤害罪比例也只有上升1.53%），但与1991年相比却十分明显。档案材料显示，1991年，浙江省未管所收押的未成年犯中，第一罪名为抢劫罪、故意伤害罪的比例分别为19.54%和2.73%。关于未成年人犯故意杀人罪的比例，从收押机关看10年间基本上处于0.8%—2%之间。

分析未成年人暴力犯罪社会危害性如何，一个重要的切入点是看其作案工具的准备与作案手段的选择。调查中得知，浙江省在押未成年犯中，捕前作案工具经常使用各类刀具、铁棍的占 54.3%；在作案过程中，经常使用凶器威胁方法的占 28.1%，采用突然袭击方法的占 12.2%。这从一个侧面反映了当前浙江省未成年人暴力犯罪的成人化迹象。

（五）从犯罪性质看，绝大部分未成年人犯罪属于"情节轻微"范畴

统计数据显示，2007—2011 年，浙江省未管所收押的未成年犯中，原判三年以下有期徒刑的未成年犯数量占年收押总数的比例分别为 61.90%、62.50%、66.32%、68.19%、67.84%，其中原判两年以下的未成年犯比例分别为 37.66%、37.17%、45.12%、47.71%和 47.12%，五年间被判两年以下有期徒刑者比例上升了 9.46 个百分点。特别是《刑（八）》出台前后，一个明显的变化是浙江省未管所收押的未成年犯刑期更趋短刑化。2011 年 7—12 月相比 2011 年 1—6 月，收押一年以下刑期的未成年犯增加了 31.96%，其中原判八个月以下的从 14 人增至 36 人，增长 1.57 倍。另据对 2335 名在押未成年犯的调查，得知作案一次的有 1016 人，占 43.51%。这些数据有力地说明了当今浙江省未成年人犯罪，无论是作案次数、作案情节还是社会危害性等都属于情节轻微范畴，初犯、偶犯、过失犯属性突出，从中反映出未成年人单纯幼稚、盲目冲动的主观心理态度。

（六）从犯罪年龄看，未成年人首次违法犯罪年龄 16 周岁以下者比例惊人

通过表 1-7，我们对 2002—2011 年浙江省法院审理未成年人刑事案件时，当事人作案年龄（超过 14 岁不满 16 周岁）有了一个直观的了解。为从源头上探寻未成年犯违法犯罪的初始年龄，我们针对在押犯作了专项调查，从中得知：在押未成年犯首次违法犯罪在 16 周岁以下的有 1193 人，占被调查总人数的 51.09%，其中首次违法犯罪在 14 周岁以下的有 215 人，占 9.21%（见图 1-10）。超过半数的未成年犯 16 周岁前就有违法犯罪史，这一数字让人震惊。在调查中，我们得到了另一组可能与此有重大关联影响的家庭生活数据：一是 30.8%的在押未成年犯从小经历留守生活，基本上是由祖父母或外祖父母抚养长大；二是 37.4%的在押未成年犯经常接受消极或粗暴的家教，其中属于放任不管型占 12.2%、打骂体罚型占 25.2%；三是 25.3%的在押未成年犯家庭关系已经破裂，其中 16.8%的父母已经离婚，另有 8.5%虽未离婚但已名存实亡。在"问题家庭"中成长的孩子，一旦对家庭缺少归属感和认同感，在从众心理影响下过早地走上社会，为了生存和某种追求，许多少年便会在迷茫中过早地做出严重越轨乃至犯罪行为。

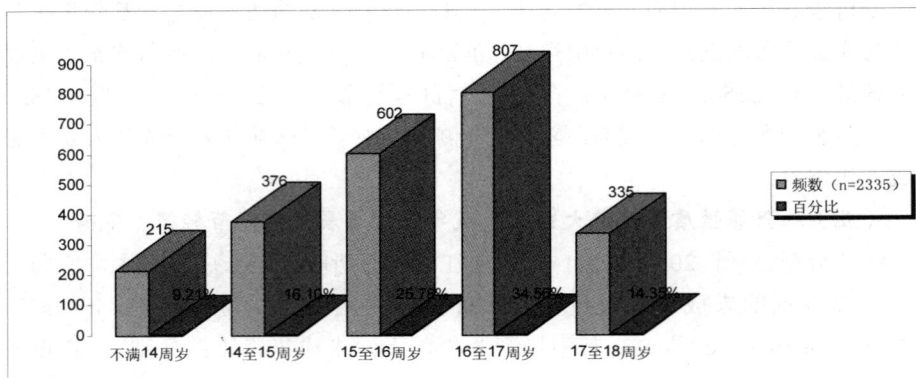

图 1-10　浙江省未成年人违法犯罪首次年龄分析

（七）从犯罪动机看，42.3%的未成年人走上犯罪是交友不慎所引发

未成年人走上违法犯罪的道路，固然是家庭教育失败与缺损之衍生物，固然是其不学法、不知法、不守法所导致，但牵引其内心世界走上歪路、歧路、罪恶之路的"无形绳索"却是错综复杂的。不同场所、不同情景、不同处境下的未成年人群，其犯罪动机虽各有千秋但仍有某种共性。据调查，引发未成年人走上犯罪的最初动机，依比率从高到低，排列前五位的分别是获取钱财、朋友义气、追求刺激、逞强好胜、满足好奇心，比率分别为 50.2%、42.3%、37.5%、20.9%和 12.4%；而选择争夺利益、反抗家庭、报复社会的比例则分别为 5.3%、5%和 0.9%。由此可知，在押未成年犯中满足生活消费需求、跟随他人误入歧途、追求某种精神或感官刺激是三大主要犯罪诱因。另据了解，在押未成年犯中，18.9%的人捕前曾参加过各类不正当组织，其中 9.9%的人参加了各类帮派，如青龙帮、五街帮[①]，5.4%的人参加了黑社会组织，另有 3.6%的人捕前参加过传销等非法组织。可见黑社会的爪牙已经日渐向少年人群渗透。因此，提高未成年人抵御各种非法帮派组织的精神管控，帮助未成年人在社会化过程中学会正确地交友处世应是社会各界共同的责任。

（八）从犯罪原因看，三分之一的未成年人走上犯罪和网络有密切关系

当前，互联网络已成为信息社会人们感知世界的基本工具。浙江省大量外来流动未成年人，空余生活选择和电脑为伴现象非常突出。据调查，97.6%的未成年犯捕前接触过网络，31.2%的未成年犯有连续 10 小时以上的上网史，6.3%的作案对象就是网友。未成年犯捕前最喜欢的休闲场所，排列前两位的分别是网吧和歌舞厅，其中网吧是三分之二未成年犯的第一选择。在未成年犯上网的主要目的中，"玩游

---

①浙南曾有一个"五街帮"，在一年中，绑架、强奸、抢劫、盗窃、聚众斗殴等作案 200 余起，
　涉案人员 160 多名，其中未成年人占近一半，20%的成员未满 16 周岁，傀儡老大年仅 16 岁。

戏"、"交友与聊天"列前两位，比例分别为44.7%和37.0%，选择"看时事新闻、娱乐资讯或电影"的仅占4.7%，这和社会上的中学生有很大差别。[①]

调查数据显示，32.6%的在押未成年犯认为，如果不沉迷于网络游戏与网络交友，自己就不会走上犯罪道路。现实中，未成年人和网络有密切联系的犯罪主要有三种情形：其一，是为获取上网及相关费用而实施的侵犯财产类犯罪，这些人员沉溺于网络游戏甚至以网吧为家，钱财用尽后以偷、抢为手段维持基本生活，如2008年因犯抢劫罪均被判刑五年的浙江省某地双胞胎兄弟，犯罪直接原因是网吧上网通宵后无钱买早餐，便将罪恶之手伸向上学的小学生，先后实施抢劫八次（四次未得逞），共劫得现金47元。据了解，他们最喜欢玩的游戏是《梦幻》和《魔浴》。其二，受网络上各种格斗类游戏误导而实施的侵害他人的健康权犯罪，他们混淆了虚拟世界和现实世界的迥然不同，试图用网络游戏中的惯用手段实现自我价值，获取某种现实中的快感，结果行为不经意间便触碰了法网。据调查，在押未成年犯中，47.6%的故意伤害、聚众斗殴犯罪和网络游戏有关。其三，是受网络上不良信息影响而实施的性犯罪，突出表现为浏览网络上的淫秽、色情信息后引发强奸、强制猥亵妇女等犯罪行为。据调查，27.5%的未成年犯最初是通过网络获得了各种淫秽信息。

（九）从个性倾向看，当今未成年犯罪人员叛逆型人格倾向显现分明

很多未成年人在成长过程中，具有强烈的自我表现欲，他们在思维方式上追求标新立异，行为手段上追求放纵刺激，这从在押未成年犯的一些叛逆型个性中可得到证明。调查中，当问及"谁是你心目中最崇拜的人"时，未成年犯选项排在前三位的分别是父母、明星以及大款，分别占37.1%、24.3%和9.2%，选择伟大领袖、科学家、先进人物累加起来只有6.3%，而选择恐怖组织首领的竟有5.9%，可见未成年犯稚嫩而又真实的人生价值取向。在问及未成年犯捕前的不寻常体验时，统计结果出人意料，让人揪心（见表1-18）。68.9%的人独自一人出过远门，其中融合了大量的不辞而别、不听劝阻、我行我素的因素；51.7%的一起狠狠地教训过他人，说明其成长过程中曾以拳头、棍棒展现过自身的某种胆量和能力；44.2%的人和异性发生过性关系，说明当今社会开放下未成年人道德观已严重偏离传统的伦理道德；16.9%的人吸过毒品、玩弄过枪支，这些独特的体验，加剧了其犯罪的成人化程度。

---

① 中国青少年社会服务中心等三家单位在2009年6月至7月对全国9个省（市、区）4500名初一至高三学生就上网情况进行了专项调查，统计结果显示，未成年人上网最主要目的：娱乐占82.1%，与熟人沟通与交流占39.4%，玩游戏占38.5%，学习知识占23.2%，看新闻占24%。

表 1-18　浙江省在押未成年犯捕前的不寻常体验

不寻常体验	独自一人出远门	被人报复、追杀	一起狠狠地教训别人	吸过摇头丸或毒品	和异性发生过性关系	玩弄过猎枪或手枪
频数（n=233）	1609	341	1208	232	1033	163
百分比	68.9%	14.6%	51.7%	9.9%	44.2%	7.0%

二、全国十省（市、区）在押未成年犯改造数据对比分析

近年来，随着各地经济发展的不均衡，外出劳务人员的大流动，使得当今在押未成年犯的犯罪构成发生了一些新的变化。2012 年 2 月，浙江省未管所向全国部分省（市、区）未管所发去调查问卷，就关联未成年犯的一些基本要素及热点问题寻求区域性数据对照，以为构建具有浙江特色的预防未成年人犯罪机制获取实证支持。

从表 1-19 中可以看出，在十个省级未管所当前在押未成年犯案由构成中，抢劫罪以高比例居第一位已是共同特征，盗窃罪在四个省级未管所（江苏、内蒙古、福建、浙江）中比例居第二位，故意伤害罪在六个省级未管所中比例居第三位，强奸罪在三个省级未管所中比例都超过 15%；另外有一个特别显眼的数字便是，云南作为毒品犯罪的高发区，未成年人贩毒形势比较严峻，比例达到了 17.2%。

表 1-19　2011 年全国十个未管所在押未成年犯案由构成基本情况

未管所 ＼ 案由	抢劫	盗窃	故意伤害	故意杀人	强奸	贩毒
山西	59.4%	7.7%	11.8%	3.7%	13.3%	1.9%
江苏	38.1%	24.7%	5.2%	1.5%	16.4%	1.2%
内蒙古	44.2%	23.8%	11.0%	3.0%	8.5%	0.7%
云南	39.2%	15.3%	13.9%	4.0%	5.9%	17.2%
福建	63.3%	11.5%	11.2%	1.7%	8.3%	0.7%
河南	50.0%	6.9%	10.6%	4.1%	18.6%	0.1%
湖南	51.1%	5.0%	8.8%	3.6%	9.3%	1.1%
海南	55.6%	7.3%	16.1%	4.3%	10.6%	0.3%
北京	45.5%	14.3%	12.8%	4.4%	20.6%	0.0%
浙江	52.8%	18.2%	7.7%	1.3%	6.6%	1.6%

表 1-20　2011 年全国十个未管所在押未成年犯主体构成及犯罪情况

类别＼未管所	外省籍人员犯罪	在校学生犯罪	留守儿童犯罪	缺损家庭儿童犯罪	共同犯罪	16 岁以下罪犯	两年及两年以下刑期罪犯
山西	3.4%	16.1%	6.0%	33.4%	61.2%	20.4%	9.9%
内蒙古	16.3%	10.6%	4.1%	20.3%	34.3%	4.8%	9.6%
江苏	33.1%	6.5%	8.2%	45.2%	81.2%	2.6%	28.3%
云南	13.1%	3.9%	10.6%	10.0%	69.1%	2.0%	7.9%
福建	47.8%	9.3%	12.0%	27.9%	73.6%	5.7%	43.6%
河南	3.1%	9.6%	- -	19.4%	42.1%	12.9%	9.4%
湖南	0.3%	10.5%	31.5%	24.2%	71.3%	6.1%	19.0%
海南	2.1%	8.5%	3.4%	49.1%	17.3%	31.3%	11.6%
北京	8.4%	26.8%	- -	38.0%	80.1%	20.6%	13.7%
浙江	68.7%	10.0%	30.8%	27.4%	75.2%	15.4%	47.1%

　　另据统计，在十个省级未管所中：（1）浙江外省籍未成年犯比率最高，超过列居第二位的福建 21 个百分点，四个省级未管所在押犯中外省籍人员比率低于 4%，其中湖南最低只有 0.3%；（2）十省（市、区）中，北京市未管所押犯中在校生比率最高，有五个省押犯中在校生比率均在 10% 左右，而云南省未管所这方面的数据却特别低，只有 3.9%；（3）"留守儿童犯罪"一栏，虽没有河南、北京的相关数据，但从有关报道看，河南估计是最高的[①]，浙江、湖南两省数据也有点高，已接近押犯总数的三分之一；（4）家庭成员缺损已成为影响未成年人犯罪的重要诱因，在十省（市）中海南、江苏、北京未成年犯家庭成员缺损比例居前三位，全国十省（市）平均值为 29.5%；（5）江苏、北京、浙江三省未成年犯团伙犯罪非常突出，比值均超过 75%，从一个侧面说明了经济发达地区人防、物防、技防等措施综合推进下，未成年人抱团作案已成为普遍规律；（6）在押未成年犯中 16 周岁以下比例除海南较高外，有五个省比率都低于 6.5%，说明了犯罪低龄化从行刑机关整体看尚不明显；（7）浙江省在押未成年犯中两年以下刑期比率最高，高于十省（市）平均值 20% 的一倍多，从中说明了浙江省未成年人违法犯罪的总体危害程度与少年司法审理判决状况。

---

① 据《检察日报》2007 年 8 月 13 日报道，在河南省，农村留守儿童有 350 万，占全国的 1/7。

第三节　浙江省未成年人犯罪发展态势

浙江省是民营经济大省，也是私营经济强省。近年来，浙江省经济在持续、稳健、快速发展同时，也带来了诸多社会变革与发展中出现的新情况、新问题。探究今后浙江省本地及外来未成年人犯罪态势，有助于为打造有浙江特色的未成年人司法治理与管控模式提供理论支持与实践指引。

一、外省籍未成年人在浙江省犯罪概况与犯罪背景分析

分析近年来浙江省未成年人犯罪态势，一大重要聚焦点便是犯罪主体的籍贯构成问题。从浙江省司法机关具体审理情况看，剖析浙江省未成年人犯罪的特征与规律，在某种程度上也是揭示全国未成年人犯罪的一个缩影。

（一）外省籍未成年人在浙江省犯罪基本情况

浙江的外省籍未成年人犯罪，从刑罚执行机关收押数据看，在 2002—2009 年的 8 年间，人数从 282 人升至 1504 人，增长了 4.3 倍；外省籍未成年犯年收押数占全年收押总数的比率则从 29.87%升至 73.83%，年均递增 6.28%。2010 年，浙江省未成年人刑事犯罪有所好转，判决人数大幅下降，但从收押机关看，外省籍未成年犯比率依旧达到 71.54%，2011 年又出现人数较快上升的势头。下图直观地展示了十年间浙江省未管所收押外省籍未成年犯人数及比例基本走势：

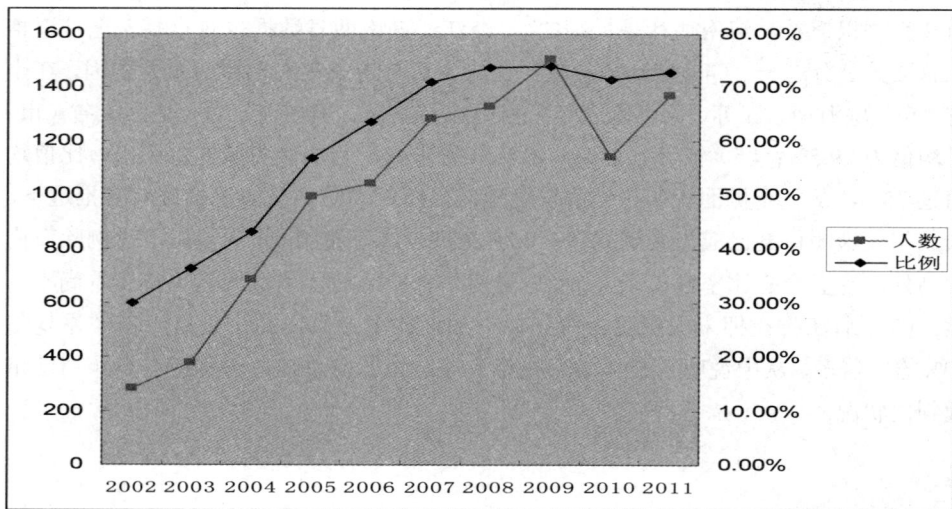

图 1-11　2002—2011 年浙江省未管所收押外省籍未成年犯情况

近年来，外省籍未成年犯比重不断上升，且高于年度收押未成年犯总量的一半，不仅是浙江一省之现象，在上海、广东等经济发达地区也有相似特征。据上海法院2003—2007年判决数据显示，这五年判决的未成年人刑事案件中，沪籍未成年犯人数依年份分别为579人、779人、905人、531人和849人，占全年未成年罪犯的比例分别为 55.94%、50.26%、43.43%、21.68%、31.66%[①]。可见，上海法院自2005年开始非沪籍未成年人判决人数已超过沪籍人数。另据资料显示，2004年广东省未管所全年收押的未成年犯中，外省籍占了48.5%[②]，而2005年则超过了50%。由此可知，对我国一些经济发达地区而言，在关联未成年人犯罪问题上，2005年是一个重要的转折年，至于其原因，值得深入探究。

档案资料表明，浙江外省籍未成年犯主要来自江西、安徽、贵州、四川、湖北、湖南、河南、重庆和云南九个省（市），这九省（市）未成年犯人数占外省籍人数的比例，2002年为93.10%，到了2011年则为93.35%。2002—2011年的十年间，虽然累加比重变化不明显，但各省籍未成年犯人数比重却发生了一些变化。如江西籍未成年犯人数从2002年的第一位降至2011年的第七位，云南籍未成年犯人数从十年前的第九位升至2011年的第三位（见表1-21）。

表1-21　2002-2011年浙江省未管所收押外省籍犯籍贯分布情况

籍贯 年份	江西	安徽	贵州	四川	湖北	湖南	河南	重庆	云南
2002	24.26%	16.72%	15.08%	9.51%	8.85%	8.85%	5.57%	2.62%	1.64%
2003	15.03%	16.32%	14.51%	14.51%	8.55%	5.44%	6.99%	6.99%	3.11%
2004	13.40%	16.28%	20.32%	17.00%	7.35%	6.34%	5.76%	5.04%	4.47%
2005	11.10%	17.26%	17.76%	11.00%	7.87%	5.45%	8.48%	6.36%	4.64%
2006	9.42%	14.23%	16.92%	13.56%	9.23%	6.83%	8.08%	6.25%	5.67%
2007	9.57%	13.31%	20.08%	15.49%	8.33%	7.39%	7.32%	6.61%	5.53%
2008	7.36%	13.90%	22.84%	12.32%	8.56%	5.94%	6.76%	8.11%	7.59%
2009	8.58%	11.70%	23.54%	11.37%	9.11%	6.32%	5.65%	8.51%	8.91%
2010	6.49%	12.11%	23.07%	11.75%	9.91%	3.68%	6.75%	8.86%	10.44%
2011	6.87%	9.50%	28.05%	13.29%	7.96%	4.09%	4.31%	7.67%	11.61%

（注：以上均为该省、市未成年犯人数占当年收押外省籍总人数之比例）

从表1-21中，我们还可以看到：一是自2004年开始，贵州籍未成年犯比率连

---

①徐志林："上海工读教育面临的问题与对策研究"，《青少年犯罪问题》2010年第1期。
②浙江省联合课题组："浙江在押未成年犯基本现状与防范对策研究"，《青少年犯罪研究》2008年第6期。

续八年居第一位，且和第二位比率越拉越大；二是作为浙江近邻，江西和安徽两省未成年犯比率十年间基本呈下降趋势，其中江西下降势头更为明显；三是西部省份中，云南籍未成年犯比率呈持续上升之势，且整体比率有赶超四川的迹象。

（二）外省籍未成年人在浙江省犯罪背景调查

大量外省籍未成年人涌入浙江，原本抱着美好的打工赚钱、为家分忧的愿望，最后竟稀里糊涂地走上了犯罪道路，其背后隐藏着怎样的犯罪动机、行为索求？我们专门对 815 名在押外省籍未成年犯进行了针对性的调查：

1. 外省籍未成年犯基本情况

在 815 名外省籍未成年犯中，从犯罪案由看，暴力型占 79.1%，财产型占 15.6%，淫欲型占 3.8%，涉毒型占 1.5%；从捕前年龄看，15 岁占 15.4%，16 岁占 29.9%，17 岁占 54.7%；从文化程度看，小学占 41.4%，初中占 58.6%，高中占 1.3%；从刑期分布看，3 年以下占 56.8%，3—5 年占 24.2%，5—10 年占 16.7%，10 年以上占 2.3%。

相对于在押的 809 名浙江籍未成年犯，外省籍未成年犯有三大典型特点：一是犯淫欲型罪行的比例比浙江籍押犯低 10.3 个百分点，说明外省籍未成年犯以侵财及报复为主的犯罪倾向更趋明显；二是外省籍未成年犯小学文化的比浙江籍押犯高 24.2 个百分点，初中文化则比浙江籍押犯低 15.3 个百分点，说明了外省籍人员整体文化水平相对比较低；三是外省籍未成年犯刑期不满三年的占 56.8%，比浙江籍押犯高出 15.9 个百分点，说明了超过一半的外省籍押犯其犯罪情节、作案数额或犯罪危害等都相对较轻（见表 1-22）。

表 1-22　浙江籍和外省籍在押未成年犯基本情况对照表

类别 籍贯	犯罪案由				捕前年龄		文化程度		原判刑期	
	暴力型	财产型	淫欲型	涉毒型	15 岁	16 岁	小学	初中	不满 3 年	超过 3 年 不满 5 年
浙江籍	72.2%	12.5%	14.1%	1.2%	16.8%	29.5%	17.2%	73.9%	40.9%	27.9%
外省籍	79.1%	15.6%	3.8%	1.5%	15.4%	29.9%	41.4%	58.6%	56.8%	24.2%

2. 外省籍未成年人犯罪背景

（1）来浙江省的主要目的：按比率从高到低排列，前五位分别是"喜欢自由的生活"、"家里生活困难，出来打工挣钱"、"读书太枯燥，想出来见见世面"、"跟随打工父母来浙江读书"、"受家乡外出打工族影响"，其比率分别是 45.3%、42.0%、22.8%、19.8% 和 18.2%。第一、三项目的可归结为一个关键词"向往"，意即对外面世界的向往，对都市生活的向往，正是这种精神上的向往，催生了一大批外省未成年人来到中国经济最具活力的地方——浙江省打拼生活，追逐梦想。

（2）来浙江省生活情况：14 岁以下就来浙江的占 35.4%，14—16 岁来浙江的占 53.5%；在浙江生活 2 年以上的占 43.7%，生活 1—2 年的占 21.1%，生活半年至 1 年的占 13.1%，生活六个月以下的占 21.8%。数据表明，很多未成年人来浙江已居住两年以上，已慢慢适应当地的市井生活；五分之一的人来到浙江不到半年就走上犯罪道路，这和其交友不慎、打工不顺、消费超支有一定的关系。

（3）在浙江省打工情况：在工厂打工的占 61.1%，在餐饮、娱乐业打工的分别占 19.8% 和 18.2%；平均月工资在 1000 元以上的占 16.2%，在 1000—1500 元之间的占 34.3%，在 1500 元以上的占 28.2%。从月工资收入看，将近 80% 的未成年犯捕前找到了工作，并且通过自己的劳动得到了相应的报酬，有一小部分人还拿到了 1500 元以上的月薪。这对于一个外省未成年人而言，已是相当不易。

（4）犯罪主要原因：在涉及外省籍未成年人犯抢劫、盗窃等罪的直接原因时，68.3% 的人选择"对法律的无知"，57.6% 的人选择"跟随他人误入歧途"，37.2% 的人选择"生活所困"，35.6% 的人选择"难挡诱惑，一时冲动"。可见，在外省籍未成年人的犯罪原因机理中，法制意识淡薄、哥们义气毒害是两大主要因素。

二、今后十年浙江省未成年人犯罪态势总体预测

未成年人犯罪的预防与治理工作是一项系统工程，各级政府和有关部门要立足可防、可控、可治的思想，以家庭福祉与社会和谐为根本出发点，加强领导，创新机制，真抓实干，敢为人先，加大对未成年人犯罪预防与综合治理的组织保障与经费投入，不断开创法治工作的新篇章。

（一）正确把握浙江省未成年人犯罪的趋势与特征

首先，应立足浙江省情去把握和透视未成年人犯罪的总体态势。未成年人犯罪，从某种程度上而言，是经济发展、社会转型过程中必然产生的社会现象。针对浙江省而言，一方面，要从择业取向、文化认同、社会交往等视角正确认识外地户籍未成年人高犯罪问题。据统计，从 2001 年起浙江省已连续九年居于全国流动人口数量第二位[①]，截至 2011 年底，浙江省登记在册流动人口总数为 2200 余万人，与常住人口比接近 1∶3。大量外省未成年人来浙江学习、工作、生活过程中，必然会出现认识误差、需求失控、情绪障碍等问题，最终引发各种违法犯罪行为。另一方面，要从人格缺陷、监管不力、教育偏差等视角，正确认识本省籍未成年人员的犯罪问题。尤其是要清醒地看到，随着对本省籍未成年犯罪人员判处缓刑力度不断加大，由于社区矫正机制还不完善、监管手段还比较有限，从而引发的本省籍未成年

---

①叶菊英："浙江省流动人口的现状分析与思考"，《浙江学刊》2010 年第 4 期。

犯重新犯罪有所抬头这一现象。

其次，应立足管理创新视角去防范和治理未成年人犯罪问题。统计数据显示，2011 年浙江省未管所收押的未成年犯中，47.12%的人被判两年以下有期徒刑，说明这些人大多是初犯，主观恶性并不强，其行为社会危害性也不深，针对这些非"恶质少年"，一味地实施大墙监禁并非是良策。在打造平安浙江、和谐浙江、法治浙江的大背景下，我们应该充分认识到未成年人犯罪预防和综合治理工作的极端重要性，敢于打破原有的思维和管理模式去解决现实中的困惑和难题。今后，要立足政法委、共青团、妇联、关工委等部门加快建立各类行业中介组织，通过政府购买服务的方式，去履行对触法少年的调查、监管、矫治、帮扶等工作。

再次，应立足人文关爱层面去解读和诠释未成年人犯罪问题。由于未成年人的生理构成和心理特点，决定了未成年人犯罪的特殊性：一是从犯罪背景上看，大多数未成年人犯罪都可以从家庭、学校、社区等环境中找到犯罪诱因，对一些未成年人案件的深刻解剖往往能充分反映出社会躯体的局部病变机理；二是从犯罪构成上看，未成年人的作案动机、作案对象、作案手段等较成年人犯罪相比，具有自身的一些鲜明特点，因此在制定政策、整治管理及司法干预方面还得因人而异、区别对待；三是从个性矫治上看，违法少年大多可塑性强，人生观、世界观尚未完全定型，对他们教育、感化、挽救适时得当，相信大多数人会改邪改正，重作新人。

（二）对今后十年浙江省未成年人发展态势的几点预测

一是每年受刑事追究未成年人数上，会在 7000 人上下波动，个别年份最高可能会突破 7500 人，最低可能会不到 6000 人，总体上会呈现先缓慢上升又逐步下滑之态势（见图 1-13）。

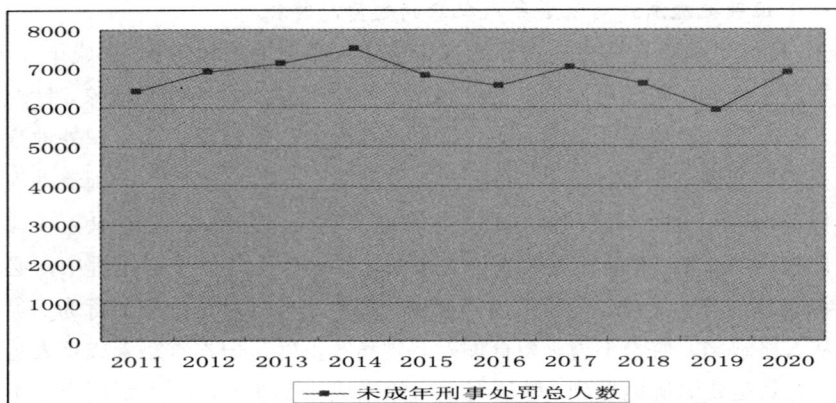

图 1-13　2011—2020 年浙江省未成年人刑事犯罪法院审判人数预测

二是根据表 1-3 全国未成年犯人数所占比率以及浙江省四个经济发达市（县）

过去五年未成年犯人数占刑事犯罪总人数比率①，结合浙江省各地经济发展不均衡的具体省情，今后十年浙江省未成年犯人数占刑事犯罪总人数的比率会在6.5%—8.5%之间波动。

三是随着《刑法》修正案（八）、新的刑事诉讼法颁布以及社区矫正实施办法的出台，浙江省受刑事追究的未成年人，每年被法院判处缓刑、管制、罚金、免予刑事处罚人数所占比率（即非监禁刑比率），每年会在22%到28%之间波动。预计到2015年，浙江省未成年人犯罪非监禁率会达到25%左右，比2010年提升5.5个百分比。

四是随着浙江省物防、技防与人防技术的大力推进，以抢劫犯罪为主的未成年人暴力犯罪总体上处于可控状态，犯罪暴力化程度会有所降低，非监禁性司法处置手段会广泛运用。未成年人抢劫犯罪占未成年人犯罪总数的比重，总体上会在30%左右波动，且会和盗窃犯罪所占比重基本持平；在抢劫对象选择方面，除了以往的三类特殊人群如单身女性、中小学生、各类司机比例较高外，选择网友、孤寡老人的概率也会加大，特别是选择网友为作案对象的比例会升至5%；在司法制裁方面，随着一些关联违法犯罪少年的监管、帮教组织的相继建立，以及社区矫正举措向外省籍违法犯罪未成年人延伸，预计今后十年内，浙江省未成年人抢劫犯罪的监禁率会降至45%以下。

五是纵观浙江省独特的地域省情和经济发展模式，分析十年来外省籍未成年人在浙江犯罪总体态势，结合在押外省籍未成年犯之专项调查分析，我们认为：今后十年内，从刑罚执行机关而言，每年收押的外省籍未成年犯人数会维持在1200—1500人之间波动，每年占浙江省收押未成年犯总数的比率也会徘徊在70%—75%之间；从籍贯分布看，西南三省籍未成年犯总体比率会居前三位，个别年份安徽籍未成年犯人数有可能进入第三位；从犯罪类型看，未成年人五类犯罪即抢劫、盗窃、故意伤害、聚众斗殴、寻衅滋事罪比重之和会在92%—95%之间；从捕前年龄看，16周岁以下犯罪人群会在15%上下波动；从犯罪时间看，来浙江省不到六个月就走上犯罪的比率会突破外省籍未成年犯总数的四分之一。因此，我们在充分肯定外来流动人口在给浙江经济注入生机和活力的同时，如何加强对他们的法制教育及日常监管，使其融入浙江区域城市大家庭，真正做到安家乐业、勤俭创业，这是一个需着力研究和解决的重大课题。

---

①根据图1-7可知，2007–2011年，浙江省慈溪市、桐乡市、绍兴县、乐清市法院判决未成年犯人数占罪犯总人数之比率，五年平均值分别为7.6%、8.1%、8.1%和9.8%。

第二章

未成年人犯罪原因分析

犯罪原因分析是解读犯罪现象和解决犯罪问题的前提与基础,准确的原因分析与规律认识,是未成年人犯罪预防对策的立足点和着眼点,更是对未成年犯矫正的基础支撑。本章试图通过对未成年人犯罪原因的实证分析与研究,从未成年人犯罪的生发机理入手,充分运用问卷调查数据分析和实证个案分析,解读和探究家庭结构功能、学校教育模式、社区成长氛围、社会文化环境、社会转型变革等与未成年人犯罪之间的内在联系,并从不同层面探寻未成年人犯罪的各种诱发、生发、源发原因,从而在解剖未成年人犯罪形成轨迹与演变发展的基础上,架构起未成年人犯罪形成的影响因素作用模型。

第一节　未成年人犯罪原因概述

俗话说"种瓜得瓜,种豆得豆",任何事物的产生和发展都有其原因和结果的存在。未成年人犯罪作为一种社会现象,其形成与发生是多种主、客观因素作用于未成年人这一特定主体的结果,并且其犯罪原因受特定社会环境条件所决定。

一、未成年人犯罪原因概念

"原因"一词在《现代汉语词典》中解释为"造成某种结果或引起另一件事情发生的条件。[1]"而"犯罪原因"是指引起、影响犯罪行为发生的事物和现象[2]。从这概念表述中,我们可以得出,犯罪原因是一个辩证统一的矛盾发展系统,是一个

---

① 《现代汉语词典》(2001 年修订本),商务印务馆 2001 年版,第 1549 页。
② 百度百科:"犯罪原因",引自网页 http://baike.baidu.com/view/1022180.htm?wtp=tt。

多层次的综合、变化、彼此互为作用的相关系统，它包含社会、心理、生理、自然环境以及文化等多种因素。它包含三层涵义：一是犯罪原因与犯罪行为之间是引起与被引起的因果关系；二是犯罪原因与犯罪行为的因果关系上存在必然或偶然的关联；三是犯罪原因与犯罪行为是一个统一的矛盾体，犯罪原因引发犯罪行为，同时犯罪行为又印证着犯罪原因。

未成年人犯罪因主体的特定性，其犯罪现象与犯罪原因都有别于成年人。未成年人犯罪原因分析不仅要看到未成年人主观的犯罪个性，更要看到家庭、学校、社会等客观环境因素对未成年人生发犯罪的重要影响。因此，未成年人犯罪原因概念可以这样概括：影响未成年人形成犯罪思想、犯罪习性、犯罪行为的各种生理、心理、外部客观因素的事物和环境的总称。

二、未成年人犯罪原因特点

未成年人是一个生理、心理有待成长和成熟的特殊群体，在这一年龄阶段中引发的犯罪行为，处处可见未成年人特性的犯罪痕迹。究其犯罪原因，表象上虽类同于一般犯罪现象，但深层探究，我们就可以发现未成年人犯罪原因有鲜明的特殊性。

（一）客观的影响性

从如同白纸一张的幼儿到未成年犯，其发展过程中的影响致因在排除特定的生理因素外，都可在客观社会中找到事实。未成年人犯罪的原因客观存在，客观制约着未成年人的成长，如监护的缺失、教育的失败、亚文化的侵染等，无时无刻不影响着未成年人成长，作用于未成年人犯罪的可能性，表现为客观上的影响性。

（二）时空的多维性

从大量的未成年人犯罪现象研究表明，未成年人走上犯罪道路是一个多维因素的多重影响过程，它不仅有来自成长家庭的功能弱化、学校的素质教育的偏差，还有来自于社会成人世界的各种丑陋现象的负面影响，未成年人犯罪的原因是一个纵横交错的因子网，表现为时空上的多维性。

（三）因果的复杂性

未成年人的犯罪与犯罪原因是一个互动的复杂系统。虽然未成年人犯罪存在着必然性与偶然性，但从其发展过程中的因果联系看，不难看出未成年人犯罪是由多个原因条件造成或生发的。同时，一个犯罪原因也可能导致未成年人生发不同的犯罪行为。如失败的家庭教育可能促成未成年人发生暴力犯罪，也可能促成淫欲犯罪，而同样的未成年人盗窃犯罪，可能是从小家庭教育的偏差，也可能是不良同伴的影响。

三、未成年人犯罪原因分类

未成年人犯罪原因有主客观因素和内外部原因之分，更有一般与特殊、普遍与具体之分。对未成年人犯罪原因进行科学分类，有助于正确认识未成年人犯罪，有助于科学地甄别未成年人犯罪原因，有助于探明未成年人犯罪的生发机理，并对有效预防未成年人犯罪起到有的放矢的作用。

（一）按犯罪作用程度分类

未成年人犯罪原因可分为犯罪根源、产生原因、犯罪条件、相关因素。犯罪根源，即是促使未成年人犯罪的社会历史原因，是整个犯罪原因链中起决定作用的因素，它从根本上决定着未成年人犯罪的形态与变化规律；产生原因，即是决定未成年人犯罪的特定时空条件与犯罪发生原因，如社会环境和个人原因；犯罪条件，即是促进和有利于犯罪产生的各种必要因素，如特定犯罪现场和犯罪对象的存在；相关因素，即是存在着的起辅助性、相关性的某种间接因素，如未成年人刑事司法制度、社会控制系统等。

（二）按犯罪原因内容分类

未成年人犯罪原因可分为主观原因和客观原因两大类。主观原因又可分为生理、心理、品性、认知、意识等不同维面的原因，其中对未成年人犯罪起决定作用的是个体的人格倾向；客观原因又可分为家庭、学校、社会、政治、经济、文化、地域等不同层面的原因，其中对未成年人犯罪起重要影响作用的是家庭功能、学校教育、社会环境、文化影响。

第二节　未成年人犯罪原因实证分析

对于未成年人犯罪及其发展规律，先前学者们有过深入的研究与分析，也给我们后者留下了诸多重要理论。但是，社会是发展变化的，未成年人犯罪及其形成也随着社会的变化而产生变化，尤其是其产生犯罪的原因，会受特定社会关系、文化背景、地理环境等因素的影响而呈现不同的表象。为此，本节以实证调查的方法，来分析和解读当前未成年人犯罪的原因，并努力提高研究的科学性。

一、未成年人犯罪关联性实证分析

为科学准确地进行未成年人犯罪原因分析，本研究分别制作了在押未成年犯与社会在校中学生为对象的调查问卷，并在成长理想信念、兴趣爱好、学习认同、生活方式、社会认知等方面设置了相同问题。然后，专门提取了 732 名浙江籍未成年犯与832名浙江在校中学生（92名初中生、490名职高生、250名高中生）的问卷调查数据，作同类同项问答比较，并作差异性方差分析，从中寻求未成年犯与在校中学生在理想信念、价值取向、情感认同、兴趣发展、生活方式等方面的差异性，从而得出影响未成年人犯罪的关联因素。

（一）理想信念、价值取向与未成年人犯罪具有一定的关联

在"崇拜某个大老板"、"想做个有钱人"等问题的"是否"频数对比中（见表2-1，表格中的问题选项取自不同问答选题的选项，故表中各选项频数之和与总调查人数有出入），我们就可以发现，六个选项除"崇拜先进人物"一项差异性值为0.028外，其余都为0.000。这说明未成年犯与社会在校中学生两组人群在这些问题认同上存在着明显的差异性，如未成年犯对"崇拜某个大老板"、"想做个有钱人"、"理想职业为自由职业"的认同频数比例明显高于社会在校中学生，也就是说，越是持如此理想信念、价值取向和职业认同的未成年人，就越有可能走上犯罪道路。由此，我们可以推定，未成年人不同理想信念和价值取向的确立，与未成年人是否可能走上犯罪道路存在着一定的关联性。

表 2-1   未成年犯与社会在校生差异性对比 1

问 题 选 项	社会在校生		未成年犯		差异性
	频数	百分比	频数	百分比	（P）
崇拜某个大老板	35	4.2%	87	11.9%	.000**
崇拜伟大领袖（毛泽东）	51	6.1%	17	2.3%	.000**
崇拜先进人物	20	2.4%	7	1.0%	.028**
想做个有钱人	282	33.9%	312	42.6%	.000**
理想职业为自由职业	246	29.6%	301	41.1%	.000**
理想职业为教师、医生、律师	73	8.8%	9	1.2%	.000**

注：**表示 P 值小于 0.05，*表示 P 值小于 0.1。

（二）家庭亲子关系与未成年人犯罪有着明显的关联

在对未成年犯与社会在校中学生两组人群的家庭亲子关系调查中，两组人群对家庭亲子关系的五个子项问题回答存在明显的差异性，差异性值都为小于0.05（见表2-2）。两组人群在"是否"频数比例对比中，未成年犯对"父母关系冷淡"、"常有家庭暴力"问题回答频数比例明显高于社会在校中学生，而对于"家庭温暖"、"严格家庭教育"问题回答，未成年犯又是明显低于社会在校中学生，这说明未成年犯的家庭亲子关系明显低于社会在校中学生。由此，我们可以这样推定，未成年人的家庭亲子关系程度与其犯罪可能性有着明显的关联。

表 2-2 　未成年犯与社会在校生差异性对比 2

问 题 选 项	社会在校生		未成年犯		差异性
	频数	百分比	频数	百分比	（P）
充满了爱	454	54.6%	266	36.3%	0.000**
虽然有爱，但家教很严	133	16.0%	61	8.3%	0.000**
父母关系冷淡	24	2.9%	52	7.1%	0.000**
常有家庭暴力	12	1.4%	29	4.0%	0.002**
说不清楚	209	25.1%	314	42.9%	0.000**

注：**表示 P 值小于 0.05，*表示 P 值小于 0.1。

（三）交往人员与未成年人犯罪有着明显的关联

据对未成年人交往对象的调查，我们可以发现未成年犯与社会在校中学生两组人群，在选择交往人员上存在明显的差异性，除"不交朋友"一项外，其余三项的差异性值都为 0.000，并且两者在问题回答频数比例上也相差甚远（见表 2-3）。如对"社会闲杂人员"作为交往人员选择上，未成年犯的频数比例是 38.1%，远远大于社会在校中学生的 8.3%；对选择"趣味相投的同学"作为交往人员上，未成年犯的频数比例是 32.4%，却又远远低于社会在校中学生的 79.6%。这说明未成年犯与社会在校中学生在交往人员选择上，存在着明显的差异性。由此，我们可以推定，未成年人交往人员的不同选择，与其是否走上犯罪道路有着密切的联系。

表 2-3 　未成年犯与社会在校生差异性对比 3

问 题 选 项	社会在校生		未成年犯		差异性
	频数	百分比	频数	百分比	（P）
社会闲杂人员	69	8.3%	279	38.1%	.000**
同班或同校的差生	129	15.5%	221	30.2%	.000**
趣味相投的同学	662	79.6%	237	32.4%	.000**
不交朋友	14	1.7%	21	2.9%	.114

注：**表示 P 值小于 0.05，*表示 P 值小于 0.1。

（四）青春期的自我认同与未成年人犯罪存在着一定的关联

根据未成年犯与社会在校中学生两组人群对"在青春期，你会感觉到？"问题的不同选项回答（见表 2-4），发现除"变得更有信心了"、"变得更好奇"两项外，其他九项两者的差异性值都小于 0.05，这说明未成年犯与社会在校中学生两组人群在青春期自我认同上存在着明显的差异性。如在"喜欢结交异性朋友"、"变得暴躁"、"经常与父母的想法不一样"、"想同很多人交往"等认同上，未成年犯的频数比例明显高于社会在校中学生，而在"很想独立做事，又担心做不好"、"变得忧虑"等认同上，未成年犯的频数比例又是明显低于社会在校中学生。由此，我们可以推定，未成年人在青春期自我认同的不同，会产生不同的青春期心理特征，而这种不同的心理特征与未成年人犯罪又有着一定的关联。

表 2-4　未成年犯与社会在校生差异性对比 4

问 题 选 项	社会在校生		未成年犯		差异性
	频数	百分比	频数	百分比	（P）
身体长得特别快	477	57.3%	310	42.3%	0.000**
很想独立做事，又担心做不好	442	53.1%	240	32.8%	0.000**
喜欢结交异性朋友	303	36.4%	469	64.1%	0.000**
变得忧虑	331	39.8%	148	20.2%	0.000**
感觉很多方面不如别人	242	29.1%	148	20.2%	0.000**
变得暴躁	136	16.3%	243	33.2%	0.000**
经常与父母的想法不一样	306	36.8%	360	49.2%	0.000**
变得更有信心了	125	15.0%	99	13.5%	0.399
变得更好奇	180	21.6%	165	22.5%	0.666
想和很多人交往	175	21.0%	262	35.8%	0.000**
特别想去冒险	118	14.2%	143	19.5%	0.005*

注：**表示 P 值小于 0.05，*表示 P 值小于 0.1。

（五）个体情感归属与未成年人犯罪有一定的关联

未成年犯与社会在校中学生两组人群在对"如你有困难或难过的事，你会同谁倾诉？"问题回答中，两者在对"同学"、"朋友"、"恋人"、"老师"、"网友"等选项选择上，存在着明显的差异性，差异性值都小于 0.05（见表 2-5）。如社会在校中学生选择"同学"、"网友"为倾诉对象的频数比例分别为 23.3% 和 16.6%，它远远高于未成年犯的 1.8% 和 2.6%，说明社会在校中学生情感依附性强，而未成年犯则表现出过强的独立性，情感归属力小。由此，我们可以推定，未成年人个体的情感归属度大小和情感归属对象的不同，与其是否可能犯罪存在着一定的关联度。

表 2-5　未成年犯与社会在校生差异性对比 5

问 题 选 项	社会在校生		未成年犯		差异性
	频数	百分比	频数	百分比	（P）
父母（或是抚养自己成长的人）	225	27.0%	175	23.9%	.156
同学	194	23.3%	13	1.8%	.000**
朋友	468	56.3%	286	39.1%	.000**
恋人	131	15.7%	89	12.2%	.042**
老师	39	4.7%	17	2.3%	.012**
网友	138	16.6%	19	2.6%	.000**
不向任何人诉说	140	16.8%	133	18.2%	.486

注：**表示 P 值小于 0.05，*表示 P 值小于 0.1。

（六）个人兴趣爱好与未成年人犯罪具有一定的关联

在对"你在业余时间的主要活动是什么？"问题调查对比中，发现未成年犯与社会在校中学生两组人群具有明显的差异性值（见表 2-6），两者除"与同学（同伴）一起玩"、"看电影电视"两项的差异性值高于 0.05 外，其他六项都为 0.000。同时，未成年犯选择"电脑上网"、"电子游戏"、"户外活动"的频数比例分别达到 45.5%、21.6%、29.2%，它远远高于社会在校中学生的 27.6%、10.0%、13.5%，而在选择"看书"一项上，未成年犯却以 12.7%低于社会在校中学生的 31.5%。说明未成年犯与社会在校中学生在业余时间活动选择上存在着明显的差异。由此，我们可以推定，未成年人日常生活中兴趣爱好的不同选择，与未成年人是否会走上犯罪道路之间有着一定的关系。

表 2-6　未成年犯与社会在校生差异性对比 6

问 题 选 项	社会在校生		未成年犯		差异性
	频数	百分比	频数	百分比	（P）
与同学（同伴）一起玩	558	67.1%	457	62.4%	.055*
电脑上网	230	27.6%	333	45.5%	.000**
看书	262	31.5%	93	12.7%	.000**
体育运动	171	20.6%	253	34.6%	.000**
电子游戏	83	10.0%	158	21.6%	.000**
看电影电视	168	20.2%	129	17.6%	.196
户外活动	112	13.5%	214	29.2%	.000**
其他	123	14.8%	43	5.9%	.000**

注：**表示 P 值小于 0.05，*表示 P 值小于 0.1。

（七）非常经历及体验与未成年人犯罪存在一定的关联

对照未成年犯与社会在校中学生在对"你有过以下哪些不寻常的体验？"问题回答，其五个选项的差异性值都为 0.000（见表 2-7），小于 0.05，存在明显的差异性。看两者在不同选项的频数比例，未成年犯在"被人报复、追杀"、"一起狠狠地教训别人"、"吸过摇头丸或毒品"、"和异性发生性关系"等选项的频数比例，远远高于社会在校中学生，这说明未成年犯在成长过程中的非常经历及体验远远超过社会在校中学生。由此，我们可以推定，未成年人不寻常的经历，会因特殊的情感体验引起特殊的心理变化和社会认同，而这种不同寻常的心理变化与未成年人犯罪的形成有着某种特殊的关系。

表 2-7　未成年犯与社会在校生差异性对比 7

问 题 选 项	社会在校生		未成年犯		差异性
	频数	百分比	频数	百分比	（P）
独自一人出远门	596	71.6%	409	55.9%	.000**
被人报复、追杀	42	5.0%	143	19.5%	.000**
一起狠狠地教训别人	120	14.4%	486	66.4%	.000**
吸过摇头丸或毒品	11	1.3%	109	14.9%	.000**
和异性发生性关系	79	9.5%	428	58.5%	.000**

注：**表示 P 值小于 0.05，*表示 P 值小于 0.1。

（八）生活态度与未成年人犯罪有着一定的关联

在对"在生活中对哪些不喜欢、看不惯的人，你会？"问题调查中，未成年犯与社会在校中学生两组人群对不同选项有着不同的选择（见表 2-8），七个选项除"会妥善处理各种关系"、"说不清"两项外，其他五项的差异性值都小于 0.05，呈现显著的差异性。在具体选择频数比例上，未成年犯在"进行口头或身体攻击"、"会指出他的缺点"、"会给他一点教训"等选项的频数比例明显高于社会在校中学生，说明未成年犯在日常生活态度上存在明显的攻击性倾向。由此，我们可以推定，性格外向，具攻击性倾向的生活态度与未成年人犯罪有着一定的联系。

表 2-8 未成年犯与社会在校生差异性对比 8

问 题 选 项	社会在校生		未成年犯		差异性
	频数	百分比	频数	百分比	（P）
十分讨厌	255	30.6%	266	36.3%	.017
进行口头或身体攻击	92	11.1%	140	19.1%	.000**
会避免与其正面相见	342	41.1%	242	33.1%	.001**
会指出他的缺点	102	12.3%	172	23.5%	.000**
会给他一点教训	47	5.6%	133	18.2%	.000**
会妥善处理各种关系	177	21.3%	147	20.1%	.562
说不清	152	18.3%	146	19.9%	.400

注：**表示 P 值小于 0.05，*表示 P 值小于 0.1。

（九）从小劳动习惯与未成年人犯罪有着一定的关联

在对"在家的时候，你会？"问题回答中，未成年犯与社会在校中学生两组人群在不同选项选择上也存在着一些差异性（见表 2-9），如"买菜"、"洗衣裤"、"整理内务"、"以上都没做过"等四个选项的差异性值都小于 0.05。还有，未成年犯对"以上都没做过"一项的选择频数比例达到 23.1%，远远高于在校中学生的 11.9%，这说明未成年犯与社会在校中学生在从小劳动习惯养成方面存在着明显的差异。由此，我们可以推定，从小是否干些适龄的劳动，以及是否有过劳动体验和劳动习惯，与未成年人犯罪有着一定的关联。

表 2-9 未成年犯与社会在校生差异性对比 9

问 题 选 项	社会在校生		未成年犯		差异性
	频数	百分比	频数	百分比	（P）
买菜	223	26.8%	265	36.2%	.000**
洗衣裤	386	46.4%	260	35.5%	.000**
烧菜、做饭	406	48.8%	363	49.6%	.755
整理内务	389	46.8%	297	40.6%	.014**
干些简单农活	219	26.3%	205	28.0%	.455
以上都没做过	99	11.9%	169	23.1%	.000**

注：**表示 P 值小于 0.05，*表示 P 值小于 0.1。

（十）网络接触内容与未成年人犯罪也有一定的关联

根据未成年犯与社会在校中学生两组人群对"你在上网中接触过类似网站吗？"问题的调查，两者在不同选项选择上存在着明显的差异（见表 2-10），其差异性值除"虐待类"一项外，其余六项都小于 0.05。再看两者的各选项频数比例，未成年犯接触"成人聊天室"、"虐待类"、"暴力色情类"选项的频数比例高于社会在校中学生，尤其是接触"暴力色情类"内容的达 46.3%，远远高于社会在校中学生的 20.0%，而其他选项的频数比例则是社会在校中学生高于未成年犯。由此，我们可以推定，接触暴力色情类网络内容与未成年人犯罪有一定的关联，而其他网络内容的接触与未成年人犯罪没有明显的关联。

表 2-10　未成年犯与社会在校生差异性对比 10

问 题 选 项	社会在校生		未成年犯		差异性
	频数	百分比	频数	百分比	（P）
成人聊天室	507	60.9%	482	65.8%	.045**
网上结婚室	98	11.8%	62	8.5%	.031**
网上传销	205	24.6%	57	7.8%	.000**
自杀类	39	4.7%	11	1.5%	.000**
虐待类	63	7.6%	73	10.0%	.093*
暴力色情类	166	20.0%	339	46.3%	.000**
宗教类	43	5.2%	12	1.6%	.000**

注：**表示 P 值小于 0.05，*表示 P 值小于 0.1。

二、未成年人犯罪影响因素实证分析

从一个单纯、无邪的孩童到一个危害社会的犯罪分子，它不仅是一个人思想意识、价值观念、心智模式、行为方式、生活习惯的演变过程，而且还是一个随着权威影响、知识教育、环境影响、群体同化等因素变化而变化的过程。犯罪原因涉及多方面，作用影响可能是一个简单的应境式情景，也可能是多因子相互作用的渐变式恶性发展的过程。因此，为科学分析未成年人犯罪的原因，本文试图立足于浅度、中度、深度三个层面，用数据调查、实例分析的方法，分层、分维度地分析未成年人犯罪的影响因素。

（一）浅度原因——未成年人犯罪诱发"场"

"犯罪场"是指潜在犯罪人与各种背景性因素相互影响、共同作用并最终促成犯罪发生的机制[①]。它包括时间因素、空间因素、侵犯对象（被害人）、社会控制等。未成年人犯罪行为的发生，是其特定主客观条件因素的共同作用的结果，而这种能够直接促使未成年人发生犯罪行为的影响因素，我们把它称之为"犯罪诱发场"。

1. 脱离监管——走向犯罪第一步

社会心理学认为，进入青春期的未成年人，随着生理上的急剧变化，在情感和意识上就会表现出强烈的独立性和自主性，心理上要求改变过去依赖成人和受成人监护的状态，并从行为上试图割断原有的依赖关系。在实际生活中，未成年人往往会表现出疏远父母、对抗老师，发生逃学、游荡甚至离家出走等行径。期间如若没有良好的家庭监管、学校管束、社会保护，极易引发未成年人不良行为的发生和不良行为习惯的形成，继而发展为违法犯罪。据调查，20.6%的未成年犯认为"如果自己不离家出走"就不会走上犯罪道路，21.1%的未成年人认为"如果亲人能及时发现和劝阻我的不良行为"就不会走上犯罪道路。这充分说明未成年人如若没有及时的管束，完全可能流入社会，结交不良同伴，发生不良行为。因此，未成年人的脱管可以说是引发未成年人走向犯罪道路的第一步。通过对未成年犯的实证调查，发现造成未成年人脱管现象有两个原因：

第一，家长的监护不力。在现实生活中，家长对未成年人无力监护、放任自流、疏于监管的现象不在少数，有的是客观上的监护无力，有的是主观上的责任推脱。据调查，有12.2%的未成年犯认为"父母对自己不管不问"，14.9%的未成年犯认为"父母对自己物质和精神上的关爱都缺乏"。例如，未成年犯李某，因不满父母的严格管束而离家出走，后因无钱潇洒与几个同伴一起对一妇女实施抢劫，被判一年六个月有期徒刑。

第二，学校的监管不力。据调查，未成年犯在读书期间 83.7%逃过学、60.9%发生过在外过夜、44.4%有过结交社会无业人员的经历。不可否认当前的中小学校良莠不齐，一些城市非重点学校和农村偏远地区学校，由于生源不足、资金缺乏、条件简陋，教师难以安心从教，对学生的监管和校风维护方面处于粗放或放任状态，尤其对部分住校生的脱管，往往催生学生不良行为的形成，而这些有不良行为的未成年人极易向恶性发展，从微小的违反校规校纪，到发生不良行为，再到严重不良行为，继而出现违法犯罪行为。

---

① 柴春原："如何预防网络诱发的青少年犯罪"，引自网页 http://www.e-gov.org.cn/wangluoanquan/news004/。

2. 过早失学——引发犯罪之重要因素

我国 1986 年颁布的《义务教育法》就已规定，适龄儿童的父母或监护人有义务使孩子接受九年制义务教育。但现实因教育体制、教学条件、教育管理的限制，部分地区尤其是经济欠发达的偏远地区，还有很大比例的未成年人未能完成九年制义务教育，而这部分过早失学的未成年人，因过早流入社会，在社会负面影响或被人教唆下，极易成为违法犯罪的"后备军"，这与未成年犯近 90%为非在校生的调查结果相符。分析当前未成年人过早失学现象，有两方面原因：

其一，学校教育的责任推卸。当前部分中小学校受名利或责任牵连的影响，一些学校和教师除了关心学生的学习成绩外，其他像对成绩差和厌学学生的帮助、不良行为学生的规训教育等，往往缺乏及时、有效的教育干预，听之任之。而在"问题"学生的处置上，往往表现出消极回避或责任推卸，不是处置方法简单，就是一"除"了之，造成这部分学生过早地离开学校，成为辍学生、流失生。据调查，有17.3%的未成年犯是因受到学校处分而辍学的，8.2%的未成年人认为"如果自己不被学校开除"就不会走上犯罪道路。

其二，贫困造成失学。在不少经济发展落后的贫困山区，确实还存在因贫困而上不了学的现象，无钱上不起学或迫于生计辍学。一位贵州籍未成年犯纪某在自己的自传中这样叙述"我很想读书，但因家里贫穷交不起学费，再加上饿肚子上学，被迫同其他同学一样不读了……"，像纪某这样因家庭困难而辍学的，在一些偏远落后山区甚至达到 60%以上。据调查，21.2%的未成年犯认为"自己辍学的主要原因是家庭经济困难"。

3. 不良交往——生发犯罪之必由之路

美国社会心理学家 M.米德认为："在现代社会中同辈群体的影响甚至要到改变传统的文化传递方式的地步。[①]"可见，交往对象对未成年人的社会化成长影响是潜移默化的，是深刻长远的，尤其是同龄人间的相互交往对未成年人的社会化过程起着十分重要的作用。未成年人之所以走上违法犯罪的道路并恶性发展，与其不良交往是息息相关的，也可说是其生发犯罪的必由之路。据调查，73.9%的未成年犯认为"影响自己犯罪的是结交不良朋友"，40.0%的未成年犯认为"自己走上犯罪道路的直接原因是跟随他人误入歧途"。未成年人从不良交往到发生犯罪，通常于以下四步演变：

首先，结交不良人员。未成年人一旦受家庭或学校的排斥或抛弃，因个性自尊及心理归属需要，在"多一个朋友多一条路"、"朋友是人生中的一笔财富"等流行观念驱使下，会广交"朋友"，但受自身条件的限制，其所结交的所谓"朋友"往

---

①郑杭生：《社会学概论新修》，中国人民大学出版社 2002 年版，第 83 页。

往是处于社会边缘的同龄人。据调查，57.1%未成年犯认为自己在犯罪前结交过各类社会闲杂人员。

其次，同伴负面感染。未成年人因处于人格建塑和心理定型的重要时期，具有强烈的归属感、模仿性和从众性，在与同伴交往的圈子里，往往会互相感染一些非主流、不健康、错误取向的思想和行为方式，并形成群体性的负性心理。据调查，47.6%的未成年犯认为"自己走上犯罪道路是受一些社会游荡的同龄人影响"。

再次，自发形成"圈子"亚文化。未成年人在与同伴交往过程中，受圈子利益的影响，自发地形成承载交往群体利益的圈子思想、行为准则、处事方式，而这种非主流的未成年人圈子亚文化，往往表现为反社会性和"哥儿们"关系。

最后，共同参与犯罪。在未成年人交往圈子里，因受圈子亚文化的规约，往往会形成相同或相似的观点、思想、兴趣、情感，并日趋一致。在非法需要动机的影响下，就会相互观察与模仿，学习犯罪方式和犯罪技能，并在侥幸尝试下，犯罪思想与犯罪心理得到强化，从而沦落为犯罪团伙。这与未成年犯高比例的团伙犯罪是相符的（浙江省未成年犯管教所在押未成年犯团伙犯罪率达80.2%）。

4. 欲求过度——诱发犯罪之直接动机

需求内驱力理论认为需求是个体对内外环境的客观需求而产生的一种内心状态，是产生行为的源泉[1]。未成年人在成长过程中，因需求内驱会产生对生活物质、学习环境、人际交往、兴趣爱好等各种成长性的正常需要，但受当前社会消费主义思潮的影响，对缺乏辨别是非能力的未成年人来说，往往会产生过度重物质的消费主义思想，形成追求物质享受、感官刺激、赶潮追流、奢侈浪费等生活方式，甚至不顾自己的经济能力和家庭实际情况，盲目模仿与攀比。当无法以自身经济能力满足日益膨胀的物质需求和享乐欲望时，就会通过不正当途径获取钱财，最终走上犯罪道路。据调查，50.2%的未成年犯认为"自己犯罪的最初动机是获取钱财"，同时，未成年犯高比例的侵财犯罪就是最好的例证（浙江省未成年犯管教所在押未成年犯中，第一罪名为盗窃罪的占16.7%、抢劫罪的占55.5%、抢夺罪的占1.7%）。当前未成年人因欲求过度而走上犯罪道路的通常有以下三种类型：

一是为满足虚荣而实施侵财犯罪。在不良交往圈子中，未成年人往往会在逞强、虚荣的心理驱使下，充当"老大"或"富阔"进行高消费、寻乐子，而一旦无钱供自己挥霍时，就会产生"如何来钱快"的动机，继而不顾法律道义，实施侵财犯罪。例如，未成年犯刘某，家庭经济条件较好，父母对他"只要读书好就给钱"，从小养成大手大脚的花钱习惯，一次生日聚会就花费4000元。但随着父母给的零花钱不能满足自己的各种高消费时，为了不在朋友中丢面子，就产生了如何弄钱的犯罪

---

①高中建主编：《当代青少年问题与对策研究》，中央编译出版社2008年版，第289页。

念头，之后多次实施暴力抢劫，最终被浙江省缙云县人民法院判处有期徒刑六年。

二是为满足玩乐而实施侵财犯罪。据调查，网吧、歌舞厅、游戏房已成为当前未成年人游玩去处的前三位，以获取最大利润为目的的这些娱乐场所与未成年人自身的毫无节制，促发了部分未成年人的高额度娱乐消费，而当自身经济能力不能支撑这种持续的高额消费时，就会引发未成年人侵财犯罪。据调查，14.9%的未成年犯认为"自己犯罪的直接原因是消费严重透支"。

三是为满足性欲而实施性侵犯罪。随着生理的逐渐成熟，未成年人的性冲动越来越强烈，在这期间如缺乏正常的性知识和性道德教育，部分未成年人就会出现错误的性取向，为满足自己性需求而实施性侵犯行为。例如，未成年犯徐某，初中毕业后，家人为其在县城谋到了一份开小面的工作。开车之余在录像室看了几本黄色录影带后，彻夜难眠，对异性表现出了极大的兴趣。在强烈的性冲动下，把打面的的一女子带至前不见村、后不见人的山岭深处，强行实施奸淫，抢走其内有 1000余元现金的小包一只。恐其告发，并把这女子推下陡峭绝壁杀人灭口，被害女子最后靠抓住两根树枝幸免于难。后被浙江省常山县人民法院以犯抢劫、强奸、故意杀人罪判处有期徒刑二十年。

5. 权益受侵——引发犯罪之重要原由

如果说作为利益主体的青少年，其自然属性是青少年成长的原始动力和机制，那么无疑权益的疏忽与侵害正是其问题行为产生的激发动力[1]。未成年人是一个生理和心理处于特殊时期的人群，一旦自身的权益得不到保障或受到侵害，就会造成他们在心理上的困惑与无助，甚至心理不平衡和扭曲。当这种不正常心理与客观条件因素复合时，就可能引发未成年人通过不良行为或非法行为来报复或对抗社会，继而出现极端犯罪行为。据调查，当问及"引发你犯罪的最初动机是什么？"时，11%的未成年犯认为是"不受欺负"、5.3%的认为是"争夺利益"、5.0%的认为是"反抗家庭"、0.9%的认为是"反抗社会"。虽然这一类成长性权益受侵而直接导致未成年人犯罪的比例不高，但其对未成年人走上犯罪道路起着极其重要的影响作用。当前未成年人成长性权益侵害主要有以下四种情形：

一是基本生存权益被侵。虽然改革开放三十余年，人民财富获得了巨大的增长，人们生活质量获得了巨大的改善，但贫富两极分化的现象，确实还存在，在一些贫穷落后的地区有相当比例的贫穷人口，生活无法保障，甚至连基本生存也受到威胁。这可从未成年犯调查数据中得到证实，19.4%的未成年犯认为"自己走上犯罪道路的直接原因是生活所困"。

二是现实人身安全被侵。未成年人的健康成长需要一个和谐安定的环境。但在

---

① 高中建主编：《当代青少年问题与对策研究》，中央编译出版社 2008 年版，第 263 页。

现实中，由于未成年人的相对弱势，经常会受到相对强势的群体欺凌，未成年人出于对自身安全的保护，往往会被动地先发制人，实施暴力犯罪行为。例如，初二学生周某为了不受高年级同学葛某等人的殴打，买了把水果刀偷偷放在书包里，某天放学后校门口又碰到葛某等人，因回避不及，又遭葛某的殴打，扭打过程中周某就用书包里的水果刀刺向葛某腹部，致重伤，犯故意伤害罪被判有期徒刑四年。

三是合法权益保障被侵。宪法规定每个公民的合法权益不受侵犯。但在现实中，部分人的强权强势，未成年人的合法权益经常会受到所谓"社会强者"的侵犯，而作为弱小的未成年人为了免受欺压，往往会产生极端行为，以"犯罪行为"来捍卫自身的合法权益。例如，未成年犯张某，因打工企业老板不发工钱，就叫了几个"哥儿们"，持刀到老板办公室使用暴力"要"回了工钱，后被平阳县人民法院以抢劫罪判了有期徒刑三年。

四是尊重需要受侵。按马斯洛的需要层次论，人的需求在满足生理、安全、情感与归属之后，就会产生尊重的需要。获得社会、家庭和他人的尊重是未成年人最基本的需要。但现实中，未成年人的尊重被侵现象比比皆是，如家长对孩子的随意怒骂、老师对学生的横加指斥、大人对小孩的调戏侮辱等，都会触及和伤害未成年人尚未定格成型的自尊心，极易促使未成年人的心理扭曲，并产生对成人和社会的报复心，甚至走向极端发生犯罪行为。据调查，有 8.3%的未成年犯认为"自己最初的犯罪动机是泄愤报复"。例如，四川籍未成年犯熊某，从小因各种原因经常受父母打骂、被玩伴们戏弄，逐渐形成了自闭、极端的性格，在一次受老乡 8 岁儿子侮陷偷钱后怀恨在心，一气之下将 8 岁小孩拉至厕所进行殴打，致使脑部受伤，经抢救无效死亡，最后被嘉兴市中级人民法院判处有期徒刑十五年。

6. 社会微观管理失序——诱发犯罪之催生因素

据调查，14.9%的未成年犯认为"自己犯罪的直接原因是受社会不良风气的影响"，这说明社会秩序的不良与失控，与未成年人犯罪有着一定的关联影响。未成年人因缺乏完整的是非辨别能力，不良的社会治安状况或失控的社会秩序，客观上会助长未成年人的犯罪心理和犯罪冲动，如高发的社会刑事案件、泛滥的不良文化市场、混乱的社会秩序等都会成为诱发未成年人犯罪的土壤。当前影响未成年人犯罪的社会管理失序现象有以下三个方面：

第一，失序的社会治安状况刺激着未成年人的犯罪冲动。当前我国正处于社会转型、经济转轨、文化变迁的社会矛盾暴发期，社会刑事案件持续高发，部分地区的社会治安状况确也存在问题。尤其在一些城乡结合部、外来人口集中的地区和经济开发地区，因社会治安秩序的混乱，一方面严重扰乱着未成年人的安全成长环境，另一方面极易负性刺激未成年人的犯罪侥幸心理，诱发未成年人尝试违法行为，诱导未成年人实施犯罪行为。

第二，不良文化娱乐场所为未成年人提供了犯罪温床。据调查资料显示，网吧、歌舞厅、游戏房、美容美发、台球室、溜冰场等娱乐场所是未成年人业余去得最多的地方，占未成年人业余去处的82.2%。同时，当前娱乐业为迎合成人世界的娱乐胃口，往往以色情、暴力、赌博、毒品等不良文化作为买点。这些不良文化在混淆未成年人社会道德观念的同时，还会促发未成年人形成"成人化"心智思维，滋生违法犯罪思想。例如，未成年犯蔡某，由于长期离开父母在城里读书，常常到网吧和录像厅看一些色情网站和色情录像，因抵挡不住其中色情画面对自己的引诱，在一次黄色录像观看后，与同伴预谋将认识的少女梁某骗至同伴家中，用武力将其轮奸，后被浙江省乐清市人民法院判处有期徒刑七年。

第三，不良行为管控弱化助长未成年人的犯罪心理。近年来，随着社会对未成年人成长保护思想的增强，很多政府主管部门对未成年人的不良行为干预倾向于教育保护，客观上弱化了政府的行政管控，间接助长了未成年人违法犯罪的侥幸心理和无惧心理。同时，又因家庭监管与学校教育的无力与无效，在一定程度上助长了未成年人的违法犯罪心理。

7. 保护不力——引发犯罪之负面因素

近年来，随着我国社会主义法制体系的逐步建立与完善，对未成年人的司法保护工作也有了很大的提高，但毋庸讳言，在现实未成年人权益的保护落实中，不仅有保护不足的现象，更有保护过头的倾向，表现为力不从心或是负面影响。据调查，未成年犯当中有26.9%的人被捕前有过"被公安机关处罚过"的经历。从违法角度来看，这部分未成年人是重新违法，这说明犯罪前的行政处罚对这部分未成年人来说是无效的。当前因成长保护不力而引发的未成年人犯罪的负性影响大致有以下三类：

第一类，法制保护缺位对未成年人犯罪的影响。当前虽有《未成年人保护法》、《预防未成年人犯罪法》以及各类地方性的未成年人保护相关规定，但现实中相对于未成年人的权益保护，确实还存有诸多法律空白和法规缺省。如未满14周岁未成年人的犯罪司法保护、外省籍未成年人的轻微犯罪司法保护、严重不良行为未成年人的强制矫正等方面的立法滞后，造成一些未成年人因国家法制的不完备而失去及时的司法保护。例如，四川籍未成年犯陶某，胁从参与团伙斗殴，因外省籍身份而无法落实社区矫正，最后被判处有期徒刑八个月。

第二类，成长保护措施不力对未成年人犯罪的影响。由于各地区社会发展程度的不同，社会政府承担的未成年人成长保护工作也是参差不齐，如对各类流浪和残疾儿童、缺损家庭失学子女、父母双下岗子女、进城务工农民子女、服刑人员困难家庭子女以及归正后失业未成年人等人群的关爱与帮教，往往会因财力保障、组织实施、责任保证的缺失，而处于"心有余而力不足"的尴尬境地，失去及时管理和干预时机，从而导致未成年人违法犯罪行为的发生。

第三类，社会惩治力度过轻误导或助长未成年人犯罪。《未成年人保护法》、《预防未成年人犯罪法》的相继颁发实施，在现实司法实践中出现了过分强调未成年人保护的倾向，在实际案例中出现因不满14周岁未成年人违法犯罪的"屡放屡犯"现象，导致个别未成年人"无法无天"，出现"自己年龄小犯法不要紧"的错误观念，继而"恶事"越做越多、越做越大。这种现象在未成年劳动教养人员身上随处可见。

（二）中度原因——未成年人犯罪生发"菌"

如果一个人在社会化过程中形成了不正确的社会态度，进而养成了不良的行为习惯，那么，这些人格缺陷就可能是生成犯罪心理的基础[①]。同理，未成年人在生发犯罪过程中，最初是受外界不良影响开始的，并在不断内化、反映、平衡中形成错误思想观念和行为取向，进而产生犯罪心理，形成实施犯罪行为的可能性。这里，我们把这种最初的外界不良影响定义为未成年人犯罪"生发菌"，也即是所有促使未成年人不健全人格倾向形成的影响因素。

1.家庭环境的不良与冲突

"一个人成年以后，所有行为都可以在他幼年时期的家庭环境中寻找到答案[②]。"家庭作为社会的细胞，是未成年人一生中经历的第一个场所，是他们社会化过程的起点。家庭结构、家庭成员关系、家庭生活氛围、家庭生活习惯等家庭环境，都对未成年人的健康成长、人格完善、人生观和价值观形成等起着潜移默化的作用。据调查，有50.6%的未成年犯认为"如果自己有一个良好的家庭，亲人给予足够的关爱和教育，自己就不会走上犯罪道路。"这说明不良的家庭环境对未成年人的不健全人格形成具有举足轻重的作用。

（1）家庭结构不健全。按照我国《婚姻法》规定实行"一夫一妻制"，一般传统的家庭结构都是一男一女组建家庭，然后按计划生育政策形成"三口之家"、"四口之家"，或者加上祖父母一起形成"三代同堂式"家庭。但随着时代的变迁和文化的影响，或者天灾人祸，高比例的离婚、非婚同居、婚外情、意外事故等，正以迅猛的威力冲击着传统意义上的家庭结构模式。生活在这种不健全结构家庭中的未成年人，幼小心灵根本无法承受因家庭破裂、重组、遗弃、残缺而带来的情感刺痛，如父母离异带给未成年人的不信任感，以及痛苦、叛逆、嫉妒、冷漠等情绪；父母再婚带给未成年人的受歧视、虐待，甚至遗弃；家庭残缺带给未成年人的恐惧、悲观、失望、自卑等情感。这些因家庭结构的变化，其家庭破裂过程及其影响的延续，极易造成未成年人难以弥补的心灵创伤和巨大的心理裂变，形成心理障碍甚至心理

①梅传强著：《犯罪心理生成机制研究》，中国检察出版社2008年版，第13页。
②[美]约翰·布雷萧：《家庭会伤人》，蓝天出版社1999年版，第3页。

病变，从而导致智力落后、情绪不稳定、社会性失调和性格缺陷等不健康心理的发展。据调查，在未成年犯中，"父母离过婚的"占16.8%、"父母虽没离婚，但和离婚差不多的"占8.5%、"父母中有一方已离世的"占9.5%、"父母双方均已离世的"的占1.1%、"父母都还健在，但我不知她们去向的"的占3.9%，总和未成年犯不健全家庭结构比例达39.8%，接近四成，比例高得惊人。

（2）家庭关系不和谐。家庭关系主要指家庭成员之间的情感联结，如亲子关系、夫妻关系等，也包括一些家庭成员之间的互动，如父母抚养方式、亲子冲突、亲子沟通、夫妻冲突及夫妻沟通等[①]。一个关系不和谐的家庭，因为家庭成员间的争吵、家庭暴力、冷战，甚至敌对、仇视，都会促发未成年人的情绪紧张，同时，家庭成员间的沟通缺乏，一方面缺少家庭情感的交流和相互感染，削弱家庭凝聚力；另一方面因处长期的紧张状态，缺少情感满足与安慰，就会促使未成年人形成孤独、暴躁、冷漠、自卑等不良性格和反叛心理，继而对抗家庭或逃离家庭，向外寻求精神支持和寄托。据调查，在未成年犯当中认为"自己父母关系正常"的比例只有59.5%。由于未成年人心理尚未成熟，社会经验不足，在不良环境的影响和坏人的教唆、引诱下，很容易走上犯罪道路。例如，未成年犯方某，七岁前有一个幸福美满的家庭，然后因母亲的外遇，引发父母矛盾和争吵，几乎是三天一小吵、五天一打架，这样的情形持续了四年，最终在十一岁那年父母离婚各自又重新组建了家庭，虽然方某判给了父亲，但因为多年父母矛盾的影响，家对于方某来说已经无任何亲情和依恋。最终在社会不良人员的教唆与怂恿下，实施了抢劫犯罪行为，被判有期徒刑五年六个月。

（3）家庭经济贫困。"社会经济不利因素对父母会带来潜在的不利影响，这就很可能增加父母的困难并且使良好的家庭教育受挫……贫穷和不利条件通过影响父母对子女的抚养而最终影响到犯罪的生成。[②]"确实，一部分家庭因为家庭经济的贫困，客观上导致家长对子女的无力抚养或监护不到位，促使未成年人不能正常生活和健康成长。如父母外出打工而产生的留守儿童[③]、无力供养读书的贫困失学儿童、受家庭遗弃的社会流浪儿童等，是高比例走上犯罪道路的重点群体。这部分因家庭经济贫困而过早流入社会的未成年人，往往因生理和心理上的不成熟、辨别能

---

①刘芹："优化家庭功能：预防青少年犯罪的关键"，《青少年犯罪问题》2003年第5期。

②Robert J. Sampson,John H. Laub. Crime in the making:pathways and turning points through life. Harvard University press, 1995, P19.

③根据全国妇联2008年发布的《全国留守儿童状况研究报告》显示，中国农村目前"留守儿童"数量超过了5800万人。57.2%的留守儿童是父母一方外出，42.8%的留守儿童是父母同时外出。留守儿童中的79.7%由爷爷、奶奶或外公、外婆抚养，13%的孩子被托付给邻居、亲戚、朋友，7.3%为不确定或无人监护。

力低、自控能力弱等原因，会结交一些不良人员，形成一些不良思想，养成一些不良习性，继而在犯罪客观境遇的诱导下，走上犯罪道路。据调查，有 21.2% 的未成年犯是因家庭经济困难而辍学，在成长的道路上与父母共同生活的只占 52.5%。

2. 家庭教育的不当与错位

家庭是人们最初的生活环境，是人们接受"人之初"教育的场所。正如《教育与社会》一书所述，"家庭最重要的教育功能是它的社会化功能，家庭自产生之日起，就担负着为社会培养未来公民的重要使命。这不仅是家庭亘古不变的功能，也是家庭之所以存在的理由之一。[①]"家庭教育是家庭最基本的一项功能，通俗地说，家庭教育就是家庭长者（主要是父母）对子女的教育和影响。现代心理学、医学、教育学都已证明，早期的智力开发、性格培养、道德规训、习惯养成等将对人的一生起着决定性的作用，家庭教育是人生最基础的教育，它具有启蒙、奠基、修正的作用[②]，如我国古代的"孟母三迁"、"岳母刺字"、"孔融让梨"等故事，都说明了家庭教育的重要作用。然而，现实生活中，为数不少的家长因自身素质、教育理念、家庭条件等多方面的原因，家庭教育出现偏差、不当甚至是错位，这不仅影响着未成年人的人生观、世界观、道德观和行为准则的正确形成，而且往往会引发未成年人的错误认知、不良道德观念、偏差行为趋向和不健康心理等，与未成年人犯罪存在着密切的联系。

（1）家庭教育理念的偏差

当前很多家长对子女家庭教育的重视程度越来越高，不仅投入大量的精力和体力，而且许多家长舍得"花钱"，"再贫再穷不能穷孩子、再苦再累不能苦孩子"的现象随处可见。但是，受家长自身素质的限制，或者社会不良教育风气的影响，许多家庭在教育孩子的过程中容易走入误区，如有学者归纳的"七重七轻"，重智力教育，轻德行培养；重物质给予，轻精神满足；重知识学习，轻实践锻炼；重硬性灌输，轻启发诱导；重言语教导，轻身体力行；重身体发育，轻心理健康；重共性发展，轻个性培养[③]。可以说这是我国家长在当前家庭教育理念偏差表现上的真实反映。这些错误家庭教育理念的存在，不仅容易导致家庭教育目的、教育内容、教育方式的偏差，更重要的是对未成年人的健康成长起着一定的负面作用。

（2）家庭教育内容的偏差

受当前急功近利教育思想影响，家长普遍都有"不能输在起跑线"的想法，对自己的子女从小进行知识的灌输、技艺的训练，进行着与孩童年龄不相称的强加性

---

①吴铎、张人杰著：《教育与社会》，中国科学技术出版社 1997 年版，第 218 页。
②高中建主编：《当代青少年问题与对策研究》，中央编译出版社 2008 年版，第 310 页。
③高中建主编：《当代青少年问题与对策研究》，中央编译出版社 2008 年版，第 316—319 页。

教育，而对于真正起关键作用的道德培养、情感培育、习惯养成以及心理健康教育等未成年人健康成长的启蒙教育，常常疏忽或者丢弃。如幼儿时期的识字背唐诗、儿童时期的练琴学书法、小学阶段的奥数金培，不管孩子愿不愿意，只要人家学的我们也要学，别人没有学的我们抢先学，总之，家庭教育的目的是培养"神童"、"考试状元"。这种功利目的的家庭教育，最终结果扼杀了孩子的童趣爱好、抹杀了孩子的快乐，这种得不到乐趣的家庭教育生活，给正在成长的未成年人抹上心里阴影、增添抑郁情绪、积淀心理问题，极易形成成长性心理障碍和人格缺陷。

（3）家庭教育方式的偏差

据调查，未成年犯在回答"家长对你教育管理的态度与做法"时，12.2%的未成年犯认为是"基本不管不问"、21.5%的未成年犯认为是"以宠爱为主"、9.8%的未成年犯认为是"体罚为主，很少说理"、15.4%的未成年犯认为是"责骂为主，很少说理"，这说明在未成年犯成长过程中，其接受的家庭教育基本上都存在着这样那样的问题。一名未成年犯的背后肯定存在一个问题教育家庭，有的家庭极端溺爱，有的家庭专制暴力，有的家庭放任自流，不同的家庭教育方法决定了未成年人成长的健康与否。如娇宠溺爱的家庭教育，容易养成孩子的自私任性、好逸恶劳、骄横霸道、自我中心的不良性格和行为习惯；简单粗暴的家庭教育，容易促使孩子形成偏执孤僻、脾气暴躁、情绪自卑、行为野蛮等不健全性格，最终造成孩子心理的畸形发展；放任自流的家庭教育，极易形成孩子怪癖、自私、冷酷无情的性格，还容易目空一切、自以为是、玩世不恭。例如，江西籍未成年犯潘某，父母信崇"棍棒底下出孝子"，从小对潘某从严要求，有差错招骂，学习成绩不佳招打，在这种"严厉"教育下，潘某越来越讨厌读书，厌烦父母，继而逃学、夜不归宿，并结识了一些社会不良青年，成了"街头小霸王"。看谁不顺眼就打谁，看谁有钱就抢谁，最终走上不归路，因犯抢劫、故意伤害罪，被判有期徒刑十二年。

（4）家长自身素质的偏差

俗话说，名师出高徒，教育是一门学问，是一门艺术。家长教育素质的良莠决定着家庭教育质量的高低，家庭教育不仅要求家长持有正确的教育思想和教育方法，更重要的还需家长日常的以身作则，因为身处发育成长阶段的未成年人具有很强的模仿能力，家长的一举一动、一言一行都将留于他们的脑海，并内化于心、外示于行。现实生活中，很多家长一面以"圣人"标准要求着孩子，另一面自身却是自由散漫、行不由心，甚至是鸡鸣狗盗。在这种家庭中成长的孩子往往会在性格特征上，出现虚伪、反叛、敏感、多疑，产生藐视家长权威的意识，在行为表现上自作主张、自说自为，出现道德败坏、违法乱纪。例如，未成年犯黄某，可说是生长在"劳改"家庭，其父三次因盗窃罪被判刑，分别服刑两年半、两年、五年，母亲在其两岁时因心脏病去世，从小由祖父母抚养带大。在成长中除了感受别人的白眼、冷嘲热讽外，就是父亲如何进行盗窃的行径，自然也就学会了偷与抢。在温州打工的四个月内，先后15次伙同他人，采用殴打、棍击、刀砍等手段，抢劫作案15次，共劫得现金、手机等财物3万余元，并致两人死亡，最终被判无期徒刑。

3. 学校教育的偏差与缺失

古人云，教育应授之渔，而非授之鱼。我国《义务教育法》规定，教育的目的是培养德、智、体等全面发展的社会主义事业建设者和接班人。学校是未成年人成长成才的必由之地，也是未成年人社会化的重要场所，它不仅帮助未成年人解惑释疑、增知提能，更重要的是培育未成年人正确的人生观、世界观和处事行为准则。因此，学校教育的成功与否决定着未成年人的成才与否、健康成长与否和正确发展与否，同时，它与未成年人犯罪也有着千丝万缕的关系。虽然未成年人犯罪在校学生比例不高，90%的未成年人犯罪在脱离学校时期，但是，我们分析每一个未成年犯的犯罪形成轨迹，都能从中找到学校教育的问题。

（1）学校教育思想的偏差。受到我国升学考试制度的强势导向，目前学业考试分数已经成为了衡量学生优劣的唯一标准。现实中，学校教育一切以学生的升学率为重，一切以提高学生考试成绩为目的，功利性地追求分数，而其他未成年人成长所必需的德、体、美、劳等素质教育只是蜻蜓点水式的浅尝辄止，甚至有的直接予以放弃，形成"万般皆下品，唯有分数高"的错误教育思想，已经走入了严重的"应试教育"误区。在这种"应试教育"体制下，学生生活变得枯燥、学生负担变得沉重、学校老师变得势利，学校的教育理念、教育设计都服从和偏向于"文化知识"，忽视学生品行和人格的塑造，忽视民族优秀文化的传承。这种机械式的应试教育，不仅影响着未成年的情感和认知发展，以及思维模式、行为方式、个性和人格的发展，而且，因教育与生活的脱节，严重影响到未成年人的身心健康、生活能力，甚至出现个体发展性障碍，当前常见的"高分低能"、"名校生弑母[①]"、"杰出校友控诉母校[②]"等现象就是最好的"应试教育产品"。据调查，有56.7%的未成年犯因为学习成绩差而发生逃学，有55.5%的未成年犯因为学习成绩差厌学而辍学。

（2）学校教育资源的失衡。毋庸讳言，我国的教育体制改革是备受诟病的，我们可以从当前的"应试教育"、"择校荒"、"高失学率"等现象中可见一斑。一方面有限教育资源相对集中于城市，另一方面各地的教育投入极不平衡。在城市孩子忙于择校"民办学校"、"私立学校"、"贵族学校"的同时，在个别贫困山区还有孩子饿着肚子上学[③]。在推行"撤点并校"的14年中，全国减少小学371470所，其

---

① 邓红阳："郑州17岁名校生为摆脱学习压力弑母"，《法制日报》2012年2月23日第8版。
② 黄庆明："江苏知名小学遭海外'杰出校友'控诉"，《都市快报》2012年6月6日第B02版。
③ 杨鑫："无力承担3元午餐费 贵州山村小学学生饮水充饥"，引自网页 http://gongyi.ifeng. com/news/detail_2012_05/30/14917950_0.shtml?_from_ralated。

中农村小学减少 302099 所，占全国小学总减少量的 81.3%[①]。这种现实教育资源的不平衡，催生了教育的不公平，同时，也催生了校车安全事故、学生"无中餐"读书、外来流动未成年人无书可读、义务教育不"免费"等基础教育的怪现象。这种现象的背后，是高比例的未成年人辍学生、流失生，高比例的未成年"社会人"，带来的后果也就是高比例的未成年人违法犯罪现象。

（3）学校教育内容的偏离。受升学考试指挥棒的影响，目前中小学教育普遍只注重考试学科的教育，轻非考试学科的综合素质教育，在学校教育内容安排上出现"知识教育是实的，智育是偏的，德育是虚的，体育是弱的，美育是空的，劳动教育几乎没有[②]"的现状。如对学生的德育教育被动应付、抽象阔谈，甚至出现"小学讲共产主义理想，中学讲道德教育，大学讲社会公德[③]"的倒置失衡现象；对学生的法制教育流于形式，缺乏教育深度广度和现实针对性，甚至只是应付式的法制辅导员的几堂大课；对青春期心理健康和性教育几乎是空白，许多学校缺乏专门的心理学老师。对于成长过程中的思想道德、法律知识、心理健康教育以及生命价值和死亡意识的教育，存在着严重缺位和缺失现象，这不仅导致未成年人健康成长所需知识内容的缺乏，更重要的是造成了未成年人人生观和处事准则的错导和失衡，给今后的社会化生活形成了错误的方法论，形成缺省型的成长角色认知。据调查，仅有 7.5% 的未成年人认为"自己捕前了解一些与犯罪相关的法律知识"。

（4）学校教育方法的偏颇。未成年人在学校学习特别是初中阶段正值是青春发育时期，从生理上讲基本发育趋向成人，从心理上讲是"心理断乳期"，这是一个充满多重矛盾冲突的成长变化期，若学校和老师的教育引导方式方法发生偏差，极易促发"问题"，发生"不良行为"。如当前中小学校少得可怜的心理辅导课、如山的应试题海作业、各类应试专题提高班，以及人为的"优劣生"分层分班、个别老师的粗暴教育、校园软暴力[④]等现象，无时无刻不影响着未成年人的心理健康，不堪重负的逃学、弃学，受暴力的心理扭曲，受"标签"认定的逆向发展，促使一些"边缘学生"进入了不良循环之中，"心理偏差——厌学——发生不良行为——违法犯罪"。例如，未成年犯吴某，出生在一个支离破碎的农民家庭，缺少父亲的管束和母亲的疼爱，从小与 70 多岁的奶奶生活在一起，过早地承受着生活的艰辛，

---

① 郭少峰："农村小学十年少 5 成'撤点并校'政策被指待改"，引自网页 http://news.xin huanet.com/politics/2012-05/21/c_123164022.htm。

② 高中建主编：《当代青少年问题与对策研究》，中央编译出版社 2008 年版，第 335 页。

③ 赵秉志主编：《未成年人犯罪专题整理》，中国人民公安大学出版社 2010 年版，第 146 页。

④ "校园软暴力"，是指通过非肢体接触而从心理上进行伤害，造成学生自暴自弃，厌学，甚至放弃生命的严重后果，与体罚和罚站、罚写作业、罚劳动等变相体罚式的"硬暴力"相对应，主要包括过重的课业负担、分数歧视现象、"心罚"的教育方式等三个方面。

在整个小学阶段考试中，除两次第二名，其余的都是第一名，还曾经代表学校参加县里组织的数学竞赛。但一次被同桌诬陷偷钱的事件改变了他的人生，不仅受到同学冷漠地指责，更遭到了老师的公开搜身，巨大的侮辱、委屈，强烈刺激着从小要强、性格倔强的他。在自闭改变不了自己现状的同时，他不再对学习感兴趣，继而出现厌学、逃课，热衷于运动和打群架，认识街头混混。从此，一发不可收拾，勒索同学、恐吓老师、偷摩托车、斗殴、赌博等全在他身上发生，最终，因抢劫罪、故意伤害罪被浙江省浦江县人民法院判处有期徒刑七年。

4. 成人示范的消极与错导

差异交往理论认为，人的意识行为包括犯罪是在与他人的相互交往中学会的。未成年人在成长社会化过程中，除家庭环境和学校教育的重要影响外，其周围发生的一切成人世界现象和行为，都对未成年人的成长思想、价值观念和行为方式等起着潜移默化的作用。成人腐朽的生活方式、错误的处事准则、低级下流的生活情趣等，都会对人格尚未定型的未成年人，留下影响和记忆的存储，而这种消极的信息储存，一旦遇见相似情境，便会翻版成为仿效违法犯罪的内驱力，这就如同有位专家所说的，任何一个未成年人的犯罪行为都可以在成年人世界中找到原型。[①]

（1）畸形生活方式的盲从。社会转型促使人们的生活方式在改变，生活理念和生活思维方式都呈多元化发展，在与传统生活方式的冲突中，新型"时尚"、赶潮流式生活方式被未成年人所追崇和模仿，同时，一些不合主流的畸形文化生活方式也强烈冲击着未成年人，未成年人不仅羡慕而且趋之若鹜，如超前消费、不劳而获、潇洒休闲、及时行乐等生活方式。在现实生活中，一些不学无术，靠投机取巧或非法获利发财的周围人，往往会成为未成年人盲目崇拜的对象，认为有本事，梦想自己也能成为他们这样的人，而对靠双手勤劳致富的鄙视，认为是没本事，只能干体力活。这种对反面典型周围人的盲从，是非常危险的，轻则会使未成年人学会不良生活方式，如学会抽烟、喝酒、赌博等不良行为，重则会使未成年人完全颠覆原有的生活方式，陷入畸形生活的盲从泥塘中不能自拔，从而走上违法犯罪道路。例如，贵州籍未成年犯杜某，原在温州一皮鞋厂做工，月工资达 1000 余元。后见一老乡整天无所事事，却披金戴银、住宾馆、上歌舞厅，在征得该老乡的"高抬贵手"同意下，带他一起发财。然而，不出一月在送卖毒品途中现场被抓，最终因贩毒罪被判有期徒刑六年半。

（2）社会丑恶现象的错导。在现实成人世界中，一些不道德、违法乱纪的现象被人们熟视无睹，如过马路闯红灯、业余"小搞搞"、破坏公共设施、私拿公家财物，甚至是公款吃喝、徇私舞弊、卖淫嫖娼等现象，再如备受网民热议的上海机

---

① 施森宝、杨贵森："不良交往和犯罪动力定型"，《青少年犯罪问题》1997 年第 4 期。

场刺母事件、"冷漠的哥"坐视车内少女被强奸、公交车上小偷公抢无人反抗、面对车轮碾过的广东小悦悦 18 个路人无一施救……这些负面性的公众行为表现，对分辨力、抵抗力相对较弱的未成年人来说，可说是慢性"毒药"，在不知不觉中，正发挥着消极的示范作用，导致部分未成年人混淆社会基本道德判断，形成不正确的道德观念和生活准则，对是非、荣辱、美丑、褒贬等基本社会道德准则出现偏差或颠倒，继而产生唯利是图、投机取巧、弱肉强食等行为心理，形成反主流的观念标准和价值取向，为未成年人走上违法犯罪道路埋下伏笔。

（3）错位道德评判的影响。正确的社会道德评判规范着社会道德秩序，同样，社会成人世界的道德评判标准和方向影响着未成年人基本道德价值体系的形成。当前伴随着未成年人成长的社会道德评判环境，如茶余饭后的"道听途说"、随口议论的"正事歪谈"、不负责任的"添油加醋"、幸灾乐祸的"恶意中伤"等，正以消极的腐蚀作用，影响和消磨着未成年人的正确价值趋向，错导着未成年人形成与传统社会道德相左或相负的道德认知，甚至突破基本道德底线，出现反主流、反社会的错误道德认同，并经个体内在的心理同化，转变为不道德的生活趋向和行为，为不良行为的发生奠定了心理基础。据调查，16.1%的未成年犯认为"老实人吃亏、受欺负"、20.5%的未成年犯认为"人生苦短，该及时享乐"、15.7%的未成年犯认为"金钱万能"、20.1%的未成年犯认为"人生的目的是赚大钱、当大官、出人头地"。

（4）成人犯罪技能的教唆。没有一个人生来就是罪犯，未成年人走上犯罪道路除不良教育和环境影响外，还有一个很重要的原因就是成人犯罪技能的教唆。据调查，19.9%的未成年犯认为"自己犯罪完全是受别人的指使和利用"，8.3%的未成年犯"父母有过违法犯罪"，28%的未成年犯"好朋友有过违法犯罪"，19.3%的未成年犯"亲戚有过违法犯罪"。这说明"近朱者赤，近墨者黑"，未成年人周围的成人犯罪现象与其犯罪可能性是成正比的关系，很多未成年人犯罪不仅是其周围人教唆指使的，而且犯罪技能、犯罪手段也是从中习得的。

5. 社会文化的低俗与浸淫

社会文化是由人民群众创造，与广大群众生产和生活实际紧密相连，具有地域、民族或群体特征，并对社会群体施加广泛影响的各种文化现象和文化活动的总称①。它具有提高人民群众生活质量、满足人民群众文化需求的作用。但是，随着现代人们精神文化生活需求的多元发展，社会文化可说是百花齐放但良莠不齐，尤其是改革开放以来西方文化的不断涌入，以及互联网技术的巨大发展，各色文化充斥于现代人们的日常生活之中。有先进的，也有腐朽的；有高尚的，也有庸俗的；有优秀的，也有落后的。不分优劣、不分正邪的社会文化现状，对于尚不具备足够辨别力

①百度百科："社会文化"，引用网页 http://baike.baidu.com/view/78452.htm。

和免疫力的未成年人来说，简直就是一种污染、一种毒害。特别是传递着不良文化思想的黄、赌、毒和暴力、腐败、帮派等社会文化，不仅像"鸦片"一样毒害着未成年人的成长，而且还直接诱导着未成年人以身试法，走上犯罪道路。

（1）特有地域文化的人文性格影响。俗话说，一方水土养一方人。不同的地域文化影响不同区域的民众性格，如东北人的勇敢豪爽、广东人的精明强干、山西人的憨厚守旧、齐鲁人的笃实方正、西南人的质直自大、江浙人的精明性柔等，一个人性格的形成与其出生成长地的社会文化有着密切的联系。据调查，在浙江省在押未成年犯中，江西鄱阳、四川筠连、贵州毕节、贵州赫章四个地区的在押未成年犯数超过 20 人，这不是巧合，而是其特定地域文化和社会发展状况的综合反映。例如，江西鄱阳地处我国第一大淡水湖——鄱阳湖地区，原居民受"鱼米之乡"得天独厚的地理位置，衣食无忧，生活悠闲，但受生态破坏和湖水储量大量缩水的影响[1]，对于世代就渔的居民来说无疑是"断了口粮"，为维持生计只得上岸外出打工谋求生路，这是一大客观原因。其次，世代为渔的鄱阳人，在进湖打鱼过程中，不是靠付出辛勤多少来衡量打鱼的收获，而是祈祷老天的保佑，形成了靠"运气"吃饭的潜意识性格，可谓"渔民文化"。这主、客观两个方面因素凑成了鄱阳人外出打工的高比例和未成年人犯罪的高比例。再如，四川筠连、贵州毕节、贵州赫章是川、贵、滇三省交界处的一个三角地带，是一个经济落后的贫穷山区。一方面，因经济落后过半的青壮年都外出打工谋生，有个别乡村仅剩 20%左右的留守老人和儿童，有许多家庭甚至举家外出打工；另一方面，这三角区域是古时候的黔西北"鸦片重灾区"[2]，虽经解放初期的全面禁烟，使得烟土销迹三十年，但随着改革开放人口流动的加大，"毒"卷土重来，不仅吸毒、贩毒犯罪大量增加，而且由"毒"而生的违法犯罪也大量递增。从小生长于此地的未成年人潜移默化受"毒犯罪文化"的影响，参与"毒"犯罪或因毒而滋生犯罪的概率在提高，从而形成了这一地区未成年人犯罪高比例的现象。

（2）封建帮派文化的侵蚀影响。帮派文化可说是我国几千年封建社会的文化"毒瘤"，由于受到封建残余思想的影响，不良结团、结派现象在当今社会中随处

---

① 据 2012 年 2 月 1 日《今日早报》报道：号称"长江之肾"、中国第一大淡水湖的鄱阳湖，1 月水位创 60 年新低，湖水面积仅为丰水期的 5%，"鱼米之乡"无鱼可捕，成了鄱阳湖 10 万渔民难言的无奈。1 月 6 日 8 时，鄱阳湖都昌站水位 7.93 米，跌破 1952 年有实测水文资料以来的历史最低水位 7.99 米，创 60 年来新低。三峡工程建成后，一方面作为吞吐湖的鄱阳湖的吞水量不足，另一方面沿岸河道违规采砂等人为的生态破坏，造成了渔业资源枯竭压力。

② "黔土"作为"西南名产"，古时民间出现"积谷不如藏金，藏金不如存烟"的现象。解放前夕，黔北名镇遵义人口达 6 万余人，烟馆达 400 余家，被称为"吸毒的世界"。

可见，如具有黑社会性质的帮派、邪教性质的教派、共同利益的不良团伙等。未成年人正值"心理断乳期"，有着强烈的自我独立和情感归属需求，需要通过社会交往来满足自己的这种心理需求。因此，一旦有帮派组织或不良群体的吸纳，未成年人就会义无反顾加入到其中，并在帮派思想的作用下，形成"哥儿们义气"、"有福同享，有难同当"、"为朋友两肋插刀"等思想，再加上帮派内"崇尚武力"、"享乐人生"、"虚荣攀比"等亚文化的影响，走上团伙犯罪道路是迟早的事。例如，2009年11月17日《检察日报》报道，上海卢湾区检察院在办理一起未成年人围殴案件中，发现几名犯罪嫌疑人都是"尊龙名社"组织的成员，而"尊龙名社①"是上海检方首次发现的隐藏在虚拟世界中的未成年人网络犯罪团伙。

（3）现代多元文化的消极影响。现代社会文化的辐射型多元发展，不仅改变着人们的物质文化生活和娱乐方向，还影响着人们的文化思想和价值取向，带给人们精神享受的同时，也带来了消极负面的影响。如现代出现的超级女声"追星族"现象、追逐奇装异服的"时尚潮流"现象、放下廉耻的"性解放"现象以及"富二代"、"官二代"的炫富炫势现象，还有吃的是麦当劳、肯德基、必胜客，穿的是"哈韩"、"哈日"，看的是欧洲风暴、美国大片，这些"崇洋媚外"现象，正以前所未有的势头刺激和影响着未成年人的文化认同和文化情趣。再如满足成人娱乐需要的歌舞厅、游戏房、卡拉OK、网吧及各色发廊、休闲房、洗浴场等，不管在城市、城镇、乡镇到处可见，其中散发出的低级趣味和粗俗气息，正以铺天盖地之势影响和侵蚀着未成年人的心智、思维和情感，毁坏和冲击着未成年人的人生价值观，可说是一个极具诱发性的未成年人违法犯罪的温床。据调查，有33.5%的未成年犯是因迷上了歌舞厅、游戏室、网吧而辍学的。例如，未成年犯王某，因迷恋上"超级男声"，为听歌和练歌梦想有一个MP5，在向外祖父借钱买MP5不成后，遂萌发偷外祖父的钱的念头，在潜入外祖父家准备偷窃时被外祖父察觉，就顺手从灶台上拿起菜刀乱砍，直至将外祖父砍死，并分尸抛弃后，劫走现金4500元，最终因犯故意杀人、抢劫罪被判无期徒刑。

（4）不良大众文化的负面影响。电视、电影、录像、网络、电讯以及报刊、杂志、书籍等大众文化载体，它们不仅为现代人们文化生活提供精神食粮，满足人

---

①据2009年11月17日《检察日报》的"网络结社：未成年人犯罪新趋势"一文报道，"尊龙名社"是一个2008年6月在某知名网站注册的网络社团。社团中有成员169人。"尊龙名社"内设尊堂、龙堂、刑堂3个管理机构，下设徐汇、五虎、热血、飞龙等7个分堂，另有战堂、吴泾、洪门3个聪明社团。"尊龙名社"的堂规是：堂内所有成员必须服从高层指挥，堂内所有成员必须服从兄弟第一原则。此外，社团成员还有各自等级，要求缴纳堂费维持运作，有"帮规戒律"及"家法"。成员间的联系通过互联网发贴来实现，并用QQ、MSN等聊天工具或者同学、朋友相互介绍，引诱未成年人加入。

们精神文化生活的需要，同时也日益改变着人们的生活方式和行为准则，其感染力和影响力已经遍及人们生活的方方面面。但是，毋庸置疑，其中的消极、腐朽、粗俗的文化思想和内容，对公众的价值取向和行为趋向的毒侵作用也是非常巨大的，尤其是对于是非分辨能力较差、模仿能力较强的未成年人来说，不仅有害而且非常危险。如香港的黑帮电影、欧美的动作大片、日韩的青春偶像剧，以及暴力卡通、网络游戏、情色广告、淫秽书刊等，其中的追逐私利、满足肉欲、圆滑处世、报仇雪恨、闯荡江湖等故事情节或"英雄"形象，对未成年人直接的暴力刺激和色情引诱，往往促发未成年人价值思想的混淆和行为方式的混乱，一方面弱化和扭曲未成年人的道德意识和性格心理，另一方面诱导未成年人实际生活方式的模仿。正如有位中学校长所发的感叹："课堂教育一个钟头，不顶录像厅一个镜头"，"老师苦口婆心讲一天，抵不上学生书摊转一圈"。未成年人一旦迷恋上这些消极文化，犹如"毒品"上瘾，陷入不得摆脱，极易误入歧途，走入违法犯罪道路。据调查，有51%的未成年犯认为"网络、电视等媒体上的有害信息"影响自己走上犯罪道路，20.2%的未成年犯认为"如果不接触暴力或黄色的影视和书刊就不会走上犯罪道路"。这里有一个很典型的例子，2006年浙江某地发生年仅16岁的未成年人绑架杀人案，其犯罪动机只是看了《古惑仔》后，想真切体验暴力所带来的强烈快感，而把其10岁的堂弟用胶带纸粘其口鼻，用绳子捆其双手，模拟绑架镜头向其70岁的奶奶勒索2000元钱，后致其堂弟窒息死亡。

（5）网络信息文化的诱导影响。随着信息时代的到来，互联网技术的推广应用，网络已成为人们日常工作生活中必不可少的工具。截至2011年12月底，我国网民规模达到5.13亿，全年新增网民5580万；互联网普及率达到38.3%；我国手机网民规模达到3.56亿[1]。丰富多彩的互联网世界，在给人类带来种种便利和享受的同时，也带来了阴暗丑恶的一面，尤其是高速增长的未成年人网络犯罪已经到了刻不容缓的地步。未成年人相关网络犯罪大致可分三类：一是网络技术犯罪。未成年人在接触网络过程中，往往会新奇于互联网技术，尝试和利用黑客技术入侵他人计算机，随后引发网络诈骗、网络偷盗、网络敲诈等违法犯罪行为。二是对网友实施犯罪。据调查，37.0%的未成年犯上网的目的是交友和聊天。未成年人利用网络聊天，广泛结交网友，同时，在约见网友过程中实施侵财行为或者对异性网友实施性侵。三是网瘾引发犯罪。据《中国青少年网瘾报告》报道，目前我国城市青少年网民中，网瘾青少年比例约为14.1%，人数约为2404.2万人[2]。未成年人无固定经

① 周文林："我国网民规模突破5亿 网站数量止跌回升"引自网页，http://news.qq.com/ a/20120116/001256.htm。
② 张程："《中国青少年网瘾报告》发布 网瘾少年约2400万"，引自中国广播网 http://china.cnr.cn/newszh/yaowen/201002/t20100207_505998061.html。

济来源，一旦上网成瘾，在克制不了网瘾的情况下，许多未成年人就会滋生侵财思想，实施侵财或侵性犯罪。例如，2012 年 4 月 10 日《法制日报》报道，2011 年 12 月 31 日凌晨 4 时，重庆到湖北荆门打工的袁某的 15 岁儿子，仅仅为了能多打几个小时的网游，闯入朋友家中偷钱，为防止偷钱事情败露，竟将朋友年仅 5 岁的弟弟殴打致死。

（三）深度原因——未成年人犯罪源发"根"

严景耀先生在《中国的犯罪问题与社会变迁的关系》一文中指出："犯罪行为是在突然和迅猛的社会变迁中发生的，是对新的社会环境失去适应能力的情况下发生的，是在传统形式被破坏的情况下发生的。[①]"任何一种犯罪现象都是特定社会关系的反映，未成年人犯罪是一种社会病态的反映，虽然这种特定环境和文化背景不一定都会产生未成年人犯罪，但其确确实实地影响着未成年人不健全人格的形成和违法犯罪行为的产生。社会结构变革、体制改革、文化变迁等宏观层面因素，对未成年人的犯罪形成，影响是深远的，作用是潜在的，致因是根本的。

1. 社会转型变革带来的社会意识混乱问题

我国当前正处于社会转型期，各种政治改革、经济转轨、文化变迁、观念冲突，着实影响着人们的行为准则、生活方式和价值体系，在这新旧社会平衡转换中引发社会矛盾是必然的，出现一些社会问题也是正常的，但它对正值成长中的未成年人来说，其影响程度不仅仅是难以适应这种急剧的变化，严重的会促使未成年人出现理想追求的偏差、社会认知的错误和文化认同的误区，甚至是社会意识的混乱。其主要影响表现于四个方面：

（1）价值观念的偏差。现在刚好时逢我国市场经济确立并快速发展的年代，也是一个多元价值思想涌现和迸发的年代，各种文化思想、价值理念、观念意识随同社会主义市场经济应运而生。在这多元甚至混乱的价值思想指引下，人们的现实生活价值观念也随之变得"各人各志"，如追求金钱至上的金钱主义、追求个性张扬的自由主义、追求利益至上的个人主义、追求"幸福生活"的享乐主义等，这些多元化思想正以前所未有的影响力，影响着未成年人的思想和追求，促使未成年人模糊人生价值标准，甚至迷失人生方向。据调查，有 20.5% 的未成年犯认为"人生苦短，该及时行乐"，15.7% 的未成年犯认为"现在是商品社会，金钱是万能的"。

（2）人生信仰的缺失。有人说当今的中国是一个缺乏信仰的国度，这话虽然有点片面，但也多少反映了我国当前部分人缺失信仰的现状。如当前出现的理想信仰缺失、价值信仰缺失、法律信仰缺失、生命信仰缺失、劳动信仰缺失等现象，不仅在成人世界中普遍存在，而且还影响和殃及未成年人，因信仰缺失而迷失人生目

[①]严景耀著：《中国的犯罪问题与社会变迁的关系》，北京大学出版社 1986 年版，第 2 页。

标和理想方向。据调查，未成年犯在对"你心中是崇拜的人"的选择中，37.5%选择了父母，24.3%选择了歌星、影星、球星等明星，9.2%选择了某个大老板，7.9%选择了比尔·盖茨，还有 5.9%选择了本·拉登，而选择毛泽东、爱因斯坦、先进劳模的仅占 3.2%、1.8%、1.3%。

（3）社会道德的失范。社会转型所带来的动荡与不安，以及价值层面的多元思想影响，当今社会上的追求功利、物欲至上、自私自利等所谓的现实主义，再加上像彭宇案这样的社会反面教育，使得人们之间的诚信在丧失、信任在下降、公德在弱化。一方面人们鄙视失信行为、感叹做好人难，另一方面自己却是明哲保身、破坏社会公德、尽占便宜。整个社会道德的失范与滑坡，对于社会道德观念正在形成和确立的未成年人来说，负面影响可想而知。如未成年犯中 16.1%的人认为"老实人吃亏、受欺负"，4.7%的人认为"为了达到自己的目的可以不择手段"。

（4）文化认同的错乱。社会的多元发展必定会带来多元文化的发展，在文化纷繁多变的当今社会，主流的与非主流的、先进的与落后的、高尚的与低俗的，各色多元文化充斥于社会并呈泛滥态势。这对于毫无生活经验又缺乏辨别能力的未成年人来说，如何区分和选择有利于健康成长所需的文化是道很难的考题，容易引起未成年人文化认同的错乱，继而产生犯罪思想和犯罪意识。如未成年犯中有 9.9%的人参加过帮派、有 5.4%的参加过黑社会组织。

（5）计划生育政策落实的偏颇。我国几十年以来一胎生育政策的贯彻执行，形成了我国特有的独生子女现象，六个大人围着一个小孩转，"溺爱"代替教育，在这种溺爱环境中成长的独生子女，往往会形成独生子女特有的独占性、自私性和缺乏爱心。还有，社会贫富两个群体，受"传宗接代"和"多子多福"封建思想的影响，违规多胎多生，尤其是贫困落后山区，因贫穷出现了"只生养无教育"，甚至是穷得无法完成基本教育。在这种环境条件下成长的未成年人往往心里脆弱，周围环境的变化很容易促发他们的不平衡心理，这种不健康的心理极易给日后违法犯罪埋下心理基础。

2. 二元社会结构弊端带来的不平等问题

美国社会学家赖特·米尔斯在《社会学想象力》一书中提出了一个著名的观点："社会结构常常是个人麻烦的最后根源"，认为在那些等级森严的结构性社会安排中，社会是造成不同等级人们竞争和仇恨的原因之一。我国随着城乡一体进程的进一步加快，社会结构、体制正发生着深刻的变化，但受到传统城乡壁垒的阻隔，现实二元社会结构现状的不平等弊端，不仅对社会转型改革起着消极的阻碍作用，而且对未成年人的健康成长也带来消极效应。其消极效应表现：

（1）现实不平等引发负面心理。我国因为特有的户籍制度，人为地造成了农村与城市的社会身份差异。虽然居住证的实施，正在逐渐改变着外来人口的"身份"，但现实生活中，诸多的就学、就业、医疗以及公共福利等，在短时期内无法实现"人与人之间的平等"，自然相对于"城镇外"弱势群体，就会感叹"命运不公"、"生不逢地"。尤其是外来未成年人在不平等真实感触中，往往会引发不平衡心理，产生自卑心理，或心生怨气，甚至出现对抗、报复社会的心理。如贵州籍未成年犯王某在提到自己犯罪原因时，感叹自己命不好，为什么生在了贵州，而不是在浙江，如果自己生在浙江富裕人家，不愁衣食，自己也不会因生计而去偷了，也就不会犯罪了。

（2）现实不平等促发矛盾冲突。在城乡利益矛盾对垒中，最不能让"外来者"承受的不是先天的"出身身份"，而是现实的被歧视和被欺弱。外来人口在收入、福利、劳动条件、居住条件、子女入学等方面与城里人的巨大等级差异，不仅会破灭他们满怀期望的"淘金梦"，而且会在实际利益冲突中，为维护自身权益而斗争。如"同工不同酬"、"同岗不同活"这种因"身份不同"而致的权益不平等，极易引起未成年人内心的不平衡，引发矛盾冲突，继而出现极端行为。

（3）现实不平等易生"抱团"行为。二元社会结构导致城乡之间的差异，也造成了客观上的强、弱势群体。处于弱势地位的群体因为自身权益的受侵或社会的排挤，极容易因维护自身权益的一致性，而自发地形成利益团体。这种带有封建帮派性的地域、人文、利益为特征的小团体，对于寻求归属感的未成年人来说具有极大的吸引力，他们乐于参与其中，并为团体利益而"冲锋陷阵"，实施团伙犯罪行为。

3. 人口流动带来的社会纽带断裂问题

一个人的出生与成长有其自然形成的社会纽带关系，如家庭、邻里、亲戚朋友、社交同伴等，这种社会纽带关系也就是我们通常所说的"熟人社会"，这种由"熟人社会"而建立起来的社会纽带关系，不仅维系和影响着未成年人的成长，而且还会成为一种社会控制力量，约束和规范未成年人的成长，增强未成年人的社会责任感和社会规范认同度。但是，随着改革开放、城市化建设的推进，劳动力人口流动成为历史的必然。在当今亿万人口流动的中国，不仅巨大的人口流动成为社会问题，而且人口流动所带来的社会纽带断裂问题也成了助长未成年人犯罪的客观因素之一。其问题突出反映在三个方面：

（1）留守儿童问题。有资料表明，2009 年我国城市流动人口的数量达到了 2. 11 亿，其中 78.7%是农民户籍[1]。流动人口作为我国当前二元社会结构和城市化建设过程中的特有产物，好比候鸟"哪里好待飞哪里"，居无定所或者只身外出。这种农村往城市的人口流动，带来一个巨大的社会问题就是留守儿童[2]问题。根据《中

---

[1] 秦秋红："留守儿童问题探析"，《西安社会科学》2010 年第 12 月版。

[2] "农村留守儿童"，是指父母一方或双方流动到其他地区，孩子留在户籍所在地并因此不能和父母双方共同生活在一起的未满 18 周岁的未成年人。

国儿童福利政策报告2011》披露，截至2008年年底，中国0—18岁儿童总数是2.78亿人，其中全国农村留守儿童就有5800万人，留守儿童的总量超过了全部儿童总数的20%。留守儿童作为一个特殊的群体，长期与父母隔离，生活在隔代抚育或寄养家庭中，缺少正常的家庭温暖和父母的亲情交流，再加上缺乏正常的家庭教育，这些留守儿童很容易因情感孤独、内心空虚、道德教养缺失而出现性格孤僻、不善交流、爱慕虚荣、暴力倾向等心理问题，在行为上表现出暴躁冲动、情绪不稳定、自律能力差、具有较强的逆反心理等特征，可说是一个"社会情感能力发育不良"的群体。据调查，在未成年犯中曾为留守型成长儿童的占到47.5%，说明留守儿童的犯罪比例相当突出。留守儿童问题不仅是当今社会的一个严峻问题，而且留守儿童已成为未成年人犯罪的"后备军"。

（2）社会情感弱化问题。迫于父母不断流动的打工生活，很多未成年人只能随父母生活在不断的流动中，"候鸟"式地经常生活飘移、居住移动。在迁移流动中，未成年人不能回避的一个问题，那就是从"熟人社会"转入"陌生人社会"。陌生的生活环境一方面会促使未成年人寻找"同伴"，另一方面也会鉴于周围人的陌生状态，放松自我道德约束，放任自我越轨行为。据调查，78.8%的未成年犯的作案对象是陌生人，也就说明未成年人的亲社会纽带的断裂或者说社会情感的弱化，与其走上犯罪道路是呈正比的关系。

（3）社会认同冲突问题。美国著名城市社会学家沃斯在《作为一种生活方式的城市性》中指出："由于人口向城市的集中而使城市环境给居民带来大量刺激，为了应付这些纷至沓来的刺激，城市居民变得冷漠、粗暴、疏离、戒备、不讲人情，同时它使人们更加倾向于我行我素、各行其是，彼此之间的联系开始松动，从而使个体处于无助的境地，离解了社区、家庭、邻里、朋友等初级群体。"[①]作为一种农村向城市转移的社会性人口流动，因为城市资源的有限性，离不开新旧平衡之间的文化冲突，而这种文化认同冲突必然带来未成年人"新环境"下的生存压力，相对于成长过程中的未成年人，极有可能把这种压力变为非法需要或犯罪冲动。例如，2007年11月23日《浙江日报》报道：绍兴市树人小学的一名四川籍学生，因同学们嫌他是四川来的，不太愿意同他玩，为了求得与同学们一起玩，偷同学的钱再来"买"与同学玩（玩半小时给一块钱）。[②]

4. 贫富分化差距带来的仇富心理问题

有报道，我国已有648人资产达1亿元、140万人资产达百万元，分列全球第

①李宁、龚世俊："论都市文明建构中的文化冲突与整合"，《宁夏大学学报（人文社会科学版）》2006年第5期。
②金敖生、胡刚："'偷钱'是为了'买'同学跟自己玩"，《浙江日报》2007年11月23日第5版。

三位和第五位。又有资料显示，全国贫困人员的数量和覆盖面已经由 2010 年 2688 万人，扩大至现在的 1.28 亿人[①]。我国经济的高速发展确实积累了巨额的财富，但是因为社会利益分配制度的缺陷和漏洞，导致了贫富的巨大差距，在一定时期内这种贫富差距还将进一步拉大。虽然贫穷不会直接产生犯罪，但是这种巨大的贫富差距带来了人们的心理落差，尤其是相对弱势群体，在付出辛勤劳动而得不到相应财富利益时，就会形成一种畸形的仇富心理。现时期这种仇富现象已经在扩散，成为一个现实的社会问题，并对未成年人犯罪产生着一定的影响。

（1）贫穷落后的现实问题。据相关资料表明，我国一些经济落后地区，尤其是一些贫困山区，不仅因贫穷而出现生活难以计日，同时还出现了因贫穷遗弃、离婚和未成年人失学等现象。例如，浙江宁波大岚镇中心小学 180 名学生中有 34 人没有妈妈（包括孤儿）、大岚中学 150 多名学生中有 21 名学生没有妈妈（包括孤儿），原因都是"母亲外出，至今未归"，而非离异或者去世[②]。再有相关报告显示，在一些贫困地区，47.6% 的农村学生每天只能吃两餐[③]。还有从未成年犯问卷调查中得知，21.2% 的未成年犯认为自己辍学的主要原因是"家庭经济困难"。确实，当前贫穷落后的现状已经成为偏远地区的未成年人成长的现实问题，不仅容易成为遗弃、失学、留守、流浪等特殊人群，而且还极易引发不良心理问题，继而走上歧路。

（2）畸形仇富的心理问题。贫富差距对于敏感性极强的未成年人来说，其影响感受是切身、强烈的，如同学之间的物质差距、同伴之间的家庭对比、交往之间的经济落差等，相对于贫穷弱势群体来说，贫穷就是低人一等、矮人一头。然而，表面上的不平等并不可怕，可怕的是因它而造成的人们心理不平衡，这种心理上的不平衡往往会引发对富人的不满或愤怒，甚至是严重的心理失衡。若不能自我调节或情绪释放，必然会引发对富有的嫉妒或仇视，甚至出现越轨行为，来满足对财物的一时之需，从而铤而走险走上违法犯罪道路。如未成年犯侵财型犯罪占到 73.9%，就是最好的事实说明。

（3）穷则思变的犯罪问题。俗话说"穷则思变"。处于贫富分化底层的贫困人员，尤其是经济欠发达地区而来的外来人员，受到原始利益分配的先天不均，客观现实的贫富差距促使他们产生"仇富"心理的同时，梦想着自己也能富有，但限于自身的低文化、无技能、没基础，尤其相对还缺乏体力的未成年人，往往会急于求成、不择手段，采取不正当手段或非法途径实施极端行为——犯罪。例如，广西籍未成年犯谭某，从小因家境贫困经常被其他同学取笑，在小学二年级就辍学。因此，

①转引自闵征："中国青少年问题行为研究"，《中国监狱学刊》2011 年第 6 期。

②韩宇挺："宁波余姚大岚镇有这样一群孩子 妈妈生下他们就跑了"，《都市快报》2012 年 5 月 14 日第 15–16 版。

③2012 年第 15 期旬报，《民主与法制》2012 年第 16 期。

从小心中有个梦想，自己要发财，发财后建漂亮房子、买高档车子、穿名牌衣服，让他人羡慕。随后在外出打工中，嫌普通打工来钱太慢，就动起偷抢的念头，打一枪换一地，跨省疯狂流窜作案，最终因抢劫、抢夺、盗窃罪被判有期徒刑七年。

第三节　未成年人犯罪原因作用模型

从前面未成年人犯罪作用因子和影响因素的实证分析，我们可以看到未成年人犯罪形成过程是一个多因素相互作用的综合系统，它的形成和变化发展有其独特的生成机制，尤其是其犯罪原因的作用过程具有特殊对应的模型。因此，本文立足于让·皮亚杰（Jean Piaget）[1]的认知发展理论，运用实证推理的方法，架构当前未成年人犯罪原因的作用模型，这将有助于我们正确认识未成年人犯罪，有助于我们科学地预防未成年人犯罪。

一、未成年人犯罪原因的理论推定

要探求未成年人犯罪行为的生发机理，一个关键的问题就是要搞清未成年人犯罪生发的过程链，从中摸清其根源性的关键因子。如一般紧张理论把未成年人犯罪原因归结为"希冀成功的压力"、标签理论归结为"被帖'标签'的反向修正"、社会控制理论归结为"社会关系纽带断裂"、差别交往理论归结为"犯罪行为的学习"，还有学者把未成年人犯罪现象的原因归结为"权益被侵害"[2]，这些研究理论因受研究视角或研究主体的不同而不同，对未成年人犯罪生发原因的结果追寻自然也不同。

（一）未成年人犯罪的生发机理解析

未成年人犯罪生成机理，是指未成年人犯罪形成和发展变化的过程中，所关联的各因素之间相互作用和相互制约的过程、方式、原理和规律。

刑事犯罪心理学认为，一个犯罪行为的发生必然是以非法需要的犯罪心理为前提。其犯罪行为发生的生发链可以表示为：人格缺陷——非法需要——犯罪动机——犯罪决意——犯罪行为。

以此犯罪发生链为根据，从犯罪行为结果倒推出两个等式：

①犯罪行为＝主观犯罪需要＋客观犯罪境遇；

①让·皮亚杰（*Jean Piaget*,1896—1980），瑞士心理学家，发生认识论创始人，是认知发展领域最有影响的一位心理学家,他所创立的关于儿童认知发展的学派被人们称为日内瓦学派。

②高中建主编：《当代青少年问题与对策研究》，中央编译出版社2008年版，第275页。

②非法需要＝人格缺陷＋现实社会规则秩序制约。

犯罪行为由犯罪心理决定，犯罪心理又由人格缺陷决定。因此，我们可以把未成年人犯罪形成过程分为三个层面：

第一层面：成长人格倾向的调适冲突。未成年人的成长过程是一个成长角色不断修正、认知建构不断发展的过程，也可以说是成长性角色不断调适的过程。因受主观个体生理、心理不成熟的特殊性制约，未成年人在成长认知体系架构中，必然受各种自然属性或消极社会属性的社会化影响或冲击。如果未成年人不能把社会主流价值观内化为指导自己行为选择的个体意识[①]，就会出现错误认知、偏执性格、异质情感、低级情趣、不良习性等不良缺陷品格。

第二层面：促发犯罪需要的根据形成。对自身成长性角色调适失败的未成年人，就会形成对社会规范的不良态度，对主流社会价值生活方式和活动准则出现对抗心理。按照马斯洛的生理、安全、情感和归属、尊重、自我实现的需要层次论，未成年人的正常需要会因主体的不良社会态度而出现偏差，产生与生理年龄不符的不当需求，如过度的物质欲望、亢奋的性冲动、争强好胜的虚荣心理等，并在合适的社会环境刺激下，转化为选择不被社会所认可的行为方式来满足自身需要的主观意识和心理状态，这就形成了犯罪需要。

第三层面：引发犯罪行为的心理变化。由于有了强烈的不当需求，再加上未成年人难以自我调节的心理冲突，在现实社会环境条件下，产生犯罪动机，即潜意识里扩张自由意志达到自身的犯罪需要。当环境境遇条件满足实现犯罪目的时，就会产生犯罪决意，并付诸犯罪行为实施。这就是未成年人从犯罪需要到犯罪行为过程的心理变化，是否真正发生犯罪行为，其中还受客观犯罪环境、犯罪需要刺激、个体能力素质的制约和影响。

（二）未成年人犯罪原因系统

根据前面未成年人犯罪生发机理的解析，未成年人犯罪原因虽然错综复杂，但有其规律可循，它不仅具有内在的普遍规律性，而且是一个相互作用和影响的系统。（如图 2-1 所示）

---

①梅传强著：《犯罪心理生成机制研究》，中国检察出版社 2008 年版，第 13 页。

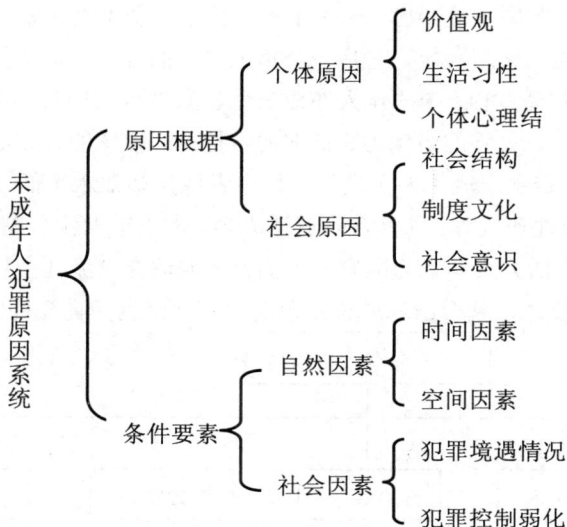

图 2-1　未成年人犯罪原因系统模型

从未成年人犯罪原因系统模型图可以看出，未成年人犯罪原因系统由原因根据与条件要素两部分构成，原因根据由未成年人个体原因与社会原因两个方面组成，其中分别包含价值观、生活习性、个体心理结构与社会结构、制度文化、社会意识等子因素，它是未成年人犯罪存在的决定因素；条件要素由自然因素与社会因素两个方面组成，其中分别包含时间因素、空间因素与犯罪境遇情况、犯罪控制弱化等子因素，它是未成年人犯罪存在的影响因素。

（三）未成年人犯罪原因的理论推定

根据让·皮亚杰（Jean Piaget）的认知发展理论，人的认知发展受同化、顺应和平衡三个过程的影响[①]。儿童是在与周围环境相互作用的过程中，逐步建构起关于外部世界的知识，从而使自身认知结构得到发展。认知个体通过同化与顺应这两种形式来达到与周围环境的平衡：当儿童能用现有图式去同化新信息时，他处于一种平衡的认知状态；而当现有图式不能同化新信息时，平衡即被破坏，而修改或创造新图式（顺应）的过程就是寻找新的平衡的过程。同化是认知结构数量的扩充，而顺应则是认知结构性质的改变。儿童的认知结构就是通过同化与顺应过程逐步建构起来，并在"平衡——不平衡——新的平衡"的循环中得到不断地丰富、提高和发展。

---

①百度百科："让·皮亚杰的认知发展理论"，引自网页 http://baike.baidu.com/view/17463.htm。

从让·皮亚杰的认知发展理论得出，未成年人成长是一个不断认知与学习的过程，并由其特定成长环境因素所决定，它是一个角色调适的过程，是个体角色认同与社会规则要求之间的互动过程。未成年人在成长性认知结构的同化与顺应中，由于未成年人过高的模仿力、欠强的辨别力、低弱的自控力、敏感的好奇心、强烈的性冲动等成长性特征，决定了未成年人在成长过程中表现为认知水平低、性格冲动、情感复杂、情趣广泛、习性初成等。如若自我调适成功，未成年人就会在价值观念、行为处事、人际关系、生活方式和行为准则等方面，形成适合主流社会价值的成长角色，促进健康成长；反之，就会出现成长角色的失范，继而走向犯罪。

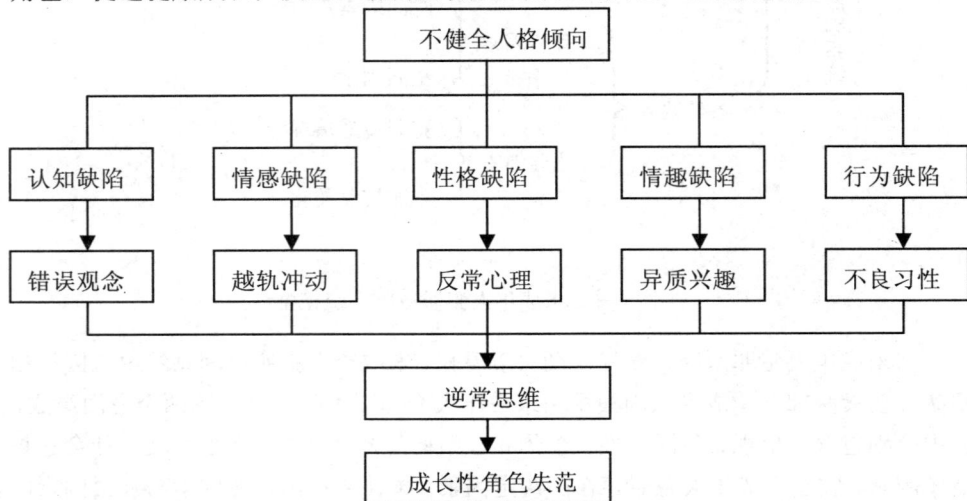

图 2-2　未成年人成长角色失范解析图

未成年人走上犯罪道路其实是一个成长性角色失范的过程，是未成年人个体在学习过程中接受了不良认知，形成了不健全人格倾向，为实施犯罪行为提供了原因根据。因此，未成年人不健全人格倾向可以表述为：未成年人在成长过程中，因受不良环境影响和不良认知的强化，而在性格、气质、能力、道德品质和趋向等方面表现出的成长性角色失范特征的总和。具体内容包括认知缺陷、性格缺陷、情感缺陷、情趣缺陷、行为缺陷等五个方面。（见图 2-2）

二、未成年人犯罪原因作用模型的实证架构

不同的成长经历会有各不相同的未成年人犯罪生发过程，具有主体独一性，但从成长性角色失范来解析未成年人犯罪现象，它具有普遍性的内在规律。

（一）未成年人犯罪典型案例解析

1.案例解析

案例一：

钱某，17 岁，浙江嵊州市人，初一文化。自 3 岁起，钱某父母因感情问题经常吵架，并于 7 岁时父母离婚被判给父亲。父亲离婚后好吃懒做、混迹社会，对他不管不问甚至把其一人扔在家里，有时连吃饭都成问题。小学念书因其母亲接管和提供学费而勉强完成学业，但小学毕业后因户籍关系无法再由其母亲供念初中，回到父亲一方只读了一个学期，就因无人管教而辍学。其后，由于父亲的放任不管，辍学后的钱某在外面认识和结交一些社会闲散人员，开始混社会和染上不良习气，学会了抽烟、喝酒、赌博，以及打架斗殴、寻衅滋事，从强拿他人手机开始，饭店吃饭不付钱，见到"眼碍"动手打人，寻求刺激和劫人钱财，从此在犯罪道路上越走越远，难以自拔。最终因抢劫、故意伤害、猥亵妇女、寻衅滋事等数罪被判处无期徒刑。

基本解析：

钱某走上犯罪道路的形成轨迹：父母离异——无人管教——过早辍学——流浪社会——结交社会不良人员——学习犯罪行为——实施犯罪。钱某的犯罪生发其实是一个典型的成长性角色失范过程，具体表现为：

（1）从小父母离异家庭结构的解体，再加上父亲的管教放任，缺乏家庭的温暖与爱抚，缺失家庭的爱，造成钱某在情感需求上的畸形（如猥亵妇女、寻衅滋事行为的心理冲动）；

（2）过早的辍学，以及家庭教育的缺位，造成文化程度过低，基础认知能力弱，基本的人生价值观和社会道德观念尚未形成，对于法律观念简直是空白；

（3）家庭脱管，过早混迹社会，形成自由散漫生活习性；

（4）结交社会不良人员，逐渐形成不良行为，并在所谓的"圈子"朋友的恶性影响下，促进了钱某正常情趣的转移，认为欺弱凌强、霸道强人是生活乐趣所在；

（5）钱某从强拿他人手机开始到猥亵妇女、寻衅滋事、抢劫、故意伤害，它是一个犯罪意识不断强化的过程，而这种犯罪行为和犯罪意识的循环反复强化，除被捕监禁外不会自动停止。

案例二：

张某，16 岁，浙江金华市人，为初二在校生。张某从小聪明好学，学习成绩总是名列前茅，并在父母的严格管教下，循规蹈矩，是邻里长辈公认的好孩子。小学毕业后进入市重点中学读初中，因学校距家有 30 里远，住校一周回家一次。因一次偶然的机会跟从同学一起到距校不远的社会网吧上网，进而迷恋上了网络，为了上网白天故称生病逃课、晚上私自爬围墙溜出学校，甚至周末向父母谎称学校补课，吃睡在网吧，最长一次在网吧呆了 56 小时。从此，不仅学习成绩一落千丈，而且学会了撒谎、偷家里钱，甚至向低年级学生强行要钱。最终，在溜进一路边小店行窃被店主发现时，仓皇中用随身携带的水果刀刺伤了店主，抢了 300 元钱。第二天被抓，被判处有期徒刑三年。

基本解析：

张某的犯罪轨迹很简单，就是迷恋网络到行窃的过程。虽然犯罪案情简单，但我们细细分析其犯罪生发因素，还是个成长性角色失范的过程表现：

（1）未成年人缺乏自控能力，情趣意向还未完全定型，对于网络和网络游戏这类带有强刺激的新鲜事物，极易造成情趣上的迷恋和情感上的依附；

（2）初中阶段的未成年人具有强烈的心理归属感，一旦失去原有的家庭、学校监管，就会出现精神上的孤独，就会寻求正常情感之外的情感需求，严重的就会出现叛逆行为；

（3）学校的松散管理和父母的无力管教，对不良行为出现的前兆不能及时制止，造成未成年人价值目标的模糊和责任认知的缺失，形成一切以"自我"为中心的心理需求；

（4）行窃小店，既而转变为行凶抢劫，不仅说明了行事不计后果的偏执性格，更说明了对法律意识的淡薄。

案例三：

吴某，16 岁，四川筠连人。从小父母在外打工，由外祖父母带养。在老家小学毕业后，因学习成绩差，自己厌学就放弃了初中读书。然后就跟同父母到了温州，因年纪小打工没人要，除了帮忙家中干点家务外，就是到处游玩和闲逛。这样过了半年，在游玩中结交一些同龄的"小老乡"，因为同样的境遇和生活习俗，很快结成了"好朋友"，有钱同花，有难同当。同时，跟着"好朋友"学会了上网、上馆子、上 KTV 等。这样，仅有几个父母给的零花钱远远满足不了他们的"高消费"，几个小老乡经商量动起了偷电缆卖的念头，疯狂偷盗电信电缆线，最终因盗窃、破坏电信设施，被温州市殴海区人民法院判处有期徒刑两年。

基本解析：

吴某的犯罪是一个典型的当前外来未成年人的犯罪案例，其走上犯罪道路之轨迹在近 70% 的外省籍未成年人犯罪中很具代表性。其犯罪生发过程：从小留守——隔代教育——过早辍学——外出打工——打工碰壁——结交类似同龄人——超能力消费——引发侵财动机——发生侵财性犯罪。其成长性角色失范表现：

（1）留守与隔代教育，造成情感上爱与责任的缺失，以及人生价值观和生活目标的偏差；

（2）因厌学过早辍学，没有完成基本的九年义务制教育，不仅造成心理上的

"读书无用论"，而且缺乏最为基本的认知基础；

（3）过早地外出打工，寻求生活生计，对于还未具备基本社会认知的外籍未成年人，经济基础、生活方式、道德观念等文化差距的强烈冲击，造成巨大的心理落差；

（4）同况同龄人的"圈子"集结，一方面提供了心理归属的机会，另一方面因从众心理的作用，助长了不良思想和不良习性的形成；

（5）高于自身经济能力的生活消费，打破原有的生活平衡体系，激发不合常规的谋财思想，引发侵财性犯罪动机；

（6）社会道德和法律意识的缺失，在实现侵财目的的手段、方式选择上，一般采用的都是简单而普遍性的偷、抢。

2. 未成年人成长性角色失范关联因素归结

从上面三个典型案例的解析，可知造成未成年人成长性角色失范的因素涉及家庭、学校、社会等多个层面、多个维度，一个成长性角色失范因子可以由多个单方面因素影响生发，也可以由多方面多个因素形成。

（1）教育的缺位是影响未成年人认知缺陷的决定因素。过早的辍学、家庭教育的缺位、学校德育教育的缺乏、心理健康教育与性教育的缺乏、法制教育的缺乏等，造成了未成年人成长性认知的缺陷，从而出现人生观的迷失、社会道德的缺失、法制意识的淡薄，以及基本辨别能力的低弱；

（2）爱的缺省是影响未成年人情感缺陷的重要因素。家庭结构的破裂、家庭教育的不当、学校感恩教育的缺乏、社会纽带关系的缺损等，造成了未成年人成长性情感培养的缺省，促发其向不良人群寻求心理归属与情感依附，降低或脱离与正常社会关系的情感联系；

（3）不良体验是影响未成年人性格缺陷的促发因素。受欺凌、离家出走、打架、偷窃、吸毒、大难不死等一些不良经历和体验，往往会促发或加深未成年人的偏执、抑郁、焦虑性格，甚至是精神异常，从而在现实生活方式和行为准则上出现偏差或异常；

（4）亚文化是影响未成年人情趣缺陷的关键因素。封建帮派毒瘤、社会"黄赌毒"文化、不良交往"圈子"文化、无限制开放网络、成人世界不良风俗癖好等非主流价值文化，因其成瘾性的强烈负面刺激，促使未成年人"一发不可收拾"，不仅发生正常情趣的转变，更重要的是因未成年人自控力、辨别力的低弱，往往陷入违法犯罪的泥塘不能自拔；

（5）环境浸染是影响未成年人行为缺陷的根本因素。不良的社会风俗、家长的不良习惯、教育者的不当方式、交往人员的不良取向等周围环境的长期负面影响，对于模仿力极强的未成年人，会在不经意的尝试中，形成抽烟、喝酒、赌博、爱争执、好吃懒做、不学无术等不良生活习性，最终形成缺陷性的行为习惯。

（二）未成年人犯罪原因作用模型架构

　　1. 未成年人成长角色失范关联因子结构模型

　　不健全人格倾向是未成年人走向犯罪道路的决定性因素，它包含认知缺陷、情感缺陷、性格缺陷、情趣缺陷、行为缺陷等五个方面。那未成年人不健全人格倾向这种成长性角色失范又是怎样形成的呢？我们前面通过对未成年人犯罪原因的实证分析得出，影响未成年人成长性角色失范的因素涉及家庭、学校、社会以及经济、政治、文化、科技、宗教等方面。为分清各因子间的作用与影响关系，本文特以未成年人成长角色失范关联因子结构图来分解，以区分不同生发因素的作用层次和关联程度（见图2-3）。

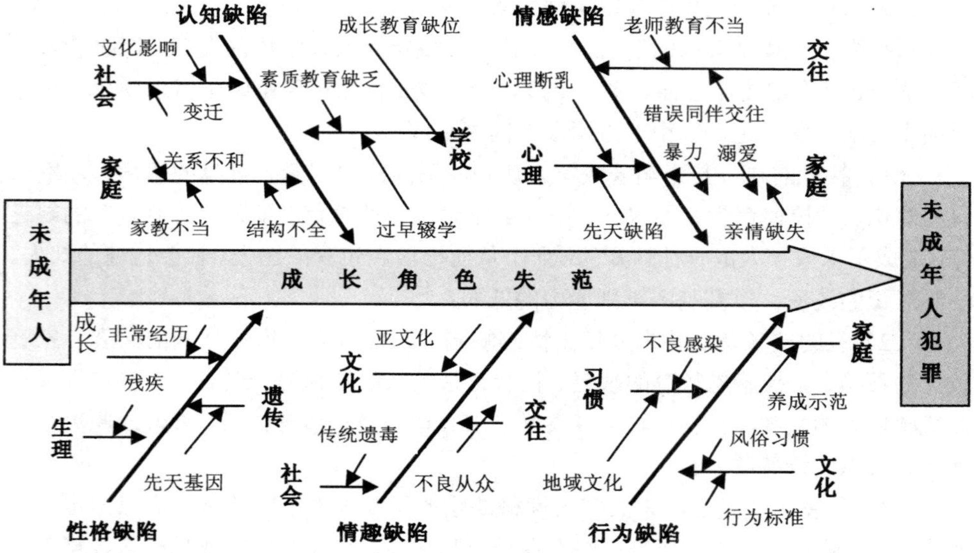

图 2-3　未成年人成长角色失范关联因子结构图

　　未成年人成长角色失范关联因子结构图可分为三个层次：

　　第一层次，未成年人成长角色失范主要因由。它分为认知缺陷、情感缺陷、性格缺陷、情趣缺陷、行为缺陷五个维度；

　　第二层次，未成年人成长角色失范关联因子。它包括家庭功能、学校教育、社会文化、社会环境、个体生理心理、社会交往、生活方式等方面内容；

　　第三层次，未成年人成长角色失范相关因素。它包含家庭结构、家庭教育、家庭示范、家庭爱抚、学校素质教育、学校管理、心理健康与性教育、社会不良文化、社会道德示范、社会价值导向、地域和社区文化、传统风俗习惯、交往亚文化、成长非常经历，以及个体的先天性生理遗传等等。

2. 未成年人不健全人格倾向的形成结构模型

据调查，"结交不良朋友"、"好逸恶劳"、"网络、电视等媒体上有害信息的影响"等三项已是当前未成年人走上违法犯罪道路的主要因素（见表 2-11），这说明未成年人的交往、教育、社会负性影响已成为未成年人不健全人格倾向形成的主要因子。

表 2-11　问卷频数统计表 1

你认为哪三项是你违法犯罪的主要因素	频数（n=2335）	百分比%
1、社会风气不好	764	32.7
2、独生子女的特殊性	354	15.2
3、家庭管教偏差	652	27.9
4、应试教育压力	109	4.7
5、好逸恶劳、贪图享受	1 432	61.3
6、结交不良朋友	1 726	73.9
7、网络、电视等媒体上有害信息的影响	1 190	51.0
8、家庭生活影响	606	26.0
缺省	5	0.2
累计	2 335	100.0

我们再来看一组调查数据，未成年犯对自己的犯罪否定假设，超过 20%以上的选项有：能得到家庭的关爱与教育、学法知法、继续读书、不乱交朋友、不哥们拉帮结团、不沉溺网络、及时受规劝、不离家出走、不涉黄涉暴等九项（见表 2-12），这也表明这些因素是未成年人不健全人格倾向形成的重要影响因素。

表 2-12　问卷频数统计表 2

如果有以下情况，就不会使我犯罪	频数（n=2335）	百分比%
1、有个好家庭，亲人给予足够的关爱与教育	1181	50.6
2、不离家出走	481	20.6
3、亲人能及时发现劝阻我的不良行为	493	21.1
4、不被学校开除	191	8.2
5、好好读书，考上初中或高中	857	36.7

(续　表)

如果有以下情况，就不会使我犯罪	频数（n=2335）	百分比%
6、老师不歧视我们差生	173	7.4
7、知道什么是违法行为	854	37.0
8、不结交社会闲杂人员	817	35.0
9、没有江湖哥们义气，不拉帮结伙	693	29.7
10、没有拜金主义、享乐主义思想	292	12.5
11、别人不把我当做"异类"来对待	84	3.6
12、不沉迷于网络交友、游戏等	668	28.6
13、不看暴力或黄色的影响与书刊	472	20.2
14、接受禁毒教育，不吸毒	184	7.9
缺省	0	0.0
累计	2335	100.0

　　以上的实证调查分析，再结合未成年人成长角色失范关联因子结构图中所列明的 26 个子因素，我们可以得出未成年人成长性角色失范，也即是未成年人不健全人格倾向形成的关联结构模型图（见图 2-4）。

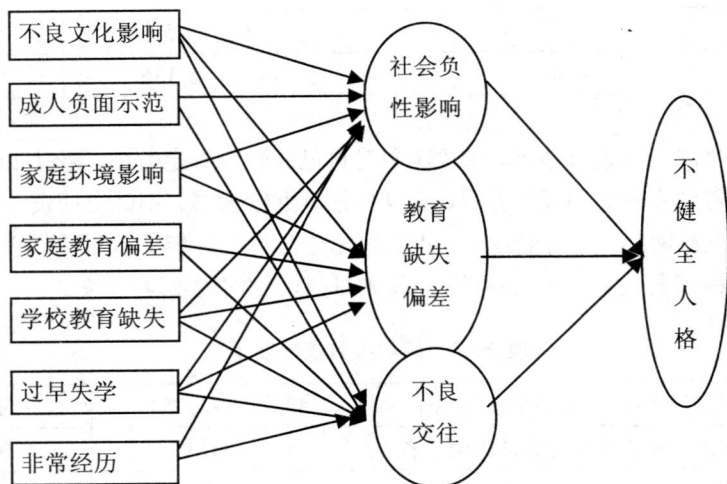

图 2-4　未成年人不健全人格倾向形成关联结构图

未成年人不健全人格倾向形成的因子链主要有教育缺失与偏差、不良交往、社会负性影响三个，即所谓的未成年人不健全人格倾向形成的"决定三因子"，根据三因子的作用影响力排列，教育缺失与偏差列首位，不良交往列第二，社会负性影响列第三。其次，对"三因子"链接作用因素，分别为：教育缺失与偏差表现为家庭教育偏差、学校教育缺乏；不良交往表现为过早失学、非寻常经历；社会负性影响表现为成人世界消极示范、社会不良文化影响、家庭不良环境影响，也即所谓的未成年人不健全人格倾向形成的"影响七因素"，根据影响程度排序分别为：家庭教育、过早失学、不良文化、家庭环境、学校教育、成人示范、非常经历。

第三章

未成年犯矫正核心问题

分析研究未成年人的犯罪现象和犯罪原因，是为了准确把握未成年人的犯罪规律，为制定针对性措施、预防未成年人犯罪提供足够的依据，也为科学认识未成年犯并进行顺应式的矫正创造必要条件。辛辛那提宣言[①]发表以来，单纯技术治疗模式的矫正风行一时，1974 年遭遇了"马丁森炸弹[②]"，宣告了具有百年历史的矫正几乎全军覆没、偃旗息鼓。但是，我们没有必要为矫正悲哀，作为人类的一种教育理想，完全应该树立对矫正的信心，尤其是面对未成年犯的矫正。首先，矫正的指导思想没有错，矫正是帮助他们改过自新、顺应正常的社会化；其次，矫正能够矫正自身存在的问题，积极吸收人类社会发展的最新成果，在理念、整体设计、实施战略战术、方法手段上由单向度的技术演变为多学科集成的科学体系；再次，也是至关重要的，借助现代科学技术，对犯罪人的认识达到一个比较精确的程度。因此，对未成年犯矫正的核心问题展开讨论，一个重要的前提是要科学认识未成年犯，从作为"人"的角度而非从犯罪学的视野来审视未成年犯。科学认识未成年犯的目的是为了矫正的正当与有效，最终是为了实现保护未成年犯利益的最大化。

---

①1870 年来自美国 24 个州的 130 位代表在俄亥俄州的辛辛那提举行了美国首届狱务大会，会议通过具有深远意义的原则宣言：犯罪是一种道德疾患，而惩罚是治疗这种疾患的良药，监狱纪律的最终目的是矫正罪犯，而不是对其施以报复性的惩罚。参见翟中东、孙霞：《矫正理念的未来——全球背景下的思考》，引自网页：http://www.law863.com/n432c25.aspx。
②美国社会学家罗伯特·马丁森该年发表了《效果如何？对监狱矫正的疑问和回答》的研究报告，对 231 个矫正项目的有效性进行了评估，在总体上给予矫正效果否定性的评价，引起轩然大波。

第一节　科学认识未成年犯

科学的实质是用系统的方法进行全面考察。未成年犯是一个类的概念，属于未成年人的一部分，因此，从类别上比较而言，首先应该区别于成年人，具有未成年人的一般特点，但不同于一般的未成年人，与一般中学生（年龄上都是中学生的年龄）有显著差别。科学认识的标准是对未成年犯在类的差异性上达到准确的程度，为全面精细把握未成年犯个案夯实基础。从类别上分析，我们还是要到马克思的经典论述中寻找思路。马克思关于人的本质有许多精辟的论述，马克思在《关于费尔巴哈的提纲》中指出："人的本质不是单个人所固有的抽象物，在其现实性上，它是一切社会关系的总和。"马克思在《德意志意识形态》中指出："他们的需要即他们的本性"，"需要的发展是人的本质力量的新的证明和人的本质的新的充实"，没有人的需要，人的一切实践活动和一切社会关系都毫无意义。需要也不是平白无故产生的，首先是由人的生理来发动的。本节主要是在人的社会关系和人的需要层面上进行分析，探究未成年犯作为类的本质。

一、多视角考察未成年犯

（一）与成年人比较的显著差异中考察未成年犯

维果茨基认为："三个成熟点即性的、一般机体的和社会性的不相符合是初中阶段的基本特点和基本矛盾的基础。[①]"未成年犯处于童年向成年过渡、幼稚与成熟夹生的青春期，他们在这个特殊时期身心发展的不平衡、矛盾性、危机感甚为严重，与成年人相比，在生理、心理、实践经验方面具有显著的差异。

1. 生理方面

未成年犯正处于由渐变到突变的发育高峰期，新陈代谢旺盛，性特征变化很快，各器官功能处于走向成熟的发育、调整阶段，最为重要的是他们的大脑还没有成熟。在美国国立精神健康研究所儿童神经病学分部大脑成像部门临床治疗中心的实验室，杰伊·吉德博士带领团队在20世纪90年代初开始研究大脑关键成熟期。研究发现，新一轮大脑细胞的快速生长和修剪的过程发生在孩子从十几岁向二十几岁的过渡时期，影响他们最高级的一些神经功能。大脑灰质的密度在女孩11岁和男孩12岁半的时候达到顶峰，而从这时起，新一轮"修剪"便开始了。灰质会以每年0.7%的速度逐渐减少，并且变得稀薄，直到20岁出头。白质则会像树的年轮一样，逐年加厚，这个趋势有可能一直持续到40岁。诺贝尔奖获得者、神经学家杰拉德·艾

---

① 黄煜峰、雷雳：《初中生心理学》，浙江教育出版社1993年版，第39页。

德曼将这个过程形容为"神经的达尔文主义"。视觉、听觉、触觉、空间感最早成熟，其次是协调神经成熟，协调这些功能的区域。负责进行计划优先程序、组织思想、抑制冲动、衡量后果等功能的大脑前额叶皮层，是最迟完成"修剪"过程的区域。加州大学洛杉矶分校的神经学家伊丽莎白·索维尔指出："科学家和公众总把青少年做出错误决断归咎于激素的变化，可一旦我们着手扫描大脑发生变化的时间和区域，我们就会说，啊，让那些少年人变得更有责任感的大脑中的区域原来还没成熟呢。"吉德的研究并不是否认性激素对于青春期综合症的作用。有新的研究证明，处于青春期时，肾上腺会分泌出大量睾丸激素，它们在大脑中非常活跃，与各处的受体结合，直接改变血液中的复合胺和其他影响神经系统的化学物质的浓度。同时，在大脑的情感中心——脑边缘系统，性激素也异常活跃，使青少年的情绪时刻处在一触即发的状态，并倾向于寻找新的刺激。这种情形在动物身上或许是一件好事，可以鼓励它们离开巢穴，外出探索，寻找自己的领地和伙伴，但对于面对充满社会风险的青少年来说，却可能将他们置于危险的境地。而此刻，他们大脑中有关衡量危险的区域仍未发育成熟[1]。哈佛大学神经科学家佛朗斯·詹森称，这一领域研究的一个最重要发现是，我们的大脑在青少年时期还没有完成发育，青少年大脑的成熟度只有百分之八十，大脑完全发育成熟可能是在二十五六岁，甚至更晚[2]。

2. 心理方面

未成年犯心理的发展速度远落后于身体。他们因生理发育容易产生成熟感，但心理发展缓慢滞后仍处幼稚状态，因此产生了种种矛盾与危机。主要体现在：

（1）认知上自我成熟感与实际幼稚之间的矛盾。未成年犯身体迅猛成长使他们自认为自己已经发育成熟，产生了成人感，渴望被周围成人平等相待，给予他们成人式的信任和尊重。但实际上其认知、情感、意志、能力等都处于半成熟状态，于是出现了自我认为的成熟水平与实际水平不相符引发的矛盾。认知水平低，思维片面偏激，是非不明、善恶不分、法德缺失，未成年人易受不良情境的诱导，或不良社会环境的感染，从而走上违法犯罪道路。

（2）情感上追求自我独立与精神依赖之间的矛盾。未成年犯的自我成熟感使他们的独立意识强烈膨胀，他们要求在精神生活方面摆脱成人，特别是父母的羁绊，有自己独立自主的决定权；而事实上，在面对许多复杂的矛盾和困惑时，他们依然希望得到成人在精神上的理解、支持和保护。情绪不稳定易受情景感染，表现为兴奋性高，情绪波动大，心境不易持久，自我控制力欠缺，容易发生不良行为。一旦

---

[1] 高仪："青春期少年为何叛逆？大脑不成熟"，《钱江晚报》2004 年 6 月 18 日 A13 版。
[2] 解雨："青少年经历将对大脑产生永久性影响"，引自 http://style.sina.com.cn/news/f/2010-12-20/144771388.shtml。

冷静下来，一般也感到后悔和恐惧。这一情感特点导致了他们违法犯罪的盲动性、偶发性和残暴性。

（3）意识上的封闭与开放之间的矛盾。未成年犯自我成熟感的产生、独立自主意识的增强和成人对他们的"哄小孩"做法，往往导致了他们对成人的不满和反抗，容易产生自我封闭心理，不轻易向外表露心结，尤其不愿意向成年人透露。而他们自身诸多的矛盾与危机又使他们倍感苦恼，害怕在孤独和寂寞中煎熬，渴望与人交流、沟通，并得到人们的理解。这种开放的意愿使他们很轻易地与同龄人推心置腹、抱团取暖，成为知心朋友。加上未成年人好奇心强、喜欢寻求刺激，在强烈的好奇心驱使下会做出不顾后果的冒险行为，甚至产生犯罪的动机。由此，也就引出了许多未成年人的团伙犯罪。

（4）能力上的成就感与挫折感的矛盾。未成年犯通常表现成人式的果断和能干。如果取得顺利成功，他们能够享受超过一般的特别优越感与成就感；如果遇到挫折或失败，就很容易灰心丧气。顺利时的过分自信与失意时的过度自卑，这本身是能力缺乏的表现，也是这个年龄段必须经过诸多历练之后才能具备的能力。未成年犯因为对困难和挫折的心理承受能力较差，遇到失败容易自暴自弃，中断了正常的社会化进程，走上与社会对抗的违法犯罪道路。

3. 实践经验方面

马克思认为，实践最能体现人的本质。与成年人相比较，未成年人最缺乏的是实践，特别是社会实践经验。现代理论和科学实验都一再证明，如果没有实践，人的大脑和人的心理都不可能成熟。正因为实践不够、历练不足，未成年人的行为习惯总是带着一股稚气。

（1）模仿力强，可塑性较大。缺乏独立评价能力，不能客观地评价自己和别人，头脑简单，行为盲动，喜欢模仿他人，常常错误地把闹剧当做正剧来演练。由于其人生观、价值观还处于形成阶段，对事物的认识能力和感知程度较低，因此，对事物的理解具有很大的片面性，缺乏理性思考、辨别是非、区分良莠和抵御外界影响的能力，容易受社会腐朽思想和不良风气的影响。

（2）精力过剩、缺乏自控力。喜好冲动，追求新奇，尝试新鲜，常常心血来潮，处事轻率，行为鲁莽。在自尊心不断增强的情形下，争强好胜，情感波动大，行为散漫。内心欲望强烈，自我约束能力弱，且不乐意接受任何约束，甚至与纪律、规范背道而驰。盲动行事，随意性大，计划性不强，临时起意多，有时都不知道该去做什么，且叛逆心理很强，对不能自己决定的所有事情普遍采取抵制态度，缺乏克服困难的意志与耐力。

（3）特别讲义气，纠合性强。普遍存在一种"从众心理"，喜欢在同龄人中寻求性格相近的伙伴，容易反复、变化无常。好感情用事，容易偏激走极端，"激情"

处理事情常常占有相当重要的地位，做事不计后果。

（二）与同龄女孩比较的显著差异中考察未成年犯

从性别关系中考察，未成年犯的性别上绝大多数是男性，男性未成年人具有更多的生理、心理上的弱点和成长的陷阱。

1. 身心差异

现代遗传学表明，男孩的 Y 染色体本身比女性的 X 染色体更不稳定，更容易发生基因变异。男孩的情感更加脆弱，男孩负责自我控制的大脑区域（尤其是大脑额叶）发育较女孩更为缓慢。男孩的自制力较差，因此，他们对正面或负面的事件反应更为强烈。缺乏情感表达的技巧也是男孩情感脆弱的重要原因。虽然男孩在生理和心理上落后于女孩，但在绝大多数时候，父母、学校和社会用同样的标准评价所有男孩和女孩，这其实对男孩是不利的，也是不公平的。我们发现，许多男孩，只是由于暂时发育落后而影响学业成绩，就被打入差生的行列，被强行扣上学业失败的帽子。这样做，对晚熟的男孩极为不公平！这样做的恶果，就是许多男孩在小小的年纪，就对学业失去了信心，对自己丧失了信心。这种打击会影响男孩的一生。以进入青春期的时间为例，女孩一般 11 岁左右进入青春期，身高迅速增加，而男孩大约 13 岁左右进入青春发育期，女孩进入青春期的时间普遍比男孩早两年。还有一个更深层次的原因，那就是控制动作发展的大脑和神经系统发育落后于女孩。女孩的神经系统整体比男孩成熟得早一些，所以受神经系统支配的手眼协调动作更灵活，更准确，平衡性也更好。雄性激素就像男孩的动力推进系统，它使男孩表现出更高的活力，更愿意寻求刺激，更爱冒险。青春期是男孩雄性激素分泌的第二个高峰期。与女孩不一样的大脑结构，人类大脑由左右两个半球组成，通常一个主要负责语言和推理，另一个主要负责运动、情感以及空间关系。男性大脑更加单侧化，而女性大脑是双侧化，两半球发展较为均衡。男女在大脑的内容物上也存在一些差异。男性大脑的含水量更大，充满着更多的液体，女性的大脑比男性要多出 15%的灰色物质，这些物质主管人类的思维，这就说明为什么女性天生就具有强大的语言优势；而男性的大脑含有更多的白色物质，这些物质主要负责脑细胞之间的联络以及神经冲动在大脑和四肢及躯体之间的传递，所以男性生来就具有强大的空间感知能力[1]。与女孩不一样的心理，男孩在发展的脆弱性、言语能力以及情感表达三个方面处于劣势，却好动、更多的攻击性，喜欢叛逆、竞争、冒险。在青春期，男孩身体快速成长，但大脑和心理的成熟度低，产生埃里克森的"同一性危机"，从而很容易卷入反社会的行为和暴力犯罪中去。

---

①孙云晓著等：《拯救男孩》，作家出版社 2009 版。

2. 父爱缺失让男孩的成长更危险

美国总统奥巴马亲身体验到父教缺席的影响，在 2009 年父亲节前夕感慨："父爱缺失在孩子心中留下的空洞，任何政府都无力填补。"在没有父爱的情况下，男孩的心理、情感和意识方面表现了更多更大的波动。父亲在帮助男孩控制自己的情感方面起着关键作用，如果没有父亲的指导和带领，男孩遭受的挫折常常导致各种暴力行为和其他各种反社会行为。"父爱缺乏综合症"的男孩主要特点有：过分怕羞、情绪沮丧、自暴自弃、不求上进、少言寡语、不爱集体、厌恶交友、急躁冲动、喜怒无常、害怕失败、感情冷漠，严重的还可能上学逃课、早恋、离家出走、偷盗、甚至喜好使用暴力[①]。本省未成年犯与中学生在父亲的形象上表现了较大差异，而母亲形象的差异要小一些，如表 3-1。

表 3-1　父亲形象与母亲形象的差异比较

形象	具体描述	差异程度	本省未成年犯（732）		本省中学生（832）	
			数量	百分比%	数量	百分比%
父亲形象	富有爱心		464	63.4	612	73.6
	吃喝嫖赌		51	7.0	31	3.7
	喜好打骂		148	20.2	57	6.9
母亲形象	温柔、善良有爱心		529	72.3	612	73.6
	讲话常没完没了		279	38.1	263	31.6
	喜好打骂		42	5.7	28	3.4

（三）与普通中学生相比较的显著差异中考察未成年犯

未成年犯是义务教育没有完成的人，极少数尽管走完了义务教育的程序，但还是不合格，是需要补课的人，和同年龄的普通中学生相比较存在显著差异。根据上一章未成年人犯罪原因的分析，本省未成年犯与中学生在价值认同、兴趣爱好、朋友交往、非常经历、青春期自我认同、情感归属、与人相处态度、亲子关系、劳动习惯和网络意趣等方面有显著差异。但是，专注于犯因性因素是不够的，我们更应该从正面的视角审视他们的学习问题，特别是义务教育的问题。在学校读书期间，本省未成年犯与中学生在课外阅读、自我认识、违规行为、课余活动、交友等方面表现出显著差异，如表 3-2。

[①] 亲亲宝贝网："缺乏父爱会影响孩子一生"，引自网页：http://www.qbaobei.com/jiaoyu/jtjy/ 20120627_204863.html。

表 3-2　在校读书期间未成年犯与中学生的差异比较

项目	差异程度 具体描述	本省未成年犯（732）		本省中学生（832）	
		数量	百分比%	数量	百分比%
课外阅读喜欢	励志类	85	11.6	198	23.8
	色情暴力类	136	18.6	57	6.9
	法律类	24	3.3	57	6.9
	思想道德类	16	2.2	86	10.3
	技术类	38	5.2	91	10.9
	文学名著	62	8.5	167	20.1
	漫画书	173	23.6	284	34.1
很少看课外书		236	32.2	96	11.5
评自我	外向且敢作敢为	265	36.2	231	27.8
	重哥儿们义气	428	58.5	271	32.6
	一般人不敢惹我的人	60	8.2	41	4.9
在校违规行为	逃学	618	84.4	303	36.4
	在外过夜	509	69.5	124	14.9
	早恋	494	67.5	207	24.9
	抽烟喝酒	541	73.9	95	11.4
	结交社会无业人员	428	58.5	60	7.2
	赌博	276	37.7	66	7.9
	与老师争吵	366	50.0	64	7.7

　　本省未成年犯与中学生在对思想道德、法律类的课外阅读兴趣上表现了惊人的差异，本省未成年犯很少看课外书的比例将近三分之一，这部分人可见没有一点阅读的兴趣，正常、规范的学习基础根本没有建立，而是沉湎于非学校学习的生活，把大量的时间与精力花在了和社会闲散人员交朋友、网络游戏、寻找越轨刺激上，完全表现了与普通中学生的不同旨趣。上述显著差异表明，绝大多数未成年犯在校时就是问题学生，义务教育的失败者，未成年人犯罪是义务教育失败的自然延伸和放大。

（四）在未成年犯不同群体的显著差异中考察

　　从时代特征即社会变迁中考察不同的未成年犯群体，群体差异客观存在。"社会变迁就是从个人到全球性人类生活里各种层次上（个人、互动、组织、制度、社区、社会、文化、文明、全球性）各种社会现象的改变。[①]"当代中国最显著的时代

[①] 史蒂文·瓦戈：《社会变迁（第五版）》，王晓黎等译，北京大学出版社 2007 年版，第 359 页。

特征就是剧烈的社会变迁，在经济发展的强劲驱动下，整个社会结构、文化元素、经济要素、治理模式都发生了显著而持久的嬗变，给人冲击力最大的直观感受是人口的大规模流动，以及由此引发的社会剧变。社会变迁是发展的过程，一种文明进步的表现，但剧变的代价往往被人们忽略，尽管无法精确计算，但远远超乎我们的想象，引起的问题也是全面而深刻的，包括环境代价、经济代价、社会代价和心理代价，焦虑和不安弥漫社会的各个角落。美国教育心理学家、加州大学北山分校社会系教授雅布隆斯基（Lewis Yablonsky,1972）提出了机器病理学，认为进步的代价确实昂贵，"机器人角色"的生活状态的普遍后果是慢慢增强对他人的敌意和侵犯性；当代生活的非人性化方面已经导致犯罪率逐步升高，并产生出其他多种形式的疏远[1]。"有时变迁产生的焦虑可能会被带进群体关系中，当没有一致的办法来调节压力时，敌意就很有可能会在群体中或在不同群体间爆发。[2]"所有的问题都要投射到未成年人的身心上，未成年人犯罪就是社会问题投射的结果，也是一种剧变的代价。社会变迁导致的未成年人犯罪在流动人口裹挟下的未成年人身上表现得更为充分。我们相信，我所在押的外省籍未成年犯假如不到浙江来而一直在原籍生活、学习甚至工作，大多数人不会成为未成年犯。外省籍未成年犯和本省籍未成年犯的有关数据对比，很显然支持了我们的观点。外省籍未成年犯和本省籍未成年犯在5大方面表现了显著差异：

1. 在行为越轨及被处罚体验上的显著差异

本省籍未成年犯的越轨行为在次数与习惯方面都要远多于或强过外省籍未成年犯，见表3-3。

表 3-3

差异表现 越轨情况	本省籍（732 人）		外省籍（1603）	
	人数	百分比%	人数	百分比%
和异性发生性关系	428	58.8	605	37.7
狠狠教训别人	486	66.4	722	45.0
吸食毒品	118	16.1	125	7.8
赌博	326	44.5	525	32.8
被学校处分过	272	37.2	348	21.4
被公安机关处罚过	228	31.1	400	25.0
捕前参加过黑社会组织	54	7.4	71	4.4
没有斗殴、吸毒、行骗、嫖娼、袭警、自杀等经历	182	24.9	656	40.9

---

[1] 史蒂文·瓦戈：《社会变迁（第五版）》，王晓黎等译，北京大学出版社2007年版，第270—271页。
[2] 史蒂文·瓦戈：《社会变迁（第五版）》，王晓黎等译，北京大学出版社2007年版，第271页。

2. 在学校读书的表现上的显著差异

外省籍未成年犯在校时积极向上的表现和辍学的客观经济原因要多于本省籍未成年犯，而不良的意识（认为校风不好是为自己开脱）和行为却明显少于本省籍未成年犯，见表3-4。

表 3-4

差异表现 / 在校行为	本省籍（732 人）		外省籍（1603）	
	人数	百分比 %	人数	百分比 %
曾被评为三好学生	93	12.7	366	22.8
小学四至初一年级间辍学	162	22.1	769	47.9
结交社会无业人员	428	58.5	608	37.9
赌博	276	37.7	380	23.7
一月逃学最多 7 次（含）以上	239	32.7	351	21.9
逃学为追求自由与刺激	320	43.7	533	33.3
认为校风不好是学生常惹事捣乱	444	60.7	732	45.7
辍学原因（多项选择题） 家庭经济困难	96	13.1	400	25.0
被学校处分	156	21.3	248	15.5
迷上娱乐场所	317	43.3	465	29.0
受无业人员影响	404	55.2	708	44.2
父母希望我赚钱	33	4.5	113	7.0

3. 在犯罪过程上的显著差异

外省籍未成年犯犯罪作案比较生疏，作案四次以上的比本省籍未成年犯少 12.4 个百分点，"和社会对着干，感觉很威风"的主观感受比本省籍未成年犯多了 1 个百分点，更多反映了外来流动人口作为平时的弱势群体在特殊情景下的心理反弹，见表3-5。

表 3-5

差异表现 / 犯罪情况	本省籍（732 人）		外省籍（1603）	
	人数	百分比 %	人数	百分比 %
第一次作案时有点紧张与害怕，行动很匆忙	387	52.9	1049	65.4
只作案一次	272	37.2	744	46.4
作案四次以上	258	35.2	365	22.8
和社会对着干，感觉很威风	22	3.0	64	4.0
作案地点不定，流窜作案	165	22.5	492	30.7

4. 在上网情况上的显著差异

外省籍未成年犯比本省籍未成年犯受"网毒"的陷害要浅一些，见表3-6。

表 3-6

差异表现 上网情况	本省籍（732人）		外省籍（1603）	
	人数	百分比%	人数	百分比%
没有上过黄色网站	108	14.8	439	27.4
偶尔上过黄色网站	552	75.4	1014	63.3
上过暴力色情类网站	339	46.3	584	36.4
喜欢升级、通关模式的大型游戏	335	45.8	618	38.6
喜欢具有娱乐性质的小游戏	71	9.7	241	15.0

5. 在矫正旨趣上的显著差异

外省籍未成年犯比本省籍未成年犯显示了较多的积极向上、自觉改造的一面，而本省籍未成年犯在凭兴趣做事、与亲人交往方面显示了较多的自私、非理智心态，见表3-7。

表 3-7

差异表现 在所旨趣		本省籍（732人）		外省籍（1603）	
		人数	百分比%	人数	百分比%
积极改造的动力主要来自心灵深处的悔恨		88	12.0	235	14.7
积极改造的动力主要来自民警的关爱		50	6.8	147	9.2
服刑最大收获是学到法律知识		215	29.4	559	34.9
目前教育中最需要加强的	兴趣小组建设	187	25.5	253	15.8
	回归创业指导	121	16.5	395	24.6
	技术教育	75	10.2	234	14.6
最重要的改造目的是学好技术为谋生打好基础		67	9.2	244	15.2
亲人哪些举动让最开心	定期探望	359	49.0	480	29.9
	通信鼓励	238	32.5	656	40.9
	定期电话通讯	64	8.7	201	12.5
给同龄人忠告：人穷不可穷骨气，不义之财千万不可取		137	12.7	480	29.9

根据上述五个方面的数据对比分析，我们谨慎地认为：对外省籍未成年犯应更多地考虑缓刑，在原籍监护关系正常的情况下，尽量回原籍接受社区矫正。在个案的处置层面上，将人格调查进入司法程序，是完全可以操控的。

（五）在矫正机构和未成年犯的法律关系中考察未成年犯

未成年犯的专门矫正机构是未成年犯管教所（以下简称未管所），未管所与未成年犯之间的法律关系既不同于学校与学生，也区别于普通监狱与罪犯，那是不是相当于家庭的内部关系呢？

假如未管所和未成年犯之间是监护关系或委托监护关系。从法律上讲，监护是指对无民事行为能力人和限制民事行为能力人的人身、财产和其他合法权益依法实行的监督和保护的法律制度。未成年犯服刑期间，由未管所负责管理他们的学习和生活，在一定时间或范围内代替家长成为未成年犯的监护人，未成年犯的监护权就自然转移给未管所。因此，未管所和未成年犯之间的关系是监护与被监护的关系，只要被监护人遭受或致人损害的事实发生。无论监护人有无过错，未管所都应当承担民事责任。监护是监护人对未成年人的人身、财产和其他合法权益依法实行的监督和保护。未管所是未成年犯在所时的当然监护人，或者是未成年犯的委托监护人，未管所应当负有监护职责。面对容易受外力伤害，身心发展水平较低，需要特殊保护的未成年犯，民警对他们应该有家长一样的责任，这种特殊保护可以理解为特殊监护。

假如是管理、教育的关系。根据《预防未成年人犯罪法》第44条规定，"对犯罪的未成年人追究刑事责任，实现教育、感化、挽救方针，坚持教育为主、惩罚为辅的原则。"第46条规定，"未成年犯在被执行刑罚期间，执行机关应当加强对未成年犯的法制教育，对未成年犯进行职业技术教育。对没有完成义务教育的未成年犯，执行机关应当保证其继续接受义务教育。"《监狱法》第六章专门对未成年犯教育改造的原则、制度、方法等方面作出了特别规定。上述规定表明，未管所履行管理、教育职能是国家法律所明确规定的，因此，未管所与未成年犯之间既不是特别权力关系，也不是平等的合同契约关系，是管理、教育的关系。

综合上述两个假设，基于国家亲权理论和《未成年人保护法》的规定，未管所对未成年犯有基于保护义务基础上的教育的权力，未成年犯有接受教育、管理的义务，享有受到特殊保护的权利。未管所与未成年犯之间是教育、管理、保护的关系，未管所对未成年犯承担的是教育、管理、保护的责任，而不是监护责任。主要理由是未管所承担监护职责没有法律依据，不具备监护人的法定资格。最高人民法院《关于贯彻执行〈民法通则〉若干问题的意见（修改稿）》第10条规定，监护人的监护职责包括保护被监护人的身体健康、照顾被监护人的生活、管理和保护被监护人的财产，代理被监护人进行民事活动，对被监护人进行管理和教育，在被监护人合法权益受到侵害或者与人发生争议时，代理其进行诉讼，为了被监护人的利益，有权处理其财产等。而未管所则不具备对未成年犯行使只有其监护人才有权行使的上述全部行为的资格。因此，未管所的职责与监护的职责在性质上有明显的差别。我国《监狱法》与《未成年人保护法》规定，未管所是有计划、有组织地进行系统教育改造的机构。未管所除了对未成年犯进行教育改造外，还应当负有保护、照顾和管理未成年犯的职责。未管所对未成年犯负有三项职能：一是教育改造职能，二是管理职能，三是保护职能。在这三项职能中，教育改造是未管所的主要职能；管理服务于教育改造职能，是未管所为达到教育改造目的而采取的方式和手段；保护则是未管所行使教育改造和管理职能的前提条件。未管所这种基于矫正机构的设置而产生的管理和保护的职责，与基于亲权而产生的法律意义上的监护职责具有本质上的差别。监护是指对无行为能力或限制行为能力人设置专人保护其利益。监护其行为，并且管理其财产的法律制度。设立监护制度的主要目的是弥补未成年人民事行为能力的缺陷，着眼于保护未成年人的人身、财产和其他合法权益，同时管理、教育未成年人的生活。与教育改造活动有关的管理和保护是区分未管所职能部门与法律意义上监护职责的关键。监护权的成立，一是法定，二是指定，三是委托代理，除此之外没有监护权产生的根据。法定的监护关系是以亲权为基础，以血缘关系为纽带建立起来的法律关系。列入法定监护人范围的未成年人的亲属，只要具备监护能力，必须按法律规定履行监护义务，如不履行，则应依法承担相应责任。未成年犯被法律强制到未管所服刑，但其原监护与被监护的关系没有移交或转移，未管所也没有接受委托。根据《民法通则》第16条和最高人民法院《关于贯彻执行<中华人民共和国民法通则>若干问题的意见(试行)》第26条规定，目前采用的三种设定监护人的方式（即法定监护、指定监护和委托监护）中，均没有将民警列为对象包含其中。可见，民警与未成年犯之间，并不存在具有法律意义上的监护关系。

总而言之，未管所与未成年犯的关系是基于相关法律规定而产生的权利义务关系，教育改造、管理和保护构成这一法律关系的基本内容，即法律的调整内容。

（六）从民警与未成年犯的法律关系中考察未成年犯

没有未成年犯就没有未管所，也就没有未管所民警。尽管民警处于主导地位，但民警的一切工作都是围绕着矫正未成年犯展开的。未成年犯是矫正活动中最重要、最活跃、最核心的主体，是矫正法律关系的重要主体。未成年犯既是矫正活动的根本出发点，也是矫正活动的最终归宿。未管所民警的职业就是根据一定的社会需要，把未成年犯矫正成为具有一定的思想品德和生活技能的守法公民。民警的矫正工作总是有未成年犯的活动与之相伴随的，矫正活动在很大程度上是一种民警与未成年犯、民警与民警、未成年犯与未成年犯的双边或多边的过程。在这个过程中，构建正常、良好的警囚关系是矫正得以顺利进行的必要条件。可以肯定地说，未成年犯既不是普通监狱的罪犯，也有别于中学生，相应地，未管所民警不是中学教师，也不是一般的监狱民警。随着社会的进步、经济的发展、法制的健全和人们受教育程度的不断提高，未成年犯作为法律关系主体的权利也正在日益受到重视。在这样的背景下，民警与未成年犯的法律关系呈现出复杂化的趋势：既有行政法律关系，也有民事法律关系，还有特殊法律关系。

1.行政法律关系

民警与未成年犯之间的行政法律关系是法定关系。《监狱法》规定民警相关权力的同时，也对民警应当履行的义务作出了明确规定，民警应当履行"遵纪守法、教育教学、思想教育、尊重未成年犯人格、保护未成年犯权益和提高水平"等义务。民警在行使法律上赋予的教育改造的权利，履行法律规定的相应义务时，是完全意义上的公务，处于行政法律上的"管理者"地位，未成年犯则相应地"处于被管理者"的地位。双方的地位是"不平等"的，表现为带有"行政"色彩，并为法律所确认的，管理与被管理的行政法律关系。

2.民警与未成年犯在矫正活动中的平等关系

在矫正活动中，民警工作的对象既不是没有生命的自然物，也不是一般的动物或植物，而是活生生的、有思想、有情感的处于成长发展中的未成年人，是与民警一样享有平等的法律权利和履行义务的人——公民。民警应以平等、公正的态度对待每一位未成年犯，关心他们的学习、生活和成长发育，尊重他们的个性、人格尊严等合法权益。民警在矫正活动中的态度和品性，直接影响着未成年犯。著名教育家乌申斯基把教师的思想品德和情感对青少年学生心灵成长的影响看做"任何教科书、任何道德箴言、任何惩罚和奖励制度都不能代替的一种教育力量"。矫正活动是民警与未成年犯互为对象、共同参与、相互作用、相互促进的认知过程和情感交流过程。民警只有调整好自己的心态、处理好与未成年犯的关系，才能顺利完成矫正的艰巨任务。民警对未成年犯施以思想品质、道德素质和文化知识等方面的影响，并不因为矫正过程的结束而消失，而是继续对他们产生着重大的影响，不仅时常影响他们本人的一生，而且还会通过他们去影响其家庭和社会上的其他人。所以，民警要对未成年犯的一生负责，要对整个社会负责，就必须使自己在矫正中表现出优秀的品德和非凡的才能，给未成年犯以有益的心灵成长指导。民警只有与未成年犯建立平等的关系，才能顺利完成矫正任务，达到教书育人的目的。具体要求：

（1）热心保护，主体平等。未成年犯是无民事行为能力人或限制民事行为能力人，他们的年龄尚处在限制民事行为能力人的阶段，尚不能完全能辨认自己的行为或他人行为是否合法，需要特殊的照顾和保护。著名教育家苏霍姆林斯基说："要成为孩子的真正教育者，就要把自己的心奉献给他们。"民警要树立崇高的理想和优良的道德，以科学的理论为指导，从高度的工作责任心和社会责任感出发，爱护、理解和关心每一名未成年犯，把未成年犯看成是平等的个体，对全体未成年犯负责，做到一视同仁、公正对待、因材施教。

（2）尊重人格，人格平等。应将未成年犯作为一个平等的主体看待，做到法律面前平等，包括享受权利的平等、履行义务的平等和人格尊严的平等，尊重未成年犯的人格、个性和自尊心。

（3）公正执法，机会平等。民警要平等、公正地对待和评价每一位未成年犯。要正视未成年犯之间的差异，尊重未成年犯的个性，能容忍未成年犯的缺点，理解未成年犯的错误。民警要缩短与未成年犯之间的心理差距和年龄差距，做未成年犯的知心朋友，真正让未成年犯"亲其师，信其道"，并愿"受其教"，充分显示特殊教师的高尚品格，全面履行特殊保护的责任和义务。在教育法制逐步健全和完善的条件下，学校教育活动各主体之间形成的社会关系，已经由法律规范确认、规范和调整，表现为主体之间法定的权利和义务相联系的法律关系。法律关系是依法律形成的社会关系，是由国家强制力保证实施的社会关系，违反和破坏法律关系的行为，要受到相应的法律制裁。

3. 特殊法律关系

管教所民警的本质特征、权利义务、工作特点以及未成年犯作为特定的教育改造法律关系主体，决定了民警与未成年犯之间法律关系的特殊性。表现为：

（1）民事法律关系上的特殊性。一方面，作为公民，民警与未成年犯在《宪法》和法律面前是平等的。在矫正活动中，未成年犯必须认罪伏法，遵守所规所纪，服从管理，深刻反思自我，自觉改造，养成良好的思想品德和行为习惯。民警要爱护未成年犯、尊重未成年犯的个性和人格，树立正确的矫正观与价值观，善于启发引导，将未成年犯的教育改造与个性发展结合起来。另一方面，法律法规又赋予未成年犯诸多的特殊权利。未成年犯有权要求民警在执法和矫正上获得公正、公平和公开；未成年犯对民警侵犯其人格权、人身权、财产权等合法权益，有提出申诉或依法提起诉讼的权利。作为平等主体的民警与未成年犯在权利和义务上存在着不平等。法律并没有赋予民警对未成年犯的行为向有关部门申诉或提起诉讼的权利。

（2）尽管民警与未成年犯之间没有法定监护关系，但是，民警是未成年犯在服刑期间的照顾和管理人，依法行使教育改造和管理的职权，履行和承担照管人的照管义务，负有一定的监护职责，但不同于监护人的监护职责。

总之，民警与未成年犯的法律关系是一种复杂的、特殊的法律关系，如何正确定位和妥善处理民警与未成年犯的法律关系，起关键作用的是处于主导地位的民警。为此，民警既要注意双方法律上权利和义务的平等性，又要注意双方所处法律地位的差异性；既讲民主平等，充分尊重未成年犯在教育改造中的主体地位，又必须充分发挥维护安全稳定、公正执法、教育改造上的主导作用。

二、从个案上科学认识未成年犯

我们可以从各个不同的角度对未成年犯作出认定,从社会学看,他们是社会化偏离正常轨道需要重新开始的人;从教育学看,他们是不成熟的身心被社会环境的不良因素建构了,是素质教育的失败者,义务教育的逃学者和需要补课的人;从伦理学看,他们尽管是家庭、社会的叛逆者,但仍是需要原谅和保护的人;从法律上看,他们是犯罪后经过了一系列程序的司法干预,被判处刑罚需要矫正的未成年人;在积极心理学看来,他们是其"最近发展区"遇到了很多麻烦,本着"有教无类"的人本精神,顺着其个性特质发现他们是有一定知识、特别经验的人,是有兴趣爱好的人,尽管他们心理不平衡、波动不断(学习成绩差只得交社会朋友,需爱无爱,想自立而自立无助)、屡现偏差,但仍然觉得存在"心理弹性",并发现了他们身上可以"连接"的闪光点(阿涅利主张,寻求更大自主权的倾向也许是促使一些儿童离家出走的原因,她指出在流浪儿童身上并未有显著的精神病理学发现,反而他们常常表现出出色的应对策略),重新梳理出了他们的"最近发展区",生长出了面向未来的信心。不错,科学认识未成年犯,我们需要各学科的指导,在此基础上进行综合分析判断。但是,在现实的操作层面,我们不能停留在对未成年犯的类的判断上,必须在个案层面达到精确把握。未成年犯摆在我们眼前的是形形色色的个案:幸福的儿童顺利成长经历何其相似,不幸的儿童各有各的不幸。什么地方不幸呢?不幸是如何建构的?正是我们要关注的。

(一)科学认识未成年犯的起点是人格调查

从针对未成年人犯罪发案的刑事侦查开始,就应该启动人格调查,并贯穿整个未成年人刑事、刑罚、矫正的全过程,因此,科学认识未成年犯的起点是人格调查。人格调查的最终目的是为了保护未成年人利益最大化的矫正,是以优先保护未成年人为条件下的教育,绝不是为了所谓的惩罚的公正(对未成年人犯罪没有惩罚,也不应存在惩罚为辅这一说),更应该不是公、检、法、司为了完成各管一段的任务。人格调查的原则是人道、客观、综合,人道就是立场上要站在未成年人成长的角度思考问题,把人性的精神贯穿始终;客观就是要实事求是,运用科学的方法、专业的手段摸准未成年人的真实情况;综合就是要在全面调查掌握情况的基础上进行综合分析,审前是为了顾后,提出一揽子的综合解决方案,特别是教育、矫正的措施。人格调查的主要内容应该包括:

1.未成年人基本情况,如出生年月日、主要的成长经历、性格特征、生活规律与爱好、现实一贯表现的优缺点、有无不良行为(早恋、群殴、网瘾、吸毒、酗酒、赌博、夜不归宿等)甚至违法犯罪前科。

2.家庭背景,如家庭的成员构成、氛围、和谐程度,监护人的职业、收入、个性状况，对其管教情况（是否存在虐待、体罚、过度宠爱等管教不当行为），是否有前科、酗酒、赌博等不良行为等状况。

3.学业情况，如学习态度，学习成绩，师生关系，同学关系，有无退学、逃学、违规受处理，学校管理秩序，德育、法制及心理健康教育情况，是否存在被体罚、歧视、排斥等现象。

4.未成年人居住社区环境，如本人和家庭成员的迁移情况，社区治安秩序好坏，邻里和谐或纠纷情况，本人的朋友交往圈子与主要活动等。

5.未成年人心理评估，包括个性心理测量、危险性风险评估、重新犯罪可能性评估等内容。这方面可以采取诉讼前后两次测量，进行对比分析，预测并有效防范风险；

6.调查建议。基于上述情况的综合分析，提出鉴定意见与刑事建议，是否取保考察、逮捕、免予刑事处罚、缓刑、监禁，并制定富有针对性的矫正实施方案。

（二）科学认识未成年犯的方法是追求实现工具理性和价值理性的统一

没有科学的认识方法，就不可能有科学的结果。科学认识的方法，至少包括三方面的内涵。

1.客观公正的态度。工作人员要有先进的理念、正确的指导思想，应根据未成年人成长的客观规律和特点，以理性思维来选择适当的调查方法、方式和程序，有明确的系统调查思路；以严谨、标准的规程来落实整个调查过程，调查要进行系统设计，有清晰的目标指向、分解项目、具体流程和操作规程；以纯粹的客观心态，不带任何主观先见、成见、偏见，来严肃、认真对待调查材料和结果分析。

2.综合运用多种调查手段，客观地感知犯情。主要是①阅卷调查；②发函调查；③测试；④谈话；⑤侦察；⑥交流。如果已经监禁，可以更深入、全面地了解情况，对其进行日常管理和教育时收集情况，收集反馈其在特殊情境下的心理、行为变化情况。至关重要的是要善于采用客观化的调查表，充分运用心理学、教育学的研究成果，合理选用问卷测验、情境测验、投射测验这三大测验技术。精选适合中国未成年人的调查量表，如韦氏智力量表、艾森克人格调查、卡特尔16PF人格因素、明尼苏达多项人格测验（MMPI）等量表；同时，针对重点对象或疑惑问题，积极采用投射性技术测验。不过实际中存在中国人不适合文本问卷式的心理测量这一情况，主要原因是中国人和西方不一样的文化背景，掩饰、回避心态比较多，未成年人中也不乏作伪、掩饰心理，要解决这个问题，除了研发适合中国未成年人的调查量表外，完全可以采用投射性技术测验加以规避（情境测验成本高、适用性不够广）。投射性测验技术通过被试者的心理活动产品（如联想、绘画、笔迹、故事、手工制作、回忆等），间接地评估其中投射的心理个性特征和状态。操作性强，比较适合未成年人的特点。与问卷技术相比，明显的优势在于："不依赖于被试者是否真实回答"，"可以洞察被试者的潜意识，了解其并非主动、有意表达的内心深处的变化①"。

3.要有专业的素养和水平。调查是一项非常严肃的工作，必须要有专业的眼光、方法和技术手段，要有具备专业素养和水平的人来干这个事，绝对要避免调查的"山寨版"，影响司法公正，贻误未成年人。首先，从事调查的人员要进行专业的调查培训，提高认识，端正理念，掌握方法，学会基本技术，达到完全能够胜任对未成年人基本情况等基础材料进行客观公正且有效采集的水平。其次，要设计、研发基础材料采集的标准化模板，供调查人员使用，决不走样。再次，对涉及比较复杂、专业要求高的心理量表测验、投射性测验、情境性测验的操作与分析，一定要下决心外请有资质的专业人员或委托专业机构来办理。

（三）科学认识未成年犯的关键是综合分析判断

精神分析大师荣格感叹：人心是最难捉摸的东西。科学认识未成年犯，离不开从业人员的先进理念、规范的方法、可靠的技术，但最后的落脚点也是最关键的是要进行综合分析，形成符合实际的正确判断。

1.消化材料、梳理研究。未成年人犯罪的情况也许不那么复杂，但背后的原因肯定不那么简单。认识他们不能被林林总总、纷繁复杂的形象所迷惑，必须对调查的材料进行梳理，透过现象看本质，删繁就简、去伪存真，把历史的、现实的、未来的、动态的、静态的、表象的、内在的，都作有机的连接，形成符合其成长轨迹的逻辑推理系统，在整体上加以把握，审慎判断，作出最终的结论。

2.集体会诊、善借外脑。要充分发挥集体的智慧，实施个案会诊制度，责任人员作主要分析，其他人员畅所欲言，从不同的角度进行分析讨论。特别是对总体情况的定性把握、个案预后情况的趋势预测、重犯危险性评估、教育矫正的重点，必须通过集体讨论决定。集体分析和预测，是较高层次的分析和预测，能达到较高的准确度。考虑调查的经济性、针对性，要善于借助外面专家的支持帮助，提高工作质量和效率。

3.坚持宗旨、一以贯之。科学认识未成年犯的宗旨是为了更好地对其"利益最大化"的保护，是为了确保正当而有效的教育或矫正。要把这一宗旨贯穿始终，才能最大限度地体现科学认识未成年犯的价值和意义。未成年人是快速生长的人群，也是多变，没有一劳永逸的调查，只有持续跟进、反复多次调查，在对比分析中发现我们的工作成效，并为未来的努力指明方向。

---

① 童辉杰著：《投射技术——对适合中国人文化的心理测评技术的探索》，黑龙江人民出版社
2004年版，第25页。

三、基本结论：未成年犯是最需要特殊保护的群体

未成年犯是社会化的失败者，在没有成为真正意义上的人的成长过程偏离了正常社会化的轨道，从作为人的需要考虑，他们是需要特殊保护的群体。

（一）未成年人犯罪是感性人的犯罪

我们不妨进行法理上的分析，从异质犯罪观和异质刑罚观展开讨论。犯罪观是建立在人性论的基础上的，不同的人性论派生了同质犯罪观与异质犯罪观这两种不同的犯罪观。同质犯罪观是一种传统的犯罪观，它否认或者不强调未成年人犯罪与成年人犯罪之间有着本质区别，而认为未成年人犯罪与成人犯罪具有一样的性质和原因。典型的同质犯罪观是刑事古典学派所坚持的建立在理性人基础之上的自由意志论犯罪观。自由意志论犯罪观认为，犯罪人是理性人，犯罪行为是一种理性行为，是作为理性人的犯罪人经过功利计算后进行的自由意志选择。成年人犯罪如此，未成年人犯罪也同此理，未成年人犯罪不过是"小大人"犯罪，它与成年人犯罪的差别仅在于犯罪程度上，而不在于犯罪行为的性质。与之相反，异质犯罪观则建立在科学的人性论基础之上，它认为，未成年人不仅在生理上不成熟，在心理上也较成年人缺乏成熟，只有感性经验下的自以为成熟的非理性选择，由此推定，未成年人犯罪与成年人犯罪之间有着本质区别，绝不是简单的"度"的差异。未成年人的大脑成熟度低有医学鉴定的支持。心理学上，维果茨基在评价皮亚杰关于儿童语言和思维实验研究的理论贡献时，他大为赞赏和推崇皮亚杰"通过这些积极的探索，他证明儿童与成人之间的差异表现在质的方面而不是量的方面"，"皮亚杰本人曾引证道，儿童不是成人的雏形，而且儿童的心理从一定程度上说也不是成人的心理。[1]"成年人犯罪往往是基于理性选择而对社会的一种"自觉性反抗"，未成年人违法犯罪则往往是未成年人成长过程中的一种伴随性的"自然现象"，是未成年人在不良成长环境和尚未发育成熟的身心状态的双重因素左右下的正常反应或被动选择，而不是自由意志的选择结果。"成人司法的人性假设是理性人，而少年司法则因为主体的社会化程度而只能做'感性人'的人性假设。所以，对待感性人不能简单地采用'自由意志'的'理性判断'。[2]"

（二）未成年人犯罪的异质性

未成年人犯罪的异质性主要体现为两个方面：一是自然发生的，表现为这些行为是与未成年人成长过程相伴随的"自然现象"，它的发生具有他们依靠自己的力

---

[1] 列维·谢苗诺维奇·维果茨基：《思维与语言》，李维译，浙江教育出版社 1997 年版，第 9 页。

[2] 皮艺军："中国少年司法理念与实践的对接"，《青少年犯罪问题》2010 年第 6 期。

量无法掌控的成分（监护人、家庭、学校、社区和国家营造的环境和应该承担的责任），他们的思维还不能做出正确的价值判断，意志还控制不了情绪的起伏波动，大脑神经系统还没有发育成熟，也就调节不了生理机能的自然冲动。同时，即使不加干预，随着年龄的增长和心智的成熟，很大一部分长大成人后会自然地"自愈"。二是身份的特殊性，是指未成年人犯罪的行为类型和行为方式与他们的年龄和身心发展的阶段性特征相联系。未成年人的身心尚未成熟，他们的认知、情感、意识、行为都没有达到人的自觉程度，处于懵懵懂懂、似懂非懂的模糊情状，生理、心理、价值观、人生观、世界观还处于摇摆波动的状态，他们在认知水平、意念控制能力等方面与成年人相比还有明显的差距，不能保证对自身以及外部事物作出正确的评判，很容易对外部环境的刺激作出明显失当的反应。因此，未成年人犯罪往往表现为临时起意、动机冲动、不计后果等特点，很难说是理性选择的结果，所实施的犯罪很多时候是一种寻找刺激的游戏，其纠合性行为也多为抢劫、抢夺、盗窃、杀人、伤害、强奸等街头犯罪。因此，未成年人犯罪与成年人犯罪只具有外在的或形式上的相似性，而内在本质和真实意义则完全不同。由此，我们完全不能按照成人的标准去理解、评价、处置由未成年人实施的与成年人犯罪有着外在相似性的行为的意义和性质。犯罪的未成年人既是害人者，也是被害者。所谓害人者，是指其犯罪行为的客观后果，给被害人以及社会造成了损害；所谓被害者，是指行为的根源和起因，他们的犯罪行为是不良社会环境影响的结果。从时间和程序上说，犯罪的未成年人自己无法选择出生的家庭，也几乎无法选择自己童年成长的环境，他们的许多遭遇和曲折是外部客观环境强加的，他们首先是被害者，没有被害的因，也就没有害人的果。语言是文化的符号、思维的工具，蕴含着极为丰富的价值判断。在英语的语境里，未成年人和成年人这二者的犯罪分别表示为"delinquency"和"crime"，作了截然不同的区分。这种对未成年人犯罪和成年人犯罪分别的词语表示，当然不是一个纯粹的语言习惯，而是隐含了对犯罪现象的价值判断，表明了英语的国度已经认识到了未成年人犯罪与成年人犯罪之间存在着质的区别。

（三）刑罚和矫正以保护为价值取向

一定的犯罪观必然产生一定的刑罚观，由同质犯罪观派生的是同质刑罚观，由异质犯罪观派生的是异质刑罚观。同质刑罚观是一种传统的刑罚观，它以惩罚犯罪为价值取向，通过罪刑法定、罪责自负、罪刑相适实现对犯罪的报应或威慑，换言之，同质刑罚观是一种以成人犯罪为本位的刑罚观，它的思维逻辑定势是对所有犯罪行为（包括未成年人犯罪）放在同一个刑罚框架内进行处理，即按各自相应的刑罚种类和刑罚幅度进行处罚，"未成年人"充其量是比照成人犯罪作为减轻或从轻处罚的一个法定情节。这种同质刑罚观对成年人犯罪与未成年人犯罪只作量的区别，以成年人的思维判断和话语权对未成年犯罪人施以"恩惠"，没有把两者严格区别开来，也不注重对未成年人犯罪的个别化处理和恢复性处遇。与同质刑罚观相反，异质刑罚观与国家亲权理论相联系，核心理念或基本价值取向是以未成年人"儿童利益最大化原则"为优先考量，司法干预和刑罚是作为最后的手段并以为了更好地保护为前置条件加以运用，也没有"罪刑法定、罪责自负、罪刑相适"等报应或威慑的刚性之说，注重对犯罪未成年人的保护和教育；未成年人犯罪的处理程序和方法应当区别于成年人犯罪的处理程序和方法。这种对未成年犯罪人的保护和教育，是对他们的"利益最大化"前提下的适度的干预，旨在着眼未来，为未成年犯罪人重新恢复作为人进行正常的社会化提供必要的帮助和条件。

（四）保护未成年犯的正常社会化

从社会学上分析，人是"一切社会关系的总和"，对未成年人来说，他们只有正常的社会化，才能立足社会发生作为人的关系。因此，未成年人最重要的需求是通过正常的社会化成长为"成人"。由此推断，未成年犯最重要的需求就是正常社会化。最大的问题是未成年犯依靠自身的力量还难以摆脱不良环境的影响，所以，他们作为被害者迫切需要社会的保护，国家亲权应当履行保护之责。这和未成年人的刑事法理分析得出的结论是一致的。在异质犯罪观和异质刑罚观的视野下，未成年犯是最需要特殊保护的群体，国家和社会应当通过社会政策和各种积极措施，充分调动所有可能的资源，促进未成年犯尽快恢复作为人的需要，踏上正常社会化的进程，确保未成年人过上有意义的幸福生活。在我们工作的具体目标上，就是要全面落实公正而有效的矫正，以最大的努力来避免沃尔夫冈实证调查的6%的悲剧重演。这正是思考矫正核心问题的出发点。

总之，科学认识未成年犯没有止境，在个案意义上的落实没有终点，因为未成年人犯罪有太多的身心内外的客观原因。好在我们是为了矫正而去探究，科学认识未成年犯是为了开辟矫正的新境界。

第二节　矫正的核心问题

科学认识未成年犯解决了矫正的前提条件和依据，为矫正规定了针对性的方向、基本要求和基础条件，为个案矫正指示了比较明确的目标。但是，这仅仅是矫正的起点，作为特殊教育而存在的真实意义的矫正，有许多问题需要梳理清楚。围绕矫正的正当与有效，核心问题需要解决的是矫正的理论遵循。矫正需要理论指导吗？如果需要，遵循什么理论比较合适？如果有了比较明确的理论取向，真干的着力点在哪里？这些问题，我们不能回避，否则，矫正不是被忽略就是模糊化，成为需要矫正的矫正，提高矫正质量何从谈起？

一、矫正的逻辑起点：正当性与有效性

（一）正当性的概念

正当不是一般的善，"正当等同于道德善，即凡是有利于社会存在和发展的就是道德善，也就是正当的，反之，不利于社会存在和发展的就是道德恶，也就是不正当的。①"公正是正当的，但公正的外延明显小于正当；正当的评价对象是一切社会现象，"而公正的评价对象只是合作社会中人与人之间的社会行为"②。从法理上看，刑罚层面的基本诉求是公正；在矫正的层面，我们理应追求的理想境界是正当与有效的高度统一。尽管矫正是在刑罚的前置条件下进行的，表面上好像是刑罚的附属物，实际上它是一套完全独立的操控系统，刑罚也因为矫正有了更深刻的内涵，因具体内容的充实而变得多姿多彩。矫正是一种当事双方互动的过程和活动，主要是涉及人们思维、心理、情感、意识、认知的高级活动，而且是隐秘的大脑神经系统调适，许多是法律、刑罚层面无法调节的东西，不是法律判断的正义与否，需要从更宽泛的维度和视野来作价值评价，就有赖于道德的全面介入，在正当性上进行衡量、审视和判断。

正当性是指某种事物、行动、秩序等拥有某种普遍行为标准支持的特性或状态③。某个标准之所以能够成为普遍的行为标准是因为这个标准能够获得人们的普遍认可，否则就不可能成为普遍的行为标准④。因此，正当性实质上就是指某个事物、行动或秩序获得了人们的普遍认可。"社会公正的内容，是以那个民族的环境、制度和历史传统为依据的。⑤"正当性也是如此。在古代社会，神的旨意和风俗习惯是道德判断的普遍标准，是正当性的依据，正当性不是自我选择的结果；在现代社会，契约才是道德判断的普遍标准，成为正当性的依据，正当性越来越向自我选择倾斜。正当意味着某种事物、行动、秩序等符合人们普遍认可的道德标准，它注重的是道德问题，而非是否有效问题。⑥

（二）有效性的概念

有效性是指某种事物、行动、秩序等的效用程度。有效性有三种评价方式：①效果评价关注事物、行动、秩序等有关的结果在多大程度上实现了目标；②效率评价关注事物、行动、秩序等相关的产出与投入的关系；③效益评价关注事物、行动、

①杨义芹："公正、善、正当辨析"，《山东社会科学》2010 年第 5 期。
②杨义芹："公正、善、正当辨析"，《山东社会科学》2010 年第 5 期。
③张健："合法性与中国政治"，《战略与管理》2000 年第 5 期。
④莫里斯·迪韦尔热：《政治社会学——政治学要素》，杨祖功、王大冬译，华夏出版社 1987 年版，第 117 页。
⑤罗尔斯：《正义论》，何怀宏等译，中国社会科学出版社 1988 年版，第 271 页。
⑥J. 哈贝马斯：《交往与社会进化》，张博树译，重庆出版社 1989 年版，第 184 页。

秩序等相关的直接效果目标对于更高一层目标或者说终极目标的影响。本文所指的有效性是采用效益评价的有效性。因为，有效果不一定有效益，有效益却一定有效果。实现了预定的短期目标，就算有效果，如果这种效果无助于终极目标的实现，就是无效益；如果实现了终极目标，它不仅有效益（与终极目标的实现相关），也是有效果（与具体目标的实现相关）。从效率上说，效率虽然强调低投入、高产出，但是，效率最终是为了效益（终极目标的实现）。

（三）正当性与有效性的关系

李普赛特(Seymour Martin Lipset)发现正当性和有效性之间有四种可能：①正当性和有效性同在；②正当性和有效性都缺失；③正当性高但有效性低；④正当性低但有效性高。可见，正当性和有效性的追求并不是一致同一的，正当的不一定有效，有效的也不一定正当[①]。本文所说的"正当性对应的英文是'legitimacy'它旨在评价某个事物、活动或秩序是否符合人们普遍同意的道德要求，它旨在揭示某个事物、活动或秩序是否尊重和满足了人们在道德上的普遍愿望及其需要。"[②]正当性是一种价值评价，有效性也是旨在揭示是否满足了特定需要的一种价值评价，同属价值评价的重要维度。但是，正当性属于道德评价，注重道德公认，强调价值理性；有效性属于效益评价，注重绩效，强调工具理性。完全符合道德要求的正当性不一定具有有效性，同样，完全的有效性也不一定是正当性。"因此，正当性和有效性是价值评价的两种不同的评价维度，正当性追求和有效性追求之间存在着矛盾和冲突，在正当与有效之间寻求平衡的前提是存在的。"[③]

二、对矫正的正当而有效的反思与诉求

根据上述正当与有效的概念与关系界定，在战略上，要保证矫正的正当性与有效性，避免重大矛盾和冲突，努力寻求二者的平衡，达到正当性与有效性高度一致的理想境界。我们确实要认真反思：对未成年犯矫正的正当性该如何体现？目前矫正的理念、目标、项目、手段和方法有哪些缺乏正当性，哪些缺乏有效性？哪些表面短期效果很好的矫正是不是符合未成年犯成长的长远根本利益，有效性到底该如何评价？

要回答上述问题，别无他法，我们只有遵从未成年犯的身心发展特点与规律，从他们的根本性需求上寻求答案。以人为本，对未成年人来说就是以保护教育为本。

---

① 蒙西摩·马丁·李普赛特：《政治人——政治的社会基础》，张绍宗译，上海人民出版社 1997年版，第 59 页。

② 严从根：《在正当与有效之间——社会转型期的道德教育》，南京师范大学 2011 年，第 5—8 页。

③ 严从根：《在正当与有效之间——社会转型期的道德教育》，南京师范大学 2011 年，第 5—8 页。

对未成年犯来说就是充分体现保护的正当与有效的矫正为本。对未成年犯实施监禁刑，这是最后的手段，宗旨并不是为了惩罚而在于正当而有效的保护，这种保护集中体现为刑罚的主要载体是矫正，矫正是让正当而有效的保护真正落到实处、让未成年犯长大成人正常社会化的矫正，是能让他们受用一辈子的矫正。未成年犯管教所作为一个标准的未成年犯的特殊学校必须得有这种定位，否则，作为一个组织单位，它的社会公益性、组织的功能和效用不知道在哪里。

我们也不得不反思一些习惯性做法是否确实具有正当和有效的意义。单一僵化式监禁，外有高墙加电网，内有铁窗加铁门的与世隔绝状态，特别是观念层面上狭隘自私的安全观（无视未成年犯身心特点与社会化需要，在绝对安全的宗旨下的价值判断与方式选择，包括原始的不发生罪犯脱逃的观念），制度层面上的单一式监管模式，立足于警戒、整齐划一、无视差异的严格准军事化管理，以规范化之名的队列训练、内务卫生和日常行为标准，遵照执行和成年犯一样的《监狱服刑人员行为规范》。在这种模式下，合法权益的保护是消极的保护，强制被动式的改造，方法简单、科学技术含量低，以不发生安全事故的底线为基本运作逻辑。日常行为的养成，几乎完全消灭了未成年人的个人自由、个性良性发展的空间。劳动习艺培养了未成年犯的劳动习惯，而技能培训往往让位于生产效益。教育教学整体定位不准，死板教条，重在灌输，缺少互动，到处是强加的标准、概念、本本条条，有短暂的活力也少了一份自然的灵气和生机，最缺乏的是未成年人应该有的容易被感动与自我感动、为人喝彩与自我成就体验、帮助别人与帮助自己的真谛领悟后生命的张扬和成长的律动。强制与命令成了秩序的准则，服从成为罪犯获得处遇和权利的基础，人格的丧失和人性的压抑成为常态，罪犯的主观表现是功利性的，一旦其实现了自己的功利诉求，便会立马撕下"伪装"。在行刑关系上只作为依附、被动、被驯服的非理性工具而存在，没有未成年犯作为矫正主体的主动积极参与，矫正的真实意义一再被弱化、虚化甚至根本就没有发生，作为刑罚载体的矫正丧失了其应有的正当与有效。保护的结构只剩下"大墙"的时候，其保护的功能与效用到哪里追寻呢？

矫正的正当性与有效性的丧失，陷入困境是必然的。主要原因有两个方面：

一方面，未成年人司法不独立、不系统，未成年犯的矫正主体地位难确定。当前矫正未成年犯依据的是散见于《刑法》、《刑事诉讼法》、《监狱法》、《未成年人保护法》和《预防未成年人犯罪法》等法律以及司法部颁布的《教育改造工作规定》和《未成年犯管教所管理规定》等部门规章，此外还有最高人民法院和最高人民检察院相关业务的司法解释，未成年人司法完全依附于成年人的刑事法律，主体地位不明显。立法层次低、约束力和溯及力小的《未成年犯管教所管理规定》是专门应用于未成年犯矫正，但其规定多模仿成年犯教育的内容和手段，忽视了未成年犯的特点，针对性不强，关键是无法调集社会资源支持未成年犯矫正。撇开体系建设本身的不完善和法规法条规定的内容不具可操作性等问题不谈，虽然在法律法规中也有未成年犯的专章或专门规定，但其具体内容也大都是成年犯的变通，甚至很多条款是转用性条款。例如，《监狱法》第六章"对未成年犯的教育改造"中第七十七条规定："对未成年犯的管理和教育改造，本章未作规定的，适用本法的有关规定。"《监狱教育改造工作条例》中第六十一条规定："对未成年犯的教育改造工作依照《未成年犯管教所管理规定》的有关规定执行，未作规定的，依照本规定执行。"在管理机制上，管教所与成年犯监狱处于混合状态，没有专管部门，更别谈管理目标的设定与考核，尤其是在经济、财务、队伍管理等方面根本没有计划和标准单列。

另一方面，背离矫正价值的惯性难制动。受体制和经济因素的制约，长期以来，未成年犯管教所和成年犯监狱以一样的模式运作，矫正的地位和力度并没有因为"首要标准"的提出而有实质性加强，矫正体系远未成熟运作，矫正只有短期目标而没有长远性的实质性目标的考核。矫正往往没有足以改变性质的资源投入，更没有形成良性循环的动力；矫正的经费保障与社会学校相比差距大，严重制约了文化、技术教育正当而高效的运转与发展。因此，造成矫正对象模糊化，矫正的阵地被分割，矫正的内容形不成围绕矫正目标的系统聚合，教育内容与社会认知多元化、价值观念多元化的现实格局完全脱节。对未成年犯的行刑没能依照再社会化的目标和要求进行，社会学意义上管教所承担的社会减压阀作用和对未成年犯再社会化的职责严重弱化。

三、矫正的核心问题：基于矫正正当性与有效性的理论建构

（一）矫正正当性与有效性对专业理论的期待与辨析

摆脱当前矫正的困境，建立起矫正的正当性和有效性，必须寻求正确指导未成年犯矫正的专业理论体系的支撑。保持理论的先进性、正确度和足够的清醒，才能保证矫正沿着正确的方向举正旗、吹对号。有一种可靠的系统理论指引，就会形成先进的理念；有了先进的理念，就有可能产生相应而成熟的体制、机制和标准规范；有了成熟的制度文化，就有可能衍生正当而有效运转的模式；有了具有价值意义的模式，就不怕产生不了富有意义的具体的矫正操作，让未成年犯管教所回归本职职能，充分显示其存在的社会价值。因此，理论的先导意义是不可估量的，矫正的核心问题是寻找能正当与有效地指导未成年犯矫正的专业理论。

用什么专业理论来指导未成年犯矫正合适呢？首先想到的是近邻——相关犯罪学理论，不能否认，犯罪学的研究成果对矫正未成年犯是大有意义的，它与矫正的相关性是比较高的，但是，它还是不能作为系统指导矫正的理论。原因很简单，犯罪学理论能解释人之所以成为犯罪人的原因与过程，但以目前的研究成果看，反过来倒推，犯罪学还管不了犯罪人重新为人的规律。如果能倒推，那就不是犯罪学

了。未成年人法学理论不乏先进的理念，可以指导未成年人刑罚，尽管矫正作为行刑的主要载体，但还是不能成为指导矫正的专业理论。在新中国的历史上，一直以来指导未成年人教育的是政治理论，尽管这些年来有了很大改观，但在未成年犯的矫正上还是表现了相当大的惯性，政治理论主导下的矫正虚空化的倾向和痕迹还相当明显。这种脱离未成年犯的实际需求和文化价值多元背景现实的理论指导，严重影响了未成年犯矫正的正当与有效，可见，我们的刑罚和矫正工作必须严格遵循政治理论的宏观指导和宗旨提示，但是，我们也必须清醒地认识到，在具体的业务理论指导的选择上，又要善于舍弃政治理论泛滥性的强制灌输，以政治理论来无原则地代替具体业务理论的错误倾向。实际上，理论的来源正是在于实践，未成年犯矫正的理论源泉来自于未成年犯的人生最大需求——社会化。能够切实帮助、有效促进未成年人社会化的唯一手段就是教育。因此，指导未成年犯矫正的理论只能是教育理论。其他的，如犯罪学、法学、心理学、社会学、人类学、哲学、信息学等可以作为矫正的支持学科，但不足以成为矫正的系统化指导理论。

用什么教育理论来指导未成年犯矫正合适呢？"教育"这个词按《说文解字》的解释，"教，上所施，下所效也"；"育，养子使作善也"。可见，教育强调的是上对下的负责和统领、下对上的服从和承受，一种绝对的"灌输"。而西方的"教育"一词源拉丁文 educate，本义为"引出"或"导出"，强调了内发性，通过一定的手段把人所潜在的素质自然引发出来。词源上的分歧反映了中西方传统文化的差异。1984 年邓小平针对当时学校的情况指出："我们现在教学上'满堂灌'的现象还存在，要多多鼓励学生自己的发展。[1]"1993 年《中国教育改革和发展纲要》指出：中小学要从"'应试教育'转向全面提高国民素质的轨道"。1996 年《中华人民共和国国民经济和社会发展"九五"计划和 2010 年远景目标纲要》明确提出，要"改革人才培养模式，由'应试教育'向全面素质教育转变"；"素质教育是以促进学生身心发展为目的，以提高国民的思想道德、科学文化、劳动技术、身体心理素质为宗旨的基础教育。相对立的，'应试教育'则是以考试得分为手段，以把少数人从多数人中选拔出来送上大学为唯一目的，片面追求升学率的教育"[2]。在素质教育推进的方向上，教师教会学生做人、求知、办事、健体、审美、创造；学生则要学会做人、求知、健体、审美、创造；统筹"教师主导"、"学生主体"，统筹必修课、选修课、活动课在内的适应公民素质发展需要的课程教材体系，统筹课内外、校内外沟通与学校、家庭、社会的联系，建立有利于素质全面发展的教育评价制度，追

---

① 逄先知："教育是一个民族最根本的事业"，《中国教育报》1998 年 6 月 23 日。
② 陆炳炎、王建磐主编：《素质教育：教育的理想与目标》，华东师范大学出版社 1999 年版，第 2 页。

求德、智、体、美、劳全面发展，使知、情、意、行和谐统一，最终实现提高全体国民的素质，提高全民族素质的目的。自此学校推进素质教育以来，尽管目前还没有从根本上彻底改变"应试教育"的格局，但是，教育、教学的理念、目标、过程、评价等方面都发生了惊人的变化。随着经济的发展、社会转型的深化、文化价值观念的多元化，教育承受了内外的改革压力，在"素质教育"的旗帜下在课程、师生关系定位、教学模式等方面作出了相应调整。尽管指导素质教育的理论不一而足，但最突出、表现最强劲的是建构主义理论。为什么建构主义能够指导素质教育，主要是建构主义关注了人的发展，强调了人作为人自己的主动建构，契合了中国现代性和现代社会的发展和转型。整个过程曲折反复、争议很大，但最终还是义无反顾地选择了建构主义。在这个过程中，建构主义表现了强大的生命力和指导力，从对学生的主体性、差异性和发展的全面性、基础性的定位到教育理念、教学设计、课程改革、课堂内外实务，建构主义理论都得到了许多人的推崇并进行了认真的实验，结出了硕果，建构了素质教育的发展。而监狱自20世纪80年代中期兴办特殊学校以来，矫正在专业化的快车上很快从顶峰走向了失落，有经济困难、体制不顺、人才不足、法律支撑不够等多方面的因素，原因比较复杂，但是，从头到尾，矫正不可能、不允许、也用不了建构主义来作为自己的指导理论。矫正作为一种特殊的教育，与建构主义失之交臂，错过了这一波的洗礼。

（二）矫正需要建构主义的指导

对未成年犯的特殊教育需要补建构主义的课吗？也就是说，为什么矫正需要建构主义的理论指导？基于这种选择的理由主要有两个方面：

1.矫正对象的内在特性和目标需要建构主义

未成年犯的大脑成熟度不够，内心的矛盾冲突与混乱是一种常有的状态，我们的矫正必须正视这种状态并从中寻找突破口。正视的起点是承认这种状态的客观性而不带任何主观评价，正视的目的是为了顺利对接。只有实现真正的对接，才能进行具有目标方向一致的富有成效的引导，帮助他们走出思维失误的矩阵和行为偏差的陷阱。孔子主张的"因材施教"，强调的是与"材"的对接。美国哲学家、教育家杜威的"做中学"的教育思想特别强调了教育的有效"连接"，美国科学教学论的奠基者桑代克的"联接主义学习理论"系统强调了"联接"，皮亚杰的"同化"与"顺应"揭示了认知对接的两种比较典型的状态，维果茨基的"最近发展区"的判断、确定和教学的有效是基于一系列对接的成功。因此，为了矫正目标的实现，必须进行正当而有效的对接，包括认知、情感、意志、行为的对接，最为重要的是德育的对接，特别是道德思维的对接。因为，未成年人的违法犯罪行为在主观上是由错误的认知、迷失的情感、错乱的意志等心理因素造成的，心理冲突与错乱的背后是多元文化价值的背景下的价值偏差致使的，价值判断的失误又是由道德思维的错乱导致的。平时，我们一直致力于教育的针对性，表面上是对上号了，实际上往往没有"接"。基于上述认识，我们矫正未成年犯的首要目标和重点是要矫正他们错误的思维习惯，进行正当而有效的思维习惯训练，从源点上帮助他们走出误区进入正常的社会化轨道。从我们的大量调查数据表面，未成年犯普遍存在诸多的心理问题，大量的不确定性中的偏差发生源头是道德思维的失当。先前一提起未成年犯就指责其品质败坏、恶习深重，实际上起到给他们贴标签的不好作用，是一种典型的成人思维，完全不符合未成年人的身心客观现实，也就不可能实现正当而有效的对接，当然有悖于矫正目标的达成。作为成长中的人，关键是激发他自己的成长动力，调动未成年犯内生的积极因素，产生真正的互动，实现了成功的对接，引导未成年犯进入正常的社会化状态，这是矫正想获得的理想境界或目标。没有内生的、自发的动力，形成矫正双方互动的状态，矫正的成功最多也是表面化的，不可能达到坚定而深刻的程度。为了成功的对接，矫正确实需要建构主义的指导。

从矫正的目标上分析，用建构主义来指导矫正合适吗？如果仅以犯罪的表现形态看，未成年罪犯毕竟要比成年人罪犯简单得多。在犯罪的原因上，如从表象上归纳，也不外乎家庭、学校、特定社区和文化媒介的原因，但从背后的深层分析就会发现：未成年人犯罪的原因是非常复杂的，它是所有社会问题、成人世界问题的集中投射性反映，只不过我们先前忽略了很多因素。未成年人罪犯在接受正规教育方面而言，一般都少于或差于同龄人，甚至是文盲，但不能认为他们没有知识（包括经验和独特的体验），实际上他们不仅有知识，而且知识是有一定系统的。正是他的那一套系统知识或相关思维的内在逻辑构成了他走上犯罪道路的主观原因。这个假设，既是我们可以用建构主义来解释他们犯罪的原因，在成年前的特定年龄段，他们的生命能量（身体发育）和知识增长都是成几何级数、爆炸式增长的，并且相关知识与犯罪密切相关。这些知识，正是我们需要矫正的对象，并构成矫正的重要基础要件。根据建构主义理论和实际工作情况，罪犯思想观念的转变、心理反应定式的改善，行为习惯的矫正，都有一个底线衔接的问题。如民警不注意教育改造工作与其底线的对接，就打不破其思想、心理、习惯的已有系统，其系统的封闭性（自我体系的相对稳固状态），很容易抗拒、抵触外来的新因素。因此那些假大空的教育收效等于零，很可能起反作用，更加坚定了其已有体系的稳固性。如何实际顺利对接，就要充分考虑成功对接的条件，全面分析对接的有利因素和不利因素，找准对接口。对接的一般原则：积极发挥主导作用，最大极度的促进主体因素的改善。对接的条件包括环境条件、罪犯主观条件、民警的人格条件、技术条件（工具条件）、教材条件。在其知识树上的嫁接是基本方法，而不能连根拔起、斩草除根。作为人的生命成长过程，其相关信息（标注性）都是不可能删除的有效信息，屏蔽也是暂时的，只要是其生命没有终止，相关信息在根的意义上总是在起作用。信息树是有层次的。矫正的目标，如果简单地维系在某个因素上，在普遍意义上总是站不住脚的。不可能是一成不变的思想意识、心理、习惯、情感。我们应更多地从个案上作审时度势的判断。犯罪与罪犯，不能否认都有通常的普遍性问题，也有许多可以分析归纳的类似问题，但作为个体的罪犯每每都呈现出其独有意义的个性化问题。个体是复杂的，作为个体罪犯也是千变万化的，我们不否认许多未成年人的成长环境与历程的相似性，但决定其成长结果恰恰不是那些相似性因素，而是各人独具的禀赋和独特经历。矫正核心问题的起点是理论的选择，但问题的最终解决就在于罪犯个体层面上。在个体层面上，存在点燃罪犯导火线因素，但很可能不是矫正的核心问题，需要的是隐含在背后的深层次因素，也不是每一名罪犯都有矫正的核心问题，有的过失犯、偶犯，特别是未成年犯，确实不存在矫正的核心问题，需要的恰恰是非监禁处罚下的正常自由人的生存和发展环境。盗窃未成年犯罪人往往作案多次，甚至从小就是小偷小摸，前期因为是不到 16 周岁而免予刑事处罚，错失了最佳矫正期，现在来矫正，增加了很多难度。有的抢劫犯，就是莫名其妙跟新结识的"朋友"去看了一回"演练"、"什么也没有说什么也没有做旁边空手站了一会"，最适当的刑事处罚当然是非监禁，但还是监禁了，法律操作简单机械化的结果是违背了刑罚本身的意义，矫正必须吸取教训。

从矫正针对的重点内容上分析，重点内容的确定既要从犯因性因素中进行比较，又要考虑未成年犯面向未来适应社会的要素与自身内在发展要素的有效对接，同时，必须权衡相应的矫正载体、手段、方法。学习文化，组织课堂化的教学当然是重点的内容和载体，组织各种主题活动或综合实践课也是重点的内容和载体；劳动技能培训无疑是重点的内容和载体，以行为养成、生活技能培养为重点，与其他矫正重点内容相匹配的综合管理也是重点的内容和载体，但最为关键的是德育。上述所有的内容与载体，建构主义都能提供系统的理论和方法指导。

2.建构主义理论的基本共识和基本方法为正当和有效的矫正提供了可能

20 世纪 80 年代形成的建构主义思想与理论对知识和学习的本质作出了新的解释，认为知识具有建构性、社会性、情境性、复杂性、默会性等特质，学习是一种知识的建构、协商、参与过程。这意味着教育者的任务在于为学习者创设互动性的学习环境，与学习者共同创建相互对话的、协商的学习共同体。1989 年末，美国佐治亚大学教育学院邀请建构主义研究领域 11 位国际著名学者围绕"教育中的新认识论"问题举行座谈会，概括了六大建构主义流派：激进建构主义(radical constructivism)、社会建构主义(social constructivism)、社会建构论(social constructionism)、社会文化认知观 (sociocultural cognition) 或称中介行为的社会文化取向(sociocultural approaches to mediated action)、信息加工建构主义(information-processing constructivism) 和控制系统论 (cybernetic system)。这六大建构主义流派所持的观点都跟笛卡尔认识论模式不同，它们试图采用超越二元论的方式重新看待知识，即力求避免将身心分割的内生说（心智为中心）和外生说（现实为中心)，十分重视研究知识是如何从一种动态的互动之中形成的。自 20 世纪末以来，建构主义对教学、学习以及学校课程的影响与日俱增。尽管建构主义的讨论尚未结束，结论是开放的，建构主义还需进一步的建构，但对学习有四点共识：①学习者建构自己的理解；②新的学习依靠现有的理解；③社会性的互动可促进学习；④意义学习发生于真实的学习任务之中。这四点共识表明，建构主义的核心是知识的建构[①]。建构主义所蕴涵的教学思想主要反映在知识观、学习观、学生观、师生角色的定位及其作用、学习环境和教学原则等六个方面。

（1）建构主义的学习观

①学习不是由教师把知识简单地传递给学生，而是由学生自己建构知识的过程。学生不是简单被动地接收信息，而是主动地建构知识的意义，这种建构是无法由他人来代替的。②学习不是被动接收信息刺激，而是主动地建构意义，是根据自己的经验背景，对外部信息进行主动地选择、加工和处理，从而获得自己的意义。外部信息本身没有什么意义，意义是学习者通过新旧知识经验间反复的、双向的相互作用过程而建构成的。③学习意义的获得，是每个学习者以自己原有的知识经验为基础，对新信息重新认识和编码，建构自己的理解。在这一过程中，学习者原有的知识经验因为新知识经验的进入而发生调整和改变。④同化和顺应，是学习者认知结构发生变化的两种途径或方式。同化是认知结构的量变，而顺应则是认知结构的质变。同化—顺应—同化—顺应……循环往复，平衡—不平衡—平衡—不平衡，相互交替，人的认知水平的发展，就是这样的一个过程。学习不是简单的信息积累，更重要的是包含新旧知识经验的冲突，以及由此而引发的认知结构的重组。学习过程不是简单的信息输入、存储和提取，是新旧知识经验之间双向的相互作用过程，也就是学习者与学习环境之间互动的过程。

(2)关于学生学习的基本方法

建构主义提倡在教师指导下的、以学习者为中心的学习，也就是说，既强调学习者的认知主体作用，又不忽视教师的指导作用，教师是意义建构的帮助者、促进者，而不是知识的传授者与灌输者。学生是信息加工的主体、是意义的主动建构者，而不是外部刺激的被动接受者和被灌输的对象。学生要成为意义的主动建构者，就要求学生在学习过程中从以下几个方面发挥主体作用：①要用探索法、发现法去建构知识的意义；②在建构意义过程中要求学生主动去搜集并分析有关的信息和资料，对所学习的问题要提出各种假设并努力加以验证；③要把当前学习内容所反映

①高文、徐斌艳、吴刚主编：《建构主义教育研究》，教育科学出版社 2008 年版，第 44－45 页。

的事物尽量和自己已经知道的事物相联系，并对这种联系加以认真的思考。"联系"与"思考"是意义构建的关键。如果能把联系与思考的过程与协作学习中的协商过程（即交流、讨论的过程）结合起来，则学生建构意义的效率会更高、质量会更好。协商有"自我协商"与"相互协商"（也叫"内部协商"与"社会协商"）两种，自我协商是指自己和自己争辩什么是正确的；相互协商则指学习小组内部相互之间的讨论与辩论。

(3)教师成为学生建构意义的帮助者

要求教师在教学过程中从以下几方面发挥指导作用：①激发学生的学习兴趣，帮助学生形成学习动机；②通过创设符合教学内容要求的情境和提示新旧知识之间联系的线索，帮助学生建构当前所学知识的意义。③为了使意义建构更有效，教师应在可能的条件下组织协作学习（开展讨论与交流），并对协作学习过程进行引导使之朝有利于意义建构的方向发展。引导的方法包括：提出适当的问题以引起学生的思考和讨论；在讨论中设法把问题一步步引向深入以加深学生对所学内容的理解；要启发诱导学生自己去发现规律、自己去纠正和补充错误的或片面的认识。

我们不妨尝试运用建构主义的观点和方法来重新审视未成年犯矫正的问题。矫正对未成年犯自身来说，无非是一种特殊环境下的学习。如果说矫正对于一般的教育有什么特殊性的话，那就是矫正最大的劣势在于监禁，最大的优势在于矫正微观背景的确定性和情景的可设计性，最大的变量来自于未成年犯身心的复杂性（包括异常经验），最大的难处是如何营建民警与未成年犯能够正常沟通、对接的"第三空间"（过度空间）。对未成年犯来说，矫正的特殊性寓于一般意义的学习之中。矫正作为一般意义的未成年犯学习，完全可以运用建构主义理论来指导整个学习制度设计、学习过程规范、学习结果评估。建构主义的理论和方法将为矫正正当性和有效性的增强和统一提供了理论支持与现实操作可能。

总而言之，未成年犯矫正的核心问题是在科学认识未成年人犯罪和未成年犯的基础上展开讨论的，为了确保矫正的正当和有效，核心问题的起点是要选择一种适合指导矫正的系统理论，落脚点在于个案矫治，关键是以技术实训、生活技能培训、文化与技术课堂教学为主要载体的德育达到正当而有效的统一。建构主义既是指导素质教育的重要理论之一，也完全适合对矫正未成年犯的系统理论指导和方法提示。

第四章

未成年犯矫正模式

　　未成年犯矫正有了指导自己的理论，就解决了旗帜和方向的理念性问题。如何贯彻落实，就需要制度保障。制度层面上的关键问题是未成年犯的矫正模式。制度的最终落脚点是一个实体，一个对未成年犯实现保护性过滤、阻断社会不良影响、促进其正常社会化的熔炉。没有一个目标明确、理念先进、组织发达、运转高效的实体，所有的理想愿望都是虚幻的。本章主要讨论在监禁行刑状态下的未成年犯矫正模式。

第一节　矫正模式概述

　　模式（Pattern）在哲学上讲属于方法论的范畴，是理论和实践的中介，把解决某类问题的方法总结归纳到理论高度，那就是模式。模式泛指某种事物的标准形式或使人可以照着做的标准样式，既是理论的系统应用，又是实践的全面升华。模式是一种范式，就像一幅模具，在一个标准的指向下，有助于你选定一个具体可操作的方案，形成解决问题的最佳办法，达到事半功倍的效果。平时，我们把模式这个词用得有点滥，但凡有点成功和创新就往模式上总结和拔高，产生了许多山寨版的模式，模式的正当性和有效性不免大为下降。

　　设计一套未成年犯矫正模式，由监狱管理部门下达，用以规范矫正行为，这是不合时宜的，也是不实际的。矫正是一个动态、发展的体系，没有也不应该有固定不变的模式。矫正永远是不断发展的，不断变化的，不断创新的。保护性是它的本质内涵，科学性是它的丰富内容，差异性是它的个案形式表达，创造性是它的灵魂，优化设计矫正过程，使之生动活泼、充满活力、充分体现正当和有效则是它的精神实质。当然，矫正模式也不是不可捉摸的，相对于"强制性改造"，它有自己的科学体系。但这个体系是在矫正过程中产生、发展、完善的。美国犯罪学家克莱门斯，巴特勒斯（Clemens Bartollas）将犯罪矫正模式分为更生重建模式（rehabilitation model）、正义模式（justice model）与惩罚模式（Iunishment model）三种模式[①]。美国犯罪学家杰夫里，菲洛（Jeffrey Ferro)考察了世界各主要国家未成年犯矫正体系，他把未成年犯矫正模式划分为四类，即治疗模式（treatment model）、司法模式（justice model）、犯罪控制模式（crime control model）及平衡与恢复性司法模式（balanced and restorative justice model）[②]。实际上，未成年犯的矫正模式就两大类，第一类是基本参照成年犯、以惩罚行刑为主的矫正模式；第二类是完全独立的少年司法体系下以保护性教育为主的矫正模式。从量上来考察的话，无非是惩罚性多一点还是保护性的教育多一点而已，都是不同理念指导下产生的差异，既是现实的理性选择，也有着深刻的历史文化背景。目前，我国大陆的未成年犯矫正模式基本上还处于第一类，在"宽严相济"的刑事政策和"首要标准"的目标指引下，出现了向第二类过度、演进的趋向和机会。

　　未成年犯矫正模式建构的主要依据有两个方面。一方面，是矫正主体——未成年犯的社会化需求，提出了惩罚的理念和方法的正当性和有效性问题，客观要求我们尽量采用非监禁，最低程度最短时间下的监禁是为了矫正的监禁，矫正是为了更好的保护，保护的目标是未成年人的社会化，优先保护的是未成年人的"利益最大化"，因此，监禁行刑也必须最大限度地适应并有利于未成年犯的身心健康发展。既然矫正未成年犯是为了其社会化的目标考虑，那么，教育作为未成年人社会化的主要手段，其在矫正中的主角地位是无疑的。同时，要让未成年犯身心健康发展，尊重其人格、权利，合理需求是当然选项，采取启发、引导、激励为主的方法也是必然要求。另一方面，矫正模式的建构必须考虑客观条件的可能，主要是要与国家和地区经济社会发展水平相适应，要接受刑事政策的直接调控，要充分考虑未成年犯身心特点的演变情况，又受矫正技术发展水平的制约，特别是矫正者的理念和能力问题。总而言之，模式建构的决定性因素是矫正主体的未成年犯矫正需要和矫正机构——未成年犯管教所所具备的现实客观条件的统一。

　　综合考虑上述基本分析并作初步推断，我们认为：未成年犯矫正模式是在先进、科学的教育理论指导下，在监禁的法治环境下根据未成年犯社会化的需要和可能，为保护其利益的最大化，选择适当的教育体系、内容和载体，运用正当而有效的方法、手段，引导未成年犯向身心正常健康的成人过度的实践框架、程式，是在特定

---

①林茂荣、杨土隆：《监狱学——犯罪矫正原理与实务》（第二版），五南图书出版公司1999年版，第10页。

②Ferro, Jeffrey. (2003). Juvenile Crime. New York, NY: Facts on File. p.83.

理念、目标下的行为建构，是一个动态的发展过程，是一个组织实体（中等职业技术学校）和一整套行动方案的模板。

模式的主体是未成年犯管教所。其稳定的体制、机制、程序及其具体实施方法，是与成人监狱、普通中学、职业中学相区别的。

模式的目标是以保护未成年犯利益最大化为出发点，在科学分类、个案处置的基础上，综合运用教育、管理、技术实训、心理矫治等手段，激发其向善的内驱力，步入正常社会化、成人化的轨道，成为具有一定文化知识和劳动技能的守法公民。

矫正模式的基本架构为：以建构主义为理论指导，以科学地认识未成年犯为支撑，以个别化、双向互动式教育为基本方法，在以大墙为界的安全防范和刑罚底线（宽不过囚）的基础上通过行为养成和生活技能训练实现以德育为导向的宽缓化基础管理，以劳动技能培训、文化课堂教学为主要载体并将德育全面渗透其中，全面对接未成年犯的认知、情感、意志和行为，引导未成年犯建构真实而富有社会化意义的自我矫正，使未成年犯的德育达到正当而有效的高度统一。

第二节　矫正模式的系统架构

一、架构的灵魂：模式建构理念

在建构主义的指导下，模式建构的主要理念是保护、尊重、科学。

（一）保护的理念

保护未成年犯的利益并使之最大化，这是矫正的宗旨，也是对未成年犯实现监禁行刑的首要出发点，是未成年犯管教所依法治所的重心所在。目前，对未成年犯的矫正，国际上已经达成共识，《儿童权利公约》、《联合国少年司法最低限度标准规则》（即《北京规则》）、《关于在刑事事项中采用恢复性司法方案的基本原则》、《联合国预防少年犯罪准则》和《联合国保护被剥夺自由少年规则》等国际公约都强调，对未成年犯的刑罚和矫正要放弃"报应主义"，而应以非罪化、非惩罚化、非监禁化为指导思想，最根本的、核心的、总体的规定性要求是保护和教育。上述国际公约，我国均为缔约国。我国在《未成年人保护法》第三十八条明确规定："对违法犯罪的未成年人，实行教育、感化、挽救的方针，坚持教育为主、惩罚为辅的原则"，《预防未成年人犯罪法》也有类似规定。我国《监狱法》和《未成年犯管教所管理规定》也都明文规定："对未成年犯执行刑罚应当以教育改造为主。"保护的具体目标是保护未成年犯作为成人的面向未来的全面发展。作为人的发展是有个性的，因此，对未成年犯的个性也要予以保护。尽管未成年犯因这样或那样原因实施了犯罪行为，但其作为一个现实的人，人性的基本方面并没有因为犯罪而丧失或者说没有彻底丧失。如果对未成年犯不加区别地采用同样的矫正措施，做不到对症下药、有的放矢，就会抑制其个性的自然生长和发展，造成无差别个性，活泼天性僵化窒息，这对未成年犯未来的发展是十分不利也是不人道的。要以承认并充分关注未成年犯个性差异为前提，针对各种犯因在其犯罪过程中所起的作用不同，有针对性地、恰如其分地进行惩罚和矫正，抑恶扬善。换言之，就是在对未成年犯各种犯因实施惩罚和矫正的过程中包含着对其有积极意义的个性的保留以及对其善的方面的培养和助长，从而使其转变为守法公民后能具备更多的有利于个体发展的条件。

（二）尊重的理念

充分尊重未成年犯在矫正中的主体地位，尊重未成年犯的人格、个性差异、权利和合理需求，既是法理的要求，也是落实正当而有效矫正的前提，更是对待未成年犯的方法上的总体要求。没有真心诚意的尊重，也就不可能产生正当而有效的对接，矫正就失去了应该具备的基础条件。只有尊重在先，各种科学的矫正手段才会起作用。在现实层面，我们所处的是一个文化多样、价值多元的时代，整齐划一的思想意识的标准已经不适合了。如果我们还是关起门来教育未成年犯，不告诉他外面世界客观存在的那些选项，不教会他如何进行价值判断和选择，很难想象他能真诚地忏悔他的过去、脚踏实地走上未来的正常社会化之路。尊重必须摒弃我们用惯了的强制性。惩罚性是刑罚的本质特征，在传统的矫正模式下，人们对刑罚惩罚内涵有误解，造成行刑强制性的滥用，用惯了"命令——服从"式的管理，明显超越了对未成年犯刑罚的应有限度。具备了尊重，矫正者和矫正主体之间心与心的沟通就有可能，也就可能产生双方互动协商，实现真正有效的对接。与传统矫正模式过分夸大刑罚强制性不同，现代行刑模式更强调罪犯自我矫正，矫正者不再是凌驾其上的"改造者"，而是相互间人格平等、为他们的自我调整提供帮助的"助人"者。未成年犯由此而享有越来越多的自我管理、自我教育、自我矫治的权利。有课余时间，并组织读书、音乐、绘画等文体兴趣小组，满足各自的需要。在技术学习的实训中，可让他们自由选择劳动数量，在保证质量的前提下不再强制规定数量，而是通过激励措施鼓励学习技术的积极性。在心理矫治过程中，矫正者要严格遵循平等交友、为来访未成年犯保守秘密等原则，善于运用关注、倾听、支持等技术，真正做到耐心、细心和诚心。可以说，没有尊重，也就没有真正意义上的矫正，更谈不上矫正的有效性。

（三）科学的理念

要坚信矫正未成年犯是一门科学，就是要坚定不移地贯彻落实科学的标准体系、方法和程序，严格按科学规律办事，全面纳入规范化的科学管理。科学的基本要求是矫正的专业化建设，包括专业化的矫正人才标准、矫正主体评估与操作规程、矫正技术标准、矫正项目操作策略与规程、矫正课程研发、矫正效果评定、矫正基础管理协同等系统内容。矫正理念与时俱进，具有持续的矫正能力创新，现代矫正技术得到有效应用和推广。传统矫正模式的经验性特征非常明显，主要表现为缺乏系统理论指导和科学性，相关举措零敲碎打，没有充分考虑未成年犯的个性差异、不同的需要和条件，从而造成矫正工作上的盲目类比、形式主义泛滥。现代矫正模式的科学运作是建立系统化的规范体系，严格按程序办事。为了应对日趋复杂的安全形势，应充分运用科学技术成果，改善监管设施。在利用科学技术提高"硬件"水平的同时，更要重视科学理论指导下的"软件"建设，充分运用心理、管理、教育等学科的科学理论技术，构建系统化的矫正体系。从未成年犯入所进行心理评估开始，到分类、分押、分教，从对全体未成年犯的教育辅导，到分类矫正和个别矫正，最后到矫正效果评价，在每一个环节中都要倾注科学的元素，着力提高科学技术的含量，保障矫正手段的正当和矫正效果的彰显。实现警察队伍专业化是矫正科学化的根本保证。要按照提高教育改造质量的要求，进一步优化管教所民警队伍的年龄和知识结构，调整完善民警考录标准，加大专业对口精度和培训力度，大力引进高层次专门人才，努力建设一支高素质、专业化的矫正队伍，为更好地实现"首要标准"提供人力支撑和组织保障。矫正工作是一项科学的、复杂的、系统的工程，必须依靠具有一定科学知识和能力的人来完成。要解决能力不适应的问题，大力加强专家型矫正队伍建设；充分发挥专家型人才的攻坚克难和示范带头作用，努力营造人人皆可成才、人人争当专家的良好氛围，进一步激发民警钻研矫正业务的自觉性和积极性，涌现出一大批具有较高层次的专业知识和专门技能的专家型民警，积极实践矫正模式，发挥模式的最大功效。

二、架构的龙骨：模式建构原则

（一）实体化的建构原则

矫正的真实意义产生于实体的运作过程中。构建专业化的组织管理系统，提高矫正决策、落实和执行的能力，组织管理系统是矫正工作高效、协调、科学运转的前提和保障。根据矫正未成年犯的现实需要，进一步加强和规范特殊学校办学，按职业高级中学的标准落实办学措施，建立严密、规范的运作体系和工作标准系统，成为提高未成年犯综合素质的实践载体。制定未成年犯矫正的长远规划和年度教学计划，将思想、文化、技术、文体活动等教学内容以科目形式确定下来，将规定课时分解到各科目，按课程安排教学。德育要贴近未成年犯的服刑生活和社会现实，以社会主义核心价值为导向，以法律、道德、"三观"教育为主线，加强服刑意识教育、悔过自新教育、生命教育、感恩教育、劳动意义教育、健康消费教育和优秀传统文化教育，用鲜活生动的身边素材充实教育内容，采用启发式、互动式、体验式等乐于接受的方法唤起未成年犯的内心觉醒。利用互联网络开展远程教育，建立未成年犯矫正信息专网，满足未成年犯的求知需求，拓宽矫正途径，使未成年犯将来适应归正后的社会生活。技术教育要力求实用，根据未成年犯岗位技能要求和社会就业需要，实行"分阶段、分层次、分类型"的培训模式，建立职业技能实训基地，开设不同层次的多项实用技能培训，未成年犯可根据文化程度、特长爱好、就业意向等选学项目，做好与回归就业接轨的准备。在管区执行层面，实行矫正一体化的管理模式，以未成年犯个案矫正的目标落实为起点，合理分层分组，综合运用管理、文化教育、技能培训、思维训练、心理矫治等手段，全面体现和诠释德育的理念和培养方案。充分运用信息化的手段和软件平台，对个案矫正的全过程实行有效的督导，确保督导的应有成效。总之，要办成一所理念先进、制度健全. 设施完备、管理规范、运作高效、师资优良、质量过硬、文化深厚、特色显著的职业高中；办成一所教师充满学习力、研究力和竞争力的学校；办一所未成年犯能告别过去、面向未来、健康发展、适合发展，科学与人文并重，传承与创新相容，与现代社会发展需求相适应的学校。

（二）规范化的建构原则

规范化是依法治所精神的具体体现，也是矫正工作的一项基本要求。依法治所的宗旨是保护未成年犯利益的最大化。保护未成年犯利益最大化的落实依赖于未成年犯管教所矫正功能的最大化。据此，对现行矫正模式进行调整与规范，达到矫正目标的准确定位、矫正手段的有机整合、矫正体系的科学完善、矫正管理的标准规范、矫正资源的优化配置和矫正环境的人文改良，整体提升矫正质量。不断深化"宽严相济"的刑事政策在未成年犯矫正中的落实，由传统矫正模式向现代矫正模式转变，由以强制性、经验型、粗放式为特征的传统矫正模式，向以互动性、科学型、规范化为特征的现代模式转变。通过规范、公开等措施限制对未成年犯矫正的行刑权力，防止权力滥用，通过一系列民主、科学、人性化的矫正措施，改善未成年犯服刑期间的处遇。

1.明确的目标任务。调整管理、教育、劳动三大改造载体结构，由教育改造边缘化、各自为政的分散格局向矫正为主导、整体施教的大矫正格局转变；调整劳动功能定位，由劳动的经济功能向矫正功能转变；调整未成年犯在矫正中的地位，由被动改造的客体地位向自觉矫正的主体地位转变；调整民警队伍专业结构，由看守型、管理型向以矫正型为主转变；矫正成为管教所工作的中心任务，提高矫正质量，最大限度地降低重新犯罪率。

2.强大的系统协同功能。突出矫正主导作用，汇聚管理、教育、劳动三大手段综合矫正功能，整合所内外资源的利用，构建"大矫正"格局。

3.严明规范的组织管理系统。具有完善的矫正组织机构、网络和必需的矫正专业的民警队伍，矫正"决策、落实、执行"三个层面的工作标准，岗位责任严明，传动高效通畅。矫正制度完备，流程清晰，作业规范，建立正当而有效的矫正项目管理和矫正质量评估体系。

（三）德育化的建构原则

坚持德育化原则，就是强化矫正的育人导向，把使之成"人"的宗旨贯穿矫正全过程，庞大的矫正体系在育人的目标上做到功能强力汇聚、自觉协同。特别要求矫正者必须具备高尚的品德和德育的职业技能，善于随时调适自身的心态坦然面对并接纳工作中的矛盾冲突，矫正未成年犯要以民警改变自己为条件。矫正者主要运用专业的沟通技能影响罪犯，然而，这些沟通的语言技巧是无法与一个人的认知、情感等心理因素相分离的。当矫正者不能客观评价自己的能力，不能科学地认识未成年犯，甚至对他们抱有偏见时，不仅这些沟通技巧难以掌握，而且即使掌握了也难以对他们发挥积极的影响作用。由此，矫正者并不能单纯借助刑罚的威慑，使未成年犯产生改变的动机，唯有通过科学、文明和公正执法，让其感受到刑罚的正义性和行刑的人道性，才能激发未成年犯改变的动力。习惯于传统行刑模式的未管所民警，对强调开放、科学和规范的现代行刑模式仍存在着诸多的不协调、不适应，并由此导致自身心理问题的增多。助人自助，改变别人首先要改变自己，助人的同时也在帮助自己。"付出爱心——给予帮助——予以尊重——获得信赖——真诚沟通——真切改变"的心理发展逻辑演进，构成了德育过程的深刻内涵。只有矫正者充满爱心，让未成年犯感受到尊重，相互间产生信赖，才会发生有效沟通，才能有真正意义上的矫正的开始，才有机会修复其羞耻心，让他们敢于直面现实和承担责任，自觉发生有真实意义的改变，能够更好地适应社会的复杂情境。

三、架构的维度：模式建构基本方法

（一）个别化的矫正方法

个别化矫正是一项最基本、最有效的矫正方法。未成年犯投入到管教所进行矫正，标志着其新的生活方式的开始。新的环境会使他们受到影响、刺激和作用，从而"触景生情"，受到新的感染，在其心理上也就相应地打上了新的"烙印"。由于每个未成年犯的成长经历、个性心理、行为习性、文化素质等方面的差异，在服刑期间，必然反映出不同的心理特点和不同的行为特征，具有不同的现实表现，我们根据其不同的现实表现制定不同的矫正方案，投入到不同的矫正功能区，做到有的放矢，科学改造。将个案矫正贯穿于未成年犯身份的全流程，从入所教育、调查分类、个案制定、个案实施、出监教育、社会适应性评估和重新犯罪危险性评估等各个环节，始终落实个别化矫正。①要对未成年犯进行个体调查评估，通过查阅档案、测验调查、面谈沟通等掌握犯罪原因、危险性程度、能力缺陷、改造需求等信息，

做到科学认识罪犯，为制定矫正方案提供依据。从未成年犯人生历程中的诸多要素对其进行一系列的考量，从其自身的生理条件包括年龄、身体状况等一系列指标及成长环境、家庭背景、家庭成员间的关系、经济收入、相关的社会环境及其犯罪经过和条件等因素中找寻真正诱发其犯罪的根本原因，找出在其早期社会化过程中存在的相关"阻断"因素，从这个犯罪的症结出发，探寻对其矫正的相关方案。②制定与未成年犯刑期相适应的、针对性强的个体矫正方案。完整的矫正方案包括个体犯罪原因的诊断、矫正内容与要求、矫正技术的选择、矫正效果的检测和评价等。要把整体方案与阶段性计划结合起来，构成一个完整的"矫正链"。 要充分地综合运用管理、教育、劳动、心理咨询等有效矫正手段，从改变其相应的犯罪指标出发，逐步地消除其犯罪心理（意识），矫正其不良的思想和价值观，通过对自身行为的反思，充分地认识自我并逐渐地引导其改正自身的不良嗜好和生活习惯，树立正确的生活态度和生活方式，习得社会应有的规范和技能。③组织实施方案。应注重矫正技术适用对象的差异性，在不同的矫正阶段和时段，选择适用的矫正内容和方法，同时注重运用矫正质量评估结果，适时调整、修正矫正技术项目。个别化矫正的系统性、科学性强，要求较高，具体落实可先以顽危犯、弱智罪犯、违规罪犯、异常罪犯为重点逐步深化、稳步推进。建立个案矫正案例库，开展优质矫正个案评比活动，推动个别化矫正的水平不断提高。

（二）协商互动的矫正方法

营造浓郁的协商氛围，建构具有真实意义的互动。从矫正者与矫正主体的关系入手，建构良性、和谐的互动，既是矫正的基本方法，也是矫正能够正当而有效的一种状态，也是未成年犯需要矫正的一项重要内容。

1.矫正方案协商

矫正者要和矫正主体一起面对矫正需要，针对问题立目标、定措施，讨论详细的矫正计划，帮助未成年犯树立矫正的信心。在整个矫正过程中，要给予必要的关注和帮助，在重要的矫正环节，矫正者和矫正主体一起修订、完善矫正方案。如有需要或有合适的机会，可以把关系密切的矫正主体同伴叫到一起商议。未成年犯按照矫正方案自觉矫正，矫正者担当矫正活动中服务的提供者、支持者、教育者、调控者、承诺者等角色。通过这种方式的互动，让他们体验合作共赢的快乐。

2.个体人际关系互动

在未成年犯个体的意义看，他们走上犯罪道路，一个重要原因可能是缺乏亲情系统的支持，因为他们没有处理好与家人、师长、朋友之间的关系，或僵死、或过冷、或过热。到了服刑期间，绝大多数未成年犯，仍然不能够很好地处理与父母、兄弟姐妹、朋友、同犯、民警之间的关系。因此，要充分发挥矫正的功能，教导他们如何处理好这些关系，着重要引导训练他们学会人际互动。这是我们在日常矫正中所面对的最常见的互动模式，他们能否达到良性互动、构建和谐，关系到管教所的安全稳定，关系着未成年犯改造质量的提高，关系着未成年犯对回归社会后正常生活的有效融入。除了矫正者的主动接纳、沟通外，在对未成年犯的全日制文化教育时，就要注重把中华传统文化教育纳入课堂，系统地教授《弟子规》、《三字经》、《论语》等中华传统文化，在如何处理好人际关系方面给予必要的、足够的规训，使他们学会如何正确处理父子、兄弟、朋友、未成年犯之间及与矫正者之间的关系，并在服刑生活中加以应用，使之得以巩固和升华，提升未成年犯的道德素养，培养良好的生活行为习惯，使未成年犯之间的关系更加融洽，未成年犯与民警间的关系更加和谐，未成年犯与其家人的关系更加亲密。

3.群体人际关系互动

我们要研究关注一个群体间的互动行为关系对正当而有效矫正的作用，把犯罪这个病毒交叉感染的机会降到最低限度，把非正式群体的良性互动最终形成浓厚的自我矫正氛围和风气。未成年犯终日一起生活、学习，同龄同身份，再加上性格、兴趣、爱好等个性因素的相互吸引，肯定会分化、形成三五成群的小群体，我们可以有目的地加以引导和组织，使之成为积极矫正自我的群体。可以结合各种兴趣小组的建立，按照矫正目标的具体要求进行组织"生态"的合理分布、实现优势互补。正确使用互监组，合理搭配未成年犯班组的成员等，有目的、有计划、有梯次秩序地帮助他们建立起正常、良好的小群体，使他们向着有利于安全和矫正的方向发展。要按照建构主义的要求，把生活在一起的未成年犯建立学习小组，扬长避短，不断增强同伴间的共同学习、互相学习关系，就会帮助未成年犯形成正确地对他人、对社会的认识和看法，增强道德情景体验，直至改变他们的道德思维方式，产生深远的矫正意义。

四、架构的网络展开：模式建构基本内容

（一）对接未成年犯的人生经验，建构真实意义的矫正世界

切实做好矫正者与矫正主体的认知连接、情感连接、意志连接、行为连接，以矫正者的人格魅力感化他们，构建和谐互动的矫正关系。矫正者要牢固树立依法公正文明执法的理念，把公平正义作为未管所工作的价值追求，切实做到执行标准同一、激励机会均等、奖惩公平公正，过程透明公开。同时，要加快知识更新，大力提高矫正的能力，切实掌握矫正的理论、方法与艺术。未成年犯的大脑成熟度低，具有与成人完全不一样的思维，自制力差，行为冲动，可塑性强，其本身也是其犯罪行为的受害者。对未成年犯的宽容和接纳，就是既要尊重未成年人的天性和他们的不成熟，也要尊重自身作为管教民警应该具有的责任。矫正工作中，我们应将"开放、民主"作为有效对接的正确途径。开放，就是要正常有序地释放他们的天性。

在日常的矫正工作中，尽可能多地为未成年犯创设一种开放、互动、活跃的矫正情境，尽可能解放他们的大脑，让他们多想一想；解放他们的双手，让他们多做一做；解放他们的嘴巴，让他们多说一说；解放他们的眼睛，让他们多看一看；解放他们的空间，让他们多动一动，努力培养他们的自然天性和健康心理。民主，就是要让他们体会人际间应尽的义务与责任。在日常的矫正工作中，给未成年犯提供必要的可以自我支配的时间、空间、资源等外在条件，让他们利用这些条件进行自我约束、自我矫正，未成年犯之间进行相互监督、相互制约和相互帮助，矫正者给予必要的引导，确保未成年犯的自我管理和教育沿着正确的方向发展。

（二）创设丰富的德育情境，生发鲜活的情感体验

人不仅有思想，而且有感情。人与人之间、人与社会之间存在着一定的感情联系或信任关系，它可以因某些因素而削弱或者因某些条件而增强，它往往成为主体积极实现某一愿望的力量源泉。因此，矫正者要坚持以人为本，要科学认识未成年犯，为他们提供尽可能多的情感体验。提供的主要方法是关爱、帮助，实施关爱、帮助的过程本身就是进行德育的典型情景。积极引导未成年犯认清自己的个性特点、素质缺陷与犯罪原因之间的内在联系，明确自我矫正的要求，不断对犯罪经历进行反思、对犯罪根源进行剖析、对矫正行为进行自省、对未来人生进行规划，促使他们提高自我矫正的能力。未成年犯处在接受刑罚监禁的环境中，要实现矫正目标，管教所必须充分履行保护的职责，努力为他们构筑能够使矫正工作目标顺利实现的环境。大力实施"阳光工程"，全面推行狱务公开；设立所长信箱，完善所长接待日制度；建立减刑、假释公示制和申请复议办法，适当放宽未成年犯减刑、假释的间隔期及幅度；与地方司法部门、律师事务所联合成立法律援助工作站，开通法律咨询热线，开展法律咨询和法律援助；聘请社会特邀监督员，参与执法活动。提高伙食配给标准，定期开展身体健康普查，切实保障他们的健康权和生命权。及时满足他们日常学习、生活、兴趣爱好等方面的需求，并给予多方面的生活技能的指导与帮助。

（三）变"半天劳动"为"半天技术实训"，体现"习艺"的本质要求

《监狱法》规定了"未成年犯的劳动以习艺为主"和半天劳动的制度，其中"劳动"的概念在人们的习惯性理解上很容易引起歧义。除了先前经济因素压迫下的劳动异化外，劳动习艺性的价值取向的落实是有相当难度的。因此，不如以"半天技术实训"代替"半天劳动"，把劳动的模式纳入技术教育进行统筹安排，在保证技术实训的劳动意识与习惯培养功能的前提下，进一步强化未成年犯学习技术的价值取向，进一步凸显矫正的功能。把技术教育的课堂化教学与实训进行一体化设计与安排，课堂化教学是实训的基础，实训是课堂化教学的落脚点。

1.关键是合适的实训项目的选择。"一种行业是否有用取决于它与囚犯出狱后生活的相关性，以及是否易于囚犯就业。[①]"因此，要对现有的劳动项目进行甄别，是否有比较高的技术含量，是否与课堂化教学内容紧密衔接，是否有利于回归就业。根据甄别的情况，对项目进行筛选、逐步调整和优化，最终形成比较合适的技术实训项目。一旦确定了合适的实训项目，技术教育的课堂化教学也要作相应调整，具体内容必须与实训项目保持一致。

2.认真做好实训基地建设，按照标准抓落实。工业项目的实训基地不同于一般的厂房，农业项目的实训基地不同于一般的农场，根据具体实训项目要求对现有的厂房进行改造，对土地进行整治、布置和建设，严格按实训的模式合理布局、设计流程、定置设备和规范管理。

3.建立适应社会化生产需要的实训管理模式，未成年犯可以根据自己的兴趣与意愿在一定的范围内选择技术教育门类和实训的岗位。未成年犯的生理、心理、能力和就业意向肯定有差异，尽可能在实训项目允许的情况下，把未成年犯分配到适宜的实训项目中，以增强其实训兴趣和技能培训效果。在条件允许的情况下，探索实训岗位竞争上岗的方法，探索依据实训成绩的优良设置不同档次给予奖金（不存在一般意义上的劳动，也就没有一般意义上的劳动报酬）等奖励措施。按技术实训要求，实现岗位定期轮换，使未成年犯能够掌握更多的技能，同时避免长期在同一岗位上产生厌烦情绪。把实训项目与职业技能培训和考证紧密挂钩，通过规范化、标准化的实训管理考核，培养未成年犯与现代生产方式相适应的职业道德。

（四）深度融入个案矫正，建立适合未成年犯特点的心理矫治模式

1.着眼于建立适合未成年犯特点的心理矫治模式，进一步完善心理矫治专业机构和网络。推进心理矫治中心规范化达标，形成"心理矫治中心——管区心理辅导站——服刑人员心理互助组"三级心理矫治网络，形成专职与兼职矫治人员相结合、未成年犯心理自助与互助相结合的格局。采用对未成年犯信效度高、吸引力强的投射性心理测试，从源头上提高心理矫治的科学性。纠正心理矫治工作无用论、神秘论和理想化倾向，教育引导民警以科学发展的态度将心理矫治作为与管理、教育、劳动并用的矫正手段，加强民警的教育培训，提高自觉运用心理矫治知识矫正罪犯的能力。

2.着眼于实战效果，加大个体心理危机干预力度，充分显示心理矫治的功效。特别是要对自杀、行凶等危险人员实行责任承包，将心理矫治技术融入个别化矫正之中，增强危机干预效果。

[①]国际刑法改革协会编著：《让标准发挥作用——监狱实务国际手册》，张清译，法律出版社2009年版，第131页。

3.着眼于消除监禁带来的副作用，积极推进心理健康教育、心理咨询的普及与深入。严格按照操作规程进行心理测试，提高测试结果的效度；根据未成年犯不同时期的心理特点，采取心理健康知识讲座、开辟心理导航专刊、编演心理情景剧、推行心理健康操等方式，普及心理健康知识，引导未成年犯自觉调整不良心态；通过设置心理咨询箱、心情晴雨牌等形式，疏通心理信息渠道，选择面谈咨询、网络咨询、团体咨询等方式进行心理疏导，防止未成年犯因一般的心理问题发展成心理疾病。

4.着眼于专业技能水平的提高，加强心理矫治工作社会化建设，与社会专业机构建立长期合作关系，聘请专家参与心理矫治和疑难个案会诊。

（五）实行内紧外松的管理模式，实现安全和矫正的双赢

一方面，根据《联合国儿童权利保护公约》、《北京规则》等基本理念，和我国未成年犯的矫正实践经验，全面构建宽缓化的管理体系，在具体操作策略上采用内紧外松的模式，最大限度地激活未成年犯在监禁状态下的正常生命的活力，着力保护他们正常的生理需要、心理表现和行为表达，着力降低监禁状态下的心理压力，努力恢复和保持他们的心理弹性，展现未成年人应有的本真状态，营造出一个比较宽松的矫正氛围。寓刚于柔，精心设计、组织和营造未成年犯遵纪守规、接受管教的集体氛围和一系列特定的必然性情景。以此减轻强制力、约束力、激发他们的自律性和自我完善的上进心，多给他们在日常生活、学习、劳动、培训上的选择权，在一定自由度的状态中培养他们基本道德判断的能力和水平，认知和思维的方式。另一方面，尽快恢复未成年犯的理性和良知，为"安全稳定"提供"心防"保障。恢复未成年犯的理性和良知，既是矫正工作的初级目标，也是实施"心防"的首要任务和深化"心防"的前提条件。在形成"人防、物防、技防"三位一体安全模式的基础上，把实施"心防"作为进一步完善安全工作模式的途径。根据未成年犯心理变化的特点和规律，在具体的"心防"工作中，首先，开展认罪伏法教育，增强未成年犯的认罪伏法意识，使其正确接受刑罚体验，形成自律的力量，达到预防在先的目的；其次，充分发挥感化的力量，以真情实意沟通他们的思想，以满腔热情温暖他们的心灵，攻破他们的心灵壁垒，使其主动暴露思想，达到发现心理问题的目的；再次，拉近与他们的心理距离，将教育的触角深入他们的内心世界，对暴露的思想问题，找准切入点，对症下药，达到消除心理问题的目的；第四，开展行为规范指导和服刑生活指导，让他们明确应当享受的合法权利和应承担的具体义务，逐步适应严格、规范的矫正生活，提高他们的心理弹性和应对挫折的能力。

（六）营造校园文化环境，构建崇善启智的价值引领体系

校园文化要展现大气、宽泛、恢弘的"善"，紧密切合未成年犯的身心特质，充分显示"善"的感召力和震撼力，满足其在封闭状态下积极向上的精神需求，用

社会主流文化占领矫正时空，减少和消除亚文化的负面影响，使未成年犯在特殊学校里健康成长、快乐矫正。矫正的实质是以未成年犯为中心的一种文化管理，通过建立适应并有效引导未成年犯身心发展的校园文化，发挥文化环境的熏陶力，渗透更多的德育元素，让未成年犯在潜移默化中学习、体验社会主义核心价值所倡导的价值观，达到以文化感化人的目的。建设"温馨家园、健康成长"的管理文化、生态公园的形象文化、"人文历史启迪成长"的德育文化。构建高品位的特色建设活动平台，定期组织有影响力、精品化的主题活动，不断推进校园特色文化可持续发展。加强文化组织建设，根据未成年犯的爱好和特长成立书画、工艺、球类、棋类等兴趣小组，成立舞狮舞龙、威风锣鼓、秧歌表演等特色表演队，形成"一区一品"，培养未成年犯良好的兴趣爱好和生活情趣；举办丰富多彩的读书活动，引导未成年犯多读书、读好书、做好人，构建健康、愉悦的精神世界。要活跃文化阵地，办好广播电视台、图书阅览室，建立监区文化网站，引进和开发未成年犯喜闻乐见、承载道德思维的娱乐与矫正一体化设计的软件等，满足未成年犯不同层次的精神文化需要；丰富活动载体，实行管区文化互动菜单制，定期举办文化节、歌咏赛、诗歌会和具有地域特色的传统文化表演、竞赛活动，培养未成年犯的团结、协作、创新、进取精神，激励他们热爱生活、珍惜生命，在希望中矫正。

（七）搭建社会化矫正平台，全力提高未成年犯的社会适应能力

不断加大社会资源介入的力度和深度，才能实现矫正工作与社会的良性互动、同步发展。

1.按照有关法律政策规定，主动争取将未成年犯的法制教育、文化教育、职业技术教育、医疗保险、社会保障、体育健身分别纳入地方普法规划、义务教育规划、职业技能培训规划、医疗保险范围、社会保障范围和全民健身规划，降低管教所的矫正成本，同时使未成年犯的素质教育与社会接轨，为提高矫正质量创造更为有利的条件。

2.建立全方位、多层次的社会帮教体系，提高社会帮教的针对性、实效性。广泛接纳社会各界参与矫正工作，探索建立开放或半开放管区，创设社会化环境，模拟社会化管理，增加未成年犯社会知识的积累，强化社会角色意识和适应能力。重点强化对未成年犯的自我评价指导、职业成长指导、生存指导和人生设计指导，为他们顺利回归社会、融入社会，实现再社会化提供坚强有力的支持。与企事业单位、社团组织和志愿者签订长期或定期帮教协议，广泛开展法律援助、思想帮教、心理矫治、技术帮教和生活帮扶等富有实效的帮教活动。加强未成年犯家属的亲情帮教，举办不同类别和层次的家长学校，全面提高亲情帮教的成效。

3.加强对归正人员的接茬和跟踪

建立重新犯罪危险性评估的反馈机制，落实安置帮教的衔接工作，特别要做好

"无家可归、无业可就、无生活来源"的"三无"人员和有重新犯罪倾向人员的无缝对接。定期组织力量开展归正人员重新犯罪、现实表现情况的调查，为进一步提高矫正质量提供科学依据。

4.与社会职业学校联合办学，提高职业技术培训的层次，依托劳动部门考核发证，并通过举办监内回归就业招聘会、建立归正人员就业信息网站、向劳动力市场推介等渠道，开辟归正人员回归社会就业市场化的新路子。

（八）着力增强矫正支持系统，保障矫正所需资源

矫正必须要以完备的保障体系作支撑，完善的保障机制能够为矫正工作长效发展提供必要的精神、物质支持和时间保障，具有较为齐备、先进的矫正建筑物、构造物、设施设备和适宜的人文环境。重点保障项目：

1.矫正机构、人员保障。一方面要通过组织结构扁平化管理、招录公务员弥补编制缺口等途径，充实基层矫正力量；另一方面要实行民警分类管理，把矫正业务纳入专业化管理和成长的轨道，强化民警的岗位责任和矫正能力。

2.矫正制度保障。矫正制度的设计，既要体现对矫正实践经验的总结，又要适应矫正实践科学发展的需要，具有前瞻性和指导性，用科学完善的矫正制度对矫正活动进行规范、约束和指导。

3.矫正时间、经费保障。要严格执行"半天学习、半天实训"的制度，保证未成年犯年教学课时不少于 1000 课时；严格执行经费标准，确保专款专用、足额使用，依据法律政策争取地方经费补贴，实现经费的动态增长。

4.设施保障。设立满足矫正技术需要的建筑物以及构造物，实行教学楼、图书馆、心理矫治中心、电教中心、劳动技能实训基地和文化设施的达标建设。

5.教材保障。对文化教育使用教育部门指定的统编教材，对入出所教育、法律常识教育、思想道德教育、心理健康教育等以司法部指定教材、校本开发教材和社会读物相结合，建立适应未成年犯教学需要的教材体系，并逐步建立数字教材库。

6.矫正质量管理保障。可以借鉴企业质量管理的办法，对矫正实行计划管理、激励管理与评估管理，及时掌握矫正效果的实现状态，促成矫正目标、过程与效果的统一，并配套建立各项激励措施，充分运用激励杠杆，确保矫正工作不断深化发展。

第三节 矫正实体建构：职业高级中学

作为矫正未成年犯的实体，既不是独立于未成年犯管教所的另一套机构，也不是另一套人马，更不是游离于行刑之外的另一套操作系统，本质上是在未成年犯管教所内部建立一套与职业中学相同或类似、并完全得到社会教育和劳动部门认可支持的工作标准体系。这一套工作标准体系的冠名是职业高级中学，这是矫正总体目标下的职责所在，是矫正专业化的根本要求，也是与系统外业务交流、工作往来的方便，表面上是把"劳改话"换成了"普通话"、"世界语"，内涵上是矫正跟上了社会教育文明进步的节奏。不可否认，矫正实体与 20 世纪 80 年代办特殊学校有一定的历史传承关系，但实际是新的现实条件下的全新展现，是矫正模式具体运作的载体。没有矫正实体的建构和真实运转，所有的模式设计都是空谈。

在对人生进程中犯罪行为的稳定性和变动性的研究中，美国犯罪学家罗伯特·J.桑普森和约翰·H.劳布认为："在不考虑年龄、智商、邻里的社会经济地位和种族等因素条件下，格鲁克夫妇研究中的违法犯罪者和非违法犯罪者从最初开始到成年的行为都一直保持着一致性——无论是同型的还是异声的。的确，在人生的许多领域中（如犯罪、触犯军规、经济依赖、夫妻不和)，成人行为都跟童年时期的违法犯罪行为或其他形式的反社会行为密切相关。根据有关成人发展和非正式社会控制的社会学理论，我们发现成人阶段的工作稳定性和婚姻依恋程度与这一阶段犯罪行为的变化显著相关——在违法样本和受控样本中，他们跟工作和家庭之间的关系越紧密，将来发生违法犯罪行为的几率就越小。我们还发现，不管样本的配偶是否有违法犯罪的现象，较强的婚姻依恋程度仍然能够抑制犯罪的发生，同时，不管样本是否严重酗酒，工作不稳定还是会诱发犯罪行为。而且，是否受过国家制裁还将直接影响样本和工作的关系，如青少年时期和成年时期被监禁的经历会对将来的工作稳定性产生消极影响，从而也会对持续犯罪产生消极影响。尽管我们没有发现监禁和今后的犯罪之间有直接的影响作用，但是那种非直接的"引起犯罪的"作用实际上还是存在的，而且还很重要。[①]"这一大段话说明了一个重要结论：监禁对重新违法犯罪有很重要的非直接影响，主要是影响工作稳定性，违法犯罪行为有一定的延续性，要打破这种延续性，就要通过紧密而稳定的工作和婚姻关系。现实生活中，婚姻的稳定性在一定程度上也是靠工作的稳定性来维护的。因此，工作的稳定性、职业的成长性是第一位的。可见，矫正活动中针对劳动意识、劳动习惯、职业道德、职业技能的教育、训练是多么重要。同时，我们考虑到未成年犯学技术的兴趣比较多一些，未成年犯管教所普遍有一定的生产经营项目、技术、场地等基础条件，具有转变为技术教育实训基地的便利。因此，我们认为未管所的矫正实体首先要办成中等职业学校，对所有的未成年犯分类、分层、分别进行专业技术培训、初级职业培训、中级职业培训和高级职业培训，学校内设义务教育分部，为没有完成义务教育的未成年犯进行课堂化的文化教育。

[①]罗伯特·J.桑普森、约翰·H.劳布：《犯罪之形成——人生道路及其转折点》，汪明亮、顾婷、牛广济、王静译，北京大学出版社 2006 年版，第 259 页。

一、办学指导思想

以邓小平理论和"三个代表"的重要思想为指导，深入贯彻落实科学发展观，根据《义务教育法》、《监狱法》、《国务院关于大力推进职业教育改革与发展的决定》、《未成年犯管教所管理规定》和《教育部关于加快发展中等职业教育的意见》等文件精神，坚持以正当而有效的矫正为宗旨，以德育为统领，以安全为基础，以管理为协同，以就业为导向，以质量求生存，以创新促发展，以规划设计作引领，高质量开展职业教育和技能培训，积极为"创业富民"、法治社会、和谐社会作贡献。办学着眼于未成年犯的重新正常社会化，以促进每个未成年犯的社会化是职业教育包括义务教育的宗旨（全体性）；未成年犯的学习不但应当是技能的，而且应当是品德的、体质的、心理的、审美的（全面性）；未成年犯的学习不是整齐划一的而是千差万别的，正是这种差异性构成了各自发展的个性特色（多样性）；学习的动力是内在的，教育过程应当调动未成年犯主动学习的积极性，促进未成年犯主动地生动活泼地学习（主体性）；未成年犯学习的潜力是无限的，但学习又是分阶段的，职业教育阶段的任务是为一个人的终身发展和职业生涯打基础（基础性）。

二、办学总体目标与学校主干架构

（一）总体目标

通过学校申报创办建立体制、理顺机制，形成持续有力的校内外支持保障体系，深化学校教育改革和管理创新，拓宽教育资源，开辟发展空间，改革管理行为，努力实现"专业建设一流、德育统领鲜明、校园文化繁荣、培训质量看好、回归社会顺利、就业门路拓宽"的办学目标。把学校建设成高质量、现代化、有特色的职业中学，实现特殊学校内涵的深刻挖掘和矫正功能的强劲发挥。骨干专业成为示范性专业，技术应用力创省级实训基地；德育成为省级重要的中学生德育和法制教育基地、课程研发基地、课堂教学改革和主题活动课的实验基地；成为"双差生转化"示范学校。

（二）办学宗旨

一切为了未成年犯的健康成长 一切为了未成年犯的顺利就业，努力完成未成年犯成其为"人"的社会化素质建构。

（三）办学原则

以未成年犯社会化的需求为导向，以民警职业化教师和教育教学的专业化建设为主要支撑，加强校本教材、校本课程的研发与应用，切实发挥监禁状态下"教书育人"的优势，德育统领、安全领先、优化管理、目标协同，特色专业孕育新人，提高质量服务社会。学校实行"半天课堂教学、半天技术实训"的基本制度。德育目标：训练善、习惯养、事理明、新成人。

（四）专业设置

骨干专业设置原则上要求：

1.技术通用性强，就业面比较宽；

2.适应未成年犯的未来职业发展需要；

3.技术教育与实训过程中安全系数相对比较高；

4.有利于技术教育与技术实训的一体化安排；

5.尽量考虑未成年犯兴趣，适应未成年人身心健康发展需的要；

6.技术实训有较好的经济效益。

（五）机构人员设置

学校设置校务委员会、教务处等机构，设立德育、义务教育、技术教育、技术实训、心理矫治、管理协同、信息化教育等七大教研室和实体中心。教育教学以本校教师为主，本校教师占民警总数的一半以上，新招收民警一般要求具有教师资格证书和对口专业证书。

（六）年级设置

学校职业教学按照未成年犯的服刑时间设置年级，服刑一年以下的设为一年级，进行短期职业技术；服刑一年以上、两年以下的设为二年级，进行初级职业技术培训；服刑两年以上、三年以下的设为三年级，进行中级职业技术培训；服刑三年以上的，进行专业职业技术培训；服刑五年以上的，进行高级职业技术培训。同年级的编班一般按文化程度进行。义务教育按文化程度进行编班教学。

（七）设施与设备

按国家级重点建设的职业高级中学标准新建或改造技术教育楼、技术实训楼、德育与心理矫治楼，并配置相应的设备；按省级初级中学标准新建或改建义务教育楼，并配置相应的设备。

（八）业务归口管理与财政保障

学校正式纳入国民教育、职业教育序列，教育教学业务归口省级教育管理部门、劳动保障部门，由其直接管理，包括学籍、教材、教师、教学设备。办学经费也相应由教育管理部门、劳动保障部门按标准拨付，保障供给，并接受社会各界人、财、物的正当支持。教育教学业务同时接受管教所归口管理部门的指导、帮助。

三、学校发展的思路与策略

（一）发展思路

紧紧围绕未成年犯的成长主题，坚持科学发展，实现社会化素质的发展，以未成年犯为本，强力推进矫正；以发展为要，致力完善办学设施；以效率为重，全力优化学校管理；以师资为依，尽力督导民警教师的专业化发展；以质量为上，着力铸造实训项目品牌；以文化为根，合力营造矫正的精神家园；以特色为向，努力提升矫正品质，全面实现学校持续的安全、健康、和谐发展。

（二）发展策略

1.质量至上求发展

学校要坚决贯彻"首要标准"，有效地提升矫正、教学质量，以质量立校，以质量建校，依靠质量为学校本质的、内涵的发展提供支撑。首先，学校要牢固树立质量意识，因为质量是学校的存在理由和根本；其次，学校要树立科学的质量观，围绕"未成年犯成其为人的社会化素质建构"的办学宗旨，改变"重管理、轻矫正，重劳动、轻技能，重训练、轻养成，重数量、轻内涵，重行为、轻思想"的质量观，形成学校新的矫正、教学质量观。要根据"首要标准"、未成年犯的特点、监禁的特殊环境和职业高级中学的教学要求，细化质量指标体系、实施策略和建立质量评价体系；再次，建构学校矫正、教学质量的保障体系，在形成贯穿矫正全程的德育格局、校本教材研发、校本课程开发、高效课堂和实训建构、学校管理改革和校园文化建设上全面系统地为学校矫正、教学质量提升提供支撑。

2.目标导向明发展

学校要坚定不移地落实"未成年犯成其为人的社会化素质建构"的矫正理念和目标要求，为学校本质的、内涵的发展指示方向。认真分析社会化素质的构成，科学分解，细化目标，明确导向，不断深化对学校办学理念的理解。坚持矫正、教学的基础性目标，着眼社会化的基础素质、基本规范、基本技能，拓展学校的育人目标，引领学校的特色发展。

3.严明管理促发展

学校要坚强有力地完善科学高效、和谐有序的学校管理制度和管理体制，为学校的内涵发展提供基础性支持。首先，要进一步充实完善学校管理制度，在学校奖惩制度、分配制度、晋升制度、权益保障机制和教改激励机制等方面去伪存真、革故鼎新，使学校的管理体制更加人性化、高效化；其次，要进一步优化"扁平化"管理，整合优质管理资源，建立业务条线和单位板块有效互通互联的网格化、一体化管理格局；再次，强化队伍管理的思想力、研究力和执行力，建立一支尽责任、有能力的学校民警教师队伍，形成人人善思考矫正，人人带课题矫正，人人肯奉献于矫正工作的良好局面。

4.团队精神保发展

学校要坚持不懈地建设一支充满学习力、研究力和竞争力的民警教师团队，为学校本质的、内涵的发展提供保障。首先，要加强师德建设，增强民警教师勤奋敬业、尽责尽职、合作互助、明德惟馨的自觉性，提升民警教师的职业精神、职业境界和职业修养；其次，要从战略发展的高度千方百计创造良好的民警教师专业发展环境，建设学习型组织、研究型团队，鼓励民警教师主动学习、善于研究和终身职业发展；再次，立足民警教师自身职业追求与学校政策驱动的双向结合，持续加大民警教师专业化的培养力度，同时，适度引进社会学校名师进行高端引领。

5.改革创新谋发展

学校要坚持不断地开展矫正、教学改革和创新，为学校本质的、内涵的发展提供动力和载体。首先，学校要明确矫正、教学改革的着力点，大力推进矫正、教学方式的改革，积极推动信息技术在矫正、教学上的系统应用，探索网络环境下的矫正、教学改革，根据矫正目标的要求，积极探索评价制度的改革，在改革中形成学校自身的发展模式和发展特质。其次，扎实开展矫正科研工作，推进学校改革和发展。学校每年组织骨干力量，围绕实践中的重大问题开展研究和进行教改实验，并有所突破，民警教师人人有课题研究的目标、计划和项目，每年有一批高质量的研究成果涌现，并为矫正正当性和有效性的加强不断地提供支持。其三，加强与省内外著名职业高级中学和教育科研单位的合作，通过聘请管理顾问、科研导师、客座教授等途径，建立学校改革创新的"智库"，为学校发展提供富有"头脑"的帮助。其四，争取对外开放，加强与国内外同行的交流，积极承办省内外矫正、教学交流活动，与外国同类机构取得联系，扩大学校开放度，吸收和运用国内外矫正、教学的发展成果。

四、学校建设主要措施

（一）建设一支充满学习力、研究力和竞争力的民警教师团队

建设的主要途径是锤炼职业修养，提高矫正本领，建设一支高素质的班主任和包干民警教师队伍，造就一支高度专业化的团队，实现学校师资队伍的职业化发展。

1.锤炼民警教师的职业修养

一所优质的学校，必然有优秀的教师，优秀教师的关键在于其职业修养，职业修养的灵魂是师德，师德的根本在于服务精神，为学校发展服务，为未成年犯重新社会化服务，为社会的和谐幸福服务。这是民警教师敬畏矫正、教学的法律法规，敬重未成年犯的生命人格的生动展现。树立并坚持"知识与技能并重、规范与个性并存、科学与人文并举、正面与负面可转"的宽泛化矫正理念，组织开展"树师范品德，创一流业绩"的主题实践活动，做到"学高为师，身正为范"，"立德、立言、立行"，公开师德承诺、加强师德教育培训、开展师德竞赛、评选师德标兵；发挥党组织战斗堡垒的作用和榜样示范作用，党员干部成为自觉践行师德的优秀典范；每学年评选师德高尚好园丁和优秀民警教师团队；实行民警教师晋升、评优的师德一票否决制；建立师德建设群众评价机制，主动让未成年犯及其家长、普通民警、

新闻媒体、社会舆论参与师德监督。通过上述实战途径锤炼民警教师的职业修养，形成依法矫正讲规范、爱岗敬业重责任、团结协作促和谐、诲人不倦讲奉献的优良风尚。

2.提高民警教师的矫正本领

过硬的矫正本领表现为：民警教师有扎实的基础专业知识，并注意不断地学习、补充、更新和完善；具有深厚的矫正理论知识，并在实践中转化为矫正、教学的技能；善于对矫正、教学实践中的问题进行思考、探索和研究，并能不断地创新矫正、教学方法切实解决新的矛盾和不断地破解难题。民警教师要把学习作为生活的主要方式，把研究作为工作的主要方法，矫正者就是学习者，矫正者就是研究者，以学习推进研究，以研究提高矫正本领。因此，学校应积极鼓励符合条件的民警教师参加硕士学位或研究生学历进修；建立民警教师培训制度，以及配套的管理、评价标准、激励和经费保障制度，制定系统的民警教师校本培训规划和年度培训计划，按照"整体推进、分层发展、协同优化"的基本策略，通过多形式、广渠道、大强度推进培训，积极打造学习型校园和"高素养"型民警教师；民警教师人人制定专业发展规划、年度发展计划，学校定期组织专题培训；把开展民警教师个人专业化水平提高和学校组织培训相结合，把"请进来"和"派出去"培训活动相结合；实施专业读书报告会，创设民警教师自觉主动学习发展的文化环境；通过青年民警教师亮相课、骨干民警教师研究课、民警名师示范课以及矫正比武、青蓝结对、设立教师考试日制度等活动，实施能力提升工程，推动民警教师矫正、教学技艺的提高；通过课题研究、学术报告、矫正论坛、论文评选等活动，实施"科研驱动矫正"战略，促使民警教师成为研究者，提高民警教师的研究力。要重点课题立项，积极探索监禁环境中"双差生"转化工作的特点与规律，认真实验监禁条件下的德育有效性与正当性的发生规律和互为统一的条件，为普通学校提供经验。以此全面提高民警教师的学历层次、矫正和教学的技能和科研能力，全面提高民警教师的学习力、研究力和竞争力。通过以上途径实现以下目标：专职民警教师学历达标率100%，民警教师具有硕士学位或研究生学历的比例达30%；具有中高级技术职称的民警教师占专职教师的90%以上，实训基地、图书馆、实验室工作人员60%的具有中级以上职称，非专业出身的工作人员经过省辖市级以上专业培训并取得合格证书；60%以上的学科民警教师能对外开设示范课、观摩课，具有课程开发能力，100%的民警教师能适应课程改革要求；学校每年用于民警教师学习、培训的经费占学校民警教师工资总额的12%以上。

3.建设一支高素质的班主任和包干民警教师队伍

在小班化的班级设置中，与管区包干民警紧密结合、协同一体，努力建设一支"眼中有未成年犯、脑中想未成年犯、心中爱未成年犯"的高素质班主任队伍，班主任真正成为未成年犯人生转折性成长的良师益友。

高素质的班主任一切以未成年犯的发展为本，尽心地呵护未成年犯，细心地观察未成年犯，用心地思索未成年犯，精心地引导未成年犯，耐心地等待未成年犯。班主任的工作不是忙于事务性的管理工作，而是走进未成年犯的世界，走进未成年犯的心灵，成为未成年犯成长的保护者、未成年犯新生的引领者、等待未成年犯成熟的守望者。建立班主任的选聘制度，选拔优秀教师担任班主任工作，提高班主任工作待遇，鼓励优秀民警教师终身从事班主任工作；加强对班主任的师德教育，更新班主任的育人观念、提升班主任的职业境界；开展班主任工作的专业培训，提高班主任集体教育、个别教育和特殊教育的技能；组织矫正论坛、主题教育活动展示、课题研究、班主任工作新秀、能手评比等活动，培养具有个人特质、人格魅力的研究和实战复合型班主任。

4.造就一支高标准的专业化民警教师队伍，引领学校向高层次发展

专业化民警教师队伍的数量和质量是决定学校师资队伍整体水平的重要因素，必须培养一支高标准的专业化民警教师队伍。民警教师的高标准专业化在于在系统内外有较高的知名度，他不仅能站在本学科领域的最前沿，引领学科发展，更能带动民警教师队伍的积极奋进，引领学校发展；在于民警教师有鲜明的矫正、教学风格和独特的精神气质与人格魅力，百花齐放，多姿多彩，具有吸引、感染、亲和的矫正、教学人缘基础，保证矫正、教学质量的稳定和不断攀升。培养高标准专业化民警教师队伍的主要途径为：建立完全专业化的培养制度，学校全力提供相关的政策保证、机制推动和资源支持；组织实施培养工程，全方位、多层次、宽渠道地开展专业化民警教师的培养，学校确定培养目标，部门明确责任，教师落实发展指标，学校每学年对培养对象进行一次发展性评估；学校实行骨干教师"导师制"，采用引进名师和聘请校外名师、专家学者为培养对象迅速成长出谋划策；学校建立学科首席教师制度，设立骨干民警教师工作室，配备研究人员，提供经费和设备，建立民警教师专业发展的实践平台；学校设立专业化教师奖励基金，对专业化教师按等级实施月津贴制；完善考核评价体系，实施遴选、激励、淘汰的动态管理机制。创新教师队伍培养机制，建立以教研室和实训中心为核心的学科发展中心，积极开展"达标、创优"工程建设，对"达标、创优"的学科发展中心负责人给予高配待遇，鼓励他们积极参与学校学科建设和矫正、教学管理工作。

（二）积极进行矫正和教学的内容、课程体系、方法和课堂教学的整体建设

实质性推进学分制工作，实行弹性矫正、教学制度，全面提高办学水平和矫正质量，形成正当、高效的创新型矫正系统。

1.加强课程改革和教材建设是矫正、教学改革的核心任务

开展现代课程改革，把知识传播、德育素质和技术能力培养结合起来，增加课

程的灵活性、适应性和实践性，构建适应经济建设、未成年犯个人发展需要的课程体系。及时更新专业教学内容，在教材中及时补充本行业的新技术、新成就、新工艺。不断开发教学资源，编写实训课的补充教材、校本教材、讲义、多媒体课件等，拓宽专业范围。

2.研发校本化的课程，积极研发和开设多种类型、项目组成的矫正课程体系，适应模块化矫正、教学的需要

校本课程研发作为国家课程开发的重要补充形式，其目的是为了更好地适应具体的学校环境和教学对象，突出特色，更有效地促进教学对象个体和社会的健康发展。校本课程开发的过程，也是学校特色不断形成完善的过程，大量学校特色形成的成功经验证明，特色课程的构建是实现学校办学特色的重要途径。要根据未成年犯的矫正需求与德育、职业教育、文化教育的实践经验，在通用教材的基础上进行深化、细化，形成校本化的课程模块。同时，积极学习西方发达国家的矫正项目成果，开展实验性研究，创新发展，研发全新的课程模块，为现代化技术条件下的矫正、教学提供优秀的教材支撑。

3.大力推进矫正、教学方式的改革，建设特效矫正情境、高效教学课堂，切实提高矫正、教学质量

矫正情境和课堂是学校矫正、教学活动的主阵地，效率的高低决定着学校矫正、教学质量的高低，改变矫正活动和课堂教学低效、无效的状态，实现矫正活动和课堂教学的有效、高效，不是靠解决某个环节、单个因素可以实现的，需要深入研究矫正和教学的设计、内容选择、情境创设、活动组织、矫正者与矫正对象互动、评价反馈等环节，创设民主、平等、和谐、互动的矫正与教学环境，形成科学的矫正、教学策略，建构未成年犯为本位的矫正情境、课堂教学模式。民警教师尊重未成年犯在课堂的主体地位，全面关注未成年犯的发展，引导未成年犯质疑、调查、探究；未成年犯在实践中学习，形成高效、富有个性的学习策略；评教、评学活动制度化、信息化，组织认真，反馈及时，改进教学效果良好。根据有效、高效课堂的基本特征，建构课堂教学模式，在设计教学模式时特别要思考如何转变教与学的模式，真正体现未成年犯是学习的主体。同时，选取优秀的学科备课组进行实验，学校组织领导、科研力量参与备课、听课和评课，通过调研"研究课"、"探索课"不断总结改进，积累经验，示范推广。对改革效果明显的课堂，举行"标准课"、"示范课"等公开教学活动，组织研讨，达成共识，以点带面，全面推广。要求全体民警教师按有效、高效课堂的教学指标全面进行课堂教学改革，教研组采用纵向比对、同课异构等方式评价课堂教学效果的提升率。民警教师在课堂讲授时间不超过40%，未成年犯在课堂自主、合作、探究学习和训练的时间在60%以上，在课堂预设能力生成目标在70%以上，课堂师生互动率达100%。

4.构建促进合作教学与合作实训一体化的方式，增强实践性，提高专业学习成效

努力培养未成年犯职业规划的主动性、自我学习过程的能动性，着力实现教学过程、教学内容中教和学的角色转变，全面实现课堂教学与实训的对接。成立多种形式的未成年犯学习小组，努力探索教学方法的多样化，如问题研究法、讨论辩论法、互教互学法、项目协作法等，促使未成年犯不断思考和实践，最大限度地调动未成年犯的自主能动性，最大限度地促进未成年犯职业素养的培植。加强技术实训，提高未成年犯的职业和创业能力，进一步凸现职业教育优势，加强实验、实训等实践性课程和教学环节，认真安排，从严要求，严格考查，确保未成年犯的专业操作水平达到专业要求。

（三）实现专业化的学校管理，提升学校管理水平

按照现代学校的专业化管理要求，健全和完善各项管理制度与运行机制，实现管理的科学、高效、人性，为可持续发展预设空间。

1.打造一支优秀的行政管理团队

着力培养求真务实、团结协作的工作作风，锤炼民主管理、科学管理的专业技能，以不断生成的先进管理理念提升管理境界，促进和引领学校本质的、内涵的发展。通过加强对学校干部队伍的学习、培训和研究，提升干部队伍的决策力和执行力；通过立足矫正、教学第一线的实践、改革和创新，发挥干部队伍的示范性和辐射性；通过完善学校干部队伍的考评、交流和选聘制度，建设一支德才兼备、充满活力的干部队伍，不断强化学校基层管理的执行力。

2.健全完善现代学校管理制度

健全系统化、校本化、现代化的学校管理制度，系统化就是指制度健全、职责明确，符合矫正、教学规律和改革方向；校本化是指有学校特色、符合学校实际的管理制度；现代化是指具有现代教育理念、运用现代网络技术的管理制度。按照矫正模式的要求，对学校现有的管理制度和岗位职责进行全面修订，使之更加系统、规范，更加科学、人本，更有针对性、时代性，更符合矫正、教学的改革发展方向。制定校本化管理制度方案，延请管理专家评估校本管理制度的可行性；建设数字化校园管理平台，运用网络技术进行选课管理、学分管理、质量管理、评价管理以及资源管理、图书管理、后勤管理、档案管理、家校沟通、社会联系等等；定期问卷调查、座谈访谈，了解对学校管理制度和实施的满意度，不断改革和完善学校的管理制度。

3.形成充满活力的管理运行机制

形成科学、民主的学校管理运行机制，实现学校的高效管理、人本管理和创新管理。完善校务合作机制，定期沟通交流，不断优化整合办学资源，合理配置学校的人力资源、矫正教学资源、社会资源等一切办学资源，实现学校的高效运作，提

升矫正教学的质量。实行多种形式的校务公开，定期举行教代会，重大事务决策符合民主管理程序，定期征集优化学校管理的意见和建议，充分调动民警教师、员工、未成年犯的积极性，发扬主人翁的精神，共同建设和谐幸福的校园。通过学习新知识、吸收新思想、借鉴新经验，学会用新的视角观察事物，用新的方法解决学校发展中的矛盾和问题，在破解难题中求发展，在革故鼎新中促发展。

（四）形成社会化德育素质培养为主体的德育格局，为未成年犯人生转折和今后顺利发展奠基

贯彻落实《中共中央国务院关于进一步加强和改进未成年人思想道德建设的若干意见》和教育部《关于整体规划大中小学德育体系的意见》，以《中学德育大纲》为依据，以未成年犯适应社会发展的正常社会化为目标，不断提高德育工作的针对性、实效性和吸引力、感染力。坚持以人为本，了解、尊重、服务未成年犯，教育和引导未成年犯成长成才；坚持实践体验，注重道德体验，促进德育内化，增强社会实践，培育创新精神；坚持潜移默化，在矫正、教学的各个环节、各个方面挖掘德育内涵，体现育人功能。

1.以"学会做人，走向新生"为学校德育工作育人总目标，贯穿矫正和教学全程

学校培养的人，不是一个孤立的人，应该是一个社会人，能够在社会生存、生活和发展，必须是能够立足社会、融入社会乃至引领社会的人。作为一个社会人，仅有一定的生存、生活和发展技能是不够的，必须符合社会行为准则和道德伦理规范，为社会所认可和接受。"学会做人"是篇大文章，要放弃一步到位的幻想，必须从实际出发为未成年犯设计层次化的做人目标，依据成长规律和认知实际渐次进行，分步实施，努力建构纵向衔接、横向贯通、螺旋上升的德育目标、内容和途径体系，充分体现学校德育工作的针对性。要求未成年犯人人理解成人目标内涵，人人有阶段性的成人指标，人人自觉实践成人标准，95%以上的未成年犯能够达成阶段性的成人目标。

2.建构立体化的德育工作支撑体系，使学校德育工作更有实效性

巩固学校德育阵地，畅通学校德育渠道，实现全程矫正、全员矫正、全面矫正。德育是一种无痕的教育，追求的是"润物无声"，学校德育应该是"人人都是德育工作者、处处都是德育工作阵地、事事都是德育工作内容"的"大德育"。同时，管区小组日常生活是主阵地，班组学科教学、技术实训、主题班会、管区点名教育、兴趣小组、管区主题活动是集体教育的主要依托。民警教师只有形成教书育人、管理育人和服务育人的良好氛围，才能真正实现矫正为本、德育为先的办学理念，才能有效确保学校办学的成功。制定综合管理协同德育目标达成、学科教学德育渗透的目标和计划，设计编制学科教学德育渗透点和结合点，并作为课堂有效教学的重要评估指标。探索"导师制"的德育方法，未成年犯自主选择民警教师为人生发展

的导师。形成固定化的集体教育阵地和系列化的教育内容，如管区点名紧密结合未成年犯日常生活进行系列化的社会主义核心价值观教育，实训基地进行职业道德教育，升旗仪式开展模块化道德情操教育，主题班会进行生活化的文明礼仪教育等。德育教学内容强化以爱国主义为核心，以国家意识、文化认同、公民人格教育为重点的民族精神教育；以公民道德和法制教育为重点，突出诚信教育、感恩教育和文明教育；以科学精神与人文素质培养为支撑，提升科学精神，增强人文底蕴；以生命教育和心理健康教育为基础，正确引导未成年犯认识生命、珍惜生命、尊重生命和热爱生命，培育健康人格。

3.探索、引导自主化的德育方式

在确保安全的前提下，结合内紧外松的管理模式，积极引导未成年犯"自我管理、自我教育、自我完善"，不断让他们尝试长大成人的滋味，以适应回归社会后自主选择的复杂性。发挥未成年犯在德育中的主体性是现代社会发展的客观要求，是未成年犯自身发展的客观要求，也是学校德育改革和发展的客观要求。在学校德育工作中，往往强调了过多的教师管理和纪律约束作用，忽视了未成年犯的主体地位，较多地关注外在的道德灌输与强化，很少考虑未成年犯自身的发展规律和主观需求，造成了德育工作的片面和偏颇，容易导致未成年犯形成监禁人格，缺乏善于思考、独立自主的能力和竞争创新的勇气。因此，学校德育需要通过增强未成年犯的主体意识和自我控制能力，培养他们在德育活动中的能动性、自主性和创造性，使他们具有自我管理、自我教育、自我修正的能力，从而成为德育活动的主体和自我发展的主体，真正实现主动发展、生动发展，不断接近正常社会化的成人目标。

未成年犯矫正模式应该是一个开放的系统，构成系统的元素是不断生长的、创新的，这是富有生机活力的表征。如此下去，未成年犯矫正模式的创新将引领整个罪犯行刑体系的走向。实际上，未成年犯矫正模式的理论探索，多年来已经说了不少，但不着边际附会政治口号的多，没有人挺身而出选一套用于指导自己矫正行动的科学、系统的教育理论，也就没有进行相应的系统、规范实验，更没有在科学的教育理论指导下的大规模、大纵深的矫正实体建构。这不能不说是我们的矫正尚未成熟，还没有"长大成人"。谁都不得不承认：未成年犯矫正模式的成熟必须和未成年犯一起"长大成人"。"长大成人"的唯一途径就是实验、实践、真干：未成年犯矫正模式的实体建构。

第五章

未成年犯矫正设计

在一个组织目标明确、结构合理、功能强劲的矫正模式和实体框架下，必须凸显矫正的重心所在，有一个具体清晰的矫正项目和过程设计，真正把矫正落到实处，确保矫正的正当和有效。围绕未成年犯正常社会化的总体要求，具体的矫正目标是多元的，应该涵盖未成年犯的意识、情感、意志、个性特点和行为习惯；具体的矫正载体是多样化的，当然包括未成年犯管教所的基础管理、文化技术教育、技术实训、综合实践（辅助教育）、心理矫治、文化情景创设、个案矫正等方面的内容。一般来说，一个人的行为主要是受思想意识、心理控制的，而能决定思想意识、心理活动方向的主要是人们的道德、价值观念，而能左右道德认同、价值判断的是人的思维方式。思维方式是人类大脑活动的内在程式，对人类言行起决定性作用。基于以上认识，对未成年犯的矫正在整体把握的前提下，突出矫正的重点不仅是应该的，也是可能的。矫正在现实操作层面，战术上的关键问题是找准矫正的重点，因为犯因性因素多、层次结构也不简单，有限时间（刑期）和有限资源下的矫正必须找准重点、抓主要矛盾。同时，思维方式在人脑中的地位，已经明确提示了矫正重点就是思维方式。据此，本章限于篇幅，仅就矫正的关键项目——德育思维方式矫正进行设计，提出矫正的思路和方案。

第一节　德育思维方式矫正设计的相关理论与实践概述

未成年犯无疑是我们学校、家庭、社会的德育工作失范、失误、失败的典型，他们的成长经历与走上犯罪道路的演变过程，从中的德育教训是非常深刻的。在监禁的状态下，我们的德育再也不能走老路了。德育思维方式是指德育思维主体在德育实践活动中，认识和把握德育问题本质的手段、途径和思路。以德育思维方式为视角来检讨我们在德育方面的问题，是不是一个没有多大实际意义的伪命题呢？带着这个问题，我们先来看看思维方式、道德认知发展理论、教学设计理论的有关论述和国外相近矫正项目的实践经验。

一、思维方式概述

"思维方式表面上具非物质性和物质性。这种非物质性和物质性的交相影响，'无生有，有生无'，就能够构成思维方式演进发展的矛盾运动"[①]。思维方式就其本质来说，是人脑的机能，是思想、观念、意识、理论、方案等一切精神产品的生产方式，即认识的发动、运行和转换的相对稳定的内在机制与过程。因为精妙的思维存在，"你的大脑有着复杂和完美的构造，还有巨大的智能和情感的能量"[②]。"思维是人类最本质的资源，又是足以影响人成败的关键因素"[③]，"因为思维方法不同，看问题的角度与方式就不同；因为思维方法不同，我们所采取的行动方案就不同；因为思维方法不同，我们面对机遇进行的选择就不同；因为思维方法不同，我们在人生路上收获的成果就不同"[④]。"成功者之所以成功，是因为他们掌握并运用了正确的思维方法。正确的思维方法可以为人们提供更为准确、更为开阔的视角，能够帮助人们洞穿问题的本质，把握成功的先机。而失败的人之所以失败，是因为他们不善于改变思维方法，陷入了思维的误区和解决问题的困境。"[⑤]

思维方式由思维目标、思维定势、致思趋向、思维策略、运思途径构成。思维定势即以思维能力为主体长期形成的思维态势和惯性，它表现着思维有可能达到的深度和运作的态势。这种定势往往带有鲜明的群体性、民族性和地域性的特征，是一定地域条件下的民族、群体长期的思维传统的积淀。因此，思维定势是一种稳固的思维因素。致思趋向即在一定思维定势氛围下，思维运作可能选择的倾向，它以思维定势为基础，是思维定势的具体表现。思维策略指在一定思维定势前提下选择了相应的致思趋向后，思维具体运作过程中的技巧、方法。现代思维方式具有系统综合性、动态开放性和自觉创新性等基本特征。

---

①互动百科："思维方式"，引自网页：http://www.hudong.com/wiki/%E6%80%9D%E7%BB%B4%E6%96%B9%E5%BC%8F。

②博赞（Buzan.T.）：《思维导图使用手册》，丁大刚、张斌译，化学工业出版社 2011 年版，第 1 页。

③王非编著：《思维决定人生》，光明日报出版社 2012 年版，第 3 页。

④王非编著：《思维决定人生》，光明日报出版社 2012 年版，第 2 页。

⑤王非编著：《思维决定人生》，光明日报出版社 2012 年版，第 3 页。

二、道德认知发展理论

美国发展心理学家和道德教育家柯尔伯格在吸取杜威道德哲学和皮亚杰认知发展心理学的研究成果基础上，经过自己十多年的理论和实验研究，形成了系统的道德认知发展理论。"柯尔伯格的道德认知发展理论是基于这样的一个基本假定，即将儿童看做'道德哲学家'。所谓儿童道德哲学家是指，儿童能自发地形成他们的道德观念，这些道德观念又形成有组织的思维方式教育哲学。"[①]

柯尔伯格的基本观点认为：道德教育的核心是道德思维方式的教育，是道德推理的教育。教会学生道德思维和道德推理，是道德教育的全部目标。由此，道德教育的全部问题就是如何培养儿童的道德推理问题。道德推理的发展就是一个道德思维方式变化的过程，而变化是以儿童对他的经验进行积极地重新组织为基础，变化是由冲突引起的。教师的根本任务是：帮助儿童注意真正的道德冲突；考虑儿童用于解决这些冲突的推理；检查儿童思维方式中的前后矛盾和不适合性；找出解决这种矛盾和不适合性的方法。为了促进儿童自然地运用于下一阶段的这一变化，应做的第一步工作，就是帮助儿童体验和理解他自己思维方式中的不合适之处。要努力做到这一点，教师必须将注意力放在儿童在道德判断中所用的那种推理上，而不是放在他们的道德选择的内容上[②]。因此，柯尔伯格提出了相应的道德教育方法：了解儿童当前道德发展的阶段水平；唤醒儿童真正的道德冲突和在成人问题情形上的意见不一（相反，传统的道德教育强调成人的"正确答案"，强调对认为美德总会得到奖励这一信念的强化）；向儿童揭示高于他们所属阶段的那个阶段的道德思维方式。通过增加儿童参与和担负他们认为是公正的职责来促进儿童的道德发展[③]。实际上，柯尔伯格的道德教育方法和维果茨基的"最近发展区"教学理论是一致的。柯尔伯格在将道德品质分成是非观念、权利观念、责任观念、赏罚观念、道德意图、行为后果等不同类别的基础上，划分出了儿童道德判断发展的三种水平、六个阶段，并认为这三种水平、六个阶段是按照不变的顺序由低到高逐步发展的。在对这些道德观念分类的基础上，科尔伯格按照杜威的概念把儿童的道德发展划为三种水平，又把每一水平细分为两个阶段。

（一）前习俗水平

儿童已能辨识有关是非好坏的社会准则和道德要求，但他是从行动的物质后果或是能否引起快乐（如奖励、惩罚、博取欢心等）的角度，或是从提出这些要求的

---

①冯建军、周兴国、梁燕冰、张慧真、叶飞著：《教育哲学》，武汉大学出版社 2011 年版，第 134 页。

②柯尔伯格：《道德教育的哲学》，魏贤超、柯森等译，浙江教育出版社 2000 年版，第 79 页。

③柯尔伯格：《道德教育的哲学》，魏贤超、柯森等译，浙江教育出版社 2000 年版，第 4 页。

人们的权威方面去理解这些要求的。这一水平包括两个阶段：阶段一，惩罚和服从的定向阶段。行动的物质后果决定这一行动的好坏，不理会这些后果所涉及的人的意义或价值。他们凭自己的水平作出避免惩罚和无条件服从权威的决定，而不考虑惩罚或权威背后的道德准则。在这个阶段，儿童主要关心的是置身于苦恼和避免痛苦、自由限制和忧虑。这个阶段相当于皮亚杰的"客观责任感"。阶段二，工具性的相对主义的定向阶段。正当的行动就是满足自己需要的行动，偶尔也包括满足别人需要的行动。人际关系被看做犹如交易场中的关系。他们相互之间也有公正、对等和公平的因素，但往往是从物质的、实用的途径去对待。所谓对等，实际上就是"你对我好，我也就对你好"，谈不上什么忠诚、感恩或公平合理。儿童一心想自己的需要，但体会到别人也有正当的需要。从而他有时愿意为满足各个方面的需要以平等的方式去"作出妥协"。

（二）习俗水平

这一水平上的儿童已能理解维护自己的家庭、集体或国家的期望的重要性，而不理会那些直接的和表面的后果。儿童的态度不只是遵从个人的期望和社会的要求，而且是忠于这种要求，积极地维护和支持这种要求，并为它辩护。对与这种要求有关的个人和集体也一视同仁。这一水平也包括两个阶段：阶段三，人际关系和谐协调或（愿做一个）"好孩子"的定向阶段。好的行为就是帮助别人、使别人愉快、受他人赞许的行为。这很大程度上是遵从一种老看法，就是遵从大多数人的或是"惯常如此的"行为。皮亚杰的"主观责任感"是在本阶段出现。阶段四，"法律与秩序"的定向阶段。倾向于权威、法则来维护社会秩序。正当的行为就是恪尽职守、尊重权威以及维护社会自身的安宁。儿童认识到社会秩序依赖个人乐于去"尽本分"和尊重适当建立的权威。

（三）后习俗的、自主的或原则的水平

在这一水平上，人们力求对正当而合适的道德价值和道德原则作出自己的解释，而不管当局或权威人士如何支持这些原则，也不管他自己与这些集体的关系。这一水平也分为两个阶段：阶段五，社会契约的墨守成法的定向阶段。一般说来，这一阶段带有功利的意义。正当的行为被看做是与个人的一般权利有关的行为，被看做是曾为全社会所认可、其标准经严格检验过的行为。这里可以清楚地看到个人价值和个人看法的相对性，同时相应地强调为有影响的舆论而规定的那些准则。除了按规章和民主商定的以外，所谓权利，实际上就是个人的"价值"和"看法"。这样就形成一种倾向于"法定的观点"，所不同的是可以根据合理的社会功利的理由改变法律与秩序（不是像阶段四那样固定在法律与秩序上）。在法定范围以外，双方应尽义务的约束因素就是自由协议和口头默契。阶段六，普遍的伦理原则的定向阶段。公正被看做是自我选择的伦理原则（要求在逻辑上全面、普遍和一致相符的、由良心作出的决断），这些原则是抽象的、伦理的，如金箴（基督）、绝对命令（康德的）等，它们不是像圣经上的"十诫"那样的具体的道德准则。这些实质上都是普遍的公正原则，人的权利的公平和对等原则，尊重全人类每个人的尊严的原则。

柯尔伯格认为儿童的品德是一个发展过程，儿童是从道德判断和道德推理中逐渐理解道德的。学校道德教育的目标应该是促进儿童道德推理的发展。儿童道德成熟的标志就是能作出正确的道德判断，具有形成自己的道德原则的能力，而不是服从周围成人的道德判断。基于这一道德教育观点，科尔伯格认为，在学校道德教育中应该经常给儿童提供生活中所遇到的道德两难问题，引起他们的讨论，激发他们向更高的道德阶段不断前进的愿望和动机。为了激发学生的道德认知发展，柯尔伯格采用了结构性课堂讨论法来进行实践。柯尔伯格要求教师向学生讲述一个有关道德的故事，比较两种道德行为。由于在道德方面的冲突，要求用两难推理来分析和讨论。然后，根据两难推理的结论，教师把班级分成小组，要求各小组提供最好的结论，也就是说，在道德上最有说服力的理由。一旦学生都投入后，非正式的然而是有结构、有层面的争论就发生了。通常，问题都集中于"要干的正确的事是什么？为什么[1]？"

三、教学设计理论

从"有序教学设计（systematic instructional design）"向"整体教学设计（systemic instructional design）"演变，这是教学设计的基本走向。著名的教学设计理论开创者加涅（R. M. Gagne，1919—2002）是"有序教学设计"的代表。他的"教学设计的基本原理可以概括为一句话：根据不同的学习结果类型创设不同的学习的内部条件并相应安排学习的外部条件。根据这一原理，教学设计应考虑教学中的两个维度。一个维度是学习结果的类型，另一个维度是每类学习的内部和外部条件"[2]。"习得的性能的类型：①智慧技能；②认知策略；③言语信息；④动作技能；⑤态度"[3]。范梅里安博尔（J. J. G. van Merrienboer）在 1997 年出版了《掌握复杂技能》一书，宣告了整体性教学设计理论的异军突起，这是继加涅的教学设计理论之后，教学设计发展史上具有里程碑意义的理论。2007 年，梅里安博尔出版了《设计复杂学习的 10 个步骤》一书，将整体教学设计的模式进一步发展为 10 个设计步骤。

"建构学习设计"（CLD）是美国加州大学伯克利分校工程学院数学模型设计师、数学教育家乔治·加侬（George W. Gagnon）和他的妻子——加利福尼亚州立大

---

① 钟启泉、黄志成：《西方德育原理》，陕西人民教育出版社 1998 年版，第 202 页。
② 加涅：《教学设计原理》，皮连生等译，华东师范大学出版社 1999 年版，第 18 页。
③ 加涅：《教学设计原理》，皮连生等译，华东师范大学出版社 1999 年版，第 59 页。

学黑沃得东湾分校教育领导系副教授米歇尔·柯蕾（Michelle Collay），通过对教师教学规划策略长达 15 年的研究，总结出的一个可借鉴的教学进程，该进程能促使学生主动投入到学习情境中，即进行所谓的"建构学习设计"。[①]

建构主义学习观认为，学习者只有思考了教学内容并建构了自己的理解，学习才算真正实现了。学习的过程就是学习者建构个体意义和社会意义的过程，因此，教学就应该注重让学生在思考如何完成任务的过程中建构他们自己的理解。加侬和柯蕾提出了建构学习设计的六个基本要素：①创设学习情境，设计一个情境，描述学习目标、确定学习主题、决定评估方式；②组织学习小组，准备材料和设备来促进意义生成；③搭建学习桥梁，根据学生的成熟水平、所处的社会经济环境和文化背景来考察他们原有的知识状况。要找出学生学习该主题并达成学习目标所必须具备的知识，并搭建学生原有知识和待学知识间的桥梁，要帮助学生将待学知识与他们的生活联系起来；④策划学习任务，精心构思学习任务，让学生在参与任务的同时，解决那些他们自己预先提出的疑问，并仔细考虑学生对这些问题的回答，确保学生持续思考，始终处于主动学习状态，同时还要让学生描述他们如何通过构建社会意义来学习；⑤展示学习成果，安排学生展示学习作品或成果，这些作品或成果是他们合作思考、学习的结果，要求学习者根据自己的作品解释他们是如何构建社会意义的；⑥引导学习反思，在学习过程中让学生通过体验情绪或生理反应，通过感官映象或分享意义建构来反思他们思维的过程。

建构学习设计（CLD）六个要素之间的关系及时间顺序，是从真实情境出发，然后根据学习目标和学习情境组织学习小组、准备学习材料和学习设备，再在学生原有知识和将要学习的知识之间搭建桥梁；接着，教师要向学生详细解释学习任务，学生通过共同思考完成任务；随着学习者逐渐顺利地完成该项任务，教师要引导学生展示自己思考和解决问题的过程；最后，教师引导学生单独或集体对思维过程进行反思。设计课程时需要关注如何组织学生共同思考、互相协作完成任务。很显然，CLD 认为课堂中的学习活动必须与课堂之外的非正式学习一样围绕思考和意义生成来组织，学校的学习只有与生活的学习一致才可能最有效，学习只有适应真实生活才是有用的，才能激起学生强烈的兴趣。建构主义学习理论关注的是个体自我意义的生成、小组社会意义的构建、班级共享意义的形成及知识建构过程中公众标准意义的产生。在这种理念框架之下，教学就是一个引出学生原有知识，使学生主动参与学习并将新旧知识联系起来的过程。在当前的教育实践中，多数课堂都是老师直接将书本知识灌输给学生，学生却并没有真正参与到教学过程中。许多学生厌倦课堂教学，他们坐在课堂里，茫然地听老师讲授，不思考，也不与他人交流。老师

---

①马兰等编著：《课堂教学设计：整体化取向》，浙江教育出版社 2011 年版，第 111 页。

不断地告诉学生也告诫自己，在学生考试之前必须"教完所有教材"；学生缺乏学习动机，并因此让老师失望甚至不时遭受老师责备。要改变上述种种不尽如人意的教育现状，就需要我们在教学设计时首先进行自我审问，确立学习目标时我们不妨问一问自己：你希望学生在结束学习时真正学到什么？策划学习任务时我们也不妨问一下自己，确定的任务是否有足够高的要求和挑战性，是否能使学生全神贯注地投入到学习中去？学生带进课堂的原有知识或观点和他走出课堂时所拥有的知识是否是他们学习过程本身不可分割的组成部分，我们该如何去有效地设计教学以弥合从已知到待知之间的差距，等等。可以认为，建构学习设计是偏重于组织学生如何学习而不是规划教师如何去教的，它关注的是学生学会了做什么以及教师怎样促进和支持学生学习的。教师不必是擅长给学生传递、讲解自己已有知识的专家，但应该擅长发现和了解每个学习者在学习上有何差异。通过广泛而及时的评估来把握学生如何学习以及他们学会了什么，这是教师进行教学设计的重中之重。

加侬和柯蕾认为，传统上，人们在设计一堂课时主要考虑的是期望（目标）、材料和评价三个要素，行为主义信念和标准化测试左右着课堂教学；教学时间是严格限定的，学习的期望是外加的，学习的内容是限定的，学习的评估标准是"标准化"的；学习者维度为人们所忽视，学生的学习兴趣、学习需要甚至个性特征和起点水平都被"标准"化了，学习的自由度很小。而在学习设计中，教师从承载的期望中获得目标，形成自己对每一个学习活动的具体目的；学习活动的资源依赖于教师确定的主题；教师自由决定在整个学习活动中运用哪种评估（做演示、提建议、展示档案、实际动手做等）；学习者在学习设计中占据特别重要的地位，学习者个体的多样性特征（文化、种族背景、人格类型、思维风格、发展水平或成熟度，以及学习者个体的情感、社交、纪律需要等等）都是学习设计应该考虑的重要因素。

四、国外相近矫正项目的实践经验

"人是具有思维、情感与行为的动物。虽然情绪、行为具有独立性，但是，情绪、行为极少不受思维的控制。思维不同，情绪不同，行为也不同。不良思维导致不良情绪与行为，而良性思维可以调整情绪，影响行为。这是认知行为矫正的基本原理。[①]"国外这方面的矫正项目很多，使用范围比较大、时间比较长、影响力比较大、确实作用明显的有生活技能训练[②]、道德认知矫治与推理矫正等方面的项目。和道德认知思维方式训练比较接近的是道德认知矫治项目、理性化矫治项目。

[①]翟中东："西方矫正制度的新进展（二）——矫正需要评估与矫正项目实施"，《犯罪与改造研究》2010年第10期。

[②]苏立增："美国青少年<生活技能训练>课程特点与策略"，《学科教育》2003年第9期。

　　道德认知矫治项目（Moral Reconation Therapy，MRT）是针对滥用毒品罪犯的矫治方法。这一矫治是通过关注罪犯的积极行为与自尊，提高罪犯的道德行为，降低自私性，实现罪犯矫治。这一项目是为监狱内在社区使用毒品的罪犯接受矫治而设计的。这一项目早在 1979—1983 年 Dr Greg Little 于美国联邦孟菲斯监狱开始试验。1987 年工作于地方精神健康中心的 Dr. Ken Robinson 因为同时服务于监狱内的精神健康设施，所以帮助 Little 试验，并最后完成纸质文本的矫正项目。这个项目完成后同时开始对社区中服刑的曾经使用毒品的罪犯使用。俄克拉荷马州是美国全境第一个在矫正系统使用 MRT 的州。华盛顿、特拉华、路易斯安娜等州陆续使用。矫治事项有：直面与评估自我，评估当事人的信仰、态度、行为与自我防卫机制；关系评估，包括对已损害关系的治愈情况；强化积极的行为与习惯；提高罪犯的道德责任感；帮助罪犯给自己一个积极的定位；帮助罪犯降低追求快乐的享乐观念；强化个人的角色意识；提供道德推理；培养为他人的意识与为社会的意识。工作方法是通过挫折与道德推理，通过提高罪犯的道德推理，改善行为。项目设计了 16 个步骤，从培养信任和诚实开始，到接受社会、了解自己、恢复损害关系、帮助他人、确立短期目标、确立长期目标、改变行动方法、巩固转变、保持道德承诺、选择道德目标，到最后的学习自我评价、评估与他人关系。整个项目的目的是促进罪犯决定行为的理性化水平。[①]

　　理性化矫治项目是由加拿大的 Frank Porporino and Elizabeth Fabiano 设计的。加拿大版本叫"认知技能训练项目"。20 世纪八九十年代开始被西方发达国家广泛使用。理性化矫治项目是促进罪犯转变结构认知行为方法。这种方法关注罪犯的思维技巧，旨在使用行为前思考替代已有的认知模式。使他们有更多的反思，而不是行为反射，对潜在的行为有更多的期望与计划，行为更具有灵活性，心胸更开阔，思维更有理性与目的性。之所以认为罪犯缺乏思维技能是源于以下对未成年犯与成年犯的实证。Porporino 与 Fabiano 的研究表明：思维次序影响人的社会意识与人际交往，许多罪犯有行动快于思维的倾向，行为者往往在行动前缺乏对环境与其他人的感情的考虑。项目主要目标是提高罪犯自我控制能力，行动前先思考，培养问题解决技能，如及早认识到问题，寻找替代方法，估计后果，作出合适的反应，提高社会意识，提高理性，理解价值，作出决定前利用各种信息，对事实作客观评价。矫治方法是逐步指导、有目的的重复、传导给罪犯以新的技能。关注"怎样思维"，而不是"思维什么"，以提高解决问题的能力。课程安排是 36 次，每次 2 小时，阶段性包括：认识到问题，做出决定，采取行动，维持新的行为，预防复发。教师向

罪犯传导的接收技术是角色互换、玩尴尬的游戏、认知练习，如分析迷失，练习与重复是学习的重要要素，使用团体环境，将被试者分为两人组，三人组，反复练习。这一项目的模式，虽然基本相同，但是，在实践中并不完全相同。例如，在美国，这一项目的内容包括七块：问题解决、创新思维、社交技能、情绪管理；谈判技能、价值观强化、批判性思维。这七块内容是针对罪犯存在的下列问题：不能够认识自己的问题出在什么地方，对解决人际之间的问题存在困难、不能意识到行为所造成的结果、不能实现目标、对社会情况不了解、冲动、狭隘与拘谨的思维、缺乏独立思考。[1]

上述道德认知矫治项目和理性化矫治项目的实践效果都比较明显，为期7年的释放后跟踪调查，接受过矫治的人重新犯罪率是44%，而控制组重新犯罪率是60%[2]；理性化矫治项目（认知技能训练项目）根据加拿大矫正局的调查统计，超过90%以上的罪犯表示通过矫治相关问题获得明显改善[3]。但是，这两个项目很有可能不适合我国罪犯的文化背景和未成年犯的成长经历，特别是这两个项目的道德认知和推理比较倾向于纯思维的过程，强调了"怎样思维"，而不是"思维什么"，内容上有些空泛，在效果上难免打折扣。因此，非常有必要设计符合我国管教所矫正实际、适应未成年犯矫正的道德思维训练项目。

第二节 矫正者的德育思维方式设计

根据上述德育思维方式矫正设计的相关理论和实践经验，为了正当而有效的矫正，很有必要对矫正者的德育思维方式进行设计，即调整矫正者的德育思维方式。

德育思维方式在很大意义上决定着德育实践活动的思路和方向，对德育行为活动的全局有着深远的影响，是德育正当性和实效性的决定性因素。对照道德认知发展理论和建构学习设计的课堂教学理论，我们的学校德育思维方式的正当性和有效性是让人怀疑和担心的。学校德育思维方式问题也是未成年人违法犯罪的非常重要的客观原因。未成年犯主观上对德育的指向那么弱，就可见一斑。而我们的矫正尽管已经把德育摆上了重要位置，但是，我们确实还存在着不比社会学校少甚至更多

---

[1] 翟中东："西方矫正制度的新进展（二）——矫正需要评估与矫正项目实施"，《犯罪与改造研究》2010 年第 10 期。

[2] Little, G. L, Robinson, K.D, Burnette, K.D., &Swan, E.S. (1996). Review of outcome data with MRT: Seven Year Recidivism Results. Memphis: Correctional Counseling, Inc.

[3] 翟中东："西方矫正制度的新进展（二）——矫正需要评估与矫正项目实施"，《犯罪与改造研究》2010 年第 10 期。

的德育思维方式问题，至少比学校多了更多的强制性和灌输式操作。德育思维方式主要问题是我们的德育理念、目标，内容、方法和过程中大量、普遍存在的二元对立、线性单向度、片状浅表性的思维方式。因此，从建构主义的视角审视德育，分析未成年犯如何获得关于价值的知识（包括道德规范），如何作出价值判断和行为决策，确实需要转换我们的德育思维方式，建立深度的整体统一、发散性、系统性的思维方式。

一、从二元对立转变为整体统一的德育思维方式

二元对立的德育思维方式是指把德育过程中的相关要素对立起来，在德育目标设计上呈现出个人价值取向与社会价值取向的对立，在德育内容上呈现出政治性内容和思想品德的对立，在民警教师与未成年犯的德育关系上以警囚对立关系代替德育中应该成立的平等协商关系。二元对立的根本原因是无视或忽略教育对象内心的矛盾冲突，思维的着力点没有以此作为德育的意义建构、生长基础和对接机会。本质上是以成人的思维惯性和现实矛盾来机械地套用于未成年人，完全忽略了儿童对价值性知识的主动建构。这是基础性、立足点的失误。建构主义认为知识是认识主体主动建构的，每个人根据自己的经验解释知识的意义，知识对于不同的个体有着不同的含义。课堂中用灌输、说教的方式传授的知识实际上并不能在真正的情境中发挥作用，即使最初矫正对象按照矫正者传授的价值知识（道德规范）去作价值判断和行为决策，他也会根据自己的经验去修改甚至重建这些知识。这就是为什么矫正者总是抱怨矫正对象不听话，为什么同一个小组的矫正对象接受了同样的道德教育，却表现出与矫正者所期望的不同的、多样的行为方式。然而，这样说并无放弃对矫正对象进行道德教育之意。未成年犯所建构的道德规范未必得到共同体的认同，有时甚至会产生冲突，有可能在他还没有来得及调整的时候，悲剧就发生了。这是因为每个未成年犯所生活的空间是有限的，经验和视野是狭隘的，他不可能接触复杂、多样的世界的全部。因此，如何使他们体验到多元、变化的生活情境，丰富他们对价值性知识的理解，应是矫正者必须重点思考的问题。建构主义把对话与协商看做是意义生成和发展的途径，是个体所构建的知识获得"合法性"的方式。如同杰根（K.J. Gergen）所说："意义是在关系中——经过同意、交涉、肯定——而产生的。""我们的传统——自我、真理、道德、教育——等等是通过人们不断地共同生成意义的过程得以维持的。我们的未来绝不是由过去决定的。在这个急速变化的世界想要维持传统，就必须在我们自己的关系中生成出传统的可理解性与合理性。也就是重新建构它们的意义。"因此，我们的德育理念、目标、内容、方法和德育课程必须放弃成人的立场，坚持成人的目标，充分立足于未成年人的思维特点和面临的各种矛盾冲突，进行整体设计。从未成年人的立场出发，走向成年人的目

标。以整体统一的德育思维方式认识和处理德育问题，在德育实践的过程中辩证地看待德育过程中的相关要素以及同一要素的不同方面，既要看到各要素间的对立，也要看到各要素间的统一，从而辩证地制定德育的原则、目标、内容、方法和德育课程，把德育的社会化目标和未成年犯的自主发展统一起来，把德育内容中的政治性内容与思想道德品格统一起来，把矫正者的价值引导与矫正对象的自主建构统一起来，把维护民警教师的人格尊严与尊重未成年犯的主体地位统一起来，把品格养成与回归社会后的现实生活统一起来，切实发挥、保护、支持未成年犯独立思考的、面向未来实际的、具有真实意义的德育建构，真正还未成年犯德育自主建构"合法性"地位。

二、从线性单向度转变为发散性的道德思维方式

现实生活具有复杂性，价值判断也是多向性的，而我们习惯的德育思维方式是简单化、单向度，完全忽略具体情境的。道德教育的一个重要任务是，培养受教者对社会现象和社会事物作出"是"与"非"、"善"与"恶"、"公正"与"不公"等价值判断的能力，以及依据这种判断作出合乎道德规范的行为决策的能力。价值判断和行为决策必须以两点认识（知识）为前提。第一，理解社会倡导的价值（包括道德规范）的内涵和意义，如友爱、诚信、公正、宽容等，我们把这种知识称为价值性知识。第二，对眼前的社会现象所包含的各种事实以及事实之间的关系——事实的情状——予以充分地认识和把握，在此基础上对眼前的社会现象和社会事物作出价值判断和行为决策，我们可以把这种知识称为事实性知识。建构主义认为知识不同于信息，它是复杂的、不规则的、不稳定的、结构不良的，它的意义是与其形成的情境脉络紧密相连的。也就是说知识产生于具体的情境、关系中，离开具体的情境、关系就没有意义。并且，知识不可能适用于所有的情境，知识运用的规则依情境而变。这都是因为我们所生活的世界是复杂而多变的。价值性知识是人类知识中的一部分，这部分知识比其他领域的知识更加复杂、多变。因为它是一种关于人与人如何相处的知识，最易因社会文化、政治制度、生产方式、经济体制的不同而变更，因历史的变迁、政权的更替以及经济发展水平的提高而变化。另一方面，由于人与人因经验、境遇、需求、身份与个性等的不同，构成了千差万别的关系，道德规范在不同的关系中必然拥有不同的意义。但是，传统的教育改造忽视了生活世界的复杂而多变的性质，无视了知识尤其是价值性知识的多意性。德育的生活化，首先就要让未成年犯直面生活世界的矛盾、冲突和变异，否则德育的生活化只会停留于浮浅的、形式主义的水平。因此，我们必须放弃线性单向度的思维方式，充分运用发散性的思维方式来设计和操作德育，与社会的复杂性同等，与情境的多变性同步，为德育对象提供尽可能多样的、复杂的情境。就如同认知弹性理论所指出的：

"任何一种过于局限的所谓'正确的'版本都会遗漏复杂性中的很多东西，掌握这一复杂性是必需的，这样才能达到对丰富的概念内涵理解的充分性以及案例覆盖面的完整性。""单个的、可预先列出的事实则不能充分说明跨越案例的变化性和个别案例的复杂性，而变化性和复杂性正是不良结构的特点。①"以发散性德育思维方式来设计和安排对未成年犯的德育，我们首先要充分考虑他们道德成因的多元变量，多向度、多变量、多维度地思考德育正当而有效的建构。绝对不能把德育的目标功能局限于我们确保安全的价值判断上，局限于在监禁状态下考虑德育的可变因素，要有开发的心态、宽广的视野来运作我们的光彩事业。我们应该支持对话性教学的德育教材的开发，具体、细致地呈现包含复杂关系的社会图景，展现包含矛盾冲突的复杂情境，呈现学习活动的过程和方式，为倡导以未成年犯为主体的对话式教学提供范例。

三、从片状浅表性转变为系统性的德育思维方式

德育中的片状浅表性思维是指把德育问题的各构成要素人为地拆解成若干部分，表面、孤立、静止、片面地认识与处理德育问题的思维方式。价值判断是建立在对事实性知识深度把握上的，而我们习惯的德育思维方式往往浅尝辄止，以浅表性代替对价值判断的前提事实情状的细致把握。价值判断和行为决策必须基于对事实情状的深度认识和把握，才有可能逼近事实的真相和本质。如果不能真正认识社会事实的真相，就无法作出"是"或"非"、"应该"或"不应该"的价值判断和行为决策，或者作出错误的判断和行为决策。即使一个人有很正确的道德观念和品性，如果他缺乏洞察事实真相、把握现象内部复杂关系的能力，那么他也有可能自以为作出了道德的行为，但实际却是不道德的。这种片状浅表性德育思维方式看不到德育的各构成要素之间的联系，也看不到整个要素内部各子要素间的联系。以这种思维方式处理德育问题，使德育具有很大的片面性，表现为德育的课程设置、目标、内容、方法等构成要素彼此间是彼此互不干涉的，各要素严格按照事先制定的"程序"各司其职来开展德育运作。而系统性的思维方式认为系统各要素构成一个有机的系统，各构成要素内部的子要素间也是一个有机的系统，系统各要素之间通过有机的结合，共同构成了一个开放的系统。系统内各要素间是相互补充、相互衔接、相互依存的关系，由此决定了事物的发展呈现整体性、复杂性和非线性的特征。系统性思维强调"由着重对事物的单方面的研究转向着重对事物的多方面的研究"，"由着重对事物实体的研究转向着重对事物的各种类型的联系和结构的研究"，"由

---

① 高文："认知弹性理论、超文本与随机通达教学：一种折中的建构主义学习与教学学理论"，《外国教育资料》1998 年第 6 期。

着重对事物的相对静止的研究转向对事物的动态、发生、发展的历史的研究"。德育中的系统性思维方式强调德育中各构成要素是一个有机统一体，每一个要素内部的要素同样也是一个系统，因此，这就要求我们以系统性的思维方式来认识德育问题，并以此来制定德育策略。系统性的德育思维方式主要体现在：

（一）德育与社会经济、政治和文化构成一个有机系统

系统性的德育思维方式强调道德教育不是游离于社会经济、政治和文化之外，而是与这三方面呈现良性互动的关系。一方面，社会经济、政治和文化构成了德育的外部环境，这些环境因素必然会对德育产生重要的影响，在很大程度上决定着德育实践活动的原则、目标，内容和方法；另一方面，德育活动作为人类文化活动的一个重要方面，本身对社会经济、政治、文化的健康发展产生定向作用和保障作用。这就是说，我们不能孤立地看待德育问题，必须把它放在整体社会的大背景下研究德育问题，进行道德教育。我们的民警教师应该具备更多方面的知识，特别是要为未成年犯提供更多的关于社会现实的复杂性知识、多元价值判断知识，显示丰富而深刻的德育背景。

（二）德育课程与其他课程的系统性

从学校教育的课程设置来看，各门课程都应该发挥育人的作用，这些课程在设置上要体现整体性的德育思维。但是，长期以来我们对这方面的重视程度是不够的，导致了道德教育的单打一的局面，难以产生德育的"合力"作用。整体性的德育思维方式要求学校的课程设置不能把教书和育人割裂开来，德育课程的育人作用仍然不可少，但是其他课程也要体现教书与育人的统一，切实地起到德育的作用。

（三）德育各要素的系统性

这就是我们要从整体上把握德育的各个组成部分。德育的原则、内容、方法与主体、客体等要素是一个有机的系统，这些要素体现了德育过程的各个方面。从系统论的角度看，只有这些要素有机统一，才能更好地发挥系统的功能和作用。整体性的德育思维方式要求我们必须使这些德育要素相互配合、相互促进、相互协调，使各部分有机地贯穿于德育的各个环节，使这些要素的功能和作用在整体上发挥出来，这样才能更好地进行道德教育。

（四）德育诸要素自身的系统性

系统性的德育思维方式强调德育各个要素自身也是一个系统，其中要包括若干子要素也具有系统性。比如，从德育目标来看，系统性德育思维方式强调未成年犯家庭、管教所、社会三者的目标彼此协调，步调一致，不能相互掣肘、各自为战；从内容来看，监禁条件下的德育内容要体现层次性，与大墙外的德育要相互补充、相互衔接，不能简单重复。

如何加强未成年犯德育的系统性，关键是在监禁状态下系统要素在德育目标指向上的协同性。有了充分的系统协同，德育的正当而有效是能够统一到比较理想的状态。

四、从习惯性转向创新性的德育思维方式

德育中的习惯性思维就是指以现有的思路去认识德育问题，进行道德教育，主要体现在对既有的道德规范不加任何理性的思考，而是奉行"拿来主义"，德育过程因循守旧，缺乏创新性，德育目标偏重知性教育等等。德育中的习惯性思维方式对德育产生极大的危害，使道德教育不能很好地研究新情况，解决新问题，提出新办法，开创新局面。特别是在新时期，德育面临着许多方面的挑战，比如经济全球化、网络信息化、价值观多元化等。如果我们继续以这种习惯性思维来进行道德教育，势必使德育的实效性大为降低。习惯性思维使道德教育成为一种古板式的教育，即把现有的道德规则填进矫正对象的头脑，而不是武装矫正对象的头脑。在德育中的创新性思维主要是指在对现有的道德教育体系在充分理解的基础上，根据社会的发展要求与矫正对象道德品质的实际，通过解释、分析、评估来制定德育的策略。德育中的创新性思维具有道德品格的养成与价值选择能力。

（一）足够的道德判断力

德育中的创新性思维强调矫正对象既要形成良好的道德品格，也要具备对道德现象、价值认识问题作出理性的分析、判断、选择的能力，从而使矫正对象在批判"假丑恶"中认识到"真善美"。

（二）扬弃的思维观

德育中的创新性思维主张在破除旧观念中创立新观念。创新性思维首先是"破"与"立"的结合，德育的创新性思维不是对现有道德教育的完全抛弃和一概否定，而是立足于理性分析基础上的扬弃。其次是继承与创新的统一。这种创新不是空穴来风，而是以现有的道德原则、道德教育内容、目标、方法为参照物，通过分析判断来制定符合实践要求的德育策略。可以说，离开了一定程度的继承，这种创新就成了无源之水，无本之木。

（三）矫正者的创新性

德育中的创新性思维，首先要求矫正者具备创新性。矫正者的个人品质在很大程度上影响着矫正对象的品格发展。从显性教育的角度看，矫正者如果具备创新性的思维，作为德育实践的发起者，他会理性地分析、评价德育的目标和内容，创造性地开展德育实践活动，为矫正对象创新性思维的养成创设良好的条件。从隐性教育的角度看，矫正者如果具有较强的思辨性，无疑会对矫正对象形成巨大的感召力，使矫正对象在潜移默化中学习矫正者创新性的思维方法、体悟创新性的精神。

（四）德育内容的开放性

增强德育内容的开放性，是说德育的内容要批判地继承传统文化中的优秀内核，借鉴西方文明中的合理因素，赋予德育内容以时代的精神。

（五）方法上的互动性

教育方法上从灌输转向对话互动式德育。在创新性思维的指导下，矫正者在矫正过程中不能搞"一言堂"，更不能压抑矫正对象提出问题的积极性，相反还要创造有利于辩论和对话的德育环境。矫正者通过组织矫正对象并把自己作为其中平等的一员，对社会现实问题，热点问题展开讨论，鼓励矫正对象质疑，引导矫正对象讨论，使矫正对象在辩论中认识到真理的价值、道德的力量。

德育面对的是人、人心、人的善心，应该是最有魅力的；未成年犯的德育具有更多的挑战性和实验性，其正当而有效的德育无疑对整个社会学校的基础教育改革和发展呈现更多的启示意义。由此，先矫正我们矫正者自己的德育思维方式是多么重要。具备了德育思维方式矫正设计的理论及可借鉴的域外经验，矫正者确立了应有的德育思维方式，那么，德育思维方式矫正的项目设计和运作就有了很好的基础。下文两节内容就是两个具体的德育思维方式矫正项目设计的方案。

第三节 犯罪典型情境的思维方式矫正训练

犯罪典型情境的思维方式矫正训练适合在未成年犯入所教育或服刑初期进行，是属于较深层次的认罪伏法的思维训练，这种思维训练对监禁的适应性摸底和教育、思维上的犯因探底、对犯因性思维进行初步脱敏、形成正当而有效的矫正方案、民警教师与未成年犯达成矫正契约等诸多方面大有裨益。

训练的基本方法和基本程序：1）民警教师倾听未成年犯叙述自我；2）民警教师启发式与未成年犯沟通；3）未成年犯写作自我成长传记；4）未成年犯明确自己的典型犯罪情境；5）民警教师与未成年犯讨论假如不犯罪的多种可能；6）未成年犯自己领悟假设不犯罪的多种典型情境下的选择可能；7）民警教师与未成年犯讨论假如不犯严重错误的多种可能；8）未成年犯自己领悟假设不犯严重错误的多种典型情景下的选择可能；9）组建未成年犯小组进行不犯罪（不犯严重错误）多种可能性交流；10）未成年犯自己推理不被抓判刑受监禁的更严重恶果的多种可能；11）未成年犯自己制定矫正方案或计划；12）民警教师与未成年犯谈心、修改完善矫正方案或计划。

未成年犯的包干教师民警工作主要分五个阶段：1）准备阶段，确定有效对接；2）帮助未成年犯倒推思维，寻找犯罪根源；3）帮助未成年犯"假设"，对过去的典型情境进行各种可能的推理，对各种可能成立的条件进行分析，领悟自己的思维方式错在哪里；4）帮助未成年犯对各种可能的选择进行价值判断，领悟自己的思维方式恶在哪里；5）与未成年犯协商确定矫正方案。

具体设计如下：

一、倾心分析、周密准备

包干民警教师要倾心消化未成年犯的个案材料，以严谨科学的态度分析各种测试结果，认真寻找并抓住未成年犯的"内心矛盾冲突"，为有效对接作准备。

（一）包干民警教师要认真做好训练前的准备工作

仔细阅读未成年犯的档案材料，紧密结合入所后的心理测试结果进行综合分析，初步理清未成年犯个性方面的犯因性问题，特别是要找准这个未成年犯内心的主要矛盾冲突之所在。要从多种可能的心理矛盾冲突中寻找最严重、最剧烈的冲突。未成年犯都处于青春期，他们的心理特点突出表现是出现成人感——自认为自己已经成熟，长成大人了。因而在一些行为活动、思维认识、社会交往等方面，表现出"人"的样式。但成长过程中的他们充满矛盾，主观上不断增强的独立性和客观条件限制下的依赖性、生理早熟与心理晚熟、成人感的表达诉求与能力不及、情感冲动波动大与理智克制力弱小等方面的矛盾比较突出。在监禁的状态下，这些矛盾总是要在这个特殊的环境里通过一定的方式表现出来。除了被剥夺自由与向往自由的基本矛盾外，大多数未成年犯还有争取减刑与艰苦改造自己、遵守监规纪律与自由散漫的习惯、得到较好处遇与踏实矫正自我、憧憬刑满后美好生活的情绪高涨与完成矫正任务碰到困难时的自暴自弃等方面的诸多矛盾。我们要根据未成年犯个案的具体情况，认真分析客观存在的各种矛盾，真正把矛盾作为有真实意义矫正的起点。

（二）以宽容、接纳、真诚的态度与未成年犯建立互动关系

在矫正活动中，未成年人对成人的感受度是非常高的，我们是不是从心里接受他、愿意帮助他，他会从任何一个细微的言、行中觉察。我们确实要调整自我心态，修炼并坚定平等心，才能真诚地接纳他们，才会有良好的互动关系。未成年犯内心矛盾冲突的问题是我们可以与之"对接互动"的突破口，如果我们站在他们的角度，设身处地地理解他们，把问题视做成长必须经过的洗礼，耐心地倾听、真诚地为他们想办法，而不是一味地对他们否定、轻视、说教，也许我们的接纳会使他们愿意与我们形成良性互动。我们尊重他们，承认生命的独立性、独特性，接纳他们的差异和偏颇，接受他们对人、对事、对物看法的不全面、不客观，以启发引导的方式、方法让他们学会学习、学会感悟，懂得如何去评价、看待世界、看待社会、看待生活，耐心地陪伴他们成长。

（三）尊重有理有节，不失原则

包干民警教师在坚持应有原则的前提下，给予足够多的尊重。他们"成人感"的强烈意识，使他们对"得到尊重"格外在意，因此，我们在可以的情况下，尽量让他们来参与、商量、决定一些和他们有关的事情，让他们选择做什么、如何做、怎样做。给他们选择的权利，他们就会珍惜机会，容易激发自我矫正的动力，产生一定的责任意识。他们也会从中领悟到被尊重，而学会自尊，并懂得尊重他人、遵守社会公德是一种自我需要。

二、倒推思维、多向寻根

在监禁的状态下，未成年犯有一对最基本的矛盾，向往墙外的自由生活而不可得、终日受监禁的苦恼。在这个想到了就有无限苦恼的问题下，他们必然在思考产生这个问题的原因。为什么会到这里？为什么出不去？为什么会被判刑？为什么会犯罪？是从什么时候、从什么事情开始犯错误的？先以未成年犯他自己的视角、以他自己认为的具有真实意义的原因推理开始，以写自传的形式形成犯罪被判刑、受监禁的因果链。做这一步工作最佳的时间安排是在入所后的第一周，从被监禁的结果开始倒推思维，帮助未成年犯自己寻找违法犯罪的根源。

（一）掌握情况、明确任务

民警教师在未成年犯入所后第一次找他谈话时，就要和他商量怎么完成这个任务，相关要求要谈得具体详细，特别是首先要启发他很自然地讨论他的过去，认真倾听他的成长经历叙述。非常重要的是耐心细致地倾听、推心置腹地交流的同时，要注意抓住他人生发展中的重要环节、大事件和具有典型意义的情境，特别注意在时间链条上越往上倒推越有让我们抓住矫正重点的启示性意义。谈话的时间不受限制，越长越好，越长越能够让民警教师取得未成年犯的信任，挖掘到未成年犯内心深处的东西。

（二）妥善安排、写好自传

在一次甚至多次的长谈基础上，要安排充足的时间、适当的地点（不要受外界、其他无关未成年犯的干扰），让谈话后的未成年犯写自传。要关注他的新作进度，进一步细化能够让他明白相关的写作要求。对文化程度不高的、写作水平比较低的，要多加鼓励，针对具体困难给予适当的帮助，绝对不能讽刺挖苦。对文化程度很低、自己写作确实困难很大的未成年犯，就要安排文化程度和写作水平高的未成年犯代笔，一边听口述一边写作。写好后读给他听，进行必要的补充修改。

（三）抓住典型情境发散思维

明确典型的犯罪情境（典型的严重错误情境）并以此为中心进行发散性思维。在写自传过程中，要让未成年犯尽可能多地回忆当时具体的典型犯罪情境（典型的严重错误情境）。然后以典型的犯罪情境（典型的严重错误情境）为中心，主要是进行倒推式的发散性思维，是什么人、什么事、什么的具体原因，以什么样的逻辑关系把未成年犯自己卷进这个典型的犯罪情境（典型的严重错误情境）中来的。以此进行各种关联线索的连接、梳理，然后，进行各条线索之间的对比，孰轻孰重。最后，在倒推式思维的源点上来思考自己主要的犯罪（严重错误）原因是什么。

三、假设推理、分析可能

包干民警教师要帮助未成年犯以"假设"对过去的情境进行各种可能的推理，对各种可能成立的条件进行分析。

（一）"假设"倒推的情境判断分析

写自传是从实，现在包干民警教师要帮助未成年犯从虚。对典型的犯罪情境作没有进入、进行的"假设"，以没有进入、进行犯罪为中心进行各种可能的推理，进行倒推的时间越久越好。主要是进行倒推式的发散性思维，是什么人、什么事、什么的具体原因，以什么样的逻辑关系可以把未成年犯自己完全避免卷进这个典型的犯罪情境中来的。以此进行各种关联线索的连接、梳理，然后，进行各条线索之间的对比，孰轻孰重。最后，在倒推式思维的源点上来思考自己主要的肯定不会走上犯罪道路的关键性原因是什么。最后，引导未成年犯进行"假设"的自己不违法犯罪情境与真实的违法犯罪情境之间的对比，未成年犯最终明白自己的思维方式错在哪里。

（二）组织小组讨论

对上述不犯罪、不犯错的典型情境的倒推判断分析组织小组讨论，互相启发、互相补充、互通有无，不断扩大"假设"的内容、情境和路径。以此让未成年犯正面学习更多的社会知识和更复杂的生活背景，从中领会自己参与社会生活应该具有的态度、价值观念。①包干民警教师事先要认真与小组成员谈话，了解他们的主要情况和观点，并作适当的引导；②民警教师要参与小组讨论，以平等的一员掌握火候发表引导性的意见；③让小组成员充分发表意见后，包干民警教师必须进行比较详细的归纳总结。

（三）"假设"没有被抓进来的倒推思维

引导未成年犯自己推理不被抓判刑受监禁的更严重恶果的多种可能，主要目的是要让未成年犯切实体会到政府把他们抓进来保护的良苦用心。如果不作监禁保护，他们很可能犯更大、更多、更重的罪。就这个主题，也要组织小组讨论。从中注意培养他们的辩证思维，真正明白生活的逻辑和踏实生活的意义。

四、价值判断、矫正思维

在前阶段引导未成年犯进行开放性、发散性思维训练的基础上，还是要抓住典型的各种情境不放，引导对其中重要环节、结果的选择进行价值判断，把犯罪典型情境（也包括不犯罪、不犯错的典型情境）下的思维方式矫正训练引向深入。在真实与假设的强烈、鲜明对比中，启发未成年犯领悟自己的思维方式恶在哪里。

（一）启发未成年犯进行多变量的社会事物的分析判断

要巩固前阶段的训练成果，必须为未成年犯提供社会复杂事物的价值判断知识与背景。比如交朋友：①以什么方式交朋友，交什么样的朋友，什么样的朋友是真正的朋友，真正的朋友的价值是什么？②什么叫友爱，如何表现友爱，以及友爱在社会生活中具有什么样的重要性（即价值意义)？③眼前这个具体的人是一个什么样的人，是不是一个值得对他表示友爱的人，如果要对他表示友爱，那么他有什么特点，有什么需要，该用什么方式对他表示友爱才合适？像这一类问题都要提出来，要补充具体的情境或故事，让他们进行小组讨论，讨论结构完全开放，甚至讨论中间包干民警不发表任何意见，到最后进行归纳总结，适当发表意见。

（二）要着力提高未成年犯对复杂事物的价值判断技能

通过谈话、写作、讨论等思维方式训练的程序，要让未成年犯明显感到自己知识的不足和能力的缺乏，并借此引导他们看书学习。比如，让原来喜欢打架斗殴的未成年犯来认识理解谦让这一道德概念。在深刻理解谦让对避免故意伤害罪的发生有重要意义的基础上，更要让他们学会分析判断谦让在具体情境下的复杂性。谦让在不同时代、不同国家、不同文化中有不同的具体意义。在现实社会中，针对不同的对象或者针对在不同情境中的同一个对象，什么时候该谦让，对什么人应该谦让，什么样的情况下用什么方式谦让？可见，谦让的具体方式是不同的。价值知识与其他知识一样，其意义依存于具体的情境，因时、因人、因事而有不同的意义。这种知识比其他领域的知识更复杂，更具有结构不良性。为了培养他们从多种视角和多个层面考察、分析社会现象的能力，必然要求他们去学习历史、地理、政治、经济等方面的知识。

（三）协商制定未成年犯的矫正方案

先由未成年犯认真总结自己在犯罪典型情境下的思维方式矫正训练中的收获和进步，谈谈认罪伏法的体会，在此基础上制定矫正方案或计划。包干民警教师要在认真审阅的基础上与未成年犯谈心，肯定他在训练中的成绩，多加鼓励，适当指出存在的主要问题，特别是对矫正的目标设置、矫正措施明确、矫正过程的复杂性要作详细沟通，修改完善他的矫正方案或计划。最后，一定要勉励他积极争取美好的未来。

矫正方案的一个核心内容是道德认知思维方式训练在个案中的重点体现，找准个案的内心主要矛盾冲突，围绕主要矛盾冲突的具体表现和可能的解决方案设计道德认知思维训练的目标和路径。目标和路径要充分考虑个案的"最近发展区"因素，按照顺序渐进的梯次步步为营、落实到位。

在整个犯罪典型情境下的思维方式矫正训练中，民警教师的知识和思维能力是一个重要方面，但最重要的还是态度，特别是对待未成年犯的态度是至关重要的因素。同时，不能让未成年犯讨论、交流他们犯罪的情境，必须避免交叉感染的问题。在操作过程中，民警要时刻注意把握时机，为未成年犯创造思维顿悟和心灵震撼的体验，唤醒了他们的价值感、生命感、创造力和人格心灵。只有唤醒人灵魂的教育才是成功的教育。这样就会增强未成年犯的自我意识，在灵魂的震撼中感受心灵的解放和主体的弘扬。处于唤醒状态的未成年犯，其智慧和心灵都闪烁着不寻常的光亮，从而认识自我，使人自醒。

第三节　未成年犯道德认知思维方式训练

未成年犯道德认知思维方式训练方案设计的主要理论依据是柯尔伯格的道德发展六阶段论和建构学习设计理论。方案设计的实践依据和原则是必须适应、支持未成年犯的身心发展特点，为未成年犯适应未来社会生活应该具备的公民道德素质而行动。具体为：①和未成年犯矫正的基本制度全面配合呼应；②真实连接并完全融合未成年犯的真实生活和真实的内心感受，教学材料来自未成年犯的服刑生活，特别是矫正中的内心矛盾冲突；③在具体的落实层面，应坚持个案处理的原则，必须兼顾到未成年犯的个体差异，不让一个人掉队；④认真组建小组学习团队，切实发挥集体学习的团队内取长补短和氛围营造作用。

一、道德认知思维方式训练的基本架构

（一）道德认知思维方式训练的目的

基本目的是充分发掘未成年犯在技术实训、文化学习、集体生活中的德育资源，在多元价值的背景下进行思维推理和判断训练，正当而有效地提高未成年犯的道德认知、道德情感水平和道德行为能力，为维护安全稳定服务，为提高矫正质量服务，为未成年犯成长的正常社会化服务。通过一系列的训练，积极促进未成年犯的道德水平由柯尔伯格的道德发展第二阶段提升到第四阶段，达到正常社会化的基本要求。

（二）道德认知思维方式训练的定位

道德认知思维方式训练的定位是针对未成年犯监禁状态和矫正主要载体运行过程中产生的问题或矛盾冲突而设计，它把问题或矛盾冲突作为训练的机会并不断

加强它的有效性。直面未成年犯当下的现实问题和矛盾冲突，而不是回避、掩过饰非、作空泛的说教。其思维方式的训练是以监禁状态下的综合管理、文化学习、技术学习、技术实训、人际交往、兴趣培养、人生目标设定、人生意义追寻等方面的实体内容作为训练的材料和情境。

（三）训练的主要方式

训练的主要方式是以三人小组（三人连环小组、技术实训小组、生活小组）为单位，根据学习进程安排进行学习讨论、画思维导图（条件具备的可制作多媒体课件），在此基础上大组交流讨论，再进一步在管区进行学习成果交流、展示学习成果。训练的组织原则：

1.营造丰富情境。以小组学习、讨论为主，尽可能多地提供文本、视频、语音学习材料，包括图片、典型案例，特别重视实体场景（虚拟场景、表演场景、描述场景）的提供。

2.营造宽松氛围。要在比较轻松、自然的状态下进行训练，形成真实、真诚、可信的交流场域。

3.思维自由，加强引导。在价值多元的背景下实现多元价值的交锋与碰撞，要允许发表与核心价值不同的意见甚至是错误的言论，但民警必须在引导上下足功夫，强有力凸显核心价值的主导作用，有效发挥核心价值的统摄力和影响力。

4.鼓励为主，掌握规则。启发鼓励大行其道，同时制定有关讨论规则，民警把握讨论、争论的方向。

（四）训练内容

训练只有主题是确定的，结构开放，思维发散，但最终的价值导向必须鲜明凸显。围绕内心矛盾冲突的主要训练主题及矛盾冲突按次序为：

1.职业公德（劳动态度）：技术实训的艰苦与快乐。

2.终身学习：学习文化的没意思和有意思。

3.坚守规则：遵守纪律的被迫无奈与主动适应。

4.成人之美：学员间的帮助与被帮助。

5.情感取舍：朋友的情与理。

6.亲情调适：亲人的心是越来越近还是越来越远。

7.人生价值：人生目标的清晰与模糊（生命意义的虚无与追寻）。

8.人生态度：诚实与虚伪。

9.理性判断：做决定的快与慢。

10.融入社会：社会的公正与不公正。

主题内容完全生活化，以就地取材为主，把未成年犯的服刑生活作为德育资源加以发掘运用，在日常基本的矫正载体上生长、培育道德意义；次序排行靠后的则注重面向归正后的正常社会化，以建立社会公德、适应社会生活为价值目标取向。训练时间安排一年，并以犯罪典型情境下的思维方式矫正训练为基础。

二、道德认知思维方式训练的主题展开

道德认知思维方式训练的主题展开主要根据建构学习设计的原理和要素进行设计，具体以职业道德认知思维方式训练为单元案例提供设计思路和框架。该单元的分项主题依次为技术实训的态度、技术实训的规则与安全、技术实训的质量与速度、技术实训与职业规划。

（一）训练情境的创设

在未成年犯都有一定技术实训经验的基础上，训练情境创设场地安排主要在技术实训现场或小组生活寝室，与真实生活相同或相似的活动情境，希望展开的训练学习是从未成年犯自己的经验中学习的。整个训练课程安排摒弃过去的大课堂、大范围的教育解决方案，而是适应特定学习情境的设计需求，注重日常的、现场的具体元素直接进入我们的课程运行。以3到5人为训练教学单位，建构一个比较复杂的社会化教育过程，这个过程中的一切活动都围绕着有意义的观点互动而展开。民警教师在理念上要勇敢地超越单纯传递知识的教学，民警教师的责任不能"授之以鱼"，应该是"授之以渔"，点亮了一支支智慧的蜡烛。具体情境为：向每一名受训的未成年犯发放职业道德、劳动观念、技术实训的学习资料，播放有关他们技术实训典型场景的视频，让他们以小组为单位进行自学、互助学习和讨论，民警教师具体掌握学习进程并随时协调解决未成年犯个体的学习障碍与困难。然后，向每一名受训者发放白纸两张（其中一张为备用）、橡皮和铅笔各一，让他们画"技术实训感觉"的思维导图，事前说明规则（没有对错，只求自己的真实感觉，以感觉为起点，推理越远越好，画时一般不进行小组讨论，有足够的时间让你们画到自己认为满意为止）。画好后交给民警教师进行摸底分析。在此基础上，民警教师进小组按照训练学习主题组织小组讨论，进行小组辅导，搭建学习桥梁，依次展开各项学习任务，评估、展示学习成果（安排大组讨论），最后进行学习成果的反思。在"技术实训的质量与速度"的主题训练结束后，每人画一幅"技术实训感觉"的思维导图，具体规则同上次，民警教师进行对比分析，评估训练成效。在"技术实训与职业规划"的主题训练结束后，每人画一幅"技术实训意义"的思维导图，具体规则同上次，民警教师进行对比分析，评估训练成效。这两次画思维导图，安排全管区开会交流学习成果，并评选优秀的思维导图进行展示。需要重点考虑三个因素：

1.设立情境的基本目的

设立情境的基本目的就是为了更方便、容易地深入了解或探究主题，不仅仅是为了给未成年犯带来某种经验，而是为了让他们有可能在一个有意义的大背景下尝试建构自己的意义。学习情境的灵魂是明确的训练目的。训练的目的是让未成年犯从端正技术实训的态度开始，理解职业道德的基本内涵，进而深入思考自己的职业规划，扎实地为正常社会化准备技能素质，由最初技术实训的艰苦与快乐的矛盾冲突上升为技术实训中质量与速度的矛盾冲突，并再由质量与速度的矛盾冲突上升为单项技术掌握与社会职业多项技术要求、单纯技能素质与社会职业综合素质要求之间的矛盾冲突，切实提高职业道德水平。一个情境执行一个特殊的目的。在这个单元总体训练目标下，民警教师要从分项主题入手考虑如何创设学习情境：我们设计一个训练活动的目的是什么？用什么方法确保他们达成我们预定的目的？我们怎么评估他们是否已经达成了我们预设的目的？如何展示他们所获得的学习成果？学生在结束训练时学到了什么？能有什么东西让他们永远铭记在心？

2.情境要素的主题

该单元的分项主题依次为技术实训的态度、技术实训的规则与安全、技术实训的质量与速度、技术实训与职业规划。训练主题主要是态度、观念，关键是要密切结合未成年犯技术实训的实际情况，让他们真切领会学习的主要内容；通过对实际情况的分析、归纳和演绎，让他们自己通过共同思考生成意义来学习我们所选择的态度、观念。但是，必须让他们明白训练主题的实际意义，最大限度地激发他们对完成任务的强烈兴趣。未成年犯应该主动参与主题的训练过程，通过自己生成意义来建构知识，就能理解并掌握该主题。一个情境集中解决一个训练主题，一个情境包含一个单独的主题供学生训练。

3.情境要素的评估

情境将未成年犯的训练同真实世界的体验联系起来，应该提出一些值得他们玩味的问题，一定的挑战性可以激发他们的兴趣，而且需要他们合作才能完成。因此，引导未成年犯通过情境学习时民警教师给予及时评估和激励是非常必要的。从四个方面来评估学生的训练：第一，需要学习什么；第二，个体及群体已经学到了什么；第三，什么样的情境会激发他们的兴趣，什么样的情境则可能会令人扫兴；第四，有一套比较自然、客观的评估手段，能为民警教师提供比较准确的判断。整个训练单元里，除了民警教师平时的观察与交流作即时判断外，三次画思维导图是最为重要的评估。

（二）训练小组的组建

皮亚杰肯定同伴参与学习对意义建构的积极作用，维果茨基则进一步肯定了团体学习的社会意义建构。建构学习设计将组建小组作为设计教学的重要一环，主要考虑三五个个体组成训练小组，能提供彼此开放、交流思想所必需的安全感或互动机会，共同思考创建主题的意义。小组训练提供了一个把个人意义发展为分享意义的平台，实质上是进行了知识的社会建构。创建主题的意义需要小组中具有不同的智力、经验和文化背景的成员共同协作来完成。分组方式与支持小组共同思考进行意义建构的教学方式是学习设计的中心环节，根据学习的社会目的和提高个体素质的目的来设计训练小组也是一个关键的公平策略，因为参与一个精心组织的小组，不仅能发展个体跨文化的能力，使个体在同伴指导下学到不同的东西，并且每个个体都有平等地表达自己想法的机会。实际上，未成年犯组建学习小组还有更重要的意义，一是加强了训练管理，进一步强化了学习的组织基础；二是以正规的学习组织代替了非正式群体组织发展的可能；三是正面的学习文化排挤了被亚文化充斥甚至犯罪文化交叉感染的可能；四是从综合素质的培养考虑，团体合作技能和集体观念的强化都有赖于小组的成功组建。具体组建过程要把握好三点：

1.综合考虑、合理布局

训练小组组建与原有的三人连环小组、生活大组相结合，最好是与技术实训关联工序的岗位相一致，要和小组所在场地的空间布局相协调，特别要考虑小组成员的个性特点、智力水平、文化程度、技术水平和社会经验的合理搭配，更多地思考小组成员之间取长补短的优势发挥，成为未成年犯学习职业道德的意义建构平台、训练未成年犯正常社会化的平台。小组组建要慎重，正式宣布前需多方权衡；组建后，发现问题要及时调整。小组一般不超过 5 个人，因为小组规模大将导致能力较弱的个体"边缘化"，难以积极参与到活动中来，或者分享思维活动时会变得过于拘谨，甚至发生能力较强的个体"领导"整个学习活动而其他个体退缩不前或根本没有表现的机会。

2.充分提供材料，促进思维转化、内化

应该供应足够多的材料，让个体都可以完成一个独立的项目。特别要善于利用、挖掘未成年犯技术实训的典型事例，用文本的、视频的多种形式加以呈现，用大量的具体材料的有机组合来顺理成章地说明某些看似深奥的道理。事前要预测每个小组会怎样利用材料来演示他们对概念的理解，来展示任务执行过程，来表达他们对某个问题的态度？毋庸置疑，材料可以帮助个体在架构学习桥梁和进行任务展示环节中把自己的思维活动呈现给本组或其他小组的同学。

3.小组建构不能掩盖个体差异，要让个体差异促进小组训练

组建小组的目的在于促使未成年犯在创设的情境中共同思考学习内容，创造条件引导不同思维类型的未成年犯开展有效对话，能够融合不同的思路和多种多样的观点，特别要启发未成年犯认真思考在技术实训中的个体表现差异以及产生差异的背后原因，多做比较分析。在小组学习中，成员差异、学习材料和学习设备是按照相互之间的关系组合在一起的，共同思考和一起建构社会性的、理性的理解。小组能适应成员差异，讨论怎样才能进行最有效的思考和学习，成员也有必要提出他们需要从小组中获得哪些支持来促进学习活动。还需要一个明确的结构和标准来建立

对彼此的信任，这样不同成员才会不断适应彼此的差异，和谐、坦诚地展开学习。经验丰富的学习共同体总是可以迅速进入复杂的任务。民警教师在分组后要考虑怎样分配小组角色以促进未成年犯参与学习和发展社会技能。设立召集人、观察员、记录员和报告者等角色，引导他们发起和监控小组活动过程，记录和汇报小组的思维活动。小组能征求所有成员的看法，在小组学习中应鼓励他们自然发表自己的观点、想法，要让人觉得暴露了自身的缺点和错误观点也能得到足够的信任和尊重，这种氛围是促进自由表达的极为重要的条件。小组活动中应让每个学习者都有机会轮流扮演某个角色，小组能解释个体学习的情况，能充分地评估个体在小组学习活动中的行为。分组学习中应该让个体自行承担学习的责任，让他们解释其他组员的想法与表现。民警教师在小组活动中应要求每个学习者记录小组观点和其他同伴的主要观点。活动结束时，民警教师应随机选择小组成员作报告，所以每一个学习者都要关注思考和学习的过程。学习者学习和报告情况不仅代表了他自己的水平，还在一定程度上表现了整个学习小组的水平，所以每一个学习者往往会自觉去完成预定的学习计划。

（三）训练桥梁的搭建

皮亚杰的"内化"和"顺应"都是通过既有的"图式"来"平衡"的，维果茨基的教学"支架"是通往"最近发展区"的必要桥梁。每一个学习者是在他们已经了解和相信的事物基础上去认识、体验世界的，并以各自已有知识为基础，体会、赋予同一件事物以不同的意义。教师不过是根据学生现有知识，设计一些支持性的教学活动，作为连接现有知识和目标知识之间的桥梁，将学生导向知识和理解的彼岸。在设计教学时教师必要回答两方面的问题：一是，学生具有怎样的先前知识？你如何揭示学生的起点知识？二是，你将怎样把学习主题与学生的生活联系起来？回答这两方面的问题也就是解决 CLD 的第三个环节：搭建学习桥梁。因此，民警教师要掌握学习小组与未成年犯个体的学习材料在初期的消化情况，特别应认真分析第一次思维导图的制作所表现出来的职业道德水平，在个体层面确认差异，明确现有起点和进行有效连接训练主题与未成年犯的技术实训实际状况的方式方法。从技术实训的态度端正到规则内化，再到技术精进，再到职业规划的清晰建构，各个环节的转换、思路的演进、逻辑的链接，都需要层层铺垫、步步为营，搭建好有效学习的桥梁。特别要注意三点：

1.在训练小组里搭建桥梁

构建一个合作学习、互信程度高的团队，能够让未成年犯坦率地说明他们知道什么和不知道什么，毫无顾忌地展现和说明他们的思维活动，并在此基础上引导他们交谈或鼓励他们进一步思考。在一个规模较小的训练小组里，和悦的气氛中交流会更畅通自如，成员参与性也更强。谁都可能成为"小老师"，小组成员讨论时信息有效碰撞、互信启迪在无意中搭建了桥梁。一个规模不大的小组方便民警教师在陈述任务之前更好地观察小组成员的互动情况，了解小组成员各自的优势和不足、学生不同的文化视角以及不同学生彼此沟通的方式。

2.引导未成年犯在训练小组里学会社会化的成长

训练小组若认真运行，发挥合理布局的优势，会给未成年犯带来意想不到的收获。他们会发现自己个性方面的问题自然屏蔽了，人际关系得到了改善，互动交往中变得谦逊许多，在学会欣赏他人的同时提振了自己的自信心。尤其对于那些平时表现比较沉闷的未成年犯，在小组的有利气氛中容易变得活泼开朗，自我感觉得到了他人更多的关注和积极的评价，个性会向良性方向发展。在这种情况下，民警教师容易获得较多的真实信息，要及时收集，新任务开始之前必须表达清楚与新任务相关的原有知识或概念。尽管许多人已经了解甚至掌握了一些相关知识，却是学习必不可少的基础，成为他们持续深入学习的动力。

3.特别要注意帮助学习后进者收获更多的训练成果，"不让一个孩子掉队"

要积极为学习后进者搭建桥梁，多提供学习资料，启发思路，方法引导，多加鼓励，多给他们表达、表现的机会，帮助他们树立自信心，进而提高主动参与训练的积极性，跟上训练节奏。在小组其他成员帮助搭建桥梁的同时，民警教师也要积极关注，给予必要的个别辅导，帮助他们理清思考问题的路径，切实改进思维训练的方法，顺利完成主题意义的建构。

（四）训练任务的策划

民警教师创设学习情境、组建训练小组、搭建桥梁的目的是为了未成年犯能真正成为有学习能力的主动的学习者，主动承接训练任务发生有真实意义的学习。按照 CLD 的规程，策划学习任务是中心环节，强调教师在引导学生完成任务时应该促使学生展开更深层次的思考，而不仅仅是一个标准答案。因此，民警教师策划训练任务的重点不是考察未成年犯完成任务的速度或准确性，而是督导学习小组的思考与活动，考察未成年犯对训练任务涵括的概念、过程和态度所进行的思考的性质、质量，提出能揭示未成年犯个人看法的问题。

1.策划训练任务是为了启发、引导和整合未成年犯的思维活动

"启发"，就是在创设学习情境、构建学习小组和架构学习桥梁过程中设置"启发性问题"，为他们如何开始着手解决问题开好思考之门。"引导"，就是通过"阐述性问题"的提示和提问，甄别他们的思维活动，帮助他们理清概念与逻辑，并进一步促进学习小组里的联系和沟通，从各个不同的角度激活思维。所谓"整合"，就是关注学习小组的任务完成进展，把个体意义的思维整合成共享意义。

2.选择和完善一个高质量的训练任务

这是有效学习活动的核心，主要是要抓好思维导图绘制修改、小组讨论、提问

设计等重点环节。绘制思维导图应进行专门辅导，进一步增强未成年犯的兴趣和技能，使他们保持注意力集中，去完成具有一定难度的任务。在启动主题意义建构时调整未成年犯的注意力，可以以发放新的学习资料、民警教师提问等形式进行。民警教师提问和回答问题必须明确但不能包括答案。比如，在讨论技术实训的艰苦与快乐的感觉时，民警教师要及时发问，引领思考讨论的方向。可以问：艰苦的感觉有哪些？为什么会产生这些艰苦的感觉？快乐的感觉有哪些？为什么会产生快乐的感觉？艰苦与快乐的感觉会发生转换吗？如果会转换，那么转换的条件是什么呢？通过这种连环式的发问，不断把讨论学习引向深入。然后，提出陈述性的问题：如果顺利转换的条件是提高技术水平、提高效率、形成良好习惯，可见，艰苦与快乐是一对矛盾，矛盾是对立统一的，在一定的条件下是可以转换的。进而提出类比性的问题，进一步拓展主题意义：根据这个普遍规律，人的社会角色也是可以变化的，通过学习技术、技术实训形成职业技能，而职业技能是职业定位、社会角色定位的重要条件；因此，认真进行技术实训未成年犯角色变换的重要行动。通过这种思维引导，把惰性知识激活，提升他们的道德境界。

3.策划训练任务需要考虑的关键是意义生成的过程

完成训练任务的目的绝对不是简单的死记硬背，而是要未成年犯通过学习生成个人意义，独立思考后得出某些结论。然后，通过小组讨论交流、彼此协商，相互分享意义。在此基础上，要把训练主题放在更广阔的时空、社会背景中考虑集体意义。从这三个层面民警教师设计提问和准备未成年犯的不断发问。学习任务跟着问题走，问题推进意义生成。因为问题能够激发思维，任务的每一个环节都需要问题，需要各种各样的问题来支撑学习任务的完成。未成年犯一旦进入主动学习状态就会提出纷繁复杂的问题，民警教师的职责就是利用有统摄力的问题引导学生的思维走向，理清思路。

（五）训练结果的展示

我们可以通过各种方式展示个体和小组的思维过程、学习成果，需要的是选择一个恰当的、与训练情境的目的和主题完全适应的评估方式。CLD 展示环节的概念就是让学生描述和介绍他们在完成情境任务时所构建的意义与思维过程，向其他人展示你学到了什么，需要与他人分享你的思想，完成知识的社会化意义建构。通过公开、公众审查，个人学习和小组学习才能与更大团体、更广文化视野下的理解相联系而走向融合，才能与公共的、一般的理解相联系而建构和谐。必须展示自己的学习结果，自己确定展示形式，自己为展示作解说，意义建构的真实性不言而喻。

1.展示训练结果有多方面的功效

主要有：一是使未成年犯在主题学习意义建构的思维活动变得透明，民警教师就可以据此评估他们的学习成效和思维模式，明确下一步学习引导的着力点。二是让未成年犯解释学习结果的思维过程，不仅锻炼了他们的沟通技巧，而且也让他们深刻体验了思维比记忆事实性知识更重要的道理。三，展示的过程通过展示者和民警教师、未成年犯之间的问答，进一步拓展、深化学习，开阔思维视野，非常有利于培养他们的发散性、批判性思维。四，展示是开放和公开的一个互动合作过程，与个体、私下学习全然不同的方式必将深刻影响未成年犯的学习方式与成效，能有力地促进他们增强学习责任感，提高学习的主动性，积极与同伴交流思想、探讨问题，这也是社会化的学习过程。

2.展示训练结果的重点

一是记录和报告思维活动，未成年犯都要学会记笔记，民警教师可以示范各种不同的记录方式，并督导记录过程，保证每一个未成年犯达到规定标准，能认真记录自己的学习和思维过程，小组学习时也要记录每个人的学习和思考情况，要有令人信服的效果，不光小组指定的记录员需要做笔记，所有小组成员都要记录自己和同伴的思维过程。二是展示学习的直接主要作品——思维导图，要教导每个学生为解释和捍卫自己的思路做好充分准备，营造积极互动的氛围，交流有价值的信息，鼓励贡献优秀思维与作品的分享行为，肯定和鼓励具有创造性的、与众不同的思维导图和作品解释方式。三是展示学习的间接作品，如技术实训的产量和质量公布，切实把思维训练与未成年犯的实际表现紧密挂钩，进一步增强思维训练的真实性和可靠性。

3.展示形式多样化

大多数未成年犯完成训练任务后，都要向大家介绍其制作的作品，并解释其思维活动，回答民警教师或同伴提出的每一个问题，复述完成任务的过程，阐述相关理由，帮助提问者理解自己的作品和展示的方法。除了上述基本方法，民警教师要根据未成年犯的个体情况，积极引导他们展示形式多样化、个性化，民警教师分别给予个别化的处置。

（六）训练反思的引导

训练反思的目的是让未成年犯再一次思考在训练活动中创建个人意义、分享意义和集体意义的过程，因此，训练反思的过程也是整合新理念、新范式、新方法的过程。未成年犯自我的训练反思也是训练成效评估的一个关键维度。如何引导主要基于如下三个方面考虑：①未成年犯将如何反思其训练经历和情感体验？②未成年犯会怎样反思思维训练和技术实训的感觉体验区别？③未成年犯会怎样反思训练中互动交流的体验？

1.民警教师要发挥训练反思的主导作用

及时收集个体对训练反思的信息，民警教师就能比较准确地掌握未成年犯个体意义上的训练实效和个体间的差异。进而民警教师引导未成年犯集体反思训练活动，也可以根据展示过程中收集到的信息引导他们就训练活动进行对话、交流。可以发起课堂讨论，讨论不同作品和思维活动的解释；可以召开小型报告会，每个小组报告训练情况并与其他组对比；也可以作一次慎重的选择，每个小组决定坚持自己的思路还是放弃自己的思路。反思某个训练活动可以有多种途径，包括讨论学到了什么，提问如何完成一个相似的任务，解释他们当下的思维活动，看看他们的思维状况在展示前后发生了什么变化。反思过程的关键是检查未成年犯在训练活动中对需要理解的概念、过程和态度已经建构了怎样的意义，民警教师要着重点评重要思路和普遍存在的错误思维。

2.要给未成年犯留出足够的反思空间

个体对训练活动产生不同理解，就会形成不同的意义。民警教师要为他们提供系统方法，帮助他们进行梳理思维脉络，从更高的层次审视这些差异。在与同伴深度交流进行反思；可以通过翻阅训练记录进行反思；可以结合技术实训的最近新体验进行反思；可以搜索、阅读新的学习资料进行反思。重点要让未成年犯对自己画好的思维导图进行反思，看看随着训练的深入、时间的推移会发生怎样的新思路。反思可以持续一段时间，持续的思维活动记录可以反映思维发生的连续变化。让未成年犯学会持续反思，这是系统分析自己的思维活动，是训练"会学习的学习者"不可缺少的过程。

3.要特别重视对思维方式和过程的反思，提高未成年犯的内省标准和力度

一个人反思境界的高度代表了他的思维成熟度。民警教师要深入评估分析未成年犯个人的思维活动，在展示他们的思维过程的时候，既要评价思维活动本身，还要评价可能存在的歧义，指正思维方面的误区。他们如何进行思考，如何生成自己的理解，如何与其他人一起建构知识，这方方面面都要进行评估，要特别善于理解未成年人的思维特点，从他们的立场出发引导对思维方式和过程的反思。从与他们倾心交谈和倾听中着手帮助他反思，妥善安排好反思的时机和场合，在完成学习任务和观看其他人展示其思维作品时引导他们反思，进行合作训练时引导他们反思合作思考的过程，估计他们所学知识的遗忘程度后引导他们反思训练的方法，切实提高他们的内省标准和力度，全力促进他们走向成熟。

总之，德育思维方式的训练作为课堂化的学习活动，其时间总是有限的，要全面提高实效，专业化的设计与具体操作是一个重要方面，另一方面也确实需要基础管理的全时空协同配合。至关重要的是民警教师不仅要有专业技能，还要拥有一颗与未成年犯平等协商、情感包容与矫正成果共享的爱心。当然，本章设计只是一孔之见，与心灵重塑的矫正复杂性相比更是沧海一粟；再进一步说，哪怕最完美的设计也仅仅是一种准备，只有行动哪怕是点滴的行动才是真正的开始。我们有理由期

待行动检验设计，行动促进设计的完善，行动出成果，只有在科学理论指导下的真抓实干才能翻开正当而有效矫正未成年犯的新篇章。

第六章

未成年犯个案矫正技术

　　罪犯矫正技术的产生和发展，既是监狱走向文明和科学的重要标志，也是监狱现代化的重要象征。采用矫正技术，消除未成年犯的犯罪思想和恶习，培育他们符合社会规范的道德情趣，培养他们良好的生活技能和态度，重塑他们良好的人格品行，是矫正未成年犯切实有效的重要途径。本章结合未成年犯的矫正实践，简要阐述了适合未成年犯身心特点的几种矫正技术，供矫正工作者参考使用。

第一节　矫正技术简述

　　罪犯矫正技术是矫正工作者（监狱、未成年犯管教所、公安看守所等的民警或社区矫正工作者，以下也称矫正者）在矫正罪犯的过程中运用的各种手段和方法的综合。其主要目的是为了重塑罪犯的思想和人格，实现重新社会化。

　　未成年犯矫正技术，是矫正工作者在教育矫正未成年犯的过程中，依照监狱法、未成年人保护法等法律的规定，根据未成年犯的人格类型和特征，运用心理学、教育学、社会学、犯罪学等相关理论，纠正或改变未成年犯在个性、情感、道德情操、人生观、价值观和世界观等方面的某些不良特性，所采取的手段、技术和方法。目的是唤起未成年犯的道德本性，重塑其人格品行，最大限度地消除其犯因性因素，从而实现个体的再社会化。

　　未成年犯矫正技术，从广义上说，主要包括分类和处遇技术、管理技术、教育矫正技术、劳动矫正技术、心理矫治技术、治疗和康复技术、评估技术等。本章从教育矫正和心理矫治的两个维度出发，探讨对未成年犯的教育矫正，因此，所述矫正技术是狭义性质的未成年犯矫正技术。依据不同的标准，矫正技术可以有不同的分类。本章按照矫正技术的专业化程度，将它分为基本的矫正技术和专业性的矫正技术两大类（见图6-1）。基本的矫正技术包括：关系构建技术和面谈技术；专业性的矫正技术包括：房树人心理测验技术、意象对话心理治疗技术、沙盘游戏心理治疗技术和叙事矫正技术等四项矫正技术（以下分别称"房树人测验、意象对话、沙盘游戏、叙事矫正技术"，统称"四项矫正技术"）。

当然，在未成年犯的矫正实践活动中，矫正工作者所涉及的各种矫正技术，是无法截然分开的。尤其是房树人测验技术和叙事矫正技术，常常会与其他矫正技术一起使用。一个出色的矫正工作者，会将各种技术手段交织在一起使用，"你中有我，我中有你"，不分彼此，达到相互交融、浑然一体的境界。

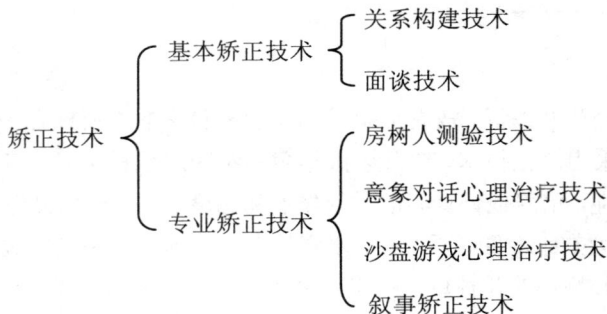

图 6-1　矫正技术分类

第二节　基本矫正技术

对于基本矫正技术而言，矫正工作者可以通过短期培训掌握，也可以通过自我研修和深入的矫正实践，加以理解和掌握。在未成年犯矫正实践过程中，关系构建技术和面谈技术是最常涉及的基本矫正技术，在未成年犯出入监评估、矫正过程评估、行为规训、危机干预和心理矫治与调适中应用广泛。

一、关系构建技术

在对未成年犯实施教育矫正的过程中，矫正者是未成年犯管教所、公安看守所的民警或社区矫正工作者，是矫正实施的主体；被矫正者（以下称矫正对象或当事人）是在未成年犯管教所、公安看守所或社区矫正机构接受刑罚处罚的未成年犯，是矫正实施的对象。矫正者与当事人双方的矫正关系，既是矫正实施的原点，也是贯穿整个矫正实施过程的重要内容和支撑点。矫正双方的矫正关系的品质，是矫正质量的生命力，攸关整体矫正质量之良莠。因此，矫正关系构建技术，是一项十分重要也是基础性的矫正技术。

建立良好的矫正关系是矫正实施过程的核心内容，也是矫正能否顺利实施的重要保证，良好的矫正关系能为当事人创设一个安全温暖的氛围，最大限度地减少当事人的心理防御，促使其进行积极的自我探索，同时也能促进当事人对矫正者的信任。

矫正关系的建立是矫正双方互动的结果，受矫正双方的双重影响。就当事人而言，矫正的愿望和动机、自我察觉的水平、合作的态度等会影响矫正关系；就矫正者而言，其矫正的态度左右着矫正关系的建立和发展。因此，矫正关系构建技术，究其实质，是矫正者双方矫正态度的构建过程。与其称之为一项技术，不如称之为一种态度更为妥帖。这种矫正的态度，受到普遍公认的有接纳、共情和积极关注；这种矫正的态度，其最终效果是要达到当事人对矫正者的充分信任。

（一）接纳

接纳是对当事人的一种充分尊重和信任，这种接纳能让当事人获得安全感、温暖感和自我价值感，提高他们的自尊心和自信心。

1. 完整接纳

完整接纳意味着无条件的完全接纳，也就是对当事人的所有优缺点，所有价值观都要予以接纳。未成年犯的思想道德、人生信念、心理行为存在着诸多的问题，对此，在矫正关系的构建过程中，均宜完全包容接纳。当然，这种接纳不是对其价值观的内化，不是对其不良思想和不健康心理的认同，也不是对其错误言行的回避和掩藏，而是矫正工作者怀着一种真诚的态度，适当适时地指出当事人存在的问题，帮助当事人分析原因，查找根源，促其全面改正。因此，矫正者对当事人的接纳，发挥的是一种类似容器的作用，让当事人的各种思想信条和心理品质在矫正者的态度容器中留存，进而发酵、提纯，历经布满荆棘的历程，实现其思想和心理的重大涅槃，达到品行和人格重塑的最终目的。

2. 真诚接纳

矫正者的真诚，是矫正者在矫正过程中表现出来的、表里如一、言行一致的品质，一种满腔热情和诚恳忠实的态度，也是一个展现真实自我的过程。

真诚的表达，首先是一种实事求是的态度。矫正者不必在当事人面前过多表现自己的完美，既不装腔作势，刻意修饰美化自己，也不妄自菲薄，而是以一个真实的自我出现在当事人面前，让当事人觉得安全、亲近和可信，从而化解当事人的心理防御，促使当事人开放自己、表达自己、袒露内心，拉近矫正双方的心理距离。

真诚的表达，不仅是一种技术，更是一种艺术，一种真诚的自然流露。同时，真诚的表达，应遵循有利于当事人成长的原则，因此，真诚不等于说实话，不等于有啥说啥。真诚也不是自我的发泄，不是当事人的有感而发和自我开放，否则会对矫正产生负面效果。

3. 平等接纳

平等接纳是指矫正者以一种热忱真诚的态度平等接纳当事人。虽然，就法律地位而言，矫正双方是不对等的，但就矫正关系来说，双方又是平等的。平等关系是建造矫正关系大厦的重要基石，缺少平等的基础，矫正目的的实现就会变得虚无缥缈，矫正目标也会南辕北辙。居高临下的说教引导，或许会让当事人从表面上允诺接受，而内心却别有"滋味和风景"。矫正者以一种富有爱心和耐心、亲切及和善的真诚态度温暖、接纳当事人，才能让当事人对矫正者产生完全的信任。当然，对于矫正者而言，这种平等接纳的思想理念和心态须是发自内心的，表面上的热忱，或许会让当事人在意识层面短暂接受，但潜意识层面的内心深处，当事人可能完全感受不到来自矫正者的真诚和善意，并在无意识的层面默默地破坏着矫正关系，这对良好矫正关系的建立具有致命的伤害作用。这就意味着，在矫正实施的过程中，不宜过分强调技术和技巧的作用，而应注重内心的真诚和真爱。有时矫正者说错几句话无关大局，而发自内心的大爱和真爱才是至关重要的，也是真正具有助人效应的。

4. 尊重隐私

对当事人的个人秘密和隐私，矫正者必须加以保护。对当事人的个案情况，不能当做平时闲聊甚至炫耀自己经验和能力的话题。除用作工作性分析外，当事人的矫正记录不能随意公开或随意让人查阅。用作科研项目的个案资料，则应进行技术性的处理，如不能公布当事人真实姓名等资料。当然如果当事人有自杀的行为和意念，有攻击伤害他人的举动，有脱离监管的冲动等等，都不在保密的范畴。

（二）共情

共情，又称投情或通情达理，即站在对方的立场思考问题，被认为是影响矫正进程和质量的关键因素和重要支点。共情是"理解到、意识到、感受到或替代体验到另一个人现在或过去的情感、想法和体验的行为，而不以客观明确的方式充分传达出该情感、想法和体验的行为。[①]"由此可见，共情不光是一个情感过程，还是一种智力活动。

按照人本主义心理学家罗杰斯的观点，"共情是指体验别人内心世界的能力"。它包含了以下三个方面的内容：首先，共情是矫正者运用当事人的个案资料和言行表现，深入对方的内心世界，去意识和体验他的过去和当前的真实情感和思维，从而去理解他的言行和表现。其次，共情是矫正者运用自己的经验和知识，把握当事人的体验与他的人生经历、社会阅历之间的联系；把握当事人的体验与其思想道德水准、人格特征之间的联系；厘清当事人与犯罪、亲情关怀、社会支持、人格因素

[①] Rita Sommers-Flanagan、John Sommers-Flanagan：《心理咨询面谈技术》，陈祉妍等译，中国轻工业出版社 2001 年版，第 162 页。

和思维模式之间的联系，更好地理解当事人的问题实质。再次，共情是矫正者运用矫正技术，将自己的理解、感受和情感，以客观明确的方式充分传达给对方，以影响对方并取得反馈信息。

良好的共情，可使当事人感到自己被接纳、被理解，从而产生愉快和满足的心情，促进当事人更多的自我开放和自我探索，有助于矫正关系的建立；另外，共情使矫正者更准确地察觉和理解当事人的思想和感情，与当事人达到更多的沟通和交流，有助于矫正关系的深入发展。以下是一个共情的谈话片断（片断6-1）：

·矫正对象：当我还不满一岁的时候，父母亲就离婚不管我了。我那么小，他们就舍得扔下我，我真恨他们。

·矫正者：你很小的时候，父母就离婚扔下你不管，你因此感到不满和沮丧，这的确是令人难过的事。（共情）

·矫正对象：我跟奶奶一起生活了十二年，她有时也要责骂我，让我感到不舒服。

·矫正者：亲人的责骂大多出于善意，但却会使人感到紧张与难受。（共情）

·矫正对象：我十二岁时，父亲回家了，他经常为一些小事打我，有时我会躲在角落里发抖，感到非常害怕。

·矫正者：父亲的惩罚，让你产生强烈的紧张和恐惧。（共情）

·矫正对象：有一次他还把我扔到河里。

·矫正者：他把你扔到河里？（语调和语气中略带惊讶，显示出对其父亲行为的不认同）

·矫正对象：好几次我想自杀了事。可他仍旧不好好照顾我。

·矫正者：年幼时的你，没有办法和父亲抗衡，你自杀的举动为的是保护自己，你想以此换取父亲的关爱，然而父亲无动于衷，你为此感到痛苦与无奈。（共情）

·矫正对象：是啊。

此共情片断中的当事人，人际关系紧张，有绝食、与他犯争吵甚至打架等行为。2007年某月某日晚，他用私自藏匿的劳动工具割伤手臂部较大的静脉，被及时发现送医院抢救生还。通过上述共情谈话，一是有力地缓解了当事人的负性情绪，使他能够很好地介绍自己的情况；二是让他感到被理解和接纳，使他的求助动机逐渐增强，自信心逐渐恢复。

运用共情，还需要把握以下几个方面：

1. 运用非评判性共情

共情是矫正者走出自己，站在对方的立场体验对方的认知、情感和思维，是让自己站在当事人的角度体会对方的酸甜苦辣和喜怒哀乐。因此，这种体验应该是非指导性的，否则会产生无效的共情，甚至产生有害的共情效应。比如，将上述谈话片断（片断6-1）中共情作出以下修改：

- 矫正对象：噢。有一次他还把我扔到河里。
- 矫正者（回应一）：那一定很可怕（共情）
- 矫正者（回应二）：那一定很糟糕（共情）
- 矫正者（回应三）：太可怕了，你能挺过来，证明你是坚强的。（共情）
- 矫正者（回应四）：你真可怜。（共情）

如果回应"那一定很可怕"或者"那一定很糟糕"，就是一次指导性的共情。它是对当事人内心所体验的糟糕程度的评判，虽然也是一种共情，却是无效的共情沟通，甚至在某种程度上，会让当事人明确地感受事情的严重性，而产生有害的共情效果。如果回应"太可怕了，你能挺过来，证明你是坚强的"或者"你真可怜"，同样也是一种带有评价性质的共情，但是，"你真可怜"的评判，是一种不恰当的同情。当事人可能会因此受到鼓励而内心感到些许的安慰，却可能因为再次受到评判，而拒绝进一步的自我探索，拒绝进一步的情感弱点表露。

2. 运用非言语技术

非言语性的共情，如充分运用语音、语调、表情、姿势等所体现的共情，有时比言语性的共情更有效力。如上述片断中对当事人"有一次他还把我扔到河里"进行回应时，矫正者通过语调和声调中传递的轻微共情（语气中带着惊讶），让当事人感觉到被理解和同情，往往比直接的言语性共情，如"你父亲真不应该这样做"的表达更有效果。这样当事人就会更愿意探究问题的各个方面。比如，在随后的谈话中，他就向矫正者提供了重要的信息："好几次我想自杀了事"。

3. 运用准确的共情

准确的共情，触及的是当事人过去的感受、当前的想法，和一些他尚无法感知的麻木情感。当矫正者对当事人的思维和情感体验无法准确把握时，就不宜使用共情。错误的共情可能导致下列情况：一是不能真正走入当事人的内心，而仅以自己对事物的理解进行臆测和揣度；二是完全被当事人的情感所左右，与当事人同喜同悲，完全失去自己的立场。此时，矫正者使用一般的内容反应可能会更妥帖。以下为一谈话片断（片断6-2）：

- 矫正对象：他（组长）总是喜欢指责别人，让我感到很别扭。
- 矫正者：他的批评使你感到难受。（共情）
- 矫正对象：（沉默良久，欲言又止）……
- 矫正者：别的情况呢？

•矫正对象:(犹豫不决的样子)他(组长)还喜欢在警官面前告我的状,可他自己却不能以身作则。

•矫正者:他的行为让你感到气愤。(共情)

•矫正对象:噢。(如释重负,心舒气畅的样子)

上述交谈颇费周折。在这个过程中,由于矫正者一开始不能准确体验到当事人的愤怒情绪,而进行了不恰当的共情,险些使当事人中断表达,而使矫正活动无法深入进行。

(三)积极关注

积极关注,是指对当事人的言语和行为的积极面予以选择性地关注,从而使其拥有正确的自我形象、积极的思想信念和良好的人生价值观。

人的心灵具有善恶两面性,未成年犯也不例外。虽然他们心灵的邪恶面可能更多些,但并不能就此否认他们身上积极的一面,不能否认他们一样拥有自身的长处和优点。他们内心善良的一面,既是我们对其进行矫正的根基,也是对其进行积极关注的基础。通过矫正双方的努力,他们都可以得到有效的矫正,活得比当下更好。

积极关注特别适合那些自信心不足、情绪低落的当事人。积极关注需要真诚的、实事求是的态度,既不能过分夸大,也不能盲目乐观。积极关注还要有的放矢,切实避免对当事人的故意迎合。另外,最好的积极关注方法,是启发当事人学会自己发现自己的长处和潜力,学会自我鼓励。积极关注的内容,可以是当事人以往的表现和能力,可以是其矫正过程中的良好表现,也可以是其身上的某些优点。以下为一谈话片断(片断6-3):

•矫正对象:最近,我习艺劳动任务总不能按时完成,失眠了。

•矫正者:你能主动来找我谈,说明你关注自己的改造情况。可以谈谈这种现象是什么时候开始的吗?(积极关注)

•矫正对象:大概有两个星期的时间了。两个星期前,我获悉家中遭灾,颗粒无收。

•矫正者:让你感到很难过。

•矫正对象:是的。警官给我买了很多慰问品。

•矫正者:这是警官对你的关心。

•矫正对象:可是警官对我越关心,我就越感到有压力。

•矫正者:你能惦记着别人对你的好,我很高兴。(积极关注)

•矫正对象:我想把习艺劳动做得更好,结果事与愿违。

•矫正者:原来如此。

以上"你能主动来找我谈,说明你关注自己的改造情况"和"你能惦记着别人对你的好"都是对当事人的积极关注。正是这种积极关注,引导当事人进行一步步地自我探索和自我鼓励,最终找出引起失眠的因素。此谈话片断中的当事人,有一种追求完美的性格倾向,通过运用积极关注等矫正技术,使他认识到了这一点,获得了心灵的自由。

二、面谈技术

面谈是矫正双方面对面地进行沟通,实现双向互动的一种活动。在矫正活动中,从矫正关系的建立,从接纳、共情到积极关注,再到矫正活动深入发展的全过程,每一种矫正技术的运用,每一项矫正手段的实施,每一步矫正目标的实现,都要依靠面谈这一载体完成,离开了面谈,矫正活动就成了无米之炊,无源之水。可见,面谈活动以及与之有关的一切技术,是最基本也是最重要的一项矫正技术。严格意义上说,矫正关系的构建技术也是面谈技术的一种,只是为了突出关系构建的重要性。

面谈技术由一系列子技术组成,这些技术主要包括关系构建技术(已单独阐述)、倾听技术、提问技术、观察技术、表述技术、推进技术等等。

(一)倾听技术

倾听是指矫正者对当事人充分接纳的基础上,通过自己的语言和非语言的关注行为,向当事人传达信息,以促进当事人深入的进行自我开放和自我探索的过程。倾听的过程,是矫正者主动引导、积极思考、厘清问题、参与矫正的过程。

在矫正活动中,"听比说更重要",是业界的共识。倾听是每位矫正工作者的基本功,不会倾听就无法开展矫正活动。当然,如何进行倾听,如何善于倾听,甚至于达到炉火纯青的倾听境界,则是智者见智、仁者见仁的事情,虽有一些可供借鉴的思想和原则,却并没有标准的范式。倾听包括非指导性倾听和指导性倾听。

1. 非指导性倾听

这是让当事人掌握主动权,矫正者仅以非语言行为或非指导性的少量语言关注当事人、鼓励当事人自由叙述的一种倾听技术。主要有"非语言行为的倾听"和"非指导性的语言倾听"两种。

(1)非语言行为的倾听,是指矫正者以面部表情、目光接触、身段语言(含人际距离)等因素为影响内容的倾听。

矫正者专注的面部表情、目光接触、身段语言和适当的面谈距离,常常构成有效的倾听。人们可以在语言上伪装自己,却难以掩饰非语言行为透露的真实想法。矫正者是否真诚的投入式倾听,是否对当事人进行无条件接纳的倾听,往往透过微小的身体语言,就能让大多数当事人敏锐地捕捉到。

矫正者的面部表情应当是自然、专注和关心的，应当是与当事人情绪情感协调一致的，一皱眉一微笑都应当是恰如其分的。对于特别敏感的当事人，如有必要，出现了不恰当的面部表情表达时，可以及时向对方做出解释。比如说，"你刚才可能注意到我有一次皱眉，那是我正在纳闷你的父母亲……"等，让当事人觉得你真诚的倾听态度。

矫正者的目光接触要适度、灵活。一般宜与当事人保持在同一高度，且不宜久视。居高临下的目光接触，会让当事人感到压抑和难以自我开放。过度的目光接触，同样会让当事人感到透不过气来，尤其是遇到抑郁或愤怒情绪的当事人，前者情绪会更低沉甚至沉默，后者可能会产生抵触心理。

矫正者的身段语言，包括手势和身体的姿势。可以传达肯定或否定、接纳或拒绝、开放或封闭等丰富的信息。矫正者积极的身段语言一般包括：略微前倾的身体、放松而专注的姿势、无多余动作、适时呼应性的点头、一臂远的距离、开放性的手脚姿势等。

一般而言，矫正者应当避免的非语言信息包括：较少（或较多）的目光接触、身体后倾、翘二郎腿、双臂合抱于胸、转身 45 度角、耸肩、双手外摊、摇头、摆手、远离等等。

（2）非指导性的语言倾听，是矫正者以简短接话、副语言、沉默等因素为影响内容的倾听。

善于倾听，还要有适当的参与，进行适当的反应。否则当事人的叙述就无法连续进行。简短接话是最简单的参与活动，也是最简单的非指导性语言倾听技术，比如"噢"、"后来呢"、"接着怎样"、"是的"、"嗯"、"请接下去说"等。简短的接话，表明矫正者正认真倾听，大多数情况下，能很好地鼓励当事人继续往下叙说。

副语言是指矫正者说话时的语音、语调、语气、语速、节奏等声音的效果。"有研究表明，在面对面的信息沟通中，有38%的效果来自于副语言的沟通[1]"。矫正者真诚、关切、柔和、有力、鼓励性的副语言，无疑是促使当事人更好诉说的催化剂，也是保证矫正者得到正确倾听内容的关键因素。

沉默，是面谈过程中会话的暂时中断现象。既有当事人的沉默，也有矫正者特意使用的沉默。沉默具有双重效应，它虽使交流变得不够流畅甚至使倾听中断，但有时它却能起到厘清、鼓励或安抚的作用，正所谓"清静为天下正"。当事人的沉默，可能是矫正过程中产生阻抗现象而产生的，也可能是矫正者的提问，引发当事人的思考而导致的。对于阻抗性的"沉默"，要由矫正者深入分析当事人的原因"对症下药"，采用有效的提问策略因势利导；而对于考虑性的"沉默"，则可能是矫正

---

[1] 马志国著：《心理咨询师实用技术》，中国水利水电出版社 2005 年版，第 151 页。

过程中转折的契机，如果能被矫正者所洞察与把握，则可能收到事半功倍的矫正效果。矫正者有意为之的沉默，多半是为了给当事人提供一个厘清思路的机会，有时也可能是启发或鼓励当事人，促使其自我分析，通常具有积极作用。这种沉默用之妥帖，不失为一种有效的、非指导性的语言倾听策略。

2. 指导性倾听。这是让矫正者以专家的身份，给予当事人建议或指导，引导当事人关注其问题实质的一种倾听技术。在这一过程中，矫正者要充分理解当事人在叙述过程中，所传达的内容、思想和情感，以包容接纳的态度，把自己放在当事人的位置上，运用科学的立场深入思考，鼓励当事人宣泄，帮助其澄清自己的问题，厘清问题的起因、发展和变化的全过程。指导性的倾听反应，包括内容反应、情感反应、具体化、小结等一系列子技术。

（1）内容反应。内容反映又称为释义。是指在倾听过程中，矫正者把当事人的主要言谈、思想，加以综合整理后，再简短地反馈给对方。内容反应类似于重复，所不同的是，它有一个概括的过程。内容反应向当事人表明矫正者正在用心倾听，并理解了他的意思；同时，可以使当事人有机会再次来剖析自己的困扰，重组零散的事件，厘清因果关系，有助于把话题引向重要的方向。

（2）情感反应。情感反应是指在倾听过程中，矫正者把当事人的语言与非语言行为中包含的情感因素加以整理之后，反馈给对方。向当事人传递"我正确理解你的感受，体会你的情感"的信息。情感反应是协助当事人觉察、体会和接纳自己的感受，促使他重新找回自己的感觉。内容反映与情感反映相结合，就是初级通情达理。

因为人的情感表达常常是复杂的，有时候还有非语言性的情感表达，使情感反应成为一项较难掌握的矫正技术，这就需要矫正者在实践中进行不断反复的训练，积累经验加以提高。以下为一谈话片断（片断6-4）：

矫正者：你父母亲呢？

矫正对象：我的父母亲经常争吵，甚至打闹。有时他们还会打我，拿我当出气筒。

矫正者：你的父母亲不但相互吵闹，还会打你。（内容反应）

矫正对象：是的，我自小就感觉不到家庭的温暖。后来我就离家到外面与朋友一起"闯荡"。每当想起这些，总让我感到无奈和气愤。

矫正者：你因找不到家的温暖就离家出走，你为此感到恼怒，是这样吗？（情感反应）

矫正对象：是的。

矫正者：与同伴在一起时你会有怎样的感觉？

矫正对象：与同伴相处时，虽然经常是饥一顿饱一顿的，但心情还好。因为听不到父母的争吵声，也不用担心被打。

矫正者：与同伴相处，虽然生活艰苦，但还算开心。（初级通情达理）

矫正对象：是这样的。但这样的日子也不是我所希望的。为了吃得好，后来我们就去偷。

在以上谈话片断中，矫正者运用内容反映、情感反映和初级通情达理等子技术，初步了解了当事人的家庭生活环境（暴力和非温馨）以及当事人寻找同伴的心理原因（寻求温暖和归属）。

（3）具体化。具体化技术也称澄清技术，是矫正者对于当事人模糊不清的、过分概括化的、矛盾的思想、情感或事件进行梳理的过程。具体化技术也是一项基本的矫正技术，其根本目的是协助当事人更清楚、具体地认识问题，明了事情真相。

应用具体化技术予以澄清时，常常采用层层剥笋的方法，通过深入解析，由表及里，找出问题的症结所在。如果当事人有多个含糊不清的问题时，矫正者应选择最关键的一个进行具体化。通过具体化技术，不但要使当事人澄清问题，更要让其明白自己的思维方式是怎样影响自己情绪和行为的。以下为谈话片断举例（片断6-5）：

矫正者：你父母亲的关系不好，能详细说说吗？（具体化）

矫正对象：他们经常吵架、闹离婚。我妈妈脾气还算好，她平时说话不多，也从不打我；我爸爸的性格暴躁，他喜欢打牌，输了钱回家就喝酒、打人，他不但打我而且还会打妈妈。

在这一对话中，矫正者运用具体化的技术，获得了有关当事人丰富的家庭信息：父母关系和亲子关系的情况，以及父亲和母亲的性格特征等情况。

（4）小结。小结是指矫正者把当事人的会谈内容、情感及相互的关系，加以归纳整理后，以简明扼要的语言，反馈给当事人，帮助当事人厘清头绪。小结类似于前述的内容反应和情感反应，只是它的时间跨度更长、更系统，是对当事人一段时间内容和情感活动及相互关系的归纳和提炼。小结一般可在矫正活动开展一小段时间后，当当事人理不清头绪时进行；也可以在转换谈话主题时进行；还可以在某一次面谈结束或开始时进行。

（二）提问技术

提问技术，是矫正者需要不断体会和反复实践的基本功。矫正过程中的提问，目的是通过设问澄清基本事实。通常，提问可分为封闭式提问、开放式提问和"为什么"式提问三种类型。

1. 封闭性提问

封闭性提问是减少或控制当事人谈话的一种技术，是可以用"肯定"或"否定"回答的提问。对于这类提问，通常使用"是不是"、"要不要"、"有没有"、"可不可以"等词语，而回答也是"是、否"式的简单答案。

想获得当事人的具体而确定的信息时，或遇当事人的叙述偏离正题时，使用这类提问非常管用。它能缩小谈话的范围，快速澄清问题。需要注意的是，封闭式提问不宜过多地使用，否则会压制当事人自我表达的愿望，严重时还会使当事人产生被讯问感而出现沉默。另外，对于暗示性较高，对自己的问题把握不准的当事人，封闭性提问易产生误导，也需要慎用。

2. 开放式提问

在开放式提问中，当事人可以相对自由地确定回答的内容和方向，有利于促进当事人自主的言语表达，也有利于矫正者获取更多的信息资料。

这类提问，通常使用"什么"、"怎么样"、"如何"、"愿不愿"、"为什么"等词来发问，能让当事人就有关事实展开详细的解说。"什么"型和"怎么样"型的提问往往涉及某些事实的翔实细节，目的是为了获得具体的信息资料。"如何"型的提问则常常涉及到某一事实的翔实过程。"愿不愿"、"能不能"型的提问，能促使当事人进行自我剖析。"为什么"型的提问，是一种探究事情原因的开放式的提问，它与一般的开放式提问的不同之处在于它不仅着眼于对事实的了解，而是帮助当事人探寻事实背后的行为动机，以便帮助当事人厘清事情的原委，找到解决问题的有效办法。

封闭式提问与开放式提问各有所长，面谈中常常两者结合使用。提问时，语气要平和、态度要真诚，不能给当事人以被审问或被剖析的感觉。对于一些特别敏感的问题，要注意当事人的接受程度，不宜表现出不当的兴趣。提问时，还要正确引导谈话的方向，提问要紧紧围绕当事人的问题，围绕当事人的矫正目标。以下为谈话片断举例（片断6-6）：

矫正者：你的爸爸和妈妈在学习上对你有什么要求？（开放式提问）

矫正对象：我爸爸常年在外地出差，没有太多的时间关注我的学习。妈妈在生活上很疼爱我，在学习上对我也抓得很严。

矫正者：妈妈对你的学习要求很高。

矫正对象：是的，她要求我考试成绩名列班级前10名。

矫正者：她要求你每次都考前10名，是这样吗？（封闭式提问）

矫正对象：是的。

……

矫正者：你妈妈对你的学习要求确实很高。你愿不愿谈谈你当时的感受？（开放式提问）

矫正对象：我时常觉得无法承受。有时我会有一种精神崩溃的感觉，有几次，我都有上前打人的冲动。

矫正者：你为什么会有这种冲动的感觉呢？（开放式提问）

矫正对象：是啊，我为什么会这样呢？或许是我青春期的叛逆心理，和母亲的严厉使我产生的怨恨心理，两者相互碰撞而产生的"烈火"在作怪吧！

此谈话片断中的当事人，因一时的冲动和愤怒，将母亲杀害而被判入狱。通过开放式提问和封闭式提问的交替使用，使矫正者了解到，当事人的父母亲对他学习所持的态度，以及当事人对母亲所持的态度。

（三）影响技术

1. 内容表达和情感表达。内容表达是向当事人传递信息、进行反馈、表达自己的态度和意见的技术。比如说"我希望你能体味一下我刚才说的那一番话，如果你能体会到什么或者采取一些行动，我相信对你会很有好处的。"内容表达时措辞应和缓、尊重。情感表达是矫正者向当事人表达自己的喜怒哀乐等情绪和情感状况。情感表达既可以针对当事人，比如"我觉得你的自尊心很强"，也可以针对自己或其他的人和事，比如"良好的人际互动能够创造一个相互帮助、相互支持的和谐的人际氛围，促进人与人之间的友好相处。你和你的同伴在一起，能互帮互助，我为此感到高兴。"情感表达时，所表达的内容应有助于当事人叙述，而不是为了满足自己的情感表达欲。

需要特别指出的是，内容表达、情感表达与内容反映、情感反映不同，内容反映、情感反映是陈述当事人的所言所行，而内容表达、情感表达则是叙述矫正者自己的情感体验。内容表达和情感表达比内容反映和情感反映更主动、更直接，因此也就更具有影响力。

2. 解释技术

解释是矫正者运用有关理论和生活经验，对当事人的思想、情感和行为的原因进行解析说明，从而使当事人提高认识，产生领悟，促进转变。

解释（见片断 6-8）是面谈过程中最复杂的一项技术，是一项创造性的工作。解释要站在理论的高度，以理论联系实际的态度，给予系统的分析说明，切忌肤浅、模糊、乏力，没有说服力。解释要充分考虑到当事人心理个性特征、文化程度、领悟能力等各种因素。解释要选取适当的时机，既不能在对当事人的情况把握不准时匆忙进行，也不能在当事人还没有心理承受力时进行。解释还要有利于当事人问题的解决和自我成长，不能把当事人不认可的解释强加在对方的头上。

3. 面对技术

面对技术又称面质技术，是矫正者指出当事人身上存在的矛盾之处，促使当事人认清自己的短处，了解自己的潜能，从而获得领悟并化解内心的矛盾促进改变。面质既是矫正过程的必要一环，又是需要审慎处理的环节。

一方面，面质技术要和支持技术（通情达理、情感反映等技术）结合起来使用，如在面质开始前通过某种手段与当事人取得良好关系，这是面质取得成效的关键因素。另一方面，面质不能无缘无故进行，一定要有事实依据，只有以事实为根据的面质，才能使当事人心悦诚服，才能促使其深入的自我反思与顿悟。为减少面质对当事人造成的负面影响，必要时还可运用尝试性面质，比如，使用"好像"、"似乎"等表述，让当事人在"如沐春风"的氛围中愉快地接受矫正者的面质。以下为谈话片断举例（片断6-7）：

> 矫正对象：近几天来，我睡眠一直不好，每晚只能睡两三个小时。
>
> 矫正者：躺下之后，一直都无法入睡？
>
> 矫正对象：熄灯后，我总是辗转反侧，好久才能入睡。
>
> 矫正者：睡后不久又要醒来？
>
> 矫正对象：就是这样的，之后就一夜无眠。
>
> 矫正者：失眠会使人产生烦躁不安的感觉。这种感受我也曾经有过。（通情达理、自我开放）
>
> 矫正对象：确实让我感到挺难受。
>
> 矫正者：失眠往往与日常生活中烦心的事困扰有关。
>
> 矫正对象：好像也说不上有什么烦心的事，但每次遇到警官，我都有一种紧张感。
>
> 矫正者：一种莫名的紧张感，但又无法用语言表达。
>
> 矫正对象：正是这样的感觉。
>
> 矫正者：在我面前你有同样的感觉吗？
>
> 矫正对象：没有。在你面前，我觉得很放松、很自然、很安全，就像回到了自己的家。
>
> 矫正者：可我似乎觉得你的双手和双脚一直在颤抖。（面质）
>
> 矫正对象：（沉默不语）
>
> 矫正者：你生活在一个温暖幸福的家庭吗？
>
> 矫正对象：我能感受到父母对我的爱。虽然父母亲常常在家争吵，但待我都挺好的。
>
> 矫正者：一个争吵的家庭环境，时常会让你感到无所适从或者紧张，是这样吗？
>
> 矫正对象：（思索片刻）对，经常会有这样的感觉。

爱也有"阴阳"，只有来自父母亲完全融合的"阴阳"之爱，才能构筑完整的"太极"爱。也只有这种爱才能滋养当事人，使其成长和进步。而割裂的爱（父亲和母亲单方面的爱），虽然与融合的"太极"爱（父母间的恩爱所营造的温馨家庭环境而形成的爱）等量，却由于存在难以弥合的裂痕，所以会带给孩子各种各样的伤害，引起孩子各种各样的不良行为：离家出走、寻找不良同伙、实施犯罪行为、失眠、人际相处紧张等等。此谈话片断中的当事人，虽然父母双方都很爱他，但因为这种爱是割裂而非融合的爱，所以最终还是促使他离家出走，结交不良同伴而实施盗窃行为。在谈话中，矫正者运用面质技术，使他认识到失眠、人际紧张与早年家庭环境三者之间的关系；在之后的谈话中，矫正者又结合运用其他面谈技术，最终使他的睡眠情况得到了改善。

4. 指导技术。指导是矫正者直接地要求当事人做某件事、说某些话或以某种方式行动。如为了消除当事人"其他服刑人员对我都有看法和偏见"的想法，要求当事人向其他服刑人员当面一一了解他们对他的感受。指导对当事人有很大的影响力。矫正者对当事人进行指导时，有的针对当事人问题的原因展开，如通过层层分析指出当事人的犯因性因素；有的针对思维方式和内容进行，针对当事人对一些事物的片面看法，如"民警偏爱本省籍服刑人员"等；有的针对当事人的行为表现，如针对当事人失眠而进行放松训练、针对自卑心理进行自信训练、针对人际交往中的恐惧心理进行系统脱敏等。矫正者进行指导时，应明确自己对当事人指导的具体内容，应预计指导的效果怎样，叙述也应简洁明了，让当事人真正理解指导的内容；进行指导时，也不要以权威的身份出现，不应强制性要求当事人执行，否则会事与愿违，甚至引起当事人的反感。以下为一则谈话片断（片断6-8）：

矫正者：当时你恨你的父亲，是吗？

矫正对象：是的。

矫正者：仇恨心理属于一种情绪反应，属于一种执著于过去、因创伤而引起的一种心理问题，是一种"心理发展停滞的表现"。

矫正对象：或许正是这种仇恨心理使我走向堕落。

矫正者：你幼年时受到的刺激（父亲的体罚责骂）太强烈，而又不能用正常的方法去应对，于是，在潜意识中，你便一直想方设法解决这一问题。换句话说，你一直致力于解决你当时（父亲惩罚）不能解决的问题，这就是一种心理发展的停滞！（解释）

矫正对象：我有点明白了。

矫正者：在随后的生活中，你用"坏孩子"的生活报复"无情"的父亲，与同伴一起鬼混，沾染了吃喝嫖赌的恶习，但这一切并没有"稀释"你内心的"仇恨能量"。在一次入室盗窃的过程中，由于右手被户主划伤，你控制不住对"仇人"的报复，而向户主连刺34刀。从心理分析的角度看，"右手被户主划伤"这一微小的刺激，触动了隐藏在你内心深处的"仇恨情结"，它是被你压抑已久的仇恨情绪总爆发的导火索。（解释）

矫正对象：那如何才能化解这种"仇恨情结"呢？

矫正者：有一个古希腊神话故事，或许对你会有启发。海格利斯是一位英雄，他力大无比，疾恶如仇。在一次赶路时，他发现一个口袋似的东西横在路中，便踢了一脚，谁知那东西非但没被踢开，反而膨胀起来。海格利斯于是来了脾气，就狠狠地踩了那东西一脚，那东西不但没踩破，反而胀得更大。海格利斯气得要命，又找来一根大木棒，朝那东西狠命地打了起来，那玩意你越打，它就胀得越大，后来竟把整条前进的道路都堵了起来。这时，路边来了一个智者，笑着对海格利斯说：这个口袋叫仇恨袋，你不动它，它就小如当初，你若是踢它、踩它，它就没完没了地与你对抗到底，就会永不休止地膨胀，直到挡住你的道路。

矫正对象：看来，我是碰到了这种仇恨袋。有好的解决办法吗？

矫正者：人生道路上，谁都可能会遇到像上述神话中的仇恨袋，明智的做法就是避开它，不去理它，绕它而去，不要受它的纠缠，用理智化解心中的仇恨，这样，它就不会与你过不去了。（指导技术）

矫正对象：我懂了。

此谈话片断中的当事人，因入室盗窃杀人犯罪而被判无期徒刑。在谈话过程中，矫正者运用解释和指导等谈话技术，为当事人探讨化解仇恨的方法，得到了当事人的认同。

（四）观察技术

培养和掌握良好的观察技术，是一个优秀矫正工作者的基本功。通过细心的观察，获得当事人的非言语行为的信息，有助于矫正者更全面、客观地了解当事人的内心世界，准确把握其内心的冲突；同时，也有助于矫正者更好地表达对当事人的理解，准确表达共情。

矫正者观察当事人的非言语性信息，主要观察其目光、表情、姿势、各种不经意的动作等表露的信息，从中察觉其焦虑、抑郁、恐慌、疑惑、喜悦等情绪状态。当然，这种观察不是片面的，而是要综合考虑当事人的非言语行为，观察当事人在某种情境下的动作群：一连串相互配合的动作、表情或姿势。

有时当事人的言语性信息与矫正者所观察到的非言语行为信息不尽一致。分析这种不一致性，往往可以发现当事人的内心矛盾，找到其心理问题的根源，有助于矫正的深入进行。

（五）自我开放

自我开放亦称自我暴露、自我表露，是矫正者向当事人讲述自己的情感、思想或经验，与当事人共同分享（见谈话片断 6-7）。

自我开放有两种情况：一种是矫正者向当事人讲述自己对他的体验和感受，这种讲述和表达可以是正面的，如"与前段时间相比，你在思想和行为上表现已经有了很大的进步，为此，我感到很高兴。"也可以是负面或带有批评意味的，如"上几次的交谈，好像并没有对你起到多大的作用，是不是另有原因，能谈谈吗？"另外一种自我开放是矫正者向当事人陈述或表露自己的经验或喜怒哀乐。如"我也有过像你这样晚上无法入睡的情况，这通常是由焦虑情绪所导致的。"矫正者的自我开放，目的是促进与当事人的关系，促进当事人深入地自我开放。因此，表达时应力求简洁明了，并及时将话题引回到当事人身上。矫正者在进行自我开放时，态度应该是真诚的，内容应该是真实的。另外，自我开放的时机选择要及时（尤其对于带有负面信息的自我开放，宜在建立了一定的矫正关系以后进行），开放的程度要恰到好处。

自我开放在面谈中十分重要。自我开放有利于促进矫正双方的关系，能使当事人感到有人为他分忧，同时感受到矫正者也有七情六欲，也是一个平凡和普通的人，从而拉近与矫正者的心理距离；增进彼此的信任感，对当事人起示范作用，从而促进当事人对自己存在的问题进一步探讨和进一步的自我开放。

第三节　专业矫正技术

专业性矫正技术，是指在专业心理治疗理论的指导下进行的矫正技术。对于这类矫正技术，通常要求矫正者通过专门的心理学或教育学的研修，取得资格证书后，才能在实践中加以运用并提升。随意的应用，可能导致矫正双方的无谓伤害。

在未成年犯矫正的实践中，我们较多地运用了房树人测验技术、意象对话技术、沙盘游戏技术和叙事矫正技术。这是因为：第一，这些矫正技术具有操作性强、趣味性突出，易于未成年犯接受的特性。第二，情绪问题、人格问题和人生价值观问题在未成年犯群体中普遍存在（见表 6-1 及第七章第一节），而这四项矫正技术对于纠正未成年犯的上述问题均具有良好的效果。第三，四项矫正技术涵盖了未成年犯从入监到出监矫正的各个环节。房树人测验可用于对未成年犯的人格评估和智力评估；沙盘游戏用于未成年犯的心理咨询和矫治效果显著；意象对话不仅可以用于对未成年犯的心理调适、心理矫治和危机干预，还能快捷准确地对他们进行心理状态的评估；叙事矫正技术通过向未成年犯讲述通俗易懂的寓言、神话、传说等故事，能在潜移默化中，有效纠正未成年犯的不良思想。

表 6-1　1999—2001 年及 2009—2011 年未成年犯心理测试结果一览表

心理测试结果		入所年份						
		1999	2000	2001	2009	2010	2011	合计
焦虑状态	数值	41	60	42	398	404	554	1543
	比例%	5.7	5.9	6.6	30.9	25.4	30.1	18.9
恐怖状态	数值	13	23	26	2	3	6	98
	比例%	1.8	2.3	4.1	0.2	0.2	0.3	1.2
抑郁状态	数值	94	171	76	176	351	422	1421
	比例%	13	16.9	12	13.7	22	23	17.4
兴奋状态	数值	42	49	29	8	23	8	240
	比例%	5.8	4.9	4.6	0.6	1.4	0.4	2.9
疑心状态	数值	25	31	14	53	86	82	328
	比例%	3.5	3.1	2.2	4.1	5.4	4.5	4
神经症倾向	数值	18	18	14	0	0	1	90
	比例%	2.5	1.8	2.2	0	0	0.1	1.1
人格障碍倾向	数值	389	525	353	631	657	718	3783
	比例%	53.90	52.00	55.80	49.10	41.20	39.10	46.40
心理状况良好	数值	99	133	79	19	68	47	665
	比例%	13.7	13.2	12.5	1.5	4.3	2.6	8.1
总计	数值	721	1010	633	1287	1592	1838	8168
	比例%	100	100	100	100	100	100	100

　　总之，操作性强，收效快捷，适用面广，易于被未成年犯所接受，易于矫正者学习与实践，是这些治疗技术的显著特点。因此，运用这些专业性矫正技术用于对未成年犯的教育矫正，无疑是科学合理的选择。

一、房树人测验技术

　　房树人测验技术（又称"HTP 测验技术"）是一种心理投射法测验，它由美国心理学家 Buck.J.H 率先在美国《临床心理学》杂志提出，20 世纪 60 年代，由日本学者率先引入使用，在我国，由张同延[①]等一批教授引进并加以推广应用。房树人测验既是一种人格测验，也是一种智力测验，同时它还能起到治疗作用，属于心理治疗中的绘画疗法。房树人测验技术的方法多种多样，在测验的形式上也有许多的变通：最简单的一种是要求被测者画出房、树、人；有的要求被测者在画完房树人后，再用蜡笔对画进行涂抹上彩或者要求画出性别相反的人物；另有一种称作综合性房树人测验（又称"统合性房树人测验技术"），要求被试者在同一张纸上画出房树人进行测试。

房树人测验具有许多优点。首先是其非言语性的特点，避免了言语性测试量表在操作过程中可能出现的掩饰性，从而可以更好地使矫正者了解当事人的人格特征，捕捉到当事人难以言表的内心冲突；二是在了解被测者的智力水平时，不会像其他文字性测验量表那样有许多局限性，并且不会造成当事人的心理创伤体验（如歧视智商低下者）；三是重复测验不会导致练习效果，便于反复施测，跟踪观察。房树人测验既可以用于群体的测试，又可以用于个体测验。它尤其适合用于治疗或矫正未成年人的不良心理行为问题。

一般而言，在进行房树人测验时，要求当事人所描绘的房、树、人并没有具体的指示，"所以没有限定他们应该描绘什么样的房子、树木和人物。有关房屋的大小、类型的表现方法，树木的种类、大小、树龄的表现方法，人物的年龄、性别、高低、朝向、行为等表现方法都没有任何的限制，画面的描绘主要是被测者自己的见解或者从身边环境中体验到，并从众多的事物中选择出一个或数个房屋、树木或人物的形象综合而成，由此形成测验中的绘画像。所以在指导语中所提到的房、树、人是一种有关事物的分类语，不是一种具体化的事物"[②]。当事人在绘画过程中，会把情绪状态在画面上呈现出来，甚至反映出他们的喜怒哀乐、人际关系等各个方面的情况。因此，房树人测验所描绘出的绘画结果，并不是绘画画面的质量好坏或是绘画技术高低的体现，而是当事人的心理特征在画面某些方面的投射。

（一）测试工具

一张测验纸，规格为 270*390mm；一支 2B 规格的铅笔；一块橡皮。纸张实图如图 6-2 所示。

---

①原浙江省精神卫生研究院教授，高级心理分析师。

②张同延、张涵诗著：《揭开你人格的秘密—房、树、人绘画心理测验》，北京：中国文联出版社，第 3 页。

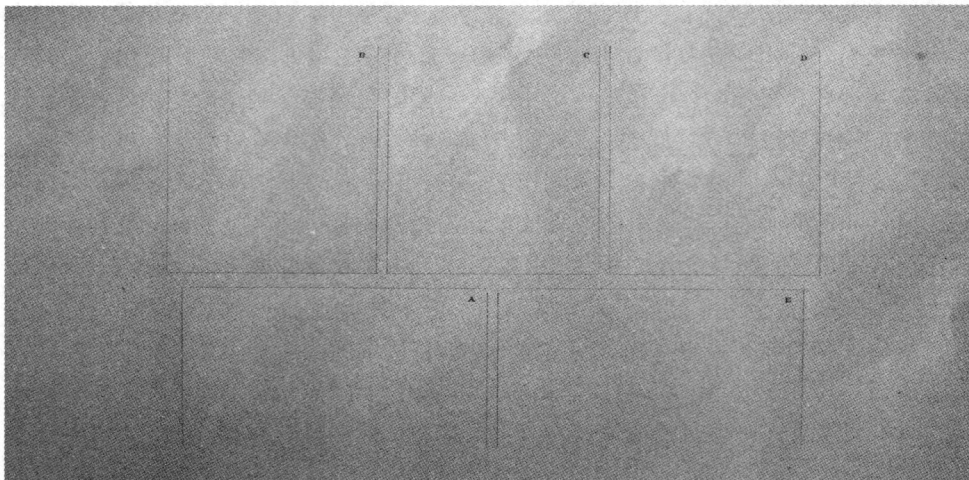

图 6-2　房树人测验纸样式

（二）测试指导语

在你的面前放了一张测验纸，在测验纸上有五个方框，每个方框上分别标有 A、B、C、D、E 的字母。请你拿起铅笔，首先要求你在 A 的方框内认真地画一座房屋，画任何样子的房屋都可以，只要你努力地去画就可以了，如果你自己觉得不满意，可以用橡皮擦除修改，在时间上没有特别的限制，你想怎么画都可以，只要你认认真真地画就可以了！（房屋画毕）请你在 B 的方框内，按画房屋一样的方法，画一棵树木！（树木画毕）请你在 C 的方框内，按上述同样的方法，画一个人！（人物画毕）请你在 D 的方框内，按上述同样的方法，画一个与 C 性别相反的人！（人物画毕）请你在 E 的方框内，按同样的方法，把房屋、树木和人画在一起！

对当事人绘制过程中的一些行为进行必要的记录，如对测试指导语是否理解，描绘图形时是否需要进行督促；描绘时间的长短情况；是连续性的描绘还是停顿性的描绘；描绘过程中的情绪和态度，如情绪平稳的、烦躁的，或是态度合作不合作等。这些对测验结果的评定或信效度的评定有一定的意义。如果当事人很快地拿起笔在白纸上进行描绘，则表明测验的信效度高。如果当事人犹豫不决，需在反复动员或督促下进行描绘，则说明测验操作不顺利，测验的信效度就要打折扣；如果当事人对某些图形进行特别的描绘，如连续性描绘或停顿性描绘，就表明当事人的情绪不稳定或内心存在某种情结。如果当事人敷衍了事地进行描绘，则表明其不合作的态度，就表明测试的信效度不高。

（三）描绘图形的特征和分析解释

在房树人测验时，如果所画的房、树、人三者平面排列，表明个体处理事情缺乏计划性。如果房、树、人三者之间具有前后上下的位置，则表明个体智力正常，对现实的感知能力正常。如果在测验时添加了房、树、人以外的东西，则表明个体好表现自己，心理发展水平幼稚，掩饰力差。如果在画了一个人之后，画异性时，却画出同一个性别的人，说明个体有性的同一性障碍，表明个体具有同性恋、性变态、恋物癖或暴露癖的倾向。

1. 房子分析

房子是个体出生和成长的家庭的象征。

房子的描绘可以反映个体对家庭、家族关系的思想、情感和态度。通过对屋顶、窗户、门和地面线等细节的分析，可以了解到个体在家庭中的安全感、自我形象及个体的家庭亲子关系等情况。

房子的描绘如果在画纸的中心，表明当事人具有自我中心、唯我独尊的个性特点，如果房子的描绘在画纸的左侧，表明当事人过分注重既往的生活，较重感情，自我意识较强，往往显示女性化的程度。如果房子的描绘在画纸的右侧，表明当事人比较注重和关心将来的生活，对客观意识强，具有明显的理智化倾向。

房子的结构，一般有传统型、现代意识型、艺术型、怪异型、平面型等多种。平面型的房子样式，表明个体的智力低下。分析怪异型房子时，要结合当事人的文化背景，某些具有艺术天赋的当事人常常会有此房子类型的呈现。

房子的墙壁是自我坚强性的象征，表明个体抵抗和防御外界攻击，保护自我的能力。房子的门，象征个体与外界环境通道的象征，常反映出个体潜意识中的人际交往关系。房子中的窗如同个体的眼睛，象征着美和与人被动接触的方式，是个体的一种内在的防御状态。

在房子的细节方面，如果缺少某些部分，比如没有门或窗，表明个体注重整体，忽视细节，在日常生活中，会经常性地粗心大意，具有无所谓的态度。如果缺少屋顶、墙等重要部分，就表明个体智力低下。如果添加某些部分，如加画烟囱，意味着个体家庭不和，或家族内部存在矛盾；也可能表明个体的攻击性或某些不良习惯。如果门上锁、窗有铁栏杆，表明个体比较警觉，缺乏安全感，有一种自我封闭和掩饰的心理状态。如果精细地描绘瓦片、砖头，表明个体比较注意细节，考虑问题比较全面、认真，但有时缺少灵活性，做事比较固板。如果在描绘瓦片或砖头时，反复使用橡皮擦拭，就表明个体过分地认真、刻板，追求完美，具有强迫的倾向。

如果出现某些特殊情况，如描绘的房子具有透明性，表明个体的思维怪异（结合临床，可能是精神分裂症）。如画有五脏六腑，表明个体的性意向或者是性犯罪。如画人裸体化，就表明智力低下，本能活动强。

2. 树的分析

树是个体生命成长历程和自我形象的展现，也是个体与环境关系的展示，所以又称为生命树。通过对树的分析，可以了解个体对客观环境的感受，也可以测试个体的人生经历、生活状态和风格。

树的类型，是个体生活态度和人格倾向的象征。单线条的树，表明个体或存在智力方面的问题，或表明其生活经历中有较多的心理创伤，对客观外界有悲感性。丰满型的树，表明个体性格外向、乐观、好交际，生活质量较好，表明其内心对外界的感受是愉快的。描绘瘦型的树，表明个体的生活质量差。

树干是个体生命活力的象征，反映的是个体与环境之间的协调性和人格的完整性。粗大的树干，提示个体积极向上的生活态度，未成年犯个体则表明其潜在的攻击倾向。细小的树干，显示个体对环境的不适应，缺少自信和自我无力感。细长的树干，则表明个体缺乏活力，缺乏通融性和灵活性。树皮是个体与外界或他人接触的象征。树皮上的伤痕，往往提示个体心理创伤体验。

树冠象征个体性格，绘画树木时，如果过分强调左侧的树冠，表明个体性格内向，待人处事小心谨慎，谨小慎微；如果过分强调右侧，则提示个体性格外向，自信心较强，但行事注意力易分散。

树根表示个体与现实关系，对自己支配现实能力的一种认识。地面线则表示与安全、现实相关的内容。在描绘树木时，如果过度地强调地面线，反复地描绘地面线，则提示个体存在强烈的焦虑不安情绪和强烈的依赖欲望。

如果未成年犯在树内画苹果，表明其心理的幼稚性。男性未成年犯如果画柳树，则表明具有女性化倾向、温顺、软弱、具有爱美心理。如果画松树，表明其心理比较成熟，行为老练，犯罪前受过良好的教育，适应性较强。如果画树时，有牙或叶，表明个体过分注意细节、刻板、追求完美，具有强迫的倾向。画树涂黑或画树根具有爪样，表明个体具有攻击性。值得一提的是，如果未成年犯在画树时，出现树叶落地、树倒地或树歪斜，表明个体具有忧郁伤感的心理，有自杀的可能，需要在第一时间进行防范。

3. 人的分析

通过对人的分析，可以了解个体的自我形象、智力水平和人格特征。个体对人有大头小身体的描绘，如果其年龄在七岁以下，则属正常；如果其年龄在七岁以上十二岁以下，则提示其心理的幼稚性；如果个体的年龄超过十二岁，则表明其智商存在问题。又比方，如果个体画侧面像，就表明其活动性强，智力发育较好。如果个体画人符号化，表明其具有高智力的掩饰。具体而言，从人物的各种画法中透露的信息主要有：

（1）头面部：如果头发画得浓密，表明个体具有追求力量的倾向，但同时也表明他的烦恼很多。平头，表明个体办事干脆利索，但也暗示个体具有心狠手辣的心理特点。画怒发冲冠的发型，表明个体一种攻击的特性，上部分尖表示对外攻击，下部分尖表示自我攻击。画光头，表明个体的个性狡猾，也说明他有很强的自我防御性。画帽子，说明个体有一种合理化防御倾向，表明其掩饰性强，也表明他有一种强烈的自我保护意识。画大眼睛，表明个体敏感警惕。画大眼睛再加上眉毛，表明个体注重美的追求，具有表演性。画眼睛而没有瞳孔，表明个体具有一种视而不见、不承认自身问题的态度。画的眼睛如果一大一小，表明个体性格随和。嘴的画法通常有四种类型。一是吸入型（画成圆形），表明个体年幼时吸奶规矩，有自我中心的性格倾向。　二是咬住型（画成闭合状），表明个体具有攻击的性格特征，也表明个体的口才较好。三是含住型（画成一条线），表明个体办事不急不慢，有一种被动攻击和两面派的倾向。四是吐出型（不画嘴），表明个体有拒绝别人帮助的心理意向，也表明个体有封闭和孤独化的倾向，提示其人际关系紧张。画的耳朵，如果出现一耳大一耳小的情况，表明个体对于他人的劝告提醒常常左耳进右耳出。不画耳朵，则表明个体拒绝听，不善于接受他人的意见、建议和劝告。

（2）躯干和肢体：画的躯干如果不穿衣服，提示个体有明显的品行障碍。如果画解剖图，表明个体具有天才或者精神病的倾向。画细长的脖子，说明个体原始性本能冲动强。画长脖子同时又戴领带，表明个体具有道貌岸然的性格特征，表现为言语多，外强中干。手的动作，表明个体对环境的控制能力。如果所画的手伸直下垂，表明个体拘谨、老实和紧张。画的手伸开，表明个体自我控制能力较差，同时提示个体有较强的支配欲。画的手如果一前一后，则提示个体有边缘性人格的倾向。画的手在后，则表明个体有背地攻击的性格特征。

房树人测验也可以作为一种智力评估测试，其测评的依据主要是画人细节的评估。根据张同延教授的分析研究，通过对画人细节的量化，可以测算个体的智力水平，具体的量化方法如表6-2所示（测试对象一般为3—13岁的未成年人）。

表 6-2　房树人测验中画人具体细节得分表

序　号	内　　　　容	得　　分
1	有脑袋	1分
2	有眼	1分
3	有身体	1分
4	有脚	1分
5	有嘴	1分
6	有上肢	1分
7	有头发	1分
8	身长大于宽	1分
9	有鼻子	1分
10	上肢下肢在正确方面画出来（同时正确）	1分
11	有眉毛	1分
12	有衣服	1分
13	头发画得很好	1分
14	有头颈	1分
15	上肢分开的	1分
16	画手指头	1分
17	头和身体之间联结很好	1分
18	脚的比例长大于宽	1分
19	衣服有两个标志	1分
20	有瞳孔	1分
21	眼睛的形状宽大于高	1分
22	有耳朵	1分
23	画脚有脚跟	1分
24	脚的比例宽大于高	1分
25	头的形状基本上呈椭圆形	1分

序 号	内 容	得 分
26	衣服的标志有 3 个以上	1分
27	上肢比例长大于宽	1分
28	画手有五个手指	1分
29	头上面积占身体的一半以下，十分之一以上	1分
30	眼睛的方向一致	1分
31	身体的轮廓不是单纯的方形	1分
32	描绘手指数，两只手 10 个	1分
33	耳朵比例长大于宽	1分
34	上肢和下肢与身体比较符合比例，上肢比下肢短，下肢与躯体等长	1分
35	画肩膀	1分
36	画肘	1分
37	有上颚和下颚	1分
38	手部画手掌心	1分
39	衣服有 4 个标志	1分
40	描绘手部线条流利	1分
41	鼻子与嘴角有轮廓	1分
42	画侧面像有鼻孔	1分
43	正面像有鼻孔	1分
44	脸画得漂亮	1分
45	下肢有关节	1分
46	下颚突出	1分
47	衣服种类完整	1分
48	大拇指明显	1分
49	侧面像具有动感（如打球）	1分
50	画出的人有美术性	1分

由表 6-2 所得的分值，再对照表 6-3 进行智龄（MA）换算。计算时，被测者的实际年龄（CA）按月计算，如 12 岁 5 个月为 12*12+5=149（月）。其智商计算

公式为：**IQ=MA/CA*100**。测试对象如果在 13 岁以上，则加 10 分，对未成年犯进行测算时，因为未成年犯的年龄均在 13 岁以上，所以一律加上 10 分。IQ 分值的意义如表 6-4 所示。

表 6-3　房树人测验画人具体细节得分智龄换算表

得分（分）	智龄 MA（年月）	得分（分）	智龄 MA（年月）
3	3.1	20	6.11
4	3.6	21	7.1
5	3.8	22	7.3
6	3.10	23	7.5
7	4.1	24	7.8
8	4.4	25	7.9
9	4.10	26	7.11
10	4.10	27	8.1
11	4.11	28	8.3
12	5.11	29	8.5
13	5.7	30	8.8
14	5.9	31	8.11
15	5.11	32	9.2
16	6.1	33	9.7
17	6.4	34	10.6
18	6.8	35	11.6
19	6.9	36	12.6

表 6-4：IQ 分值意义表

分值（IQ）	意义	分值（IQ）	意义
120—129 分	天才	小于 69 分	智力缺陷
110—119 分	智力优秀	50—69 分	愚鲁
90—109 分	聪明	40—49 分	痴愚
80—89 分	中等（正常）	小于 40 分	痴呆
70—79 分	迟钝，边缘状态		

二、意象对话技术

意象对话技术是由朱建军[①]教授于 20 世纪 90 年代初，创立发展起来的一种新的心理治疗和咨询技术。它是一种通过调节意象，影响当事人的深层次心理能量，改变当事人心理状态的一种技术。其特点在于，治疗者使用不经解释的象征性意象与当事人进行心理交流，从而了解当事人潜意识的心理冲突，并通过诱导新意象加以解决。意象对话治疗，一般分为起始、矫正和结束三个阶段。其中，矫正阶段是治疗的核心阶段，其主要任务是化解当事人的消极意象，使当事人的心理状态获得改善，心理问题或心理障碍得以消除。

（一）意象对话基本操作过程

第一步，引入过程。意象对话时，当事人可坐可躺亦可半躺，总的一条原则是要让当事人身心放松（闭上眼睛调节呼吸，进行全身放松）。在做意象对话之前，首先要简单地向当事人介绍一下这个方法，其作用主要是为了让当事人有一种安全感，以利于意象对话的引入。比如对未成年犯当事人说："让我们做一个想象的游戏吧，我说什么，你就想象什么。然后你告诉我你想象出来的是什么样子。"或者说："我这里有一种心理测验的方法，非常有趣，就是通过想象测试你的心理。"要告诉当事人这不是催眠，同时还要告诉当事人，不要刻意地进行想象，一切顺其自然。

第二步，进入想象过程。矫正者可以事先设定一个意象（起始意象），诱导当事人进行想象。起始意象的象征意义往往比较单纯，最基本的起始意象是房子。"房子"的象征意义主要是象征人的身体或者人自我的心灵，是人内心世界的象征。所以当事人想象出的房子的特点，就代表了其心理的基本状态。如果从房子外观判断，当事人有某些心理问题并可以给予简单的调节，矫正者这时也可以开始做对话意象的调节。如果不必马上处理，矫正者下一步就可以让当事人想象自己进入这个房子，然后要求他描述房子里面的样子，以及房子中的陈设和人物等等。除了用"房子"的意象外，还可用"坑"、"动物领养"、"昆虫与花"、"山洞"或"镜子"等作为起始意象。此外，我们还可以把当事人的梦作为起始意象，或者从当事人的比喻、身体感觉或异常姿势开始进行意象对话。

第三步，分析意象的意义。当事人描述意象的时候，矫正者就要开始对其描述的意象进行体会和分析，以此获得对当事人的理解和共情。进行意象对话的时候，矫正者一般不用对当事人解释意象的象征意义。这是意象对话技术与传统精神分析不同的地方，意象对话不是挖掘当事人潜意识的内容进入意识，而是直接在当事人的潜意识中处理这些内容，是一种下对下的心理治疗方法。

在意象对话中，矫正者用心体会和感受当事人所描述的意象情境所体现的氛围

[①]北京林业大学教授，著名心理学家，心理咨询与治疗师。

和情调至关重要。"体会的意义远远超过分析。如果没有体会和感受，分析就成为了一个非常理智化的过程，一个智力的过程，而没有感情上的互动，就没有双方心与心的交流。[①]"这样，自然起不到心理治疗的正向作用。另外，为使当事人意象的内容更具有分析意义，矫正者要适当引导。以房子意象对话为例，为了增强房子意象的奇异性，以利于有效把握当事人的心理状况，矫正者还可以这样对他们说"在你想象的房子中，你可能会看到一些奇怪的东西，在一般的房子中不常见的东西，甚至超自然的东西，这都没有关系，看到什么就说出来"[②]。这样，当事人想象的限制就会减少，意象的内容就更丰富。

第四步，意象互动。意象互动过程，是矫正者用象征性意象和当事人进行交流，以促进当事人的领悟和转变的过程。意象对话直接作用于人格的深层，在意象对话中，矫正双方通过描述意象进行交流，因此，它是矫正双方下对下的、无意识层面的沟通和交流，这是意象对话的核心。

在意象对话过程中，矫正者可以根据需要，对当事人进行支持或面质，也还可以运用其他会谈技术，但是，这种交流都是在转换成意象后的形式进行的。比如，当事人想象出的窗子的锁已经生锈锁死而无法开启。矫正者问："为什么这个锁会生锈呢？"当事人说："因为这个窗子已经好久没有开启使用过了。"矫正者此时想要鼓励当事人开放自己的内心，于是他就把这个鼓励转化为意象，说："能不能想个办法将锁弄开？打开窗子才可以让风和阳光进来。"经过诱导，当事人有了新的方法："我给锁上了点润滑油，然后用锲子将锁撬开，把窗子打开了。"究竟选用何种意象，是支持性的意象还是面质性的意象，可由矫正者根据当事人的具体情况和矫正者的经验进行判断。当事人经过诱导产生的新意象，代表了他在深层人格中对矫正者的回应。这些新产生的意象也一样具有象征意义，矫正者可据此深入体会和分析当事人的心理，从而根据情况再进行新的诱导。整个意象对话过程就是这样循环继续。

在每次意象对话结束的时候，一般可以通过数数（数123，数到3的时候睁眼）或倒数数（数321，数到1的时候睁眼）的方法，让当事人从他的想象（意象）中回来，回到访谈室，然后再让他睁开眼睛。使用意象对话进行心理谈话的时间，比一般的心理治疗要长一点，通常是每次70—90分钟。而一般的心理治疗时间是每次50分钟左右。

第五步，小结及作业布置。意象对话结束之后，矫正者一般可以简单询问一下当事人的感受，或是简要回答一下当事人的疑问。如有的当事人会说："做完这个

---

① 朱建军著：《意象对话心理治疗》，北京大学医学出版社2006年版，第119页。
② 朱建军著：《意象对话心理治疗》，北京大学医学出版社2006年版，第119页。

想象，我似乎回了趟家"；或者说："做完这个想象，我的心好像被掏空了"等。也有的当事会问："我的屋内怎么都是一片狼藉，到处都是灰尘？"或者说："我的屋内怎么空无一人"等等。此时，矫正者可以简要的解释，如"你的屋内已经好久没人光顾了"，"房屋打扫干净了自然会有亲戚朋友造访"等等。之后，矫正者还可以视情布置一些简单的意象作业，让当事人回去练习，如"想象擦桌子上的灰尘，每天20分钟左右"。因为意象是一种心理内部的行为，一个新的意象要替代旧的意象，需要多次想象这个新的意象，需要多次在想象中改造这个旧的意象。

（二）常见意象的象征意义及案例片断

1.房子：房子是个体内心世界的象征，意象对话中，当事人看到的房子里的一些形象往往代表着他的情绪、情结或者是某些心理问题。房子的内外观越好，表明当事人的心理状态越好（过分美好的房子，却是癔症或者表演性人格的表现）；而破败的房子常常象征着当事人自卑或消沉的心理。房子大（过大的房子象征意义也不一定好），表明当事人的心胸开阔。暖色调的房子表明当事人的性格外向或待人热情。房子的层数和房间数越多，则表明当事人的性格越复杂。房子的门窗很小或者紧闭，说明当事人开放性较差；门窗大或容易开启则表明其开放性较好。房子的材质通常与当事人的安全感和其性格的基本性质有关。过分坚固的材质或过分单薄的材质往往都是安全感缺乏的象征。自然的材质（比如竹木）象征着自然的性格。房子脏，如房子内的灰尘，常常是当事人抑郁或恐惧情绪的象征。房屋内黑，象征着当事人自我了解很少。房屋内东西凌乱，则往往代表有焦虑或烦躁的情绪。下面是有关房子的意象对话片断（片断6-9）：

矫正者：沿着山路，穿过一个山门，在路的尽头有一座房子。

矫正对象：我看到间小矮房。房子外长满了杂草，足有半腰高。

矫正者：怎么办呢？

矫正对象：我试试能不能拔掉……拔不动。

矫正者：草根太深了。有其他办法吗？

矫正对象：似乎很难有好的办法……

矫正者：比如用工具？

矫正对象：用铲子松松土……感觉挺累的……终于拔动了……

矫正者：你挺努力的。

矫正对象：我想要把这些草晒干，喂牛吃……

矫正者：你可以进屋看看。

矫正对象：房门是关的。

矫正者：你可以推门进去。

矫正对象：门是上锁的。

矫正者：可以开门进去。

矫正对象：没有钥匙，我把锁撬了。屋子很暗，地面布满了灰尘，墙面及屋顶倒是干净的。

矫正者：好久没有来过了，你可以开窗通通风。

矫正对象：我开了窗。窗子也很脏，很多灰尘。

矫正者：你可以清扫一下。

矫正对象：房子变得干净了。但屋内的东西挺凌乱。

矫正者：你可以整理一下。

矫正对象：整理好了……现在我心里感到舒服了许多。

此案例片断中的当事人，因伙同他人采用暴力胁迫手段劫取他人财物，犯抢劫罪被判有期徒刑八年。因睡眠障碍（难以入睡、易醒、做噩梦），人际关系不良，实施意象对话矫正，两次的意象对话，收到良好的效果。他意象中的房子外面长满了半腰高的杂草，门是上锁的而且无法打开，这是他焦虑和自我封闭的象征。他想象中的房子里暗、乱、脏，表明他对自己缺少了解，具有焦虑的情绪；通过去除杂草、开锁、清扫房子等方法，缓解了他的焦虑情绪，也增加了他的自我了解和自我开放程度。

2. 照镜子：让当事人想象镜子，看镜子里出现的形象。这个形象，往往代表着当事人的自我意识，或是当事人的某种情绪状态。以下是一则谈话片断（片断 6-10）：

矫正者：楼上窗边有一面很大的镜子。你走过去站到镜子前面，往里面看。

矫正对象：我看到镜子里面有一盆花。

矫正者：一盆花？

矫正对象：是的，一盆快凋零的花。

矫正者：仔细看，这花或许会有所改变。

矫正对象：似乎变成了一个人。

矫正者：你认识吗？

矫正对象：面孔模糊，看不清……

矫正者：慢慢会清晰起来。

矫正对象：这个人好像是我自己……

此案例片断中的当事人，是一个抑郁症患者，情绪低落，日常兴趣全无，伴随自伤自杀的行为。意象对话过程异常艰难，当事人不时告诉笔者，他脑子里一片空白，没有任何图像。上述简单的意象对话，历时近一个小时，是在笔者极其耐心等待和耐心引导下，产生的意象。让人称奇的是，自从这次意象对话后，当事人有了主动要求进行意象对话进行治疗的意愿。在药物治疗辅助于意象对话治疗的情况下，当事人的情绪状态有了较大的改善，病情得到了有效的控制。而之前，他的病情总是反复无常得不到控制。

3.动物领养。动物领养的意象对话，"是引导当事人乘船逆流而上，到上游的动物园，从男女看门人那里，分别领养一只动物。根据意象对话的理论，河流象征生命的历程，坐船逆流而上，象征追溯童年。动物园象征童年场景，动物园的两个看门人分别象征他的父母亲，和他们的互动代表了早期和父母亲之间的关系情况，装小动物的盒子象征父母的养育方式，领养的小动物以及对待小动物的方式则代表了与父母亲的依恋关系的总体情况[1]。"

笔者对在日常咨询过程中积累的个案资料（男性未成年犯 28 例）分析研究，进一步验证了这种关系的存在。

（1）笔者的研究。笔者对在面谈过程中了解到的当事人的父子关系、母子关系和父母之间的关系，当事人对家庭温馨程度的感受和矫正者对其家庭温馨程度的综合判断，将各项指标按五级评分，分别为很好、好、一般、差和很差。对应评分分值为 1—5 分。

在意象对话中，了解到的男看门对当事人的态度、女看门人对当事人的态度、男女看门人的关系进行五级评分，分别为很好、好、一般、差和很差，对应评分分值也为 1—5 分。男看门人所给的装动物的盒子材质、女看门人所给的装动物的盒子材质，分别进行五级评分，从布质、木质、竹质、石质到铁质，对应分值为 1—5 分。从男看门人手中领养的动物和从女看门人手中领养的动物，也分别进行五级评分，从食草动物到食肉动物，对应分值为 1—5 分。最后将数据用 SPSS 软件统计，得到的平均数和标准差如表 6-5 所示。

表 6-6 所示，在面谈中，由矫正者的判断而得出的个案家庭温馨程度与当事人意象中的"男女看门人的关系"呈高度正相关，相关系数为 0.973，P 值小于 0.01。而在面谈中，由当事人叙述给出的家庭温馨程度，与当事人意象对话中的"男女看门人的关系"的相关系数仅为 0.475，P 值小于 0.05。由此可见，当事人在意识层面所感知的家庭关系有时很不准确，而当事人在潜意识层面获得的家庭关系与矫正者综合判断得出的当事人家庭关系符合程度很高，更具有可信度，因此意味着由"动物领养"意象对话中获得的当事人的家庭和谐度更可靠。

深入分析发现（表 6-7）：当事人父子关系与意象中的"男看门人"的形象清晰

①史彤玮："意象对话技术在成人依恋测量中的应用"，《科技创新导报》2010 年第 10 期。

度呈正相关，相关系数为 0.973，P 值小于 0.01。当事人母子关系与意象中的"女看门人"的形象清晰度呈正相关，相关系数为 0.942，P 值小于 0.01。动物盒子材质（父）与当事人父子关系（当事人叙述）及意象对话中男看门人对当事人态度的相关系数分别为 0.973 和 0.944，P 值小于 0.01，呈高度正相关。动物盒子材质（母）与当事人母子关系（当事人叙述）及意象对话中女看门人对当事人态度的相关系数分别为 0.954 和 0.942，P 值小于 0.01，呈高度正相关。而意象对话中的动物，与当事人父母关系的相关性不强。

由此可见，"动物领养"意象对话中的动物盒子的材质和看门人形象的清晰程度可准确反映当事人的亲子关系程度。而盒内的动物与亲子关系程度之间的关联度不大。

表 6-5　各项目平均数和标准差

项目		平均数	标准差	评分标准
面谈	父子关系（当事人叙述）	2.6786	1.41562	五级评分
	母子关系（当事人叙述）	2.2857	0.89679	五级评分
	父母关系（当事人叙述）	2.3571	1.12922	五级评分
	家庭温馨度（当事人叙述）	2.7500	1.04083	五级评分
	家庭温馨度（矫正者判断）	2.3571	1.16155	五级评分
意象对话	男看门对当事人的态度	2.7143	1.41047	五级评分
	女看门人对当事人的态度	2.3214	0.98333	五级评分
	男女看门人的关系	2.3571	1.16155	五级评分
	装动物的盒子材质（父）	2.6429	1.33927	五级评分
	装动物的盒子材质（母）	2.2857	0.89679	五级评分
	领养的动物(父)	2.0000	1.30526	五级评分
	领养的动物(母)	1.8929	1.03062	五级评分

表 6-6　家庭温馨度与男女看门人关系的相关性

**P 值均小于 0.01%。（P 值为差异性指标，下同）

项目		当事人叙述	矫正者判断	意象对话
		家庭温馨度	家庭温馨度	两看门人关系
当事人叙述	家庭温馨度	1		
矫正者判断	家庭温馨度	.475	1	
意象对话	两看门人关系	.475	.973**	1

表 6-7　面谈与意象对话中有关项目相关性

项　目		面谈		意象对话			
		A	B	C	D	E	F
面谈	父子关系（当事人叙述）	1					
	母子关系（当事人叙述）	.542	1				
意象对话	男看门人的态度	.973**	.594	1			
	女看门人的态度	.662	.942**	.683	1		
	动物盒子材质（父）	.973**	.551	.944**	.681	1	
	动物盒子材质（母）	.542	.954**	.565	.942**	.551	1
	意象中的动物（父）	.301	.063	.322	.000	.212	.032
	意象中的动物（母）	.102	.315	.106	.328	.159	.315

**P 值均小于 0.01%。另外，表格中 A：当事人叙述中了解的父子关系，B：当事人叙述中了解的母子关系，C：男看门人对当事人的态度，D 女看门人对当事人的态度，E：父亲装动物的盒子材质，F: 母亲装动物的盒子材质。

（2）"动物领养"的意象对话片断（片断6-11）：

矫正者：想象坐船逆流而上，来到一座动物园。门口有一男一女两个看门人。

矫正对象：男看门人看上去五六十岁，态度温和。

矫正者：你可以从他那儿领养一只动物。

矫正对象：他给了我一只装在木盒子里的羊。

矫正者：女看门人呢？

矫正对象：她大概二十多岁，对我很不友好。她给了我一只装在铁盒子里的老虎。我有点怕。

木盒象征着亲切、和善，铁盒则象征疏远和冷淡。当事人从年龄较大的男性手里拿到的，是一只木质的盒子，可能表明他父亲养育能力弱，但尚能尽力尽责。他从女性手里拿到，是一只铁盒，说明母亲冰冷生硬的养育态度。母子之间不安全的依恋关系通过"动物领养"的意象对话昭然若揭。会谈中了解到，当事人的母亲在其年幼时出走，随后从未见过面；他的父亲是位聋哑人，虽然脾气温和，却无力照料孩子，因此他自小就跟随爷爷奶奶长大。

4.山洞意象：引导当事人走进山洞，其象征意义是，引导当事人进入自己的潜意识。另外，山洞是人类祖先的家园，引导走进山洞，其另一层的象征意义是回归。因此，走进山洞，有时就代表了当事人回归到母亲的子宫，象征着退行的过程。下面一则对话的片断（片断6-12）：

矫正者：穿过一个山门，眼前是一个山洞。

矫正对象：是的，但洞口很小。

矫正者：你可以走进去吗？

矫正对象：可以。

矫正者：走进山洞，你看到什么。

矫正对象：洞里很黑，我有些害怕。

矫正者：由我陪着你，你不用担心。想象有火把照着。

矫正对象：有火把，我可以看清了。

矫正者：你看到什么。

矫正对象：我看到一条蛇，很大，我很害怕。

矫正者：你离它多远。

矫正对象：很远，他虽然暂时伤害不到我，但我还是害怕。

矫正者：不用担心，你可以试着走近它，它其实并不会伤害你。

矫正对象：我试试……我离它越来越近了……我还是有些害怕。

矫正者：走近它，你可以摸摸它。（坚定鼓励的口气）

矫正对象：我试试……我摸到它，它好像并没有伤害我。

矫正者：是啊，事实证明它并不会伤害你。

矫正对象：我口渴，想找点水喝。

矫正者：山洞里或许有水源，可以找找。

矫正对象：噢……找遍了山洞……没有水源……

此案例中的未成年犯，犯强奸罪被判有期徒刑五年半，父母在他幼年时离异，他随父生活。日常无接见，情绪烦躁激动，睡眠不佳。几次意象对话后，情况逐渐得到了改善。

5. 常见动物的象征意义："一般来说，在我们的梦和想象中的动物主要象征一种人格特质，这个性格和童话中这个动物的性格是一致的。当然，一个动物的意义不会这么简单，它还可以有其他的一些意义。"[①]在未成年犯意象对话中经常出现的动物意象有蛇、猫、狗、蚂蚁、蜘蛛等动物。

蛇。蛇是未成年犯意象对话中经常出现的意象之一。蛇的其中一个象征意义是表示性，在强奸类等性欲型未成年犯的意象对话中出现较多，可能与此有关。同时，蛇也表示与性无关的伤害、欺骗或诱惑，表示憎恶、仇恨或把人拖向黑暗和堕落。另外，蛇也可以代表智慧，代表着"一种深入人内心深处的智慧、深刻的直觉智慧"[②]。

猫。猫是神秘、野性的象征，具有这种类型意象的当事人，往往会比较自私、狡黠，具有贪、懒的特性。在盗窃型罪犯和性欲型罪犯中出现较多。

狗。狗是忠诚、忠心的象征，意象对话中有狗的人，性格上一般具有正直、重情谊等特性。在过失型罪犯和一部分抢劫型罪犯有较多的呈现。

蚂蚁。蚂蚁是弱小的象征。在胁从犯罪性质的未成年犯和性情自卑、性格内向的未成年犯中常有呈现。

蜘蛛。蜘蛛是束缚或性的象征，有时它还是母亲的象征。各种犯罪类型的未成年犯在意象对话中都会有蜘蛛的呈现。深入面谈发现，想象了蜘蛛的未成年犯，他们的亲子关系常常不良，对其父母亲常有较多的抱怨甚至憎恨。在意象对话中，蜘蛛经常会与灰尘与蜘蛛网同时呈现。

（三）意象对话的适用对象和对矫正者的要求

运用意象对话技术，对于矫正具有焦虑、抑郁情绪或强迫症状的未成年犯常常有独特的效果，三至四次的意象对话，就能收到良好的效果，个别症状较轻的未成年犯，甚至于一次就能起效。对于某些具有冲动性人格障碍倾向或边缘性人格障碍倾向的未成年犯，运用意象对话进行矫正，也有较好的效果，只是进行意象对话的次数会更多，矫正的时间会更长（三个月或更长）。

意象对话与其他心理治疗的方法一样，要求矫正者的心理健康状态良好。如果矫正者的心理状态不良，或者刚好在某个问题上有情结，那么他给出的意象可能不适当，甚至对当事人造成伤害。因此，进行意象对话的矫正者，自己的心理要健康、情结很少或者已对自己的情结有了清楚的了解。同时，意象对话矫正者要进行专门

---

① 朱建军著：《意象对话心理治疗》，北京大学医学出版社 2006 年版，第 141 页。
② 朱建军著：《我是谁：心理咨询与意象对话技术》，中国城市出版社 2001 年版，第 138 页。

的培训和督导，不但要具有国家心理咨询师的岗位资质，而且还要进行意象对话技术的相关培训，取得相关的上岗资质，并在临床实践中不断进行上级心理督导师的督训。下述沙盘游戏技术对矫正者也有类似的要求。

三、沙盘游戏治疗

沙盘游戏疗法由瑞士荣格分析心理学家多拉·卡尔夫（Dora Kalff），以荣格分析心理学和中国传统文化思想为基础，在整合了英国儿童教育家洛温菲尔德的"游戏王国"（受英国作家威尔斯《地板游戏》一书的启发而创设的游戏技术）之后创立的一种心理治疗技术。沙盘游戏既适合个体咨询也适合团体辅导。

（一）沙盘游戏的基本设置

沙盘游戏要求有一个安静、整洁、舒适、光线良好的房间，使当事人避免外界干扰，全身心地投入沙盘游戏。标准的沙盘游戏室，有两个盛沙的沙盘，一个用作干沙的沙盘和一个用作湿沙的沙盘，另外需配置十大类别的数千个（一般需1200多个）沙盘模具，按照基本的类别适当摆放。

沙盘游戏模型，分神话传说、文化宗教、自然物质、风俗行为、颜色形状、数字方位、人物人体、家居建筑、交通工具、各种动植物等十大类。这些模型分别表达着不同的象征性意义。

沙盘游戏的治疗时间，一般是一周 1—2 次，多的也可以是 3 次，视当事人的具体情况而定。每次 50 分钟。

（二）沙盘游戏的导入时机

沙盘游戏一般在矫正者与当事人建立良好的矫正关系后，在矫正者觉得有必要并且在当事人自愿的基础上才能进行。一般而言，当事人无法用言语来表达感受或想法时，或者当事人的情绪、情感被阻塞时，是导入沙盘游戏治疗的最好时机。任何强迫性的举动，不但无效，而且还会对当事人造成伤害。

（三）沙盘游戏的过程

1.介绍沙盘

对于初始接触沙盘的当事人，矫正者首先应该对他进行一些简单的介绍，如，"这些'小玩具'都是用做沙盘游戏的模型，有各种各样的动植物；有不同民族、不同身份和不同动作的人物，也有各种文化和宗教背景的模型；有各种交通工具、建筑材料和家居用品等。"又如，"这里有两个沙盘，一个是干沙盘，一个是湿沙盘。两个沙盘的底都是天蓝色的。"

虽然沙盘游戏并没有固定的指导语，但在开始沙盘游戏时，矫正者一般可以对当事人进行以下指导："你如果原意，可以用沙盘游戏模型架上的任何小玩具模型，在干的沙盘或湿的沙盘上，摆放任何你想摆放的玩具模型。你可以随意地玩，做任何你想做的事情，摆出自己喜欢的任何'图画'"。矫正者可以让当事人从沙盘入手，开始沙盘游戏："你可以先用手感受一下沙盘，轻轻抓一把沙，花几分钟的时间，感觉一下沙子。如果能获得某种感觉和意象，你就可以带着它们，到模型架上寻找自己所喜欢的小模型，放到干的或湿的沙盘上，来完成自己的沙盘作品。"矫正者还可以让当事人从沙盘架上的模型着手，开始沙盘游戏："你可以先从沙盘模型架上，花几分钟时间感觉一下那些不同的小模型，然后选择自己所喜欢的，把它们放在干的或湿的沙盘上，来完成自己的沙盘作品。"

2.创设沙盘

当事人摆放沙盘世界的过程，是其与沙盘进行内心交流的过程，在这一过程中，矫正者充当陪护者的角色，帮助当事人以一种自发的心态来创造沙盘世界，自由地表达内心的体验。在这一过程中，一是不能强迫当事人做沙盘游戏，是否做游戏，完全取决于当事人的自愿选择。这是沙盘游戏治疗的第一原则。当然，对于那些有意识发展障碍、意识承受力较弱或无法有效控制自己情绪的当事人，是不适合做沙盘游戏治疗的。

3.分析沙盘和治疗过程

沙盘游戏治疗强调矫正者的非言语和非引导性指导，因此，沙盘游戏治疗又称为"非言语性心理治疗"。沙盘游戏的治疗过程，实际上是矫正者的容纳性守护、参与性观察和陪伴性探索的过程。矫正者做好了这三件事，也就完成了沙盘游戏的治疗过程。

所谓容纳性的守护，是指矫正者在守护沙盘、沙盘游戏室的气氛及整个沙盘游戏的过程中，能够容纳当事人及其带来的所有问题。在此过程中，矫正者通过默默地观望与守护，发挥共情的力量，起到陪同的作用。所谓参与性的观察，是指矫正者透过当事人在沙盘游戏过程中的表现与细节，察觉其中"所蕴含的心理、行为乃至无意识生命的意义"[1]。适当的语言交流，则要依据面谈技术（见第二节）的原则予以回应。所谓陪伴性的探索，包含了两个层面的意思。一是当事人在沙盘游戏的自我探索过程中，始终有矫正者分担其压力和痛苦，同时也分享其喜悦和快乐，也即是矫正者见证当事人的成长和变化。二是矫正者与当事人共同成长，矫正者在陪伴的过程中，发挥共情的作用，促进感应的形成与发展，产生治愈和转化的效果。

在容纳性的守护、参与性的观察和陪伴性的探索的过程中，矫正者的一项重要工作便是分析沙盘游戏的主题。分析沙盘游戏主题的过程，是沙盘游戏治疗十分重要的一个环节。当事人的创伤性的沙盘游戏主题向治愈性的沙盘游戏主题转化的过程，就是一个沙盘游戏治疗的过程。

---

[1]申荷永、高岚著：《沙盘游戏：理论与实践》，广东高等教育出版社 2004 年版，第 111 页。

沙盘游戏的主题是指个体在沙盘游戏过程中所呈现或传达的基本意义。根据瑞·米雪尔（Rie Mitchell）和申荷永[1]教授的归纳，沙盘游戏的主题分为三类：创伤主题、治愈主题和转化主题。创伤主题经常在一些早年曾遭受虐待、家庭环境不良的个案中呈现；治愈主题经常出现在一些身心良好、家庭关系良好的个案中。转化是沙盘游戏的根本目的，转化的主题常常出现在个体的"结束沙盘"中，是受伤主题与治愈主题的纽带。

创伤主题的表现形式众多，在未成年犯的沙盘游戏中，经常表现的创伤主题有：混乱、空洞、隐藏、倾斜、威胁、受伤、残缺、陷入、忽视、攻击等。

（1）混乱：表现为沙具的随意放置，之间没有任何联系性。如图 6-3 所示。

图 6-3　表现混乱、倾斜和倒置主题的未成年犯沙画

（2）空洞：个体在沙盘中放置的沙具极少，或者是只使用了那些没有生命感觉的沙具，给人一种沉闷压抑的感觉。如图 6-4 所示。

---

① 复旦大学教授，国际分析心理学会（IAAP）心理分析师，国际沙盘游戏治疗学会（ISST）心理治疗师。

图 6-4　表现空洞主题的未成年犯沙画

（3）隐藏：在沙盘游戏过程中，个体将某沙具隐藏在另一沙具当中，或直接将沙具用沙子掩埋起来。如图 6-5 所示，个体将一只动物隐藏在了一座小屋之中。

图 6-5　表现隐藏主题的未成年犯沙画

（4）威胁或受伤：表现为已经受伤或正在受到侵袭而即将受到伤害的形象。如图 6-6 所示，几个孩子受到了一群蛇的攻击，而受到威胁或伤害。

图 6-6　表现威胁、受伤主题的未成年犯沙画

（5）残缺：沙盘呈现出整体的残缺或缺失，如图 6-7，沙盘中摆放了鱼，却找不到河湖的任何痕迹。

（6）忽视：沙盘中的角色显得孤独和无助，失去了应有的帮助和支持。如图 6-7 所示，婴儿被孤独地搁置在椅子上，无人照料。

（7）倾斜：表现为被个体有意地摆放成倾斜的或者坠落的形态。如图 6-7 所示，其中左侧的一棵树被倾斜地放置。

图 6-7　表现残缺、忽视、倾斜主题的未成年犯沙画

（8）攻击：表现为一种破坏行为。如图 6-8 所示，展现的是一个人兽打斗的恐惧场景。

图 6-8　表现威胁、受伤、攻击主题的未成年犯沙画

在有效的沙盘游戏治疗过程中，创伤的主题常常会被治愈的主题逐渐地取代。在未成年犯的沙盘游戏实践中，较多呈现的治愈主题有旅程、能量、连接、培育、灵性、趋中、诞生等主题。

（9）旅程：表现为沙具明显的运动迹象。如图 6-9 所示，船夫划着一只独木船顺着河道前行。

（10）能量：具有活力、生气和运动性质的沙具在沙盘中的呈现。如图 6-9 中，树木、草地等生长，就是一种能量的显现。

（11）连接：反映在各沙具物件，尤其是对立沙具物件的连接。如图 6-9 所示，桥梁将家院与外界建立起了联系。

图 6-9　表现旅程、能量和连接主题的未成年犯沙画

（12）培育：表现出为幼小的生命及其生长提供滋养或帮助。如图 6-10 所示，沙盘游戏中出现的长者照料、陪伴孩子的情形，就是一种培育的主题。

图 6-10 表现培育主题的未成年犯沙画

（13）趋中：沙盘中出现的有组织的结构，如由各种沙具搭建的整体建筑，或沙盘中呈现的具有整体性主题性的故事，或曼荼罗的圆形等。如图 6-11 所呈现的圆形结构，而表达的主题性故事，就是一种趋中的主题。

图 6-11 表现趋中主题的未成年犯沙画

（14）诞生：被认为是一种明显的治愈和转化的主题，常有许多不同的表现形式。如图 6-12 所示，婴儿的出生（图中以助产救护车呈现）、花儿的开放、小鸟的孵化等等。沙盘游戏中，诞生主题的呈现，表现出个体的发展与成长，预示内心积极的变化。

图 6-12 表现诞生主题的未成年犯沙画

（15）灵性：沙盘游戏中所出现的带有宗教和精神性质的象征，都是灵性的表现，如图 6-13 所示，出现的观世音神像就是一种灵性主题的表达。

图 6-13 表现灵性、转化主题的未成年犯沙画

转化的主题，是申荷永教授在自己的研究和体验基础上，提出的沙盘游戏新主题，是对沙盘游戏主题的完善和发展。在这一概念中，他阐述了"蝴蝶"、"青蛙"、"蝉"和"蛇"四种主要的转化象征。如图 6-13 所示的青蛙便是一种转化的主题在沙盘中的呈现。又如图 6-14 所示，两边的蛇向小桥方向移动，桥上出现了一个具有无比力量的神父，可以看作转化主题的动态表现。

图 6-14　表现转化主题的未成年犯沙画

四、叙事矫正技术

未成年人走上犯罪道路，受到内因和外因两种因素的共同作用。就外因来说，主要是家庭、学校、社会、传媒等不良因素；就内因而言，则是个体内在的不良思想和心理因素。"外因通过内因而起作用"，未成年人内在不良思想和心理是他们走上违法道路的主要犯因性因素。因此，矫正不良心理和思想也就成了教育矫正未成年犯的重中之重。采用"意象对话"、"沙盘游戏"和"房树人测验"技术，对于矫正未成年犯不良心理能起到良好的效果；而运用我国传统文化的教育思想，对于纠正他们的不良思想，一样能起到很好的效果。叙事矫正技术，正是笔者受我国传统文化思想，如《周易》关于"观我生，进退"、"无妄往吉"，《老子》关于"自胜者强"，《论语》关于"仁、义、礼、智、信"等思想的启发，在矫正工作的实践中总结形成的，用于教育矫正未成年犯不良思想的一套方法。它的专业技术性并不太突出，但为了章节安排的便利，本章将它列为专业性矫正技术加以叙述。叙事矫正技术适用于心理状态基本正常或通过心理谈话之后心理状态趋于正常的未成年犯。

《老子》一书蕴含了精彩的辩证法思想和关于社会、人生的种种精辟论述，读来耐人寻味。《老子》第二章说"圣人，处无为之事，行不言之教，万物作焉而不为始"。它的意思是说，"圣人"要去做"无为"的事情，施行"不言"的教化，就像天地遵循自然法则一样，任凭万事万物生长繁育。"处无为之事，行不言之教"是老子的方法论之一，将它引入到未成年犯教育矫正领域，自然可以包含以下两方面的含义：一是矫正者以身作则率先垂范，以优良的道德情操和实际行动教育感化未成年犯；二是矫正者以事明理，以富有启发意义的典故、寓言、神话、传说、童话、哲理、史实等故事说明处事立人的道理，启迪未成年犯的心灵。前者虽也属于矫正的范畴，却不是本节讨论的范围；而后者，正是叙事矫正技术形成的思想源泉。

将叙述故事作为矫正未成年犯的一项有效手段，体现了老子"处无为之事，行不言之教"的行事方法。当然，有为和无为，有言之教和无言之教，都是一个事物的两个方面，也是可以相互依存和相互转化的。比如体现"有为"和"有言之教"的纯粹灌输或强制性说教，虽然不是"教育矫正未成年犯这盘大菜"的主料，有时却也是一种必不可少调味佐料（本节不叙述）。"儿童道德品质的形成有赖于儿童对道德行为规范的社会意义的理解，把这些观念'内化'为性格的组成部分。[①]"通过讲述故事的方法，有利于儿童对道德行为规范的社会意义的理解。叙事矫正技术将"以事明理"作为矫正的载体，不仅是对"尊重顺依天地间万物欣然兴作的自然过程而不妄为，更不拔苗助长，任凭各自的生命开绽其丰富的内涵[②]"的最好诠释，而且使教育矫正未成年犯变得更有效，也更富有人性。用故事为未成年犯提供一个"体味真诚、善良、仁爱和勤劳魅力"的机会，展现一个"探索生命意义、感受生活真谛"的新天地，在不经意间触动他们的心弦，让"真善美"化作一股股清泉，滋养他们早已干涸的心田。最常用的讲述故事方法有"旁敲侧击"叙事法，和"醍醐灌顶"叙事法，前者是从侧面迂回击中要害让当事人反省；而后者是正面引导促进当事人感悟。实际运用中，更多是两种方法的交互使用。如对于因"骄奢淫逸、不劳而获思想严重"而导致犯罪的未成年犯，往往认识不到自身的犯罪根源，而将犯罪的原因归结为"外部环境"，如"社会的不公"和"他人歧视"等。对这样的未成年犯，矫正者可以引用"乌鸦搬家"的故事对他进行侧面提醒，再用"乞丐搬砖"的故事启发他，使他逐渐觉悟到自己的错误认识。

《老子》第三十三章说"知人者智，自知者明"。它的意思是说，"善于了解别人叫做智慧，善于了解自己叫做高明"。对未成年犯实施矫正的过程，从本质上来说，是一个"矫正者解读、分析、引导、启发未成年犯，从而促使他们实现自我了解、自我反省、自我忏悔"的过程；也是矫正者运用聪明才智，使矫正对象克服自己的弱点而变得强大，达到"自胜者强"境界的过程。鉴于此，笔者将叙事矫正技术的操作过程，大致分为知人、自知、启发、巩固四个阶段。

（一）知人阶段

"不积跬步，无以至千里"，知人阶段是矫正者了解熟悉当事人的阶段，是叙事矫正技术中"积跬步"的起始阶段，也是矫正能否取得成效的关键阶段。这一阶段，主要由当事人向矫正者讲述他的人生历程。主要涵盖的内容有：第一，家庭基本情况，如主要家庭成员及其职业爱好、素养品行、行为习惯、家庭气氛和亲子关系等，重点要求其讲述发生在家庭中刻骨铭心的生活事件。第二，学业品德情况，

---

①高玉祥著：《健全人格及其塑造》，北京师范大学出版社 1997 年版，第 232 页。
②卫广来译注：《老子》，山西古籍出版社 2004 年版，第 3 页。

如学习态度、师生关系、同学关系、品德操行等，重点讲述发生在学校的印象深刻的重要事件。第三，个人社会生活环境，如交友情况、社区治安状况、邻里和睦度等。第四，身体情况，如有无重大生理疾病和精神疾病，有无家庭遗传病史等。第五，主要的犯罪事实与经过，如作案方式、作案时间、作案时的心理感受等。

在这一阶段，矫正者要创造性地运用关系构建技术和面谈技术，充分展示对当事人的接纳、尊重和积极关注，取得当事人的充分信任和积极配合，通过真诚倾听，将当事人的情况了然于胸，对他的思想品行作出恰如其分的评估。

（二）自知阶段

自知阶段是矫正者帮助未成年犯了解自己、审视自我、反省自身的阶段。"观我生，进退"（《易经•观卦三爻》）是指"观察审视自己的所作所为是否合理，然后确定进退的方法"。"自知者明"但同时自知者难，要让未成年犯透彻地了解自己，确定进退之道，决非轻而易举之事。通过第一阶段的工作，矫正者已然掌握当事人的情况，大至当事人的思想特点、道德品行、处世态度、人生信念，小至当事人的犯罪经过、犯罪起因、犯罪动机，都有了相当的把握。但直接相告，未必能得到当事人的认同，效果必然不好。因此，在这种情况下，矫正者的巧妙点拨就显得特别重要。

"人孰无过？过而改之，善莫大焉"，在这一阶段，在促成未成年犯自我了解的同时，要鼓励他们重建自信心，坚定重新做人的决心。矫正的第一阶段和第二阶段有时是同时进行的。在矫正者"知人"的同时，会不失时机地让当事人"自知"。在第二阶段，矫正者如果能让未成年犯比较全面地看透自己，恢复重做新人的信心，就达到了该阶段目的，也为第三阶段的矫正夯实了基础。以下是一个矫正对话片断（片断6-13）：

矫正对象：我5岁那年，父母离婚了。

矫正者：你跟谁一起生活？

矫正对象：开始我随父亲生活，后来他外出打工，我便与爷爷奶奶相依为命。十六岁那年，父亲把我带到了温州，我也开始了打工生涯。

矫正者：有工作是好事，可惜年纪还小，本该坐在课堂读书。

矫正对象：在厂里，我认识了一个贵州女孩李萍。自从父母离婚后，我就像一个野孩子，平时衣服脏兮兮的，没有什么伙伴跟我玩，内心时常是孤独的。但与萍交往后，她那美丽的外表和可爱的笑容像一个春雷，惊醒了我沉睡已久的心灵。我和她频繁约会，一起连夜上网，一起连夜劲舞，玩得非常开心。

矫正者：你们开始热恋。

矫正对象：可是我很快发现，萍还另有男友。有一次，我到萍的住处，看到了这辈子永远无法忘记的一幕：她和一个男人拥抱在一起还有说有笑。我当时就崩溃了，眼前一黑便不省人事。

矫正者：早恋是不成熟的。

矫正对象：我被送到医院救治，出院后，我暗自发誓一定要给这个女人好看！

矫正者：一心想着报复她。

矫正对象：我找准机会悄悄跟踪到她家。当我一眼看见里面还有上次那个男人时，就立即操起早就预备好的铁棍，向他一阵乱打，并搜掉了他随身的票夹。萍趁机报了警，当警察赶到时，那男人已头破血流奄奄一息了。

矫正者：你当场被抓。

矫正对象：当时我有些害怕。

矫正者："一失足成千古恨"，失足总归有深层的原因吧。

矫正对象：要是萍不背叛我，我就不会犯罪。

矫正者：德国大音乐家贝多芬，三十一岁时，爱上"琪丽哀太"姑娘。但由于贝多芬身患耳疾，生活艰难，娇气而又自私的"琪丽哀太"姑娘最终抛弃了他移情别恋。可贝多芬并没有因此沉沦，相反，他从音乐中寻到了安慰，发奋创作写出了"第二交响乐"。五年之后，他与"丹兰士"的爱情又被毁了，一次次无情的打击反而更坚定了他为事业奋斗的决心和毅力，他接连创作出"第七交响曲"、"第八交响曲"、"第九交响曲"，成了伟大的音乐家。

矫正对象：看来失恋并不是导致我犯罪的真正原因，是心中的邪恶把我送到上了法庭。

（三）启发阶段

启发阶段是矫正的核心阶段。这一阶段，矫正者以一定的主题故事，以事明理，引导未成年犯寻觅开启心灵的钥匙，通过自我觉醒和自我评价，找到解决自身思想道德问题的良方。这一阶段，也是未成年犯凭借内心信念对自己的行为进行善恶评判的过程。未成年犯接受内心"道德法庭"的自我"审判"，从某种意义上说，比起真正的"法院法庭"的审判更深刻更有震撼力。我国古代圣贤十分重视"吾日三省吾身"，即每天检查自己的言行是否有不妥当的地方。通过启发阶段的矫正活动，目的是要让未成年犯达到"吾日三省吾身"的境界，经过自我剖析、自我批判、自我悔醒，形成正确的道德信念和人生价值观。

"好逸恶劳、见利忘义、贪婪成性、善恶不辨"既是未成年人走上犯罪道路的主要思想因素，也是未成年犯狱内的主要思想行为特征。从中华传统思想文化宝库中，甄选一些以"仁爱、勤劳、诚信、孝道、廉耻"为主题的故事，使未成年犯产生心灵的共鸣，引发他们内心的震撼和自我"审判"，启迪他们的"善心"，唤醒他们的"良知",使他们形成"仁爱、勤劳、真诚、友善"的思想品质,是该阶段矫正能否取得成效的关键因素。

1.仁爱主题。"仁爱"是《论语》的核心思想,也是最能触动未成年犯心灵的因素,如"仁者,爱人","己所不欲,勿施于人"等思想对未成年犯的人生价值观、思想道德观的重塑大有裨益。中国传统文化潜藏着取之不竭的真理,蕴藏了许多体现"怎样做人,如何做事"的典故。体现"友善仁爱"主题的故事,在传统文化宝库中更是俯拾皆是。如安徽《桐城县志》记载的关于"六尺巷"的故事,"七里禅师"的故事,"财富、成功和爱"的故事等,都是体现"仁者爱人"思想的典故和传说。

2.勤劳主题。"天道酬勤"是一个颠扑不破的真理。《商书·盘庚上》说:"若农服田,力穑乃亦有秋。……惰农自安,不昏劳作,不服田亩,越其罔有黍稷?"意思是说:就像农夫种田一样,只有努力耕作才能取得丰收。……生性懒惰的农民习惯于安逸与享受,不进行辛勤地耕耘、不从事艰苦的田地劳动耕种庄稼,哪里会有黍稷食粮可以收获呢?然而,有相当多的未成年犯,习惯于安逸,习惯于不劳而获。盗窃型犯罪在未成年犯中占了相当的比例(见第二章第一节),就很好地说明了这一点。"凿壁借光","乞丐搬砖"等故事都是以勤奋、勤劳为主题的故事,在矫正过程中,这些故事的引述能在不知不觉中改变他们不劳而获的思想。

3.诚信主题。诚实守信,是中华民族的传统美德,也是当今社会公民道德的首倡之举。劝导与人为善的儒家学派认为"诚信乃人性之本,天道之源。"追溯古代《周易》的思想,也早有"诚信立身之本"的观念。《易经·无妄卦初爻》说"无妄往,吉",意思是,"不违背正道,符合自然规律和社会规律行动的人,到哪儿都吉利"。《易经·中孚卦》说"中孚:豚鱼,吉。利涉大川,利贞。"此处的"孚"作"诚"解,全句的意思是,"内心有诚,连愚笨的豚鱼都可以感动,是非常吉利的事。同时利于涉水过河,处处正确而吉祥"。以诚信为主题的故事,在古籍中也有很多。如《左传》上记载的"食言而肥"、《韩非子》上记述的"曾子杀猪"的故事等等。以诚信为主题的故事,目的在于引导未成年犯生发"无妄"、"有孚"之心,形成诚实守信的品格。以下是一个谈话的片断(片断6-14):

矫正对象:在好奇心的强烈驱使下,我跟着同学迷上了形形色色的网络游戏。

矫正者:从此你无心上学了。

矫正对象:自从接触了网络游戏,我就离家出走了,也就不上学了。有时我会一连几天几夜"蹲"在网吧上网,饿了就出去找点吃的,困了就在台桌边打个盹。

矫正者:玩网络游戏需要花不少钱吧。

矫正对象:因为缺钱,我与玩伴一起干起了偷卖电缆的活。

矫正者："天网恢恢，疏而不漏"，干坏事总是要被抓的。

矫正对象：正当我们疯狂作案之际，从天而降的警察给我戴上了冰冷的手铐。我因破坏电力设备罪被判刑三年六个月。

矫正者：你有过后悔吗？

矫正对象：在法庭上我就流下了悔恨的泪水。想想要是父母对我管得多些，我就不至于厌学迷上网络游戏，也就不会走上犯罪道路。

矫正者：你觉得父母管教太松了？

矫正对象：记得初一时，我的学习成绩还过得去，在班级处于中等水平。但随着父母工作越来越忙，管我的时间越来越少，我的成绩开始下滑。

矫正者：你就开始玩网络游戏？

矫正对象：后来我对学习产生了厌恶感，成绩一落千丈，随后就迷上了网络游戏。

矫正者：学习成绩的下滑主要还是你没有"勤奋学习"的意识。

矫正对象：也许是吧。

矫正者：西汉有个大学问家匡衡，他幼年时非常喜欢读书，但因为家境贫寒，晚上家里没有油点灯。匡衡就在墙壁上凿了洞，让邻居家的烛光从洞里透过来照着读书。

矫正对象：他的勤奋好学令人感动。如果我也有好学的精神就不会走到今天的地步。

矫正者：俗话说："穷者不可耻,偷盗者可耻!"

矫正对象：当时我是想偷几次就"洗手不干"的，谁知很快就被抓了。

矫正者：你听过一个"明年再不偷鸡"的故事吗？

矫正对象：没有听说过。

矫正者：有个人每天都要偷邻居家的鸡。好心人劝他说："偷盗是可耻的行为，应该及时改正。"偷鸡人听后很不以为然，他说："我也知道偷鸡不好。这样吧，我以后改为每月偷一次，而且每次偷一只鸡，一年之后，我不偷就是了。"

矫正对象：知道自己错了，及时改正就好。可惜我当时没有意识到这一点。

（四）巩固阶段

"内化于心、外化于形"才能构筑起未成年犯的道德长城，构建起他们"知善、向善、学善、扬善"的道德品行。因此，这一阶段的主要任务，是要求未成年犯将在前几阶段中获得的理解与感悟，付之以行动，从传统文化中汲取营养，冲破内心的种种阴霾，做到"知行合一"，在这个阶段，矫正者主要是做好提醒和督促，帮助他们将"勤劳善良、诚实谦让、仁爱宽容"的思想品质落实在改造的实际行动之中，达到"真善美"的思想和品行相互一致的境界。

　　矫正技术就如矫正工作者手中的"手术刀"，只有娴熟地掌握，才能熟练地解剖未成年犯的"心灵"，达到重塑其思想与心理的最终目的。以上所述的房树人测验、意象对话、沙盘游戏和叙事矫正技术，既可以用于对未成年犯的个案矫正，也可以用于对他们的集体矫正。需要注意的是，这些矫正技术的运用，务必因时制宜、因地制宜、因人制宜，并在未成年犯乐意接受的情况下进行；另外，对矫正者而言，对未成年犯的真爱特别重要。这些矫正技术只有融入了矫正者至真至诚的爱，才能最终发挥对未成年犯的矫正作用。

图 6-3　表现混乱、倾斜和倒置主题的未成年犯沙画

图 6-4　表现空洞主题的未成年犯沙画

图 6-5 表现隐藏主题的未成年犯沙画

图 6-6 表现威胁、受伤主题的未成年犯沙画

图 6-7　表现残缺、忽视、倾斜主题的未成年犯沙画

图 6-8　表现威胁、受伤、攻击主题的未成年犯沙画

图 6-9 表现旅程、能量和连接主题的未成年犯沙画

图 6-10 表现培育主题的未成年犯沙画

图 6-11 表现趋中主题的未成年犯沙画

图 6-12 表现诞生主题的未成年犯沙画

图 6-13 表现灵性、转化主题的未成年犯沙画

图 6-14 表现转化主题的未成年犯沙画

第七章

未成年犯个案矫正

对罪犯施行个案矫正，是我国监狱一直以来倡导的重要实践活动，也是我国行刑个别化原则的重要体现。随着监狱工作法治化、科学化、社会化进程的不断推进，监狱警戒等级分类、罪犯矫正分类等工作的深入开展，罪犯个案矫正工作得到了极大的发展，"个案矫正有利于对罪犯的教育矫正"业已成为当前学界和矫正工作者的共识。

未成年犯个案矫正是对未成年罪犯开展的一人一案的教育，具有很强的针对性。运用个案矫正的方法，对于纠正未成年犯的不良人格倾向，重塑他们的人生价值观和思想道德观，具有很好的效果；对于提高未成年犯的矫正质量，降低他们的重新犯罪率也具有十分重要的作用。本章从未成年犯个案矫正方案的编制入手，结合典型案例，展示未成年犯个案矫正方案的制订方法和个案矫正技术的运用过程，以期对矫正工作者提供些许示范。

第一节　个案矫正的发展瓶颈

"个案矫正，是指基于刑事个别化原则，监狱依据罪犯产生犯罪的不同问题（犯因性问题），采用有针对性的临床治疗、环境调适、行为干预、心理矫治、个案教育等技术，达到特定矫正目的的专门活动"[1]。未成年犯个案矫正，是依据刑事的个别化原则，针对不同未成年犯个体的犯因性因素，采用心理矫治和个案教育等矫正技术，达到矫正未成年犯思想和心理的专门活动。

2003 年，司法部发布的《监狱教育改造工作规定》指出："个别教育应当坚持

---

[1] 于爱荣等著：《矫正技术原论》，法律出版社 2007 年版，第 329 页。

法制教育与道德教育相结合，以理服人与以情感人相结合，戒之以规与导之以行相结合，内容的针对性与形式的灵活性相结合，解决思想问题与解决实际问题相结合。"这些规定，明确了个案矫正在教育改造罪犯中的法律地位，使个案矫正在教育改造罪犯中发挥了重要作用。但随着时代的进步和科学技术的发展，个案矫正面临了一些发展瓶颈。主要表现在：

一、缺乏科学的理论指导

由于缺乏个体咨询心理学、现代建构主义等理论的指导，导致个案矫正的理念、形式、内容和目的出现偏差。教育的理念，缺乏建构主义的思想，缺乏矫正的情景性和主动性，把民警视作矫正的主体，强调民警的权威性和教导性，忽视了未成年犯接受教育矫正的主观能动性和创造性方面的巨大潜力。教育的形式，以灌注式传授为主，单一而乏味，缺乏启发性和互动性。教育的内容，仅以熟悉监纪监规、掌握一般知识和技能为主，简单而零散，缺乏专业的心理干预，缺乏系统性和整合性。教育的目的，则是单纯的"早日回归"理念，只要是减刑假释的幅度越大，便是改造越成功，忽视了改造投机取巧的一面，忽视了其内心思想和心理的真正回归，忽视了矫正未成年犯的本质目的——再社会化。

二、缺乏有效的矫正技术

正确掌握与运用个案评估、个案调适和个案危机干预等各项技术，实现个案矫正技术的科学化水平，是提高矫正质量的关键因素。江苏省监狱的个案矫正工作已成体系，其理论和实践成果累累，走在了全国前列。《矫正技术原论》、《罪犯个案矫正实务》等书籍的出版问世，标志着罪犯个案矫正技术走上了正轨，具有里程碑式的意义。但由于未成年犯思想、心理的特殊性，在个案矫正技术的运用上，还应该考虑这种独特性，选择有别于成年罪犯的，适合未成年犯思想、心理特点的个案矫正技术。但在国内，有关这方面的论著还缺乏。

三、缺乏合理的工作运行机制

一方面，由于缺乏合理的工作运行机制，实践中存在着将个别教育当做集体教育补充的现象。多年来，我国监狱在对罪犯实行个案矫正的过程中，取得的成绩令人瞩目，如民警承包责任制、一警一箱制、亲情套餐制等，但这些机制或制度，主要是针对顽危罪犯的矫正转化，致使个案矫正的覆盖面低下。另一方面，由于缺乏合理的民警培训进修机制，作为矫正主体的民警，缺乏对未成年犯实施个案矫正所需的心理学、教育学、社会学的知识和技能。

如此种种，使个案矫正的发展步伐几乎停滞不前。突破上述个案矫正发展瓶颈的限制，关键之一是要让矫正工作者熟练掌握并正确运用矫正技术，选择科学合理的个案矫正的操作模式，开展科学合理的个案矫正工作。

第二节　个案矫正的操作模式

未成年犯个案矫正是一项系统工程，需要具备一定的外部条件才能实施。这些条件包括：矫正者、矫正技术、矫正的硬件设施、矫正的外部环境等。矫正者素质的高低，矫正技术选择的合理性，矫正设施的优劣性，矫正所处的监所环境和社会环境的和谐程度，既是制约未成年犯个案矫正能否顺利实施的重要因素，也是个案矫正操作模式选择的重要依据。综合考虑上述因素，结合个案矫正工作的实际情况，我们将未成年犯个案矫正的模式分为"现时操作模式"和"未来操作模式"两类。"现时操作模式"是我们依据现有的条件，当前选择的个案矫正实施模式；而"未来操作模式"，则是我们着眼未来的发展，前瞻性的操作模式设想。

一、现时操作模式选择

于爱荣主编的《矫正技术原论》，将个案矫正的应用范式，归纳为"临床治疗范式、心理矫治范式、环境调适范式、行为治疗干预范式和个案教育范式"。这是当前我国监狱在罪犯个案矫正中普遍采用的操作模式。鉴于未成年犯个案矫正的特殊性，结合实际状况，在现时条件下，我们主要采用"心理矫治范式"和"个案教育范式"两种操作模式。这主要是因为：

第一，心理问题既是未成年犯重要的犯因性因素，也是他们在服刑改造过程中表现出来的、亟待解决的问题。由于受家庭、社会和学校诸多负面因素的影响，尤其是受到幼年（六岁之前）时不良家庭教育和负性生活事件的影响，使未成年犯的心理和人格发育呈现明显的偏离状态。据对 1999—2001 年和 2009—2011 年的样本调查分析（见第六章表 6-1），反社会性、边缘性、偏执性、攻击性人格障碍倾向，焦虑、抑郁、恐怖心理和某些不良心理习癖在未成年犯群体中普遍存在。由于未成年犯尚不满十八周岁，还处在心理发育和人格形成的关键时期，因此采用"心理矫治范式"，运用正确的个案矫治技术，通过矫正者的心理帮助，可以促使未成年犯消除心理性的犯因性因素，形成相对完善的人格，为他们重新社会化夯实心理基础。

第二，道德认知偏差，畸形的世界观、人生观和价值观，也是造成未成年犯违法犯罪的重要因素。理想淡薄、信仰缺乏、个人主义、唯利是图、损人利己、好逸恶劳、骄奢淫逸等腐朽没落的信条在未成年犯群体中有很大的市场。样本调查显示，仅 42.6% 的未成年犯认为"人生的真正价值在于对社会、对国家、对他人的奉献"，而 57.4% 的人对此持否定态度。仅 41.2% 的人认为"好人有好报"，而有 58.8% 的人对此持否定态度。未成年犯处在价值观形成的关键时期，采用"个案教育范式"，运用个案矫正技术，劝导他们正确看待人生，能促使他们纠正错误的道德认知，转变错误的思想观念，确立正确的人生价值观。

第三，"行为干预范式，是利用行为治疗技术和干预技术，矫治和预防罪犯的过度、复发性离轨、成瘾性和危机性等病态行为，达到消灭、减少犯罪和实现监狱管理安全和秩序的目的。[①]"从本质上看，"行为干预范式"也是一种"心理矫治的范式"，其中的差异性主要体现在理论指导的不同；同时，由于在未成年犯群体中，赌毒等成瘾性行为和自杀行凶等危机性行为发生率不高，而且，未成年犯的这些行为，运用本书所述的个案矫正技术（如意象对话、沙盘游戏、房树人测验等），同样具有极好的矫正效果。因此，笔者在书中将其纳入到了"心理矫治的范式"，仅提出"情景模拟电子游戏个案矫正基本设想"作为一种新型的"行为干预范式"简述，而不作为操作实务的重点加以展开论述。同样原因，由于"临床治疗范式"侧重于精神科医师的药物干预，而非矫正工作者的重点干预方式，所以本书也未将它作为操作实务加以论述。至于"环境调适范式"，由于它是"针对引起或可能引起未成年犯犯罪的环境犯因性问题"而采取的调适技术，所以我们认为当前施行的条件尚不够成熟，所以将它作为"未来操作设想"之"个案家庭矫治的基本设想"进行概要性阐述，以期"抛砖引玉"而得同道之正经。

二、未来操作模式设想

由于受外部条件的制约，下述未成年犯个案矫正模式，尚处在理论思考与实践初探阶段。期望在外部条件成熟之时，这些设想能成为现实，为未成年犯个案矫正大厦添砖加瓦。

（一）情景模拟电子游戏个案矫正的基本设想

游戏作为一种主要的娱乐形式，是未成年人生活的重要组成部分。当今，深受未成年人喜爱的游戏当属电子游戏，尤其是网络电子游戏。这些游戏种类繁多，按游戏的内容分，可分为冒险游戏、赛车游戏、格斗游戏、运动或动作游戏、角色扮演游戏、牌桌游戏、益智解谜游戏、射击游戏等等。游戏设计者原本的出发点是教育、娱乐和启智游戏人，但受利益的驱使，一些电子游戏的开发者，在当今的游戏中，特别在冒险、射击、格斗等游戏项目中，过多地植入了争夺、打斗甚至是凶杀等暴力元素，严重偏离了游戏设计的初衷。在这类游戏的参与和互动过程中，游玩

---

① 于爱荣等著：《矫正技术原论》，法律出版社 2007 年版，第 341 页。

者因为获得某种畅快感或成就感,而对游戏流连忘返,甚至沉湎于其中而不能自拔。这些游戏,对未成年人的伤害主要体现在两个方面:一是一部分未成年人由于沉溺于该类游戏不能自拔,而又无力支付游戏的费用,最后铤而走险,走上违法抢劫或盗窃的犯罪之路;二是这类游戏潜移默化地影响到未成年人的语言方式和思维方式,成为了摧残未成年犯思想和心灵的毒害剂,一些未成年人通过无意中模仿游戏当中的暴力角色,而成为行凶甚至杀人的罪犯。

因此,我们一方面呼吁有良知有社会责任感的游戏设计方,在游戏的设计过程中,去除赤裸裸的暴力或色情元素,净化游戏场景;另一方面,作为教育矫正未成年犯的主体,我们将致力于与游戏设计者合作,开发情景模拟性电子游戏,在电子游戏中植入道德评判元素或智力元素,创设德育和智育教育的模拟情景,开发一些健康有益的,适合未成年人身心发展的,又深受未成年人所喜爱的电子游戏。比如,将道德评判性元素设计成为游戏晋级的关卡,将智力性元素设计成引人关注的游戏谜底,将品行性元素设置成游戏的关键点,让玩者在游戏的互动中,获得愉悦、畅快的情感体验,体会到"胜人一筹"的道德高尚感和成就感,从而让这类游戏成为开发未成年人智力,促进其道德品行和身心良性发展的有效载体,使这类游戏个案矫正技术成为预防未成年人犯罪和矫正未成年犯思想品行的有力工具。

(二)个案家庭矫治的基本设想

未成年犯的情绪或品行问题与家庭因素密切相关。不和谐的亲子关系,非温馨的家庭环境,不良的家庭结构,是造成未成年人犯罪和思想行为问题的首要因素(有关论述见第二章第二节)。从构建家庭和谐、改善家庭功能的角度考虑,对未成年犯施行家庭矫治变得十分必要。

家庭矫治是一种以家庭为对象的矫正方法。家庭矫治流派的创始人,国际著名心理治疗师维吉尼亚·萨提亚认为,"人可以持续成长、改变,并开拓对生活崭新的信念"。对未成年犯的家庭矫治,是针对未成年犯个体的思想和心理问题,通过矫正者与家庭成员的交流、访谈,引导未成年犯与其家庭成员共同努力,克服和消除产生问题的家庭因素,以促进未成年犯家庭内部互相谅解,增进情感交流和相互关心,改善家庭功能,从而使未成年犯的心理或行为问题得以减轻或改善的一种矫正方法。家庭矫治的理论基础是人际交往理论,对于矫正未成年犯的情绪障碍、品行障碍具有良好的效果。

家庭矫治的学派纷陈,矫治的模式各异。如行为学派倾向于把要解决的问题进行明确,从而施以行为矫正;精神分析学派,则注重探讨家庭中潜在的心理冲突和投射机制,促进人格成熟和家庭和谐。此外,还有策略派、经验派、交流派等等。尽管矫治模式各不相同,但它们都有共同处,那就是采取积极干预的策略,将整个家庭作为矫治的对象,打破原有的家庭沟通模式,重建崭新的家庭思想交流和行为模式。一般而言，在家庭矫治过程中，矫正者的工作重点是在进行家庭成员个别访谈的基础上，主持好家庭讨论会。这种会谈，一般分三个阶段进行：一是矫正者与未成年犯的交谈，其他家庭成员参与旁听；二是矫正者与其他人员交谈，未成年犯参与旁听；三是矫正者主持进行家庭所有成员的对话交流。在这种会谈交流过程中，矫正者着重把握好三个关键点，一是注重家庭成员间的感情弥合；二是注重"当下"，而不去纠缠"以往"；三是注重强调"优点"，而不去渲染"缺点"。

目前，尽管对未成年犯的家庭矫治工作尚未开展，而且该项工作开展的成本和难度非常之大，但可以预见，随着对未成年犯个案矫正的科学化程度不断提升，家庭矫治的模式可能成为今后未成年犯矫正的重要模式。当然，其中的困难，比如家长来访的困难，职能部门的工作负荷，也是可想而知的，尤其是在外省籍罪犯日益增多的大背景下，困难更是凸现。但随着未成年犯矫正体制或机制的完善和建立，所有困难都会加以克服，家庭矫治会彰显其巨大的力量，成为矫正未成年犯思想和品行的重要手段，成为预防未成年人重新犯罪的重要武器。

第三节　个案矫正的方案编制

从未成年犯思想品行特征和人格特点入手，通过分析他们的家庭成长环境、社会生活环境和入监初期的行为表现，提出具有鲜明个性特征的、规范化的个案矫正方案，是个案矫正能否取得实效的重要因素之一。

一、方案的编制原则

未成年犯矫正方案的编制原则，主要体现在针对性、科学性、个别性和可操作性等几个方面。

（一）针对性原则

针对性原则是指在编制个案矫正方案时，要在对未成年犯的犯罪原因、思想品行和心理水平进行综合评估的基础上进行，体现方案的针对性。对未成年犯的评估是全方位、多角度的。从评估的方式上看，既有访谈评估，也有量表评估；从评估的内容上考察，既有对其个人生活经历的估评，也有对其家庭功能、家庭结构和社会关系的评估；从评估的时间维度上考虑，既有对其以往经历和当下情况的评估，也有对其矫正以后的预测性评估；从评估的空间维度上考量，既有对其心理空间安全感的评估，也有对其现实人际交往空间的适应性评估；从评估的性质来说，既有对其犯因性的分析评估，也有对其日常改造质量的评估。正确的评估是方案编制的基础，只有正确运用估评的结果，才能使编制的方案具有很强的针对性。针对性原则是方案编制的首要原则。

（二）科学性原则

科学性原则是指在方案的编制过程中，充分运用教育学、心理学的理论和方法，依据收集的未成年犯各方面的信息，如心理测量的结果、初次谈话资料、日常的行为表现等，根据未成年人思想教育的规律和心理特征及其演变规律，对未成年犯个体的思想和心理的发展变化过程和趋势进行全面系统的科学分析和推论，制定相应的矫正方案，从而开展有效的教育矫正工作，以防范未成年犯各种狱内恶性案件，诸如脱跑、暴力伤害、自杀自残等重大事故的发生；同时促进未成年犯人格的完善和思想品行的矫正，提高未成年犯教育矫正的质量。科学性原则是方案编制的重要原则。

（三）个别性原则

个别性原则也是个案矫正方案编制的重要原则。它是指在对未成年犯进行个案矫正的过程中，要因人制宜，因事制宜，突出矫正方案的差异性和独特性。个案矫正是针对不同未成年犯个体的特点而开展的教育工作，因此，把握未成年犯个别性的思想特征和心理特点，就理应成为关注的重点。要从不同的侧面，考察不同未成年犯的家庭结构、家庭功能、亲子关系、社会交往、文化背景、生活经历、教育程度等，从细微处找寻未成年犯的犯因性差异和思想心理特点差别，选择个性化的测评工具和矫正方法，针对不同类型、不同问题的未成年犯，采取不同的矫正方法。对于思想品行问题突出的罪犯，如"好逸恶劳、唯利是图"的未成年犯，要侧重于通过思想教育，培育他们的思想道德观和人生价值观。而对于心理行为问题突出的罪犯，如对于情绪障碍、反社会性人格倾向、偏执性人格倾向的未成年犯，或者有偷窃癖、赌博癖、恋物癖等倾向的未成年犯，就要按照咨询心理学的要求，通过心理辅导，消除他们心理问题的"原发灶"，实现心灵的自我成长。

（四）可操作性原则

所谓可操作性原则，是指个案档案材料填写的规范化和个案矫正程序执行的正确性。具体而言，它是指个案的矫正方案，不会由于个案矫正者主观的理解或解读而产生偏差，从而使方案得以正确实施，并促成矫正目标得以实现或基本实现的特性。

对未成年犯的个案矫正，所涉及的知识内容广泛，档案资料丰富，工作程序严谨，因此，明确档案的结构层次，制定简明规范的操作要点，设定切合实际的矫正方向和目标，显得格外重要。个案矫正的可操作性原则，首先要体现个案档案材料的层次性和简明性方面。这些档案材料，既要反映方案的轻重缓急，又要体现程序的完整合理。其次，要体现操作程序的可行性。冗长拖沓的操作程序，从表面上看，似乎全面细致，而究其实质，却常常难以抓住未成年犯思想和心理行为问题的主要矛盾或其矛盾的主要方面，很容易使矫正者顾此失彼，白白耗费心血，得不偿失。

再次，个案的操作性原则，还体现在个案矫正目标制定的具体性和可行性方面。一个良好的矫正目标，是矫正者与当事人共同商定的结果，矫正者单方面确定的、一厢情愿的矫正目标不仅空洞无效，而且还枉费人力和财力。

二、个案矫正的档案设计

对一名未成年犯来说，其跨入未成年犯管教所的第一天开始，便要开始接受评估。从流程而言，先是由他撰写自传，接着是矫正者对其进行访谈和各种形式的心理测评，最后由民警对其进行犯因性分析，拟定矫正的措施，形成矫正方案。从档案编排上看，主要包括基本情况、自传、日常行为记录、心理测评与分析、犯因性分析和矫正举措几个方面。

具体地说，需要收集的素材主要有：①个人基本情况，如出生日期、文化程度、案由、捕前职业、主要爱好和曾经的不良行为习惯等。②个人的学业品德情况，如学习态度、师生关系、同学关系、品德操行等。③家庭基本情况，如家庭成员（含成员的素养、品行、职业、爱好、行为习惯等）、家庭关系（含亲子关系、家庭气氛）等。④个人的身体情况，如有无重大生理疾病和精神疾病，有无家庭遗传病史等。⑤个人社会生活环境，如交友情况、社区治安状况、邻里和睦度等。⑥个人的犯罪事实，如犯罪起因、犯罪基本动机、犯罪经过、犯罪原因自我剖析等。⑦个人心理评估情况，如人格偏离度、个性特征、情绪状态、精神现状等。⑧矫正者对未成犯个体的犯因性分析。⑨矫正者对未成年犯个体的总体鉴定意见（思想品行和心理状态的综合分析判断）。⑩矫正者对未成年犯在各个服刑阶段的主要矫正措施和方法。

本着档案编制的可操作性原则，根据我们的操作实践，突出档案留存的简洁明快性和实际执行的方便性，笔者编制了五项档案样式，选择了一个比较典型的个案，将以上十项档案素材囊括其中，以案说理，提供了一个资以参考的范例。

表 7-1　未成年犯自传

姓　名	张某某	出生日期	1994 年 X 月 X 日	文化程度	初中一年级

<table>
<tr>
<td rowspan="5">自

传</td>
<td>

未成年犯自传一般包括的内容有：第一，家庭基本情况，如主要家庭成员习惯爱好，家庭气氛和亲子关系等，重点记述幼年时发生在家庭的印象深刻的事件。第二，学业品德情况，如学习态度、师生关系、同学关系、品德操行等，重点记述幼年时发生在学校的印象深刻的事件。第三，个人社会生活环境，如交友情况、社区治安状况、邻里和睦度。第四，身体情况，如有无重大生理疾病和精神疾病，有无家庭遗传病史。第五，犯罪事实与经过，如犯罪起因、犯罪基本动机、犯罪经过。以下自传基本包括了这五项内容：

　　我是张某某，1994 年 X 月 X 日出生在湖北农村的一个普通家庭。身体健康状况良好，也无家庭遗传病史。

　　记得上幼儿班的时候，为了与同学争一个梨子吃，我和对方打了起来，由于我长得比同龄人高大，因而取得了"胜利"。正当我"自豪"地拿着梨子想吃时，老师发现了此事，他让我把梨子归还给同学，还罚我站在小黑板下面，同时又通知了我的家人。当我怀着忐忑不安的心情回到家，父亲不但没有责骂我，而且还对我说："今天的事爸爸不怪你，你给我记住，作为一个男人，决不能向欺侮你的人低头，只有'打垮'他们，才能保护自己！"父亲的话使我安下了心，那种"胜利"带给我的"自豪感"让我回味无穷。

　　爸爸有修理电话的手艺，他的应酬很多。每天他都要喝得酩酊大醉才回家，而对我的关心和教育则抛之脑后。在我的记忆里，爸爸不曾教过我识字，没带我去逛过公园，我们之间的接触和交流少之又少。每到星期天，看到同学的爸爸妈妈来接他们回家，我心里就很妒忌。因为每次我都是自行回家，爸爸妈妈从不管我……后来，爸爸因在单位值班不当被革职回家。妈妈一个人艰辛地承担着家里的农活和家务。可爸爸根本不管妈妈的辛劳，整天在外边喝酒，脾气也变得越来越坏，每次喝醉酒就会和妈妈无休止地争吵。这种生活一直延续到我十五岁读初中一年级那年，当时的我已不像儿时那样听话了。每当星期天我回到家里，看到爸爸一副醉醺醺的样子，内心就十分讨厌爸爸。

　　因为常记得爸爸对我说过"作为一个男人，决不能向别人低头，只有'打垮'他们才能保证自己前进的脚步，实现自己的理想"的话，所以在学校里，我经常和几个要好的同学，向一些欺侮我的人挑衅"决斗"。在学校里，我们几人横行霸道，称王称霸，无人敢逆我们的意思行事。在老师的眼中，我成了班里的"捣蛋鬼"，在同学眼中我成了"坏学生"。每到一处都受到同学们的排斥，我实在无
</td>
</tr>
</table>

（续 表）

姓 名	张某某	出生日期	1994 年 X 月 X 日	文化程度	初中一年级

<table>
<tr><td rowspan="1">自

传</td><td>

心上学，就到镇上的菜市场去玩。我们那儿的社会治安状况不好，常有一些不三不四的人聚在一起玩耍，我就和他们在一起"鬼混"，每到星期天才回家……记得有一次，爸爸到镇上买东西时刚好撞上我。他看我在那里与他人玩，便问我："为何不去学校上学？是不是在逃学？"我一时找不出理由，爸爸就揪住我的耳朵，还"赏"了我一脚。幸好被爸爸的朋友劝止，我才幸免继续挨毒打。这件事并没有到此结束，回家后爸爸就让我罚跪反省。在反省中我更是恨透了爸爸。后来，我因多次违反校规被开除学籍。辍学后，我不敢回家，选择了离家逃避。

  16 岁，本来是在家上学的年龄，可我忍受不了爸爸对我的"教育"，只好找到朋友（一起的玩伴），盘算着同他们一起到杭州打工。起初他们怎么也不肯带我出去，怕我年纪小连累他们。后来，我以挣到的钱均分为条件，他们才勉强答应带我到杭州打工。初来杭州，由于文化较低，年龄又小，很多厂家不敢收我。后来还是经过老乡的介绍，我来到工地上打杂，才免于流落街头。到工地上干了半年后，我实在忍不住对家的思念，就拨通了爸爸的电话，可听到的却是他严厉地呵斥声。我被他气得几乎崩溃，心里暗暗发誓和他断绝关系。

后来，我同老板因被扣发工资的事发生了口角。事后，我纠集了很多老乡找他算账。我心里一直认为："人善被人欺，马善被人骑"，我本已失去了亲人的关爱，现在连我这点工钱也要扣，实在太没人性了。我咽不下这口气，把所有的不满和愤恨全都发泄在老板的身上，我内心也因此感到了前所未有的痛快。就这样，老板被我们活活打死，我因故意杀人罪被判无期徒刑。
</td></tr>
</table>

表7-2 犯因分析档案

姓 名	张某某	管 区	某管区	出生日期	1994 年 X 月 X 日
文化程度	初中一年级	案 由	故意杀人	入所日期	2010 年 X 月 X 日
前科情况	无	捕前职业	打 工	籍 贯	湖北省
捕前职业	打 工	刑期起止	2010 年 X 月 X 日起,无期		
家庭成员	爸爸、妈妈				
不 良 行 为 习 惯	自伤自残、习艺劳动不认真、打人现象				

姓　　名	张某某	管　　区	某管区	出生日期	1994 年 X 月 X 日

主要表现	自投入服刑改造之后，面对高墙电网和严格的监规纪律，张某某感到很不适应，出现恐惧、焦虑和悲观心理，主要表现有： 一是他见到民警就紧张，不能主动与民警交流，与民警谈话时经常答非所问。 二是他面对自己的长刑期（无期），丧失改造信心，时有消极悲观的言行，觉得活着没意思，产生自虐的行为，曾有割腕和超剂量服药的举动。 三是他习艺劳动不认真并唆使他人破坏习艺劳动。与他人时有摩擦，出现与他人发生争执推搡而动手打人的情况，被一次性扣思想改造分三分。
初步鉴定意见	综合分析张某某的改造表现和心理测试情况，主要存在两个突出的问题： 一是心理问题，表现为情绪不稳定和明显的攻击倾向，显示出偏执性人格障碍的倾向。 二是思想品行问题，缺乏集体荣誉感，缺乏认罪悔罪意识，缺乏道德意识，具有好逸恶劳和损人不利己的顽劣思想。
犯因性分析	导致张某某犯罪的原因是复杂的。首先是家庭教育的失当。"作为一个男人，决不能向欺侮你的人低头，只有'打垮'他们才能保护自己！"父亲的话，实际上是在鼓励张某的攻击行为。正是父亲这种潜移默化的负面教育培养和强化了张某某的攻击行为，促使张某某自小就形成了强烈的对外攻击意识。这种意识正是他日后走上杀人犯罪道路的"胚芽"。在现今社会上，有一少部分家长认为社会竞争激烈了，要让孩子在社会有一方立足，就必须从小学会保护自己。所以他们就奉行"别人打你一拳，你就打他两拳"的教育，以保证自己的孩子不吃亏。对于孩子在生活中发生的诸如"争抢物品"等行为，不但采取听之任之不予制止的态度，而且还给予某种程度的支持。殊不知，家长的正面教育：教育孩子与同学建立团结友好的协作关系；教育孩子富有爱心；教育孩子懂得自尊自爱和尊重他人；教育孩子增强自我约束力等，才是孩子立足社会而不败的法宝。 其次，张某心理上与父亲的认同也是导致他走上犯罪道路的因素之一。作为男性的张某，在成长过程中性格脾气的形成会更多地受父亲的影响，他会在潜意识中认同父亲的处事方式和行为模式。因此，他在心理和思想层面对自己的监督、批评和约束力就非常弱，以致在外部环境限制了他的需求与欲望的时候，即当老板无故扣他工资并与老板发生了口角之后，他就不惜去违法犯罪——把老板活活地打死了，而且在犯罪后基本没有负罪感。

未成年人犯罪与矫正研究

表 7-3　矫正措施档案

姓　　名	张某某	出生日期	1994 年 X 月 X 日	文化程度	初中一年级
初期矫正措施	1．实行心理辅导。这是矫正第一阶段的重点工作。一方面，采取心理辅导与包夹帮教相结合的方法，运用房树人、意象对话等心理治疗技术，针对他在人格和情绪上出现的问题，进行心理干预，以防止其心理问题的恶化。张某的情绪问题，通过心理辅导能在短期内得到缓解；但对于其边缘性人格的矫正，则需要通过长时间耐心细致的心理疏导，通过增强其内心的安全感和归属感，帮助其实现重新社会化和自我成长才能实现。另一方面，要严格落实三人连环包夹制度，不允许其单独行动，并时刻注意其情绪变化，同时要求包夹小组的组员对其多谈话，形成一种关心、爱护、帮助的关系，让他感受到被关心、被爱护，让他充分感受到同伴的友情，不至于感到孤独和无助，避免出现自伤自杀等情形。 　　2．确定改造目标。在其情绪状态得到改善的情况下，针对其投入改造后，改造生活不适应、改造信心缺乏、改造目标不明确等情况，通过周密细心的谈话和协商，帮助其确定阶段性的改造目标：制定一个循序渐进的"三课"学习计划；切实可行的"习艺"劳动计划；科学合理的思想和心理的自我成长规划。				
中期矫正措施	1．开展思想教育。培养其正确的荣辱观和认罪伏法意识，确立正确改造目标。促使其从思想和心理上承认自己的罪犯身份，认识到低劣的思想品行给自己带来的危害。立足于改造实际，克服逃避改造的不合理信念，实现自觉改造。 　　2．实施行为训练。通过情景建构，逐步培养张某的自我开放性，培养其人际相处的能力： 　　一是从改变日常的生活行为习惯着手，以小组主题讨论会和帮教会等形式，促其自我接纳和接纳他人，培养生活自信和改造自信，塑造良好的人格品质； 　　二是在劳动、学习和生活的人际氛围中，学习与他人的合作，培养其合作精神和集体荣誉感，改善其人际交往的品质。 　　三是通过积极参加各种文娱集体活动，体验人际交往的原则，学会"多从别人的角度考虑问题"和"三思而后行"的行为准则。				

姓　　名	张某某	出生日期	1994 年 X 月 X 日	文化程度	初中一年级
后期矫正措施		1.施行家庭帮教。通过联系家人进行刑释前的帮教，进一步消除亲子之间的隔阂，加强他的改造信心和自觉性，也为其重返社会和家庭打好基础。 2.巩固性心理辅导。人格障碍的矫正不是一件容易的事情，需要长期的心理辅导才能见效。因此，心理辅导与矫治要贯穿张某某服刑改造的各个阶段，促使其人格的真正完善与成熟。尤其是在服刑的后期，要进行巩固性的心理辅导，以最大限度地纠正张某某偏执性人格障碍的倾向。			
备　　注		在矫正的各个阶段，通过关爱教育温暖其内心。"精诚所至，金石为开"，从培养情感入手，通过入情入理的关心和爱护，以满腔的热情去融化他冰冷的内心，让他真实地体会到矫正工作者的真诚、善意和热情，从而教育感化他。			

表 7-4　心理档案

基本情况	姓　名	张某某	单位	某管区	年龄	17	文化程度	初中一年级
	案　由	故意杀人	籍贯	湖北省	刑期	无期	入所时间	2010 年 X 月 X 日
	家庭成员及其关系	爸爸、妈妈						
	体型：□肥胖、√□瘦长、□混合、□畸异				脸型：□甲、□由、√□申、□田、□国、□混合			
	同犯关系：□和谐、□一般、√□不和）				顽危犯：√□是、□否			
	顽危犯列控时间：				顽危犯解脱时间：			
六个月内生活事件	总体改造表现：□好、□一般、√□差				违规情况：□无、√□有　被扣（　）分			
	学习和习艺劳动：□好、□一般、√□差				睡眠状况：□好、□一般、√□差			
	饮食状况：□好、√□一般、□差				家庭联系：□好、□一般、√□差			
	其他情况：恐惧、焦虑情绪和自伤自残的现象							
心理状态	智　力：□高、□低、√□一般				情绪：□乐观、□悲伤、□抑郁、□客气、□虚伪、√□焦虑、√□不稳定			
	性　格：√□内向、□外向、□两者之间				记忆力：□高、□低、√□一般			
	犯罪过程的内心感受：感觉到报了仇							
	对社会的看法：没有特别的看法							

（续 表）

心理发展史	0～3岁：□难产、□发烧、□外伤、√□其他：		3～7岁：√□咬指甲、 □遗尿、 □说谎、□打架、□其他：	
	7～15岁：√□逃学、□不良交友、√□打架、□其他：			
家族遗传疾病	√□无			
	□有	生理性疾病：		
		精神性疾病：		
	HTP测评结果 1.所画的房子是一幢普通的两层楼房，缺少立体感，屋顶画有冒着浓烟的烟囱。大门紧闭，其中一个窗上装着铁栏杆； 2.所画的树是一棵盆栽的花，花瓣被涂成了浓重的黑色； 3.所画人物没有嘴；两手伸开，一前一后摆动的姿势；头发画得很浓密，未画耳朵，嘴画成了圆形； 4.E方框内的"房树人"呈平面化特征，排列不协调。			

表7-5 心理访谈摘要

姓　名	张某某	罪名	故意杀人	文化程度	初中一年级
咨询日期：	2011年X月X日	咨询次数		第N次	
摄入性谈话中了解情况	1.多次流露出厌恶习艺劳动的想法，流露出悲观失落的情绪，表示曾想过自杀。 2.诉说见到民警就紧张害怕，不能主动与民警交流。 3.面对自己的无期徒刑，感到改造信心不足，对前途悲观失望。				
初步印象	1.焦虑恐惧的情绪 2.偏执性人格障碍倾向				
访谈概要	第一次谈话：通过摄入性谈话，了解其生活经历和现时的改造表现和情绪状况。 第二次至每十五次谈话：意象对话和沙盘游戏的治疗性谈话。针对其焦虑、恐惧的情绪和偏执性人格障碍的问题，运用意象对话技术和沙盘游戏技术相结合的方法对其进行心理辅导。 第十五次至第十八次谈话：叙事矫正技术谈话。通过谈话，消除其不良思想，重构其良好的人生价值观和思想品德观。				
矫正者	某某	咨询日期	2011年某年某月		

第四节　个案矫正访谈实例

本节的个案矫正访谈实例，均来自笔者矫正工作实践。展示之目的，一方面旨在介绍运用个案矫正技术（见第六章）开展个案矫正实务的操作方法，从一个侧面反映对未成年犯进行个案矫正，促使其重新社会化的艰辛；另一方面，旨在从个案的角度，探寻由于未成年人基本社会化和预期社会化过程的失败，而阻碍其思想和心理健康发展的关键因素，揭示未成年人犯罪的犯因性因素，以期待他们在回归社会之后，经历更为有效的发展社会化水平，成为真正对社会有用的人。

一、"没娘"的孩子

这是一则边缘性个性障碍的未成年犯矫正案例，是一个"心理矫治范式"的案例。笔者主要运用房树人心理测试技术和意象对话心理治疗技术，对个案实施矫正，较好地解决了当事人"安全感"缺失的问题，取得了预期的效果。

（一）基本情况

一般情况：马某，男，籍贯四川省，十七周岁，犯抢劫罪和强奸未遂罪，数罪并罚被判处有期徒刑十四年，初二文化程度，体型肥胖，国字形脸。

日常表现（矫正原因）：易怒易激惹，具有极强的攻击性；害怕民警，却又时常不服从管理教育；很少与他人沟通，又易于他人发生争执甚至于打架；有数次吞食刀片自杀自残的行为。

自我描述："我是一个没妈的孩子，理应有更多的照顾。"

（二）矫正过程

1

初次面谈，他说起了往事。

"我出生在一个支离破碎的农民家庭，爸爸是个聋哑人，妈妈一生下我就与爸爸离婚'远走高飞'不知去向。我从小与爷爷奶奶相依为命，没有父母亲的管束与疼爱，让我早早地体味到了生活的艰辛。"他红着眼，噙着泪花，向我诉说着委曲。

"必定有一些人或一些事让你刻骨铭心。"我有心点亮话题。

"在学校里，我经常受到同学的嘲弄和欺侮。有一次，学校要交200元的学杂费，上课铃刚响起，我的同桌就大叫起来，说自己放在书包里的200元学杂费不见了，还大声质问我：'是不是你偷了'。全班40多双眼睛齐齐地扫视着我，让我感到深深的不安，一种不寒而栗的恐惧向我袭来，我仿佛觉得自己马上就要崩溃了。我竭力替自己辩解，但这种解释显然是苍白无力的，他们根本就不相信我。同桌要求搜身，我坚决不同意。'一定是你偷的……'同桌的辱骂和讽刺深深刺痛了我的自尊心，我当时紧握的拳头，高高举起却又无奈地放下。"

"你不想打架，因为你那时还是一个好孩子。"我说。

"我不能打架，我不能给奶奶惹麻烦。"他说，"为了证明自己的清白，我只得接受同桌提出的无理要求。当着全班同学的面搜身检查书包，我感到巨大的侮辱，但我不能反抗。'你把钱藏到哪里去了？'同桌的责问像炸弹一样摧毁了我仅存的理智，使我再也控制不住自己的情绪，我将书包狠狠砸向同桌，疯一样地冲出了教室。"

他诉说着，委屈的泪水无声地滑落。我知道这样的事情让他受伤太多，我能说什么呢，此时任何言语性的抚慰都是苍白无力的。还是在旁默默地陪伴着他，让他用自己的泪水冲刷内心的伤痛吧。"那天我跑了很远，也想了很多。我想继续读书，但又不知道该怎样面对同学和老师；退学不读书吧，自己的努力和希望都将成为泡影，更对不起爷爷奶奶多年的操劳。我当时内心真是非常地矛盾。"

"这件意想不到的事，在你的内心深处留下了挥之不去的阴影。"我解释道。

"第二天我鼓起勇气去上学，但同学和老师冷漠的眼神让我再次感到不安和慌乱。在同学异样的眼神中，我似乎读懂了自己并不属于这个快乐的群体。"他不无痛苦地诉说着。

"哪你怎么办呢？"我盼望着他的故事有一个好的结局。

"我开始讨厌这个班级，开始讨厌学习。为了逃避学习，回避同学，我放弃了学业，整日逃课。我开始上网玩游戏，由随意的玩耍到热衷再到沉迷，我似乎找到了自己的归宿。我从此经常和几个好"朋友"逃课去上网：几天几夜地玩，吃在网吧，睡在网吧。爷爷气得心脏病发作，还为此几次打我。可爷爷的教训并没有使我回心转意，渐渐地我喜欢和社会上的'混混'搞在了一起。近朱者赤，近墨者黑。当我成了他们的一员之后，就和他们一起叼着香烟，混迹于大街小巷。我沉沦于上网和黄色录像，学会了抽烟、喝酒、吸毒，还迷上了赌博。"

归属、爱以及尊重的需要是人类基本的需要。马某得不到来自家庭与学校的关爱，却在社会的不良同伴中寻到了爱与尊重，在与这些社会小"混混"的交往中，找到了心灵的港湾，获得了渴望拥有的"安全感"，获得了极大的情感支持。不良的同伴交往成了促使他走上犯罪道路的催化剂，这也正是众多未成年人走上犯罪道路的重要原因之一。

"你已经离不开他们了。"我猜想着说。

"我与他们如影随形，我打架斗殴、恐吓路人、勒索他人，我经常和我的'朋友'们出入一些娱乐场所，诸如溜冰场、网吧、迪吧、酒店等地方。我简直无恶不作，虽然有时我也挺害怕的，但让我感到更多的却是开心。"他脸上闪过一丝笑意，转瞬即逝。

"你与他们一起玩得很开心，可这些都是违法行为啊!"我痛心疾首地对他说。

"我已经管不了那么多了。我玩得十分的疯狂，十分的开心，感觉也十分的好。当时，我就想人生本该如此。"他边说边撩起衣服，让我"欣赏"他身上的一道道伤疤。

马某身上一道道的伤痕，成了他炫耀的资本。他沉迷于采用暴力胁迫手段劫取他人财物的生活不能自拔，还妄言这就是他的人生。他贪婪笑容背后的灵魂就此堕落。我显然不能认同他的这种做法。但我内心再抵触，也不能就此放弃对他的谈话；我虽然不认同他的人生价值观，但还是要拿出无条件接纳的诚意，开导他，劝说他，使他有所思，有所悟，有所变。

"你是如何走上犯罪道路的？"我继续耐心地听他诉说，倾听他内心的声音，找寻其坠落的轨迹。

"有一次，我在网吧门口等人，看到有一个'哥们'与他人打架，就冲上去帮他。我一顿拳打脚踢把对方打倒在地，并抢走了对方的手机和400余元现金。还有一次，我和朋友李某等人在舞厅玩，朋友因不小心打翻了黄某的酒杯。黄某破口大骂，我朋友为此与他吵得不可开交。我见朋友被别人指着大骂要吃亏，就冲上去朝对方的脸上打去，见对方也有朋友帮忙，就抽出随身携带的钢刀砍向对方。在舞厅老板的制止下，我和朋友才罢手离去，最终还是造成对方两人重伤、一人轻伤的严重后果。还有一次，我在某娱乐城玩游戏机时，看到昔日与自己有过节的同学，就冲上去掏出一把军用匕首朝他捅去，幸好没有伤到要害处。"

"你很讲义气，但攻击性太强。"我不无遗憾地说。

"17岁那年我随堂哥来浙江，在一家酒吧打工。堂哥犯事被捕入狱后，我就与老板大吵一场。之后我南下福建、广东等地找活，2010年，我只身重返浙江，先后'辗转'宁波、温州、台州等地的赌场打工，帮老板收场子费。期间，我交过几个女朋友，都因为难以相处而分手。那天，与朋友一起大喝一场之后，我又吸了几口'白粉'聊以自慰，因为百无聊赖，我找到了已经分手的女友。我控制不住自己的激情，想与她亲热，没想到她不但不从，还大喊大叫。我一时气愤，就打了她，并拿走了她的手机和钱包，可是我并没有杀她的意思啊。"他一口气说完，带着些许悔意。

我翻看过他的档案，上面的记载是："马某多次采用暴力胁迫手段劫取他人财物，违背妇女意志，使用暴力胁迫手段与妇女发生性关系，为掩盖犯罪事实，故意杀人（未遂）。"这就是他的罪证，从厌学、逃学到抽烟、喝酒、吸毒，赌博，再到打架斗殴、勒索抢劫，马某一步步地走向了罪恶的深渊，我相信杀害女友，也并不是他的本意，但在酒精和毒品的双重作用下，他向"地狱"迈出了可怕的一步。善与恶仅是一念之间，天堂与地狱也是一步之遥。马某的堕落，马某的善恶转换，既有家庭亲情的因素，也有世俗偏见和玩伴的因素，还有不良的心理思想因素，正是这些错综复杂的因素，使一个天真纯洁的未成年人走上了违法犯罪的道路。

认真倾听当事人内心的烦恼，宣泄他们内心的积怨，就能使他们的情绪变得稳定，态度变得和善，关系变得亲近。心理谈话有时就这么简单，"倾听、共情、再倾听、再共情"，就便有很好的效果。通过这一次的交谈之后，马某的各种状况有了明显缓解的迹象。当然，这种好转只是暂时的，因为我尚未真正触及他的内心深处，平静洋面之下的漩涡随时都可能暴发出具有破坏性的能量！

2

"我是一个很不幸的人，你们应该对我更多的照顾……"这是此次谈话中，他说得最多的一句话。

我静静地听着马某的叙说，陷入了沉思。是啊，他真是一个不幸的孩子，自从呱呱坠地，就与母亲分别，至今，他都不知道自己的亲生母亲究竟长什么模样。他说，他对自己母亲的感情是复杂的，既有一种彻骨的恨，也有一种念念不忘的情。正是这种爱与恨的交织，让他的心灵备受痛苦的煎熬。

他告诉我，"父亲是一个聋哑人，自从母亲走后，我就跟着爷爷奶奶生活，自懂事起，我就知道自己是一个没有妈的孩子，是一个不被亲人喜欢的人。"当然，这可能是他的一个误解，他的母亲也并非一定不喜欢他。弃家庭而走，离他而去，或许她自有苦衷。但无论如何，对孩子的伤害都是巨大的。

"在家里，我因为贪玩和不听话，经常会受到奶奶的责骂，遭到爷爷的责打。"他说，"他们根本不在乎我。在学校里，同学骂我是一个没娘的孩子，我气不打一处来，就与他们吵闹、打架；有时我还会与老师争吵。想起那次我被冤指偷钱的事，就让我感到痛心无比。"

"你有过开心快乐的时候吗？"我问他。

"有两段时间最让我开心。一是离开学校之后，进网吧玩弄网络电子游戏的那段时间，游戏中那些打打杀杀的场景，让我觉得很过瘾，使我觉得自己是很了不起的人；二是与我的同伴们在一起的时候，那时我与他们'同呼吸共命运'，真让人难忘。"

看着眼前的马某，不禁让我想起一句民间俗语："三岁看小，七岁看老"，意思是说，一个人在幼年时期形成的性格、脾气会影响他一辈子。心理学研究表明，一个人幼年时期的成长经历和重大生活事件，对个体的成长和发展起着至关重要的作用。甚至有心理学家指出：每个人的人生大纲大约在六岁前就制定好了，每个人的一生，其实只活了六年，可以毫不夸张地说，以后的事，都是在此基础上的"表演"。而真正地活出自己，只不过六七年的光景。马某六岁前的幼年时期，是在一个缺乏爱与关心的、结构不全的家庭中长大的，可以想见，被抛弃、被忽视的不安全的情感体验始终伴随着他，正如他所说的，"自己是一个没妈的孩子"，这种伤害是他心灵永远的痛。安全感是心理健康的基础，是构建个体心理大厦的基石。具有安全感的人自信、坚定、积极、性格开朗、意志顽强、人际关系良好。幼年期是个体形成"安全感"的重要时期，父母尤其是母亲在孩子幼年的时候，如果能够给予孩子足够、持久的爱，孩子就会体验到"安全感"，并由此培养起自信、自尊和对自我的肯定。就马某而言，母亲的缺失，父亲的无力抚养，爷爷奶奶的不当管教，在他内心打上了"我被抛弃"的深深的烙印，这种"我被抛弃的心理不安全感"犹如种在孩子心田的一颗不良种子，会随着他年龄的增长，结出"自卑、焦虑、抑郁、孤独、恐惧、空虚、暴力"等果实，而使他的人格产生严重的偏离。

"会有难过和不安的感觉吗？"我试图了解他的情绪状况。

"有时我会觉得坐立不安。"他似乎很无助。

"好似一种被人遗弃的恐慌。"凭着直觉，我设法与他共情。

"是的。既无亲人的接见，也无亲人的信件。以前的朋友也不理我了，我给他们写信，也没有任何回音。"他一脸失望。

一个抱着"我被抛弃，我是一个坏孩子"感受长大的孩子，焦虑恐惧的情绪必然是会有的。处在青春期的他，在"联系昔日的所谓朋友而杳无音讯"的情况下，这种"被抛弃感"和"不安全感"自然会被强烈的激发和放大。为了验证我的初步判断，我对他进行了一次房树人心理测试。大约半小时之后，他呈现了房树人"作品"：房子的底部是一条浓浓的地基线；房门很小，而且用钥匙上了锁；窗子也很小并且装了栅栏；树上画满了水果和小鸟，树根的地面线部分留下了反复擦拭的痕迹；人物的双唇紧闭，双手伸开。测试的结果证实我判断的正确性：浓浓的地基线，上了锁的房门，装了栅栏的小窗，无一不提示他内心弱小的安全感；反复擦拭的地面线无疑是他焦虑不安的情绪展现。另外，树上水果和小鸟，提示了他心智不全和性情幼稚的倾向，双唇紧闭、双手伸开的人物形象，则揭示了他活动性强但自控能力差的性格特征。

安全感弱小的未成年犯，在改造生活中会有各种各样的表现：有的未成年犯动辄打架斗殴；有的焦躁郁闷，并想方设法自伤自残；有的喜欢自我炫耀自吹自擂；还有的则看到警官或其他未成年犯产生莫名的恐惧。不管是打架斗殴还是自吹自擂的未成年犯，都不难窥见他们心灵深处的那种弱小感，正是这种内心弱小感和怕被人蔑视和瞧不起的不安全感，驱使着他们用拳头或吹嘘证明自己的强大。焦虑烦闷乃至自伤自残的未成年犯，则又是另外一种情形，他们的内心似乎强大，并试图用这种"强大"去追求一种尽善尽美的完美境界。然而，俗话说得好："人无完人，金无足赤"。实际上，人世间并不存在十全十美、完美无缺的东西。努力地追求和并不如意的"残酷"结果所产生的矛盾，使他们感到极端的无助、失望和不安，以至于使他们只能通过攻击自己或毁灭自己才能解决冲突和不安。与他人交往时所产生的恐惧，更是内心不安的外在表现，这部分未成年犯的内心紧张不安、自卑失落，他们在与人交往的过程中，力求给对方树立一个好印象，却由于内心的自卑和压抑，导致人际交往的紧张。马某安全感的缺乏是严重的：他既有与他人发生争执的对外攻击，又有自伤自残的自我攻击，还有与他人交往时的恐惧。

不管是从马某的心理特征分析，还是从他的日常行为表现考察，都提示他具有边缘性人格的问题。可是，我不能直白相告。一是不能给他贴上一个人格障碍的标签，让他有自己是病人的感觉，使他脆弱的自尊雪上加霜；二是因为他还是个未成年人，心理正处于矛盾期和问题期，人格正处在形成的过程，通过矫正者不懈努力，不良人格和行为还有望得到矫正和重塑。当然，要解决马某的边缘性人格问题，让他重新获得"心理安全感"，绝非一朝一夕之功，需要矫正者付出艰苦的努力。

"我们一起努力，情况会改善的。"我给他信心，"关键看你有没有改变的愿望。""噢。"他低头陷入了思索。他的改变或许正悄然开始。

3

这次谈话我请他做沙盘游戏。他站在沙盘和沙具前愣了半天，结果还是拒绝了，他的理由是，"我对这些小玩具不感兴趣。"当然，他之所以不想做，不是"不感兴趣"那么简单。可能是我操之过急，没有选择导入沙盘游戏的最佳时机，让他感到有所压力。

于是，我决定推出意象对话，他欣然接受了。对于意象对话，虽然我几次接受朱建军教授耳提面命的教诲，却自知功力不够，一般也都是"浅尝辄止"。但只要当事人愿意做意象对话，每次必能收到成效。特别是用于改善当事人的情绪状态，起效快捷。当然，对于像马某这样具有人格障碍的个案，我当然不奢望立竿见影的效果，"缓而图之"才是可行之策。我告诉他指导语，嘱其放松，引他进入了想象的过程；在意象的分析和互动中，他表现得非常配合。

"想象逆流而上来到一座动物园，门口站着一男一女。"我将他领入了意象王国。

"这两个看门人好像是一对夫妻。"他很快就进入了角色。

"你能看清楚吗？"我问他。

"他们的面孔有些模糊，不太看得清。男看门人三十岁左右，面相显得有点奇怪。"他说。

"他有什么特别之处吗？"我问他。

"他的鼻子很尖，头上好像长了一个很大的疤。"他一脸的迷惑。

"女看门人呢？"我接着问。

"她也是三十来岁，对我很不友好。她的右手上还多长了一个手指头。"他很奇怪。

"你从他们那儿领养了什么动物？"我问。

"男看门人给我了一只装在木盒子里的小兔子。"他说。

"女看门人呢？"我问。

"她给了我一只小兔子，不过这个兔子被关在铁笼里。"他疑惑地说。

"领养动物"的意象对话是我使用的起始意象，目的是帮助他进入意象的想象过程。在这一过程中，他家庭的亲子关系再一次清晰地展现在了我面前。"有些模糊面孔"和关兔子的"铁笼"意象，无声地诉说着他的不幸。这些，同前几次面谈中了解到的情况和房树人测评结果的指向都是一致的：不良的家庭环境和不良的亲子关系，导致了他不良的人格特征。"领养动物"结束之后，我继续陪伴他进行意象互动和意象分析，体验奇妙的"意象之旅"。

"你继续沿着马路走，前面会有一座房子。"我换了一个意象的场景。

"那里有一座崭新的瓦房。"他感到很满意。

"你可以进去看看。"我鼓励他。

"屋子里很暗。"他显得有些迟疑，很不情愿地走了进去。

"打开窗子，让阳光进来。"我建议。

"明亮一些了。我看到屋顶布满了灰尘和蜘蛛网。"他说。

"还有什么呢？"我问。

"有一张床、一张桌子，还有一台电视机，上面都积满了灰尘。"他说。

"你可清扫一下。"我劝说他。

"我清扫好了……现在干净多了。"过了许久，他终于把房子打理好了。

"你可以看电视。"看着他一脸的疲惫，我有意让他休息一下。"你可以看看电视里都放些什么内容。"

"电视里放的都我是作案的镜头……我并没有做什么……只是拿了她的一些东西而已。"他说。

"你觉得自己有些冤枉？"我问他。

"是的。虽然我有罪，但不至于这么重。"他提高嗓门说。

这一点，并没有太出乎我的意料，因为事先，我已了解到他认罪不服判的情况，只是情况比预估的更为严重些而已。他的这种不服判显然是深入内心的，是根深蒂固的。马某是个冷酷无情的人，道德规范意识和法律意识明显缺乏，罪恶感和羞耻感极其淡薄。面对这样一个人格缺陷的未成年犯，不仅需要矫治他的不良心理和人格，而且需要纠正他低劣的思想品德。因此，他的问题解决起来会更加困难，矫正所花费的时间显然会更长。

在他的意象中，崭新的瓦房提示他的自我体验尚好；阴暗的房间表明他对自己缺乏了解；布满灰尘和蜘蛛网的屋顶揭示了他焦虑的情绪和不安全的心理体验；作案的电视镜头和"拿了她的一些东西而已"的想法，表明他尚未完全认罪伏法。在对话中，我让他"打开窗户"和"清扫"都是有针对性的矫正方法。

"屋里有人来吗？"等他看完了电视，我关切地询问。

"来了很多我的朋友，有男的女的……他们有说有笑，但就是都不理睬我……让我感到很失望。"他说。

"你可以主动招呼他们。"我说。

"他们好像在故意回避我。"他显得一脸生气。

"他们只是忙着说话，一时顾不上你。"我说。

"噢……有朋友喊我了……我请他们坐下，给他们泡茶。"费了我很多的口舌，才使他的情况有了转机。尽管如此，我还是感到由衷的欣慰，毕竟，他的改变由此开始了。

"你们谈天说地，都很开心。"我说。

"是的，我们都很高兴。"他第一次露出了笑脸。

……

"房间的角落有一条蛇。我感到害怕。"情况稍有转机，却又冒出新的问题。心理谈话就是如此，犹如层层剥笋，剥掉一层又露出新一层，需要你去耐心地剥离。

"它不会伤害你。你把它当做朋友看待就是了。"我说。

"我试试。"他鼓足勇气，在我一再坚定地鼓励下，显得信心十足。

"你对它友好，它也会对你友好。"物理学中的力与反作用力在人的心理意象中也同样有效。

"它好像并没有咬我的意思。"他说。

马某与朋友间的互动困难，反映了他在生活中人际相处的尴尬处境，我鼓励他主动交往有助于改善他的人际互动；马某意象中对蛇的恐惧，是他在日常生活中人际交往恐惧的潜意识呈现，在意象中，我消除了他对蛇的恐惧，也就有助于改善他在现实生活中的人际关系。

"出了房门，又回到路上。你发现什么？"我问。

"我看到一棵松树，叶落枝枯的样子。"他答。

"你可以给它浇浇水。"我建议他。

"我从旁边的小河中找来了水浇灌它……渐渐地它长出了一片小叶芽。"他高兴地说。

"以后每天经过时，你就给它浇浇水。"这是我给他布置的作业，"小叶芽会越来越多。有一天，它一定会长得枝繁叶茂。"我多么希望它一夜之间就长大。

这是一次有效的改变！虽然我知道，往后的矫正过程依然充满艰辛，但转变毕竟已经开始了，消极意象变成积极意象，他内心的消极因素会不断减少，积极因素会不断增长，这种"这消彼长"正是对未成年犯进行心理矫正所要追求的效果。

"上善若水。水善利万物而不争。"在意象对话中，水有很多的象征意义，水是新生活或康复的象征，水是生命力的象征，水也是滋养和爱的象征。我鼓励马某用小河中的水浇灌松树，主要是取滋养、康复之义，正是因为他从小缺少家庭亲情的关怀，缺少父母之爱的滋养，才使他变得好似一棵枯树，再不施以滋养，枯树就会倒下变成一堆枯枝，到时再多的养分恐怕都于事无补了。"大道至简"，有时候，一个简单的动作就能救人于水火。在意象对话中，我用一个简单的"浇水"动作，目的是要让他重新获得爱的滋养，重新让他获得心理上的"安全感"。"安全感"问题是边缘性人格障碍个体所面临的核心问题，矫正实践告诉我，这样的动作往往颇具效果——增强个体"安全感"，解决边缘性人格问题的治本效果！

若干个阶段的意象对话心理治疗之后，马某的行为表现有了转变：自伤自残、恐惧易怒的情形逐渐消失，改造逐渐地步上了正轨。当然，他内心深处的思想诟病还未得到处理，还要运用其他方法进行效的教育和矫正。

二、报复的下场

本例情绪问题的个案，背后隐藏的却是"自我中心"的个性背景。笔者运用沙盘游戏技术，不但有效化解了他的抑郁情绪，而且使他的不良个性得到了改善。本案是一则"心理矫治范式"的案例。

（一）基本情况

一般情况：未成年犯林某，男，1992 年 X 月出生，浙江省 XX 市 XX 镇人，初中文化程度，2008 年 X 月，犯故意伤害罪，被判处有期徒刑八年。

日常表现（矫正原因）：睡眠障碍；精神萎靡不振，生活被动懒散，习艺劳动拖沓；敏感多疑，基本人际信任缺乏。

自我描述："活着真累！"

（二）矫正过程

1

看着林某那张秀气的脸，我很难将他与未成年犯挂上钩，但他那一身囚服，分明告诉我，他就是一名罪犯。从卷宗上看，他还是一个暴力型罪犯，因故意伤害罪，被判有期徒刑八年。

"我能帮你做些什么？"看着他一脸的疲惫，我关心地询问。

"晚上总睡不好。"他显得很无奈。

"多长时间了。"对于症状的持续时间，矫正者总是要首先予以关注。

"大概两个多月了。睡眠时好时坏，有时难以入睡，有时早醒，有时竟彻夜不眠。"

"胃口好吗？"我关心他的食欲。

"还好。"显然他没有到食欲不振的地步。

"与两个月之前相比，改造生活有了怎样的改变。"我问。

"现在，我做任何事情都觉得索然无味，也总是开心不起来。对唱歌、下棋等兴趣也没有了。活着真累！"他说。

"有过想死的念头，或者有自杀、自伤的行为举动吗？"我有些担心，一旦他有这样的念想或举动，处理起来就会变得困难。

"偶尔有'活着没意思'的想法。这两个月来，我整天都感觉好困，好难受。"

对话显得自然流畅，没有那种迟滞的黏糊感。这显然不是典型的抑郁症症状，虽然他兴趣消失殆尽，快乐荡然无存，但生活照样过，日子照样熬，属"天天难过天天过"的那种情绪类型，是一种抑郁情绪。典型的抑郁症患者，会有反复出现的自杀念头，自伤自残自杀的举动，会有思维迟缓、联想抑制、意志活动减退的症状，还会有自我评价过低或自责、内疚的心理感受，而他显然不是。

在访谈实践中，我遇到过不少类似的个案。他们在改造的过程中，会突然情绪低落唉声叹气并伤感流泪：有的为自己身患疾病一时不能治愈而忧虑；有的为即将走上社会无法安身而不安；有的为家庭突然的变故而焦虑。此时，他们就会感到做任何事都没有兴趣，甚至感到活着没有意思，严重影响改造生活。这样的个案，虽然不是抑郁症，也无须药物治疗，但也必须进行及时疏导，带他们走出了抑郁的阴影。

"抛开眼前的事，谈谈过去，讲讲未来，或许心情会有所改观。"急则治其标，缓则治其本。由于不急于为他"开刀疗伤"，我开始同他"套近乎拉家常"。

"我出生在一个令人美慕的'万元户'家庭。父亲是当地一个极负盛名的服装师，'桃李满天下'而且拥有一家规模不小的服装加工厂，而母亲则是中专毕业、才华横溢的'才女'。在邻居和亲友们的眼里，我拥有一个令人美慕的温馨家庭。"对他的说法，我多少有些迷惑不解。按理说，良好的家庭环境不会造就像他这样的"囚犯"。

"我从小在父母的庇护下过着衣来伸手、饭来张口的'少爷'生活。但是好事多磨，在我 5 岁那年，'温饱思淫欲'的父亲瞒着母亲在外面偷偷和一个年轻貌美的女人筑起爱巢。天下终究没有不透风的墙，父亲另筑爱巢的事几经波折终于传到了母亲的耳朵里。母亲一改往日的温柔，与父亲开始了无休止的争吵。"他沉浸在往事中，"在我的记忆里，再也找不到父亲豪迈的笑声、母亲幸福的笑容。取而代之是父亲难以入耳的辱骂声和母亲声嘶力竭的叫喊声，还有瓷器的破碎声。年少无知的我在母亲一次次的流泪中，明白了是一个无耻的女人让母亲失去了欢笑、让我失去了父爱、更让我的家庭卷入了一场无休止的战争。虽然，这场战争在母亲的让步下暂时结束了，但是却在我的记忆深处留下了永远不能磨灭的痕迹。

"带给你很大的伤害。"我试图抚慰他的伤痛。

"后来，我到了上学的年纪。母亲忍受着和别的女人一起分享父亲爱的痛苦，将所有的精力和希望倾注在我身上，尽最大可能为我创造学习条件，使我从小就拥有很多令其他小孩美慕的学习环境。父亲为了能够让我安心学习，也和母亲达成共识，暂时回到了母亲身边。天真幼稚的我以为这样就可以让父母和好如初，所以学习也十分用功。终于，'苍天不负有心人'，我以全校第一名的成绩小学毕业。我读初中以后，父亲又开始三天两头往那个女人家里跑。然而，这时的我仍然天真地认为只要自己好好学习就可以让父亲回心转意。直到有一天我的梦彻底破碎了。"他沉吟半晌说道，"那是母亲的生日，'无巧不成书'的是，那个女人竟然也过生日，令人气愤的是父亲竟然丢下独自流泪的母亲，为那个女人庆祝生日。看着冷清的生日宴和待在一旁哭泣的母亲，我再也坐不住了，我一路狂奔，冲进那个女人的家里，将她的生日宴会搅了个天翻地覆。我还扑向花枝招展的她，用牙咬、用手抓、用脚踢。正在我和那个女人扭打得难舍难分的时候，一直沉默的父亲走过来将我一把提起，狠狠就是一巴掌。我的脸一下子就肿了起来，血也从鼻子里流了出来淌进了嘴里。顿时，我的脑子一片空白，这是我父亲第一次打我，而且是为了那个女人打我。我不知道自己是怎么走回家的，只知道当时脑子里不断闪现着一个念头：一定要那个女人尝尝这种撕心裂肺的感觉，让她明白失去最爱的人的滋味。"

"从那以后你变了，变得不像以前那样好学与听话，再也不是母亲眼里那个听话懂事的好孩子了"。我接着他的话说。

"渐渐的我和学校里的一些'差生'混在了一起。凭着心狠手辣，我很快就成了'小霸王'。在我14岁那一年我就和我的一个崇拜者偷吃了禁果。尝过'青苹果'滋味的我一发不可收拾。当我看到她们被抛弃时脸上痛苦的表情后，明白了可以使一个人变得痛苦的方法：为自己最爱的人付出一切之后，又被自己最爱的人毫不犹豫地抛弃。"

"你又是怎样一步一步走向犯罪的？"我问他。

"在我明白了这些之后，就开始有意识地和班上一个叫菊的女孩接触。菊正是那个女人最疼爱的妹妹，一个非常可爱却和她非常神似的女孩。我将燃烧的仇火转移到她的身上，有计划地实施着自己的复仇计划。我在菊面前尽显'英雄本色'：不让她受一丁点的委屈；还变着花样哄她开心，今天送花明天送水晶。反正只要能让她开心，我就会不惜一切代价地去换取。当时心里只有一个念头，那就是一定要得到菊的芳心，要她死心塌地地爱上我。为此我还曾特意导演一出'英雄救美'的好戏。虽然情节漏洞百出，但是依然使菊拜倒在我的'男子汉'气概下。接着，我就将她无情地扔在一旁，还当着她的面开始另觅新欢。当我幻想着她心痛欲绝的表情和日渐憔悴的面容，还有她姐姐为她心急如焚的样子，我不由自主地得意起来。但是，事情并没有按我设想的那样进行，她怀孕了。她放下开始时的矜持，开始不断地约我出来，希望能够让我回心转意。想到马上就能够让她品尝到母亲当年那种撕心裂肺的感觉了，我的心中有种说不出的喜悦，我终于让那个女人付出了代价。当时的我已经被怒火冲昏了头脑，完全沉醉在报复的快感中。"

"如果你就此收手，还不至于走到犯罪的地步。"我说。

"那天，菊又一次找到了我，希望能够同我和好如初，并承诺只要我能回到她身边，她可以为我付出一切。我看到她如此认真，就决定戏弄她一下。我们从酒吧出来就直接去了她家，刚一进门我们就缠绵在一起……躺在床上的菊开始幻想我们的未来，当她提出要和我订婚的要求时，被我毫不犹豫地拒绝了，并且我警告她如果再提这样的要求，别怪我翻脸不认人。一向温顺的菊一反常态，拿怀孕的事威胁我，还说要告我强奸。已经有点醉意的我，一听这话，顿时火冒三丈，抬手就是一巴掌狠狠打在她的脸上。觉得还不解气的我，又朝她的小腹猛踢了几脚。菊一边挣扎一边喊痛，她的下身开始流血并很快染红了床单。当我回过神后，就马上把菊送到了医院。虽然，经过抢救菊脱离了生命危险，但是菊却永远失去了做母亲的机会。在菊出院以后，我不仅没有将自己的复仇计划收敛起来，反而变本加厉地不断刺激菊。终于，菊在她姐姐的劝说下走进公安局报案。为此，我要付出八年的青春年华。"他显出悔意还带着些自责。

听着他的讲述，我想起一则伊索寓言，其大意是说，在很久以前，马在世界各地自由自在地生活。其中有一匹马每天都在长满青草的牧场上吃草，因为别的动物不利用这块草地，所以这匹马觉得这草地完全归他所有。后来有一天，一只鹿闯入了他的领地，把正在成长的草毁坏了。马对鹿的闯入十分仇视，一心想报复，便向人请求帮助惩罚鹿。人回答说，如果你愿意把一块马口铁含在嘴里，并答应让人骑在马背上，他就拿出最有效的武器为马去驱逐鹿。马同意了人的要求，允许人骑在他身上，但人并没有像他所答应的那样去追杀那只鹿，却把马骑到了他的院子里去，让他干活。从此以后，马才知道，还没有对鹿进行报复，自己却成了人的奴隶。我把这个故事讲给他听，他许久没有回过神来。我跟他说，"故事告诉人们，报复心理要不得，报复是危险的，它不但伤害别人，更会伤害自己"。可是报复隐藏在他的内心深处，他自然一下子无法深切地体会到。

2

带林某走进沙盘游戏治疗室的时候，他对沙盘和沙具显示了浓厚的兴趣，于是，我决定采用沙盘游戏的治疗技术对他实施心理矫正。

他静静地站在沙具前，足足十余分钟，似乎在与沙具进行着无声的交流。之后，他挑选了二件沙具摆在沙盘上(图 7-1)。我请他坐到沙盘跟前，本想询问他对自己"创作"的感受，却见他心事重重的模样，于是话到嘴边又留住了。他分明是在告诉我，"您自己看，自己琢磨，我此时还不想说。"他不开口说，我得到的信息就减少了许多。但当事人不肯说或者不愿说的情况，在访谈过程中是常有的事。原因自然也是多方面的，抑或是双方的关系尚未建立，抑或是当事人封闭的内心尚未开放，也抑或是当事人心中充满了"敌意"。每当遇到这种情景，我总是顺其自然，"水到渠自成"，不到时间的节点，"撬开"他的牙齿不但无济于事，而且还会影响访谈关系，影响谈话的效果。

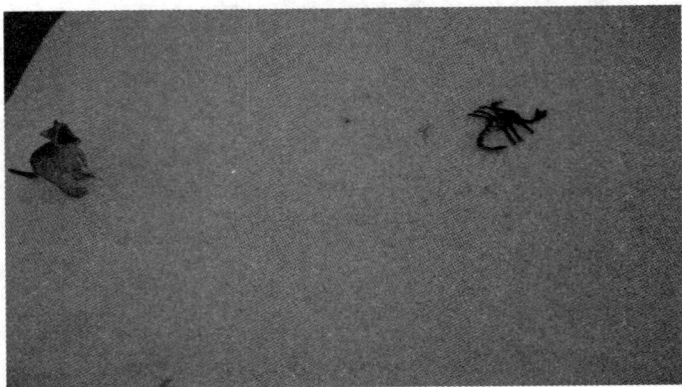

图 7-1　林某的初次沙盘

"沙盘留白的部分比较多。"我喃喃自语。很显然，他的初始沙盘是一个带着"空洞"、"威胁"、"攻击"和"受伤"主题的沙盘。

"我觉得这样舒服些。"时常会有这样的情况，强迫式的询问造成当事人的阻抗，而不经意间的谈话，却能让对方对答如流。谈话有时真不需要太多的技巧，矫正者的真情流露、真诚关怀是最能打动人心的。

"蝎子藏着毒素，怪兽张着大嘴，多么不和谐的一幅沙画，可这些带给他的却是舒服的内心体验。很明显，这是心理不健康的表现。"我心中这样思忖着，却没有直截了当地告诉他，矫正者有时就是这样，明明知道他的症结所在，却不能想说什么就随口说些什么。当然，就是说了，很多时候也是不能解决当事人的问题。因为明了症结是一回事，解除症结又是另一回事。就像外科医生知道患者得的是阑尾炎，但要把它切除，却要掌控麻醉的时点，运用娴熟的手术刀工才行。从这个意义上，心理谈话又是有技巧的，要把握好"说"的时机，又要拿捏住"说"的火候，在轻松自由的交谈中，化解对方的心结。这或许也是心理谈话的魅力吧。

"让你最有感觉的，是画中的哪个部分？"我询问。

"它张着嘴的模样，最让我心动。"林某手指着怪兽，显得很愉快。

"它想做什么呢？"我追问。

"它想吞了那个蝎子"他不自觉地做了一个吞咽的动作，似乎垂涎三尺。

"可是它够不着，因此显得有些懊恼。"我揣度着他的心思，努力地共情着。

"它在咆哮"他对我的理解表示出满意。

"蝎子也有生命，怪兽怎么忍心吃了它。"我说。

"它根本不在乎蝎子的想法。"他显得若无其事。

"又是一个自我中心特质的未成年犯，他的心理问题显然与过多的自我中心有关。"我暗忖。

陪伴着他完成了初始的沙盘。我的内心似乎也变得"空牢牢"的。一种不爽的感觉油然而生。也许这就是一个矫正者需要承受的来自矫正对象的"心理垃圾"，矫正者确实需要有这种承受"垃圾"和处理焚化"垃圾"的能力。当然督导有时会提高这种承受和处理能力，矫正者也有一个自我成长的过程。我期待着他再次沙盘的展示。

3

随后的几个星期内，林某都能如约来到沙盘游戏治疗室，开始一次又一次的"沙漠之行"。

"绿色的树"和"和善"的母亲形象，是这幅沙画（图7-2）的积极因素，然而，这次的沙画也存在着一个突出的不和谐因素：沙具过分地集中。这些又一次暴露了他过分"自我中心"的问题。

图7-2　林某治疗第二阶段的代表性沙盘

"自我中心"是人类从幼年走向成熟的一个必经阶段。三岁的孩子自我意识开始萌芽，他们观察世界、感知事物往往以自我为中心，认为周围的人和事物都跟自己密切相关。他们往往从"自我"出发来看待一切，而不会站在对方的角度考虑问题。可以说"自我中心"人人都有，但随着个体生理和心理的成长发育，"他我中心"得以发展，亦即个体在观察世界、感知外界的时候，能设身处地为对方着想，为对方考虑，能多角度地认识和理解事物。孩子如果到了五岁以后，还停滞在"自我中心"阶段，而没有"他我中心"的发展，就会对他以后的成长带来不利。就会影响他对自己、对他人的认知，影响他与别人良好关系的发展。而孩子"自我中心"

特质的形成往往与父母不恰当的教养方式有关。如过度地保护就会强化孩子的自我中心意识，使孩子认为自己是世界的中心。伴随着个体逻辑思维能力的发展，至十八岁前后，个体观察世界、感知事物开始具有理性，他们已能够逐渐地站在"宇宙"的高度，冷静客观地看待问题、分析问题和处理问题，最终形成完善和独立的个体人格，此时，人格发展基本定型，而幼年时期，尤其是六岁之前形成的"自我中心"和"他我中心"的人格特质和良好的心理发育，对这一阶段健康人格最终的形成起到了至关重要的作用。

从中①教授认为，"自我中心"、"他我中心"和"宇宙中心"一样，是与人类休戚相关的人格特征。它的发生发展，与个体的幼年经历密切相关。一个心理健康的人，应是一个"自我中心"、"他我中心"和"宇宙中心"诸特质兼而有之、等量发展并能自由切换的人。过强的"自我中心"倾向往往导致各种人格障碍，如反社会性人格障碍、偏执性人格障碍。过强的"他我中心"会导致各种神经症性的心理障碍，如抑郁性神经症、焦虑性神经症等。而过强的"宇宙中心"则有可能导致人格的僵化和呆板。显然，林某的"自我中心"水平还处在五岁之前的水平，"他我中心"严重缺乏。分析他的成长史，正是他"从小在父母的庇护下过着衣来伸手、饭来张口的少爷生活"，强化了他"自我中心"的人格特质。他在实施犯罪行为时表现出来的强烈的报复心理，以及在改造生活中表现出来的"睡眠障碍；精神萎靡不振，生活被动懒散，习艺劳动拖沓；敏感多疑，基本人际信任缺乏"等一系列的症候群，其真正的根源也源自于他这种"自我中心"的偏执性人格特质，当他在同他人的互动过程中失去"自我中心"表现机会的时候，"抑郁"情绪就发生了。

图 7-3　林某治疗第三阶段的代表性沙盘

①北京大学精神卫生研究所教授，精神医学博士，中国心理咨询与心理治疗专业委员会委员。

第三幅沙画（图7-3）是林某在第三阶段访谈时呈现的。虽然偏于一隅，但较之他前一幅的沙画具有了更多的积极因素，包含了"转化"主题：可爱的白兔，友善的卡通人物图，红色的爱心，慈祥的教父，显示出生命的活力和爱的元素。这些积极的元素显然是他内心的正向力量，是促使他转化的宝贵因素。沙盘游戏的治疗，正是要通过矫正者的"容纳性守护、参与性观察和陪伴性探索"使当事人在不知不觉中实现心灵的自由。

图7-4　林某的最后一幅沙盘

林某的最后一次沙盘（图7-4），明显带着"自愈"主题的元素。温馨的家，生机盎然的花草，绿色的草皮，小桥流水，起帆远航的小船，可爱的鸭子，时时处处透出生机和活力。虽然，在经过一段时间的矫正，林某的消极情绪得以消除，人格问题也得到了初步矫正，日常的行为表现也有了明显的改善，但是，心灵的转化和治愈是一个缓慢的和艰难的历程，尤其是对于像林某这样存在人格问题的未成年犯，从初次接触到最终沙盘的形成花了近一年的时间，而且这种转化还需要后续的巩固性心理访谈，或继续的沙盘游戏治疗，或意象对话治疗等其他矫正方法的综合运用，总之，及时的巩固性心理谈话对人格问题的未成年犯是非常必要的。

三、在责骂声中长大的少年

这是一则被动接受心理矫正的典型案例，笔者运用房树人测验和意象对话等多种技术，在较短的时间内，解决了个案的所呈现的心理问题：由于责骂而产生的压抑。本案是一则"心理矫治范式"的案例。

（一）基本情况

一般情况：未成年犯单某，男，1993年出生，浙江省XX市XX镇人，初中文化程度，2009年X月，因犯合同诈骗罪，判处有期徒刑三年。

日常表现（矫治原因）：焦虑、自卑、沉默寡言，在习艺劳动过程中时常走神。

自我描述："我是在责骂声中长大的。"

（二）矫正过程

1

单某走进谈话室一坐下，手和脚便不自觉地抖动起来。

"你是否觉得冷？"话一出口，我便知道这是多余的关切。虽然窗外寒风凛冽，但见他身上穿着厚厚的棉衣，谈话室里也打着暖暖的空调，他自然不会有冷意。

"不冷。"他怯怯地答着，一副正襟危坐的样子，仿佛无比的害怕。

"我们随便聊聊天，比如可以聊聊你眼前的改造生活，当然也可以谈谈你曾经的家庭生活。"为了缓解他的紧张和疑惑，我想尽可能由他自己挑一些轻松的话题来说。

许久之后，他还是一语不发。显然又是一个被动接受矫正谈话的未成年犯。一般的心理谈话，对当事人有诸多的要求，比如要求当事人有一定的领悟能力，一定的语言表达能力等，其中最重要的一条，是要求当事人具有主动求治的动机和愿望。可是，对于未成年犯而言，被动接受谈话是常有的事。我们的目的，当然是为了让这些失足的未成年人带着正常的情绪接受教育矫正，能够早日步入改造的良性轨道。

面对这样的当事人，矫正者第一步要做的，便是运用极大的耐心和诚心，想方设法激起他们的求治动机。面对这样的当事人，建立访谈关系显得尤其困难，也显得尤其重要。一旦与这样的当事人建立了访谈关系，谈话便已成功大半。因为，访谈关系的建立，表明当事人找到了可以倾诉的对象而开始突破内心的防御，这种防御体系的突破是很具有治疗意义的。为了实现这样的突破，矫正者不但要多费口舌，而且要多费"心机"，运用通情达理、温暖、真诚、自我开放等方法，一方面要从各个不同的侧面，陈述"谈话的性质、谈话的特点、谈话的保密原则"等，另一方面，要善于情理交融，通过情绪引导和感情融合，抓住时机寻找突破口。不过，对于有主动求治动机的当事人，也需要有上述的过程，只是过程相对要简单得多。

这样的场景我经历过许多，虽然大多数情况下，也总能随我所愿，但每次的得失总不成正比。这次，我改变了主意，不想多费口舌，除了介绍谈话的保密原则外，我决计以"以哑治哑"，采用房树人测验与他沟通。我对他特别强调，通过测验不但可以了解他的过去，而且可以预测他的未来。或许是这种"上知五百年下算一千年"的神奇功效触动了他的内心，他略一犹豫，便欣然动笔。

从整体看，他所画的房、树、人的线条有些刻板，而且都偏小。门是上锁的，自我开放程度不高。树根完全裸露，手指等处有尖锐化的倾向，提示攻击的倾向。所画的人物毕恭毕敬，一幅很拘谨的样子。

我一一向他作了解释。

2

"功夫不负有心人"，或许是"房树人测验"帮助我与他建立了初步的信任关系，这次会谈显得比较顺利。

不管启用何种专业的心理治疗技术开展矫正工作，我总是先习惯运用基本的矫正技术（关系构建技术和面谈技术），通过了解他们的家庭情况、亲子关系和生活经历，对当事人进行思想和心理的评估。尽管我已事先查阅了他的档案，但有些细节只能从面谈中获得，而细节对评估的正确有时起着关键的作用；更何况，这样的面谈本身就具有矫正功能：不仅有利于同他们建立更稳固的访谈关系，还有利于宣泄他们的不良情绪。

"能谈谈你的家庭情况吗？"我问。

"我是在责骂声中长大的。"他一脸的委曲，"与父母相处的十多年间，最让我感到难受的是他们对我的责骂"。

"从小学一年级起，我的学习成绩就很差。每次临近考试，我便会不由自主地害怕，像是自己的'末日'就要来临。因为就我考的那点分数，足以让我听够父母的责骂。很多次听不下去时，我就干脆就摔门而出，跑到一个僻静的地方，因为只有这样，父母的骂声才会停止，直到他们打着手电筒出来把我找回家。可这样的停止是暂时的，过不了两天，我又会因为打一壶水的速度慢、看电视的时间长、作业本上有错误等琐事继续挨骂，然后我继续摔门而出，等到父母再次把我找回家……上了初中之后，我开始喜欢交朋友，并很快染上了抽烟、喝酒等不良习惯。因此，原本就不好的学习成绩更是一差再差，以致我对读书产生了厌恶。而此时自认为已经长大的我就更听不惯父母的责骂了，有时为了避开父母，我干脆到同学家一连玩上好几天。当然回家的情况是可想而知了，父母除了骂，还是骂，有时火气上来，我放开喉咙大顶一番，摆出一副无所畏惧的架势。这和我的年龄渐长有关系，但更多的是我对父母责骂的反感和难以忍受。"

这不禁让我联想起曾经服刑改造的徐某。他的弑母犯罪，与他母亲平时对他的责骂有很大的关系。徐某的妈妈平常喋喋不休指责孩子的话是："你真笨！真是猪脑子！别的同学能考前几名，难道就你考不出好成绩？期末考试时，你如果考不到前十，看我怎么收拾你！你是我亲生的，就算我打断你的腿、打死你也没有关系……"事发当天，徐某因看电视被母亲责骂，因身体不适到房间拿药而遭母亲拒绝，徐某的心中当时就充满了委屈和愤恨。他告诉我说："连我身体不好她都不管，我的心彻底地凉了。我一声不吭地拎起书包往外走，刚走到门口，突然到看到门口的鞋柜上有一把铁榔头，于是我就拎起铁榔头返回妈妈的卧室，冲过去朝正在织毛衣的母亲狠狠地砸去……"

"你可以跟你的父母亲好好地沟通一下。"我真希望他的故事让我听起来少些遗憾。

"没有那样的机会。我十四岁那年的大年三十，因为和几个要好的同学玩了一整天回家吃年夜饭迟了，再次遭到母亲的责骂。当时，我的心里越想越懊恼，憋着一口气再次离家出走。走到离家比较远的一处山头，我忽然感到难受极了：是因为充满祥和气氛的万家灯火，更是因为自己生活在一个充满责骂的家庭。从此以后，我顶撞父母的现象越来越多，离家的念头也一天比一天强烈起来……"

不管父母平时对孩子在物质生活上如何的关怀备至，如何地富有爱心，但当他们在打骂孩子的那一刻，爱心已被憎恨所取代。父母以责骂教育孩子，孩子的内心就会产生憎恨和敌意。单某走到了这一步，离家出走已成必然。

"离家后，我走进了比较繁华的XX市。在市里一两个月之后，我和一些年龄相仿的青年结识了，并且很快到了'称兄道弟'的地步。为了搞钱，我想出了一个妙招——用假身份证到租赁公司租车，然后再把租来的车子转手卖掉"他略作迟疑后接着说，"反复思索和计划之后，我很快把第一个目标锁定在了当地一家XX租赁公司。租车的过程简单而顺利，一辆'桑塔纳'很快便落入了我的手中。可这辆车刚借给朋友就却出了车祸，撞坏了车子。为了避免意外，我当即把这辆'桑塔纳'以一万六千五百元的价钱卖出。除了租车时交付的三千元押金，我一下就净赚了一万三千五百元。初战告捷，我又开始寻找下一个目标，盯准了一个叫XX码头的租赁公司。这回我租的是一辆'三菱'，事情办得和第一次一样顺利。可这回我却有了自己想要这辆车的想法，于是我将这辆车以5000元的价格放到了担保公司，等下次有钱了再赎回。可我没有想到，这辆车装了定位系统，车主马上就报了案。最终我被法院以合同诈骗罪判处有期徒刑三年。如今，身处高墙内的我无比痛悔，我最想说的是：如果父母能对我少一些责骂，多一些鼓励，我就不会轻易离家，也就不会走到身陷囹圄的境地。"

有一位心理学家精辟地概括了孩子与环境的14种关系，其中有7种不良环境，有7种健康环境，显示出父母对孩子的态度，影响孩子成为什么样的人：指责中成长的孩子，容易怨天尤人；敌意中成长的孩子，容易好斗逞能；恐惧中成长的孩子，容易畏首畏尾；怜悯中成长的孩子，容易自怨自艾；嘲讽中成长的孩子，容易消极退缩；嫉妒中成长的孩子，容易钩心斗角；羞辱中成长的孩子，容易心存内疚。鼓励、嘉许、分享、友善和认同是孩子成长最好的营养素，对于成长中的孩子，只有肯定和鼓励的教育，才能开启孩子的心智，使他们走向人生的成功大道。父母给予孩子真实的和正确的爱，孩子能体谅和理解父母，如此构成的和谐家庭环境，才是孩子健康成长的最佳环境。指责和敌意中长大的孩子必然心中充满敌意，这样的孩子在以后的成长过程中极易产生诸如抢劫、纵火、恐吓或谋杀等犯罪行为。眼前的单某，年幼时饱受父母的责骂，在这样的家庭环境下，必然使他充满了敌意与恐惧，必然使他产生很强的攻击心理和很强的攻击行为。他的离家出走，他的违法犯罪行为，在很大程度上，正是这样的家庭环境"造就"的。

3

经过两次的谈话，虽然没有运用专业性心理治疗的技术，但他的焦虑情绪已有所缓解。这次会谈，我走进了他的意象世界。

"轻轻地闭上眼睛，全身放松，跟着我一起进行一些想象。"跟随着我的指导语，他很自然地就走入了充满奇异色彩的想象世界。

"走出访谈室，来到路上，面前会呈现出一座房子。"我一面引导着他，一面随着他进入意象世界。

"有一座二层楼的房子。我走进了房子，看到房间里尽是些凌乱的摆设。"他的内心意象呈现在我的眼前，与我想象的并无二致。我想这便是一种共情——意象中的共情。

"整理一下房间吧，你可能会感到舒服些。"我建议他，他也显得很配合。

"房子整理好了。我看到两只狗和一只猫。两只狗相互厮打着。"他的语气中透着愤怒。

"它们是好朋友，不应该打架的。你该劝劝。"我习惯性地脱口道。

"我试试。"他显得力不从心。

争吵和打斗是一种攻击。狗和猫说到底都是单某自身人格特征的象征。意象中动物之间的厮打，显示了他人格深处的攻击性，是他内心深处"客体关系"的真实反映。这种内心的"客体关系"则是他幼年与父母等亲人在互动关系中形成的。潜意识是人内心世界最真实的刻画。单某从小在亲人的"指责"和"棒打"之下，逐渐形成了攻击与反攻击的人际处理模式，反映在当前的意象对话中，则是一幅动物之间相互打斗的场景。而单某的这种攻击性对他良好人格的形成和身心的发育是极为不利的。目前，矫正者需要处理的，是让他潜意识的底层，逐渐放弃这种攻击。请他"劝架"是促使他放弃攻击很好的办法。一番努力之后，单某意象中的"两只狗"友好了。这让我感到很高兴。

"房间里有一面镜子，你走过去，站在镜子的前面。"我试图有更多的发现。

"我走到镜子前，看到一个怪人。"他感到非常害怕。

"这只是一个想象的游戏。由我陪伴着，你不用害怕。"每当未成年犯在意象对话的治疗中出现类似的情况，我总是这样抚慰他们，给他们力量，给他们支持。每当这种情况出现的时候，是当事人内心力量最薄弱、最需要支持的时候，也是矫正出现转机的时候，抓住这样的机会，给予正确的意象引导，常常能收到意象不到的奇异效果。

"他是一个怪人，他会走……会跑……会说话，但就是没有脑袋瓜子，他的脑袋不见了……脖子却直喷着血……"他前言不搭后语地说着，一副恐惧状。

"你找一下，脑袋在附近吗？"他的意象让我想到了"阉割"，当务之急是想办法医治这种创伤。

"就在我的脚下。"他似乎不怎么害怕了。"我想试着将它安回去。"

"好的。"他有主动"疗伤"的意识，让我感到很欣慰。

"我把它安好了，很成功，脖子也不再喷血了。可是我有些累，很想休息一下。"

单某在对话中出现的"阉割"意象代表了"性"的压抑，从广义上则是代表了对生命力的压抑。责骂是可以摧残生命的！亲人的责骂带给他的心灵伤害是巨大的。意象对话中，笔者对意象的处理是成功的。简短的意象对话之后，单某的情况有了很大的改观，焦虑、走神的情况很快得到了改善。

这又是一个较为满意的心理访谈案例。每当这样的时候，我也总是格外的心情愉悦。当处理好他人的心理"垃圾"时，自己内心的"垃圾"也随之清除，访谈能力也随之提高。从这个意义上说，矫正者是要感谢当事人的，是当事人的各式访谈给了矫正者自我心灵成长和访谈能力提高的机会。

四、"好逸恶劳"是堕落的温床

本案是一则"个案教育范式"的案例。案例记录的，是对一个具有"好逸恶劳、冷酷无情"思想的未成年犯，运用"叙事矫正技术"开展个案矫正的过程。从思想道德观和人生价值观层面，对未成年犯进行教育矫正，不失为预防其重新犯罪的治本之举。

（一）基本情况

一般情况：吴某，男，籍贯浙江省，1991 年出生，因抢劫罪被判处有期徒刑六年，高中一年级文化程度，体型瘦长，申字形脸。

日常表现（矫治原因）：习艺劳动不认真。

自我描述："我喜欢一掷千金的感觉。"

（二）矫正过程

1

吴某很健谈，一落座，还未及我细问，便娓娓而谈。

他说，他父母经商，家境富裕。母亲对他关爱有加，让他自小就过上了无忧无虑的舒适生活。父亲却信奉"棍棒底下出孝子"的"古训"，从小到大，凡事总以"鞭子"跟他说话。2007 年年初，他初中毕业后就被父母送到市里一家很有名气的高中读书。母亲担心他受苦，每月给他一大笔生活费，希望他吃好用好。他出手阔绰，宴请同学好友经常一掷千金，由此博得"豪爽大方"的名声，不久就深得呼风唤雨的"校霸"毛某等 3 人的赏识。有了靠山，他如鱼得水，不多时就跟着称王称霸无所不能起来，由于打架够狠、够凶、够辣，被大家称为"黑面虎"，没多久便成了"校霸"之首。

他说，他们"四大恶人"常常因为在学校找不到对手，而变得像《神雕侠侣》中的"独孤求败"一样焦虑不安。一天，经由一个"弟兄"提议，决定到校外寻找刺激！说来也巧，那天，他们刚到外面，就遇见四个"黄头发"青年对两个初中生实施抢劫。完全有能力阻止"罪恶"的他们，一直等到两个初中生被抢之后，又手持铁棍打了那四个"黄头发"青年。一次成功的"黑吃黑"，给他们增添了进一步实施"罪恶"行为的动力。

又有一次，他与女友在一家宾馆开房后将手机丢在了房间，等他们返回取时，发现老板已将房间租给了三个青年人。双方言语不和，很快发生了争执和扭打。他虽然以狠、凶、辣出名，但由于寡不敌众他还是输给了那三个青年人，最后赔礼道歉还赔了他们 300 元的精神损失费。他哪里受得了这种委屈，回到学校与几个"弟兄"商议后，就手持各式刀具，火速赶到宾馆，与那三个青年人"火拼"：他不但拿回了自己的东西，还抢走了青年人身上的所有钱物。随后，又将他们带到一幢弃房内，要他们家属各拿赎金 1 万元。收到恐吓信的家属当天就把钱汇到了指定的账户。

一次又一次的成功，给他们的"罪恶"欲望增添了一把又一把的"柴火"，使他们的贪心欲发膨胀。白天，他们在学校称王称霸，收取保护费；晚上他们进出高级娱乐场所，蹦迪、跳舞、溜冰、打架；没有吃的了就去抢劫，没有钱花了就去敲诈。他们无所不为、无恶不作，拿他们的话说，就是"在刀尖上行走，充满危险但也充满了乐趣"。但是"多行不义必自毙",2008 年 X 月的一天晚上,当他们在 XX 门口对两名学生实施抢劫时,被保安当场抓住扭送到派出所。为此,他带着六年的刑期来到了未成年犯管教所服刑改造。

"你后悔吗?"我终于逮住机会询问。

"我很后悔。那天如果不当着保安的面要同学的东西就好了。运气太不佳!"他淡淡地回答。

看来,他对自己的罪恶并无悔意,抢劫在他的眼里只是"问同学要一件东西而已",而被抓住纯属对情势的估计不足,"没想到保安插手此事"。

"想过靠劳动挣钱吗?"我尽量寻找他身上的闪光点,努力搜寻曾经在他大脑里哪怕是转瞬即逝的一丝念头,比如"劳动光荣",比如"自强不息"等等。

"干活是一件很辛苦的事。小时候,我想要什么母亲就给我什么。到了学校,只要拳头硬,也是要什么就有什么。所以打工干活的事我从来就没想过。"

"你抢要别人的东西,想过他们的心理感受吗?"我问。

"没有。"他回答得干脆利落。

"抢来的钱花在哪儿?"我问。

"有钱就有潇洒,我可以出入高级娱乐场所、酒店,可以蹦迪、跳舞,可以大口喝酒,大块吃肉。我喜欢一掷千金的感觉。"

他说得确实都是真话,不用自己辛勤劳作换来的钱,自然不懂得珍惜,当然更谈不上节俭。瞧着他那副完全无所谓的神态,让我感觉到他思想恶劣程度的严重性。未成年人犯罪是未成年个体社会化缺陷的一种表现。社会化涉及两个方面:一是社会对个体进行教化的过程;二是与其他社会成员互动,成为合格的社会成员的过程。未成年人的社会化包括了基本社会化、预期社会化、发展社会化和法律社会化等过程。影响未成年人社会化的因素很多,如家庭、学校、社会、大众传媒等等。家庭因素攸关未成年人的基本社会化,而学校、社会、大众传媒等因素则制约着未成年人的预期社会化。从初次交谈的情况看,吴某的社会化缺陷是严重的。他本该在家庭和学校的社会化过程中,形成社会公民所应该具备的基本道德素养——"真诚善良、勤劳友爱",却由于失败的教育而丢失爱的能力,冲破了基本的道德底线,形成了"好逸恶劳、冷酷无情"的不良道德品质,最终跌入了罪恶的泥潭。

　　矫正吴某的思想，并非是一蹴而就的事。这一次谈话，我试图让他明白他思想的劣性程度和他走上犯罪道路的真正原因。

　　"'人贵有自知之明'，能清醒地认识自己、对待自己的人，是世界上最聪明的人。"我开始启发他，"有一个故事，是说一群乌鸦想彻底改变自己的坏形象，梦想成为鹰。于是带队的乌鸦派出一只乌鸦，要它去观察老鹰生养孩子的方法，观察老鹰练飞的情况。那只乌鸦回来后兴奋地告诉大家：'老鹰孵卵花了整整三十天的时间，无疑这是它们拥有强健体魄的原因；老鹰每次练飞都要到达离地一万米的高空，无疑这是它们拥有强大飞翔能力的关键因素。'于是，乌鸦们也用整整三十天的时间孵卵；也努力冲向万米高空练习飞翔。结果，它们一个个累极而亡。乌鸦还是乌鸦，它们到死也没能变成老鹰。乌鸦没有自知之明，导致可悲的结局。"

　　"有自知之明的人，知道能做什么，不能做什么。"他很快从故事中受到了启示。

　　"你觉得自己是一个怎样的人呢？"我问。

　　"我是个罪犯。"他答。

　　"想过犯罪的原因吗？"我试图让他进行自我剖析。

　　"我不该结交'校霸'，这样我就不会犯罪。"他考虑了片刻回答道。

　　诚然，不良交友是他走上犯罪道路的重要原因之一，不过那只是外因。"缺乏生活理想，缺乏爱心"才是导致他犯罪的深层因素。他没有真正了解自己，必然不可能领会到这一点。于是，我给他讲了一个"乌鸦搬家"的故事："从前，一只鸽子遇到一只愤愤不平的乌鸦，就关切地询问：'乌鸦老兄，你怎么啦？'乌鸦地气愤地说：'鸽子老弟，我的邻居都嫌我的声音难听，所以我总要搬家。'鸽子听后劝导它说：'乌鸦老兄，你如果不改变自己的声音和形象，搬到哪里都会遭人嫌弃。'乌鸦听后，惭愧地低下了头。"我告诉他说，"只能从自己身上寻找原因才能从根本上做到断恶念善，才能使自己不再犯第二次错误。"

　　"你母亲是一个怎样的人？"为了深入地启发引导，我换了一个话题。

　　"我母亲是个好人。她从来不让我做家务，也从来不要求我帮她干农活。她把我照顾得很好，我的需要她总是给予满足。"他笑着说。

　　"母亲的溺爱，让你失去了感受'劳动真谛'和体会'勤奋意义'的机会。你觉得'不劳而获'就是生活的全部。"我分析道。

　　"我有些明白了。"他好像恍然大悟。

　　"你对父亲有好的印象吗？"我进一步问他。

"我父亲是一个很不近人情、很蛮横无理的人。他从来都不跟我多说话，只要他认为我做错了什么，就会打我一顿。他喜欢用"棍子"跟我交流。记得有一次，我拿了邻居家孩子的玩具，父亲得知后，不顾对方的谅解，硬是拽着我向他们赔礼道歉，还恨恨地揍了我一顿。当时，我真恨透了父亲。"他的语气中透着一股彻骨的埋怨。

"于是，你以后也变得像父亲一样不近人情，甚至冷酷无情。"我说，"你父亲的出发点是好的，虽然做法不够妥当。"

"或许是我曲解了父亲的本意。"他有了体谅父亲的想法。

"你从父亲那里感受了'不近人情和蛮横无理'，也学会了'暴力和无情'。以后，你用它们'闯荡江湖'。"

"可能就是这样。"他开始反省自己。

"中国有句古话'授人以鱼不如授人以渔'，意思是说，传授给人现成的知识，不如传授给人掌握知识的方法。吃鱼是目的，捕鱼是手段，如果想永远有鱼吃，最好的办法是学会正确捕鱼的方法。你妈妈给了你很多'好吃的鱼'，却没能传授给你正确的'捕鱼方法'；你爸爸试图教你如何"捕鱼"，方法却是错误的。"我循循善诱。

"你的意思是说，如果他们能告诉我正确的"捕鱼方法"，也就是教会我如何做人的道理，我就不会犯罪。"他带着疑问回答。

"是啊，学会做人的道理，犯罪就会远离。"我语重心长地说。

家庭是未成年人接触的"第一社会"，未成年人如何在这个"第一社会"中与父母亲人互动，父母亲人如何对其进行教化，很大程度上决定了他基本社会化的优劣程度。吴某的家庭环境显然是有问题的，母亲的溺爱和父亲的攻击性教育，使吴某的人生价值观产生扭曲，"好逸恶劳、冷酷无情"的思想在他的内心深深地扎下了根，为他日后的违法犯罪留下了巨大隐患。

3

自我改变的愿望是矫正得以成功实施的第一步。但要将良好的思想品质活化到一个人的内心，尤其是要植入到一个未成年犯的内心，确实不是一件轻而易举的事情。吴某已有了改变自己的意愿，接下来就要想方设法使他明白做人的道理。我试图用一个个的故事开启他尘封已久的心灵，让他逐渐理解明礼诚信、勤劳自强、团结友善的重要性。

"一个知勤劳、懂礼仪、明诚信、有爱心的人，必定是个遵纪守法的合格公民。"

我对他说。

"我该怎么办呢？"他似乎有了改变自己的意思。

"热爱劳动、勤奋劳作是一项可贵的品质。"我趁热打铁，"改变自己的犯罪思想，要从培养热爱劳动的品质入手。"

"抢要别人的东西是一件不光彩的事，勤奋劳动，靠自己的双手挣钱才是正道。不过我还没有这方面切身的体会。"他有了悔过的起心动念。

"热爱劳动，勤奋劳作，就可以找回尊严，实现自己的人生理想。"我给他讲了一个关于劳动的故事，"从前，有一个衣衫褴褛的独臂乞丐来到一家农户乞讨，看着乞丐空荡荡的袖子管，主人并没有心生怜悯，他毫不客气地指着门前一大堆砖块对乞丐说：'请你帮我把这堆砖搬到屋后，我付你工钱！'乞丐愣了愣，虽有些生气，但还是干了起来。他用一只手，整整花了两个多小时才把砖块搬完。主人递给乞丐一些银子。乞丐感激地接过钱，向主人单手作揖，就上路了。过了几天，来了个双手健全的乞丐。那主人把乞丐领到屋后对他说：'请你帮我把这堆砖搬到屋前，我付你工钱！'乞丐鄙夷地看看主人，头也不回地就离开了。几年之后，一个穿着体面的独臂人来到了农户家。他向主人深深地鞠了一躬，深情地说：'如果没有您，我至今还会是一个乞丐。可是现在，我能靠自己的努力养活自己，过着体面的生活。'独臂乞丐靠自己的拼搏，实现了自己的人生价值。而那个双手健全的乞丐却还是乞丐。"

"劳动使独臂乞丐过上了体面的生活。我要向他学习。"他显得很诚恳。

"你犯了罪，成了思想上的独臂人，但只要改掉"好逸恶劳"的坏思想、坏习惯，就会逐渐成为思想上的双臂人、健全人，就会像那个独臂乞丐一样受人尊重。"看到他思想上的转变，我显得格外开心。

举止文明、待人礼貌是一项重要的道德规范，讲究礼仪、尊重他人、和善待人，就会使人际关间融洽、友好，就会以快乐的心态去面对人生。在改造生活中，就会与他人少产生摩擦，形成和谐相处的人际环境。为了让吴某进一步明白其中的道理，我给他讲了《三字经》上"孔融让梨"的故事。

"孔融四岁时，就已能背诵许多诗赋，并且懂得礼节，父母亲非常喜爱他。一天，父亲买了一些梨回家给几个兄弟吃，并嘱孔融分梨。孔融挑了个最小的梨子，其余按照长幼顺序分给兄弟们。家人都感到奇怪，父亲问他为什么拣最小的拿，他说：'我年纪小，应当吃最小的梨。'父亲又问：'那弟弟也比你小啊？'孔融说：'弟弟比我年幼，我也应该让着他。'幼年孔融这种待人礼貌、谦虚礼让的美德，受到后人的称颂。孔融长大后，成了当时有名的文学家，还步入仕途为官数十年，甚得人心。他的成就与他谦虚礼让的美德很有关系。"

"孔融四岁时就懂得谦让，真不简单。"他感动地说。

"'诚实守信'也是中华民族的传统美德。"我跟他说，"我国有一本古书叫《左传》，上面记述了一个关于'诚信'的故事"。我一鼓作气，对他开展了进一步的启发引导。

"我很想听。"他急切地说。

"在春秋时代，鲁国大臣孟武伯，一向言而无信。一天，鲁哀公举行宴会招待群臣，孟武伯也应邀参加。宴席上，孟武伯借着敬酒的机会，讽刺郭重：'先生怎么越来越胖了？'鲁哀公听见了，说：'是食言多矣，能无肥乎'，意思是说，一个人常常'吃掉'自己的诺言，能不胖吗！借此讽刺孟武伯一贯说话不算数，群臣无不称快。不守信用自食其言是不道德的行为，当然会受到大家的谴责。"我讲完一个故事，看他听得津津有味，就接着给他讲另一个"笃实守信"主题的故事，"曾子是孔子的学生。有一次，曾子的妻子准备去赶集，由于孩子哭闹不已，曾子的妻子许诺孩子回来后杀猪给他吃。曾子妻从集市上回来后，曾子便捉猪来杀，妻子阻止说：'我是跟孩子闹着玩的。'曾子说：'和孩子是不可说着玩的。小孩子不懂事，凡事跟父母学，听父母的教导。现在你哄骗他，就是教孩子骗人啊。'于是曾子把猪杀了。曾子深深懂得，诚实守信，说话算话是做人的基本准则，若失言不杀猪，那么家中的猪保住了，但却在一个纯洁的孩子的心灵上留下不可磨灭的阴影。"

"我也要做一个言而有信的人，做一个有道德的人。"听了我的故事，他爽快地说道。

"不但要做一个诚实守信的人，更要做一个富有爱心的人。"我继续给他讲故事，"有这样一个故事：三位白胡须老人来到一农户家门口，主妇见了，热情地请他们进屋歇歇。老人们对那位妇人说："我们不能一起进去。"妇人感到很迷惑，请他们道明原因。其中一位老人指着他的一位朋友说："他的名字是成功"。然后，他又指着另外一位说："他的名字是财富，而我的名字是爱。"接着又补充说，"你与家人商议一下，再做选择吧。"经过与家人商量，妇人最后决定把名字是"爱"的老人请进了家。可奇怪的是，另外两位老人也跟着进了屋。妇人惊讶地问："我只邀请'爱'，怎么你们两位也进来了呢？"三位老人齐声回答："如果你邀请的是财富或成功，另外二人都不会跟进来，而你邀请爱的话，那么无论爱到哪，我们都会跟随。"

"我懂了，故事是说，有爱就有一切，有了爱心，也就同时拥有了财富和成功。"他不无触动地说。

"拥有和守护爱心，是一个人最可贵的品质。"我接着给讲另一个故事，"一个年轻人因为家境贫寒，走投无路而做了盗贼。一天晚上，他闯进一个禅堂抢劫，他拿着又明又亮的刀子对着正在蒲团上打坐的七里禅师，凶狠地说：'把柜里的钱都拿出来！不然，我要了你的老命！'钱在抽屉里，柜里没钱。'七里禅师说，'你自己去拿吧，但要留下一点。我的米已经吃光，不然，明天我就要挨饿。'那个强盗拿走了所有的钱，临出门的时候，七里禅师说：'我送了你那么多钱，你应该说声谢谢啊！'强盗转回身，心中慌乱，说了声谢谢。他以前从来没有遇到过这种现象，显得有点不知所措。他愣了一下，才想起不该把全部的钱拿走，于是，他掏出一把钱留给禅师。后来，这个强盗被官府捉住。根据他的供词，差役把他押到寺庙去见七里禅师。差役问道：'老禅师，多日以前，这个强盗是否来抢过钱？''他没有抢我的钱，是我给他的。'七里禅师淡淡地说，'临走时他还对我说了谢谢。'强盗被七里禅师的宽容和仁慈所感动，他咬紧嘴唇，泪流满面，一声不响地跟着差役走了。服刑期满之后，强盗立刻去叩见七里禅师，求禅师收他为弟子，七里禅师不答应。他长跪三日，七里禅师终于收留了他。"

"七里禅师真是仁爱和友善，是他的善心让那个强盗真心向善。"他感慨万端，"宽厚的爱心真有很大的力量。"

每当我叙述故事时，吴某总是竖起耳朵，听得津津有味、别有兴致。多次长谈之后，我发现这些故事已深深震撼起他的内心，他的思想认识在潜移默化的影响中逐渐有了转变。为了巩固他思想转化的这种成果，我不失时机地嘱咐他，要求他把在谈话中体会到的"真诚、友善和勤劳"的思想运用在日常的改造生活中，在与他人相处的细节中体现自己的真诚、友善和谦让；在习艺劳动中体现自己的勤劳和耐心；在"三课"学习生活中体现勤奋与努力。他很配合地去做了，表现也一天比一天好。

不管运用意象对话、沙盘游戏技术，还是运用房树人测验或叙事矫正技术，个案矫正的实践操作过程，都是矫正者持有一种真爱的态度，抱着一种真爱的情怀，播撒真爱种子的过程。唯有至诚至深的真爱和大爱，才能最终感动和挽救未成年犯，使他们在思想和心理上脱胎换骨，实现人生的重大涅槃。

图 7-1　林某的初次沙盘

图 7-2　林某治疗第二阶段的代表性沙盘

图 7-3　林某治疗第三阶段的代表性沙盘

图 7-4　林某的最后一幅沙盘

第八章

未成年人犯罪预防

　　未成年人是祖国的未来，是民族的希望，对一个国家和民族来说，其重要性不言而喻。然而，严峻的未成年人犯罪现实，不仅是困扰现代社会的一大世界性难题，更是严重影响着社会和家庭的安宁，影响着现代社会的科学发展与和谐社会的构建。当前，未成年人犯罪的持续攀高，以及其表现出的行为破坏性、结果危害性和原因复杂性，使得未成年人犯罪问题成为全社会关注的社会问题，也是我国当今必须直面和解决的一个紧迫而又重要的问题。刑事古典学派的代表人物贝卡利亚曾提出过"预防犯罪比惩罚犯罪更高明[①]"，说明事先防范是预防未成年人犯罪的重要方式和途径，也只有进行事前式的犯罪预防，才能真正防止和减少未成年人的犯罪现象。因此，在推行社会管理创新的今天，为了社会的安定和可持续发展，全面科学地做好未成年人犯罪预防工作，既是一项利在当代、功在千秋的宏伟事业，又是当前社会当务之急的一项重要工作，它对于社会安定、国家发展、民族兴旺，具有十分重要的现实和战略意义。

第一节　未成年人犯罪预防概述

　　从社会学范畴看，未成年人犯罪预防是一种有着鲜明社会特征的社会活动。为有效科学地预防未成年人犯罪，我们不仅需从其本质入手，了解和弄清未成年犯罪预防内涵、特征及相关基础理论，而且，还需立足于特定的社会背景，正确把握未成年人在特定社会环境下的犯罪规律，分析和研究未成年人犯罪形成的内在逻辑关系，从而找出未成年人犯罪预防的科学方法和技术，真正从源头上遏制和减少未成年人犯罪现象。

---

①［意］贝卡利亚：《论犯罪与刑罚》，黄风译，中国法制出版 2005 年版，第 126 页。

一、未成年人犯罪预防概念及其相关理论

（一）未成年人犯罪预防概念与特征

预防，《现代汉语词典》中解释为"事先防备[①]"，它包含三层含义：一是作用于事前未然；二是其目的为防止某个现象发生；三是做好有目的性的准备。犯罪预防是指综合运用社会多种力量，采取各种措施，限制、消除产生犯罪的原因和条件，以防止、控制和减少社会犯罪及重新犯罪的举措体系[②]。也有学者把它表述为"国家、社会以及个人，采取政治的、经济的、文化的、教育的、道德的、行政的、和法律的等综合手段，以遏制、减少乃至最终消除犯罪的社会活动"[③]。犯罪预防的主要目的在于防患于未然与防止再犯，也即运用多种力量、技术、措施，以消除或限制犯罪行为发生的可能性为主要目的，而采取的有针对性的各种活动的总称。犯罪预防包括犯罪预测、犯罪预控、犯罪制止三个过程。

《联合国预防少年犯罪准则》指出"预防少年违法犯罪是社会预防犯罪的一个关键部分"。未成年人正处于成长发育阶段，其生理、心理、学识、价值观念、行为准则等都有待成长和形成，未成年人的犯罪从某种程度上而言只是一个"错"的反映，而不是"恶"的反射。未成年人犯罪预防不同于普通成人犯罪预防，其目的是成长保护，促其健康成长；其手段是教育，促其形成正确的世界观、方法论。因此，我们可以把未成年人犯罪预防表述为：通过家庭、社区、同龄人、学校等国家和社会各种有效力量，以保护未成年人健康成长为目的，以促进未成年人健全人格形成重要内容，帮助未成年人形成正确的人生观、生活方式、行为准则和自我控制能力，而采取的各种教育、引导、规训、干预等活动的总称。

虽然未成年人犯罪预防是整个社会犯罪预防体系的一个重要组成部分，但未成年人犯罪预防因受主体的特殊性影响，其预防目的、预防技术、预防行为较成人犯罪预防都有所区别，有其独特的行为特征。一是目的的保护性。虽然预防未成年人犯罪也内含着减少和消除未成年人犯罪这一初级目标，但因为未成年人犯罪主观恶性不深，故不能"因错而制恶"。对未成年人的犯罪预防目的是保障未成年人身心健康，培养未成年人良好品行，也即立足于教育和保护，围绕未成年人健康成长这一目标，采取一切有效保护性措施或对策，帮助未成年人尽快成为社会守法公民；二是参与的综合性。《预防未成年人犯罪法》第三条规定："预防未成年人犯罪，在各级人民政府组织领导下，实行综合治理。政府有关部门、司法机关、人民团体、有关社会团体、学校、家庭、城市居民委员会、农村村民委员会等各方面共同参与，

---

① 《现代汉语词典》（2001 年修订本），商务印书馆 2001 年版，第 1542 页。
② 百度百科："犯罪预防"，引自网页 http://baike.baidu.com/view/418675.htm。
③ 张绍彦主编：《犯罪学》，社会科学文献出版社 2004 年版，第 301 页。

各负其责，做好预防未成年人犯罪工作，为未成年人身心健康发展创造良好的社会环境。"这从国家法律层面规定了未成年人犯罪预防是全社会的责任，人人有责，社会各方组织和力量都必须尽自己所能，参与和做好未成年人的犯罪预防工作；三是行动的协调性。开展未成年人犯罪预防工作，不仅需要政府、社区、学校的多方统一支持，更需家长或同伴的协调配合。需要将分散的各方力量、各社会组织和团体以及个人，内化为同一个目标，统筹协调，相互配合，尤其是方案设计的目标统一、操作行动的步调一致，这样才能实现预期预防效果。

未成年人犯罪预防可以因不同视角而有不同分类。如按预防对象可分为一般预防和特殊预防；按预防范围可分为宏观预防和微观预防；按预防时间可分犯罪前预防、犯罪中预防、犯罪后预防；按预防技术可分为立法预防、保护预防、控制预防、司法预防；按预防内容可分社会预防、情景预防、再犯预防。由于未成年人犯罪的特殊预防和再犯预防问题，在本书的其他章节单独阐述，因此，本章未成年人犯罪预防只研究未成年人犯罪的一般预防，也即研究对象局限于未然犯罪的未成年人，包括未有违法迹象未成年人、已有违法迹象未成年人、已有轻微违法行为未成年人，研究重点在于影响和导致未成年人犯罪的各种负面因素，研究目的是确保未成年人健康成长成为社会守法公民。

（二）未成年人犯罪预防相关理论及借鉴

对于未成年人犯罪，国外有过诸多深入研究和重要理论，下面就四种重要理论作简要阐述，并作理论借鉴，为未成年人犯罪预防提供相应理论支撑。

1.差别交往理论[①]与未成年人犯罪预防

差别交往理论认为，人的行为主要是由他的社会交往所决定，人的犯罪行为的形成，主要是由于同有犯罪行为的人交往的结果，认为人的犯罪并非基于人的天性而是后天学习而得的。根据差别交往理论，可以得出：一是未成年人犯罪是因差异交往而习得，故未成年人的犯罪是可以预防的；二是阻断未成年人与犯罪行为人的交往，就能阻断未成年人的犯罪行为习得；三是净化未成年人周围的犯罪行为环境，是预防未成年人犯罪的重要途径；四是消减未成年人的犯罪行为"习得"，提供良好社会行为"习得"环境，是预防未成年人的重要对策；五是未成年人犯罪预防中的"犯罪决意抵制"与"正常社会行为培育"，需要保持一定的频率、持续性、顺序和强度。

---

①差别交往理论(*Different Association Theory*)又称"异化接触理论"，是犯罪社会学家埃德温·萨瑟兰对现代犯罪学最重要的贡献之一，被誉为"美国犯罪学说中最流行的原因学说"。

2.控制理论①与未成年人犯罪预防

社会控制理论认为，削弱社会控制和削弱自我控制是形成犯罪的两类原因。"社会纽带"是一个人在社会化过程中形成的一种情感，是人们正常人格的一部分，"社会纽带"的作用越强烈，就会倾向于不犯罪；反之，如果一个人反对传统社会的价值观与信仰，任由本能处事，缺少了"社会纽带"的作用，就较容易实施犯罪。根据社会控制理论，可以得出：一是未成年人内在的自我控制能力大小，是未成年人是否走上犯罪道路的决定因素；二是增强"社会纽带"这一社会控制基础，有助于防止未成年人走向犯罪；三是增强未成年人的社会责任感和对传统社会规范的认同，有助于抵制未成年人犯罪人格的形成；四是在未成年人初期犯罪人格形成过程中，进行有效的社会控制和行为干预不仅是必要的，而且是社会管理的责任；五是帮助未成年人形成社会关系情感依附，提高参与各类社会主流文化活动积极性，确立强烈的社会道德规范认同与信仰，是预防未成年人犯罪的重要途径。

3.标签理论②与未成年人犯罪预防

标签理论认为，一个人之所以成为越轨者，往往是因为在社会互动过程中被贴上"标签"，被贴"标签"的人在自我修正中，逐渐认同"标签"，并向"标签"方向发展，继而形成更加恶劣的越轨行为。根据标签理论，可以得出：一是对于尚未形成健全人格的未成年人来说，初级越轨行为"标签"将促发未成年人向"标签"方向发展；二是对于未成年人的初级越轨行为不能随意予以"标签"，不能人为地予以"标签"区分；三是在预防未成年人犯罪过程中，要坚决杜绝带有惩罚性或侮辱性的"标签"效应；四是防范和消减未成年人犯罪的"标签"效应，是全社会的责任。

4.犯罪原因二元论与未成年人犯罪预防

犯罪原因二元论认为，犯罪是先天性个人行为本质与后天性社会环境和外界刺激相加而生的综合体。李斯特认为"任何一个具体犯罪的产生均由两个方面的因素共同使然，一个是犯罪人的个人因素，一个是犯罪人外界的、社会的，尤其是经济的因素"③。根据犯罪原因二元论，可以得出：一是未成年人犯罪是由客观外界环境作用于未成年人个体而形成的，外界客观环境在其犯罪形成过程中起着重要作用；

---

①社会控制理论是在研究青少年犯罪原因的过程中提出来的一种理论，在西方犯罪史研究中占据极其重要的地位，它伴随着青少年犯罪原因的深入研究而不断得以发展完善，此理论代表人物有比利、赖斯、托比、赫希、雷克利斯等。

②标签理论来源于符号互动理论，认为越轨行为是社会互动的产物。标签理论的代表人物是美国社会学家贝克尔（*Howard S. Becker*）和莱默特(*Edwin M. Lemert*)。其主要内容有三点：即对越轨行为成因的解释、标签的张贴具有选择性以及越轨行为的养成是一种被辱的过程。

③[德]李斯特：《德国刑法教科书》，徐久生译，法律出版社2000年版，第9页。

二是导致未成年人走上犯罪道路的不健全人格倾向，是受客观环境制约和影响而形成的；三是预防未成年人犯罪必须从小做起，防微杜渐，从未成年人健全人格形成入手；四是教育、消减、控制是预防未成年人犯罪的三大手段。

二、未成年人犯罪预防的意义

未成年人犯罪的危害性不容置疑，它已成为继吸毒贩毒、环境污染之后的第三大世界公害。预防未成年人犯罪，减少和消除未成年人犯罪，不仅是关系国运兴衰、民族复兴的世纪工程，而且对实现人的发展目标有着重大的战略意义。

（一）预防未成年人犯罪，是构建和谐社会的重要内容

构建和谐社会，不仅是我国的一项社会发展战略目标，也是社会公众普遍期待的社会状态，其内容表现之一就是安定有序。在当前社会经济快速发展的情况下，未成年人犯罪正朝着多元化发展、几何形扩展、多涉面延展，并直接影响着社会的安定、人们的安居，对和谐社会的构建是一个不安定因子、是一种负面影响因素。立足于社会主义物质文明和精神文明建设，坚持防控结合，以防为主，加强未成年人犯罪的预防工作，落实未成年人犯罪防治有效措施，减少未成年人犯罪现象，减除未成年人犯罪对社会秩序的扰乱和社会公众的侵害，本身就是构建和谐社会的重要内容。

（二）预防未成年人犯罪，是控制社会犯罪率的重要途径

犯罪预防的目的就是减少和消除犯罪，降低社会犯罪率。有效地预防控制未成年人犯罪，对整个社会的犯罪控制必将起着积极的助推作用。首先，未成年人犯罪预防作为社会犯罪预防工程的一部分，未成年人犯罪的绝对数降低，必将降低整个社会的犯罪比例。其次，大量事实证明，许多青年（18 周岁至 25 岁）犯罪，其犯罪思想和犯罪恶习形成于未成年时期，有效加强未成年人犯罪预控，必将大大降低刚成年的青年犯罪绝对数。再次，未成年人的犯罪预防不是一个单向的作用体，在开展未成年人犯罪预防工作的同时，其正面影响可以扩大于整个社会犯罪预防，对成人社会的违法犯罪现象也将是一种制约或阻止，从而促进成人犯罪率的降低。

（三）预防未成年人犯罪，有助于降低社会管理经济成本

任何一项社会性管理行为，都有一个经济成本核算和管理绩效的问题。一个未成年犯的产生，无论是侦察、逮捕、诉讼、裁决还是服刑阶段，以及其犯罪行为所致的社会危害，都存在着一个社会管理成本支付的过程。当前随着社会管理程度的提高，社会为犯罪行为承担的成本支出越来越高。假如，从一个未成年人到犯罪成为未成年服刑人员，侦查逮捕费用 3 万、诉讼判决费用 2 万、危害结果恢复 3 万、服刑 4 万（三年有期徒刑），那其社会管理经济成本就达 12 万。因此，从经济成本核算考虑，及早做好未成年人的犯罪预防工作，降低未成年人的犯罪率，不仅是社

会安全的需要，也是社会管理成本降低的需要。

（四）预防未成年人犯罪，有助于未成年人健康成长

未成年时期是一个人重要的成长发展期，在这一时期中，人生观得到形成，价值取向得到确立，认知得到发展，行为准则得到定型。在当下社会急剧变革、文化变迁、价值重塑的时代，未成年人往往会因为外界的诱惑、是非价值的混淆、自我行为的失控等走上犯罪道路，成为一名未成年犯罪人，这对于一个人来说，无异于成长夭折，甚至是一生的悲哀。因此，加强对未成年人的犯罪预防工作，帮助他们从无知、无识、无律状态顺利过渡到身心成熟、人格健全、心智健善的成人，这不仅是社会的责任，更是我们每位社会公民义不容辞的职责。积极预防未成年人违法犯罪，消除各种有碍未成年人健康成长之因素，促使未成年人健康成长，是我们预防未成年人犯罪的应有之义。

（五）预防未成年人犯罪，有助于为社会发展提供高素质人才

联合国前秘书长安南在一次世界性会议上讲过，世界的未来不是超能计算机的展示，而是要看我们对孩子的怎样培养。未成年人是祖国的未来，是中国特色社会主义事业的接班人，他们担负着国家强盛和民族振兴的历史重任。历史的责任，不允许让未成年人成为颓废的一代、垮掉的一代，人类社会的发展需要德智体全面发展的综合型人才。因此，预防未成年人犯罪，加强未成年人成长的教育和保护，推行素质教育，培养有理想、有道德、有文化、有纪律的社会主义建设者和接班人，全面提高未成年人高尚的道德情操、丰富的文化知识、良好的心理素质和较强的实践能力，这不仅是社会预防犯罪的需要，时代发展的需要，也是我们这一代人肩负的光荣而又艰巨的历史使命。

三、未成年人犯罪预防的原则

未成年人犯罪预防工作的重要性和迫切性，已不容置疑，但要做好预防未成年人犯罪工作，必须科学地把握未成年人犯罪预防的规律，确立正确的犯罪预防指导思想，坚守基本原则指导实践。

（一）以人为本原则

未成年人犯罪预防是一个牵涉家庭、学校、社会以及国家法律、刑事政策、司法保护等多重层面的综合工程，它涉及未成年人的素质教育、权益保护、社会控制等。但万变不离其宗，未成年人犯罪预防只有一个中心任务，保障未成年人的健康成长，即一切犯罪预防工作都必须围绕未成年人这一主体，以未成年人健康成长为本。以人为本原则包含三层含义：一是未成年人犯罪预防只有一个主体——未成年人，一切为了未成年人，一切服务于未成年人；二是未成年人犯罪预防必须契合未成年人的身心特点，一切从未成年人的成长需要出发；三是未成年人犯罪预防须以

未成年人的健康成长发展为前提，并以此为中心开展犯罪预防工作。

（二）成长保护原则

联合国前秘书长科菲·安南在第55届联合国大会上曾说过，"没有什么信任比这个世界给孩子的信任更神圣；没有什么责任比确保孩子的权利得到尊重，确保孩子的幸福得到保护，确保孩子的生活免遭恐惧和匮乏更重要的了。人类进步的传承植根于对孩子权利的实现"[①]。未成年人一个显著的特点就是待成长性，尚未有定型的人格，作为我们的未来与希望，我们有责任保护未成年人的健康成长。因此，未成年人的犯罪预防必须立足于未成年人的成长保护，尊重未成年人，为未成年人成长发展提供一个保护环境。成长保护原则包含四层含义：一是一切预防未成年人犯罪的措施须以未成年人的健康成长保护为出发；二是必须尊重未成年人的人格尊严；三是一切以未成年人的合法权益保障为前提；四是坚持保护优先，坚持教育与保护相结合。

（三）教育为先原则

我们从未成年人犯罪原因分析中可知，未成年人犯罪是一个成长性角色失范的过程，也即其存在不健全人格倾向所致。未成年人不健全人格倾向的形成，最根本的原因是自我认同和社会认知的低下，而这种"低下"能力的形成却是由家庭、学校、社会教育的程度所决定，况且，未成年人犯罪还只是一种"错"的反映，需要教育"纠错"。因此，预防未成年人犯罪，必须以教育为先，从维护未成年人健康成长需要出发，加大对文化知识、法律规范、社会道德以及心理健康等成长性基础内容的教育，提高未成年人犯罪"抗体"。教育为先原则包含四层含义：一是教育是预防未成年人犯罪的根本，是最终落脚点和出发点；二是教育是预防未成年人犯罪的基础，它包括家庭、学校和社会全方位的教育；三是未成年人犯罪防患于未然需要教育，防患于已然也需要教育；四是对于违法犯罪未成年人，坚持以教代刑，给予未成年犯罪人悔过自正的机会。

（四）及早防微原则

俗话说"三岁看到老"，一个人在幼年时期培养的品德好坏，影响着未成年人的一生与发展。从未成年人的犯罪轨迹来看，它是一个思想行为问题发展的过程，早期的幼年生活经历、细微影响都有可能成为走上犯罪道路的作用因素。因此，我们在反思未成年人犯罪的同时，必须科学思量未成年人犯罪的根本原由，对未成年人的犯罪预防要从早、从小做起，防微杜渐。及早防微原则包含三层含义：一是未成年人犯罪预防需从幼儿开始，正确做好未成年人的德育教育；二是预防未成年人

---

① 白金、林祥主编：《20世纪中国教育学科的发展与反思》，上海教育出版社2000年版，第10页。

犯罪需从细微处着手，做到防患于未然、防患于微小；三是坚持有错必纠，帮助确立正确的是非观、荣辱观、善恶观。

（五）社会综治原则

未成年人犯罪是多重因素相互影响和作用的结果，它有家庭教育失败的原因，也有学校教育偏失的原因，有不良同伴交往所致，也有社会负面因素作用的结果。因此，对于未成年人犯罪预防，必须集家庭、学校、社区，以及国家政府职能部门等力量，共同行动，配合协调，综合打造未成年人犯罪预防体系，全面消除未成年人犯罪作用因素，实现未成年人犯罪预防效能，最终达到预防和减少未成年人犯罪的目的。社会综治原则包含四层含义：一是预防未成年人犯罪是全社会的责任，需全社会关心、配合支持和共同参与；二是未成年人犯罪预防综治需由政府主导，各方配合，各负其责；三是采取教育、服务、管理、矫治、优化环境等多种方式，立足源头，实行综合治理，防患于未然；四是坚持群众路线，惩防结合，建治并重，消减一切不良因素，促进未成年人身心健康发展。

第二节　未成年人犯罪预防机理

未成年人犯罪能否通过预防行为得到有效的控制？未成年人犯罪预防内在规律又是如何？未成年人犯罪预防又是通过什么方式和途径得以实现？未成年人犯罪预防的基本预防模型该怎么架构？这些都是我们研究未成年人犯罪预防必须回答的问题。

一、未成年人犯罪预防核心问题

有关未成年人犯罪与预防问题，国内外许多专家学者作过研究与探索，但受研究视角或方向的不同，其研究方向、研究对象、研究重点也存在差异，甚至截然相反。如差异交往理论的研究视角是未成年人与犯罪的交往，其理论要点在于"犯罪的习得"；社会控制理论的研究视角是社会与未成年人本身双重的控制失败，其理论要点在于"未成年人与社会纽带"的断裂；标签理论的研究视角是社会"标签"效应的作用，其理论要点在于"'标签'效应催生'次级越轨行为'"。还有，亚文化论认为未成年人犯罪是社会亚文化的负面影响结果，社会反向论认为社会负性因素影响未成年人走上犯罪道路，家庭因素论认为不良家庭是导致未成年人犯罪的决定因素，个性缺陷论认为先天性的生理、心理性格决定着未成年人的成长等等。这些理论虽然在一定范围和程度上对未成年人犯罪与预防研究作出了重要贡献，但都存局限性，在研究未成年人犯罪与预防过程中，没有把未成年人犯罪预防置于未成年人健康成长视角和范畴来考量，大都注重于未成年人犯罪的事中和事后式预防，缺少对未成年人健全人格形成与犯罪之间的关系研究。

未成年人的犯罪现象是一个综合反映时代特征的社会问题，是社会诸多问题集合汇聚的矛盾体，也是诸多社会不良现象作用影响的一个"缩影"。未成年人犯罪现象的产生是多种主客观因素相互作用和复合的结果，并且这些作用因子或影响因素，都可在现实社会中找到根源。因此，我们求解未成年人的犯罪预防问题，必须从未成年人主体成长角色出发，从促使未成年人走上犯罪道路的源头处寻找答案。

那么，未成年人犯罪预防的核心问题究竟是什么？要弄清未成年人犯罪预防的核心问题，首先要清楚未成年人犯罪的根源在于未成年人在成长过程中的社会化失败，即未成年人成长性角色的失范，而这种失范源于不健全人格倾向的形成。未成年人不健全人格倾向是未成年人在成长过程中，因受不良环境影响和不良认知的强化，而在性格、气质、能力、道德品质和趋向等方面表现出的成长性角色失范特征的总和。它包含认知缺陷、性格缺陷、情感缺陷、情趣缺陷、行为缺陷等五个方面。虽然不健全人格倾向并不绝对产生未成年人犯罪，但未成年犯罪人必具不健全人格倾向。

因此，防范未成年人不健全人格倾向的形成才是未成年人犯罪预防的核心。帮助未成年人确立健全的心智模式、认知思维和处事准则，从而促使未成年人健康安全成长，顺利迈向社会成为一个守法公民。

我们在正确理解未成年人犯罪预防核心问题的同时，还需注意四个问题：

第一，未成年人犯罪预防不能局限于"未成年人"，因为许多未成年人走上犯罪道路，不在未成年人本身，而在于周围的成年人；

第二，未成年人犯罪预防不能只关注"未成年人犯罪"，因为未成年人的犯罪产生是一个渐变的过程，防患于已然是一个方面，更重要的是防患于未然；

第三，未成年人犯罪预防不能仅仅重视"如何减少未成年人犯罪"，因为未成年人犯罪是一个成长性角色失范的过程，要保证未成年人不犯罪，关键在于未成年人"健全人格"的塑造；

第四，未成年人犯罪预防不能靠"运动式"任务来完成，因为未成年人犯罪是一个涉及家庭、学校、社会等多重问题的社会难题，无法单靠短期的"严刑重罚"就能实现。

二、未成年人犯罪预防机制

菲利认为，犯罪的数量，不是靠制定得非常巧妙的刑法典，而是靠从整体上改善不良个人状况和社会环境来大大减少的[1]。影响未成年人走上犯罪道路不外于未成年人个体与社会环境两方面原因，但因未成年人这一主体的特殊性，其犯罪生发与预防有别于成年人犯罪。因此，本节试图从未成年人成长角色出发，解析未成年人犯罪的预防机制。

（一）未成年人犯罪预防的逻辑关系

一定的犯罪现象（行为）是由一定的犯罪原因引起的，积极干预阻断原因与现象的自然联系是预防犯罪的基本原理[2]。通常，犯罪行为的产生是由犯罪原因根据和犯罪条件要素的复合作用而成，即：

犯罪原因根据＋犯罪条件要素＝犯罪行为

这说明只要阻断原因根据与条件要素的任何一个因子的作用力，就能防止犯罪的发生。同理，促使未成年人走上犯罪道路，也不外原因根据与条件要素两个方面，按因果发生规律，防止未成年人犯罪的逻辑关系就可以表述为：

消除不健全人格倾向＋切断犯罪诱因条件＝远离犯罪

从以上关系方程不等式可得出，未成年人犯罪预防体系可分三个层次：初级预防，旨在保护未成年人健康成长，培养守法公民，也就是防止未成年人不健全人格倾向的形成，它作用于全体未成年人；二级预防，旨在未成年人成长保护，减少影响未成年人犯罪的因素，切断未成年人犯罪的客观条件，它与未成年犯罪人并无直接关系；三级预防，旨在切断未成年人的犯罪生发过程，对潜在未成年犯罪人的控制与矫治，它与不良行为倾向未成年人发生关系。

未成年人犯罪预防在不同层级有不同的预防重点，对于消除和减少未成年人犯罪，离不开未成年人犯罪的初级预防，离不开客观上的外部犯罪条件的控制与阻断，但它只是一个因果关系的必要条件，而非充分条件，未成年人犯罪预防的重点在于未成年人犯罪原因根据的消除。相对于正处成长过程中的未成年人，其犯罪原因根据产生的唯一问题根源就是未成年人不健全人格倾向的形成。为什么在同样的成长环境中，个别未成年人走上了犯罪道路，而绝大部分未有犯罪行为发生，这就是说，未成年人的犯罪预防在于未成年人的健全人格的塑造。

（二）未成年人犯罪预防的结构解析

根据前面未成年犯罪预防的逻辑关系，可以得出这样一条未成年人犯罪预防关系链：强化知识建构——形成主流认知体系——确立健全心智模式——增强自我控制能力——成为守法公民。

---

[1]［英］恩里科·菲利：《犯罪社会学（序言部分）》，郭建安译，中国人民公安大学出版社 2004 年第 3 版。

[2]孔一著：《犯罪预防实证研究》，群众出版社 2006 年版，第 6 页。

要预防未成年人犯罪，其前提是增强未成年人"不犯罪"的自我克制能力，而这种克制能力源于未成年人的健全心智和自我认同。这如同美国社会学家哈维格斯特的社会发展任务说，一个人的个体发展实质上是学习并完成社会所要求的各种任务的一个过程，是人在特定的阶段、特定的社会中取得成功的必需，它包括知识、技能、功能、态度等[①]。而这种心智模式和主流认知体系的形成与发展，依赖于未成年人成长过程中的知识建构。

按照现代知识建构主义理论，结合当代社会人的发展需要，未成年人的成长性知识体系包括理想信仰、价值取向、伦理道德、法律意识、文化知识等五个维面，如图 8-1 所示。

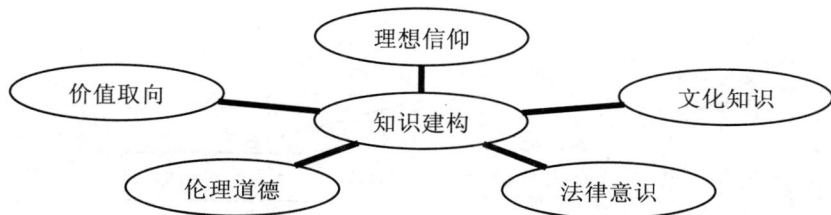

图 8-1　未成年人知识建构结构图

理想信仰是未成年人成长的灵魂，它决定着未成年人的成长方向和思想意识，并为未成年人的发展提供源泉与动力；价值取向是未成年人成长的行为目标，它决定着未成年人的一切行为趋向，并为未成年人的行为努力提供动力支撑；伦理道德是未成年人成长的基本要求，它是未成年人成长的必要底线，离开伦理道德就违反了人类生存准则；法律意识是未成年人成长的根本保证，它是符合社会发展需要的条件要求，缺乏法律意识就会造成无序、混乱；文化知识是未成年人成长的前提基础，它决定着一切意识形态的形成和认知的发展，无文化知识就无从谈起知识建构。

从当前未成年人的成长现实状况出发，笔者认为未成年人成长的知识建构需注意以下几点：一是确立社会信仰，为未成年人的理想信仰提供范式；二是尊重与维护未成年人的发展需要；三是认同未成年人成长的多元文化思想与发展；四是注重未成年人自我行为的正确定义；五是潜移默化促进未成年人的道德意识与规则意识的养成；六是文化改变一切，知识决定命运；七是允许在不断修正中完善知识建构；八是知识建构从零岁开始，并永远为时未晚。

---

①高中建主编：《当代青少年问题与对策研究》，中央编译出版社 2008 年版，第 389 页。

三、未成年人犯罪预防模型设计

从未成年人的犯罪预防机制得出，未成年人犯罪预防的关键在于未成年人知识建构的正确形成，在于未成年人健全人格的塑造，那未成年人的犯罪预防体系和预防模型又该如何设计呢？

（一）未成年人犯罪预防模型

未成年人的犯罪行为是否发生取决于未成年人是否具有不健全人格倾向，而这种不健全人格倾向又受制于未成年人的认知系统。因此，我们需从影响未成年人不健全认知的各种社会关系中寻求未成年人的犯罪预防对策，而这些影响未成年人成长性角色失范的各种因素，构成了未成年人犯罪预防的机制模型，如图 8-2 所示。

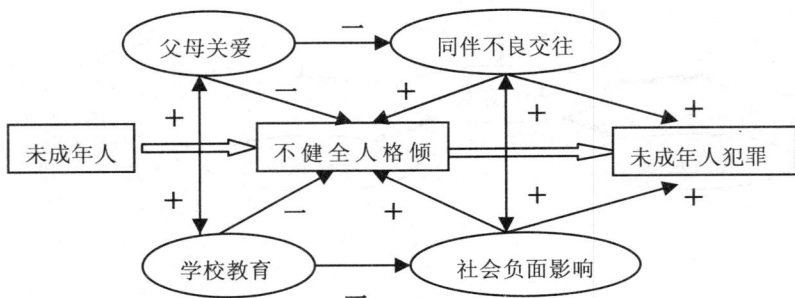

图 8-2　未成年人犯罪预防关系模型图

从上图可看出，未成年人发生犯罪行为的决定因素——不健全人格倾向，受父母关爱、学校教育、同伴影响、社会环境等多重因素的影响，正向因素促使未成年人朝健康成长方向发展，负向因素促使未成年人朝不健全人格倾向发展。同时，各因素之间又存在着相互的正向或负向作用。如父母的关爱对于未成年人接受学校教育来说呈"正向"作用，而对于不良交往、社会负面影响呈"负向"作用；相对于未成年人人格倾向形成来说，父母关爱、教育学校都呈"正向"作用，而同伴不良交往与社会负面影响却起着"负向"作用。

（二）未成年人犯罪预防模式

犯罪预防模式是以一种标准的形式，具体规范犯罪预防实践活动的程序范式。它包含犯罪预防主体、犯罪预防策略和犯罪预防措施，其具体模式的架构与定型，还受特定社会状况、社会文化传统和犯罪状况等客观情形制约。根据未成年人犯罪预防机制原理，结合我国当前未成年人的实际犯罪状况，本文提出"教育、消负、管控"为内容的未成年人犯罪"三层"预防模式。

第一层级预防——教育。教育作为一种积极引导人类改变对客观世界认识的途径，它帮助人类科学认识世界，帮助人类提高自我反思、自我管理的生存和发展的能力。作为处于待成长、待发展阶段的未成年人，接受教育完成基本知识的储备和基本人格的塑造，本身是其人生阶段必须完成的基本任务，未成年人走上犯罪道路很重要的一个原因就是社会认知的缺失或是错误的认知。因此，教育不仅能够帮助未成年人提高认知水平和行为能力，而且还是预防未成年人犯罪的重要方法和手段。通过教育帮助未成年人提高社会认知能力和自我认知能力，形成正确的人生观、价值观、世界观，以及社会化需要的各种生活技能和行为方式，那将大大降低未成年人因无知、无识而犯罪的发生率。教育不仅是未成年人最为初级的犯罪预防手段，而且是最为重要的犯罪预防基础，是根本。

第二层级预防——消负。只有犯罪的原因能够被人们在广泛程度上消除，只有消除犯罪的社会原因才能控制和预防犯罪[①]。我们知道未成年人犯罪是"正向"因素与"负向"因素相互作用的结果，社会各种"负向"因素作用力大于"正向"因素作用力时，就会促使未成年人趋向犯罪。因此，对于未成年人犯罪预防除了正面的教育之外，还需有一个利于未成年人健康成长的社会环境，如良好的家庭环境、严肃活泼的学习氛围、健康的同伴交往、主流的文化影响等。净化社会风气，消除不良刺激，杜绝负性感染，不仅是我们和谐社会构建的需要，更是预防未成年人犯罪的客观需要和重要途径。未成年人犯罪的消负预防包括三方面内容：一是消减促发未成年人形成不健全人格的各种社会负性因素；二是消减诱发未成年人走上犯罪道路的犯罪条件因素；三是消减社会犯罪行为的负面影响。

第三层级预防——管控。未成年人犯罪是渐变式的发展过程，其发展轨迹一般都是由最初的不良思想、不良行为，到严重不良行为，再到犯罪行为。预防未成年人犯罪在一级教育预防和二级消负预防失败的情况下，还需启动第三层级的预控预防。预控预防虽是一种补救式的消弭预防措施，但对真正减少未成年人犯罪有着举足轻重的作用，它通过发动全社会力量，运用科学的预警技术，对有犯罪倾向或有轻微犯罪行为的未成年人，进行有效的控制、干预和矫治，从而阻止未成年人发生犯罪行为。它包含三方面内容：一是对未成年人犯罪的准确预测；二是对未成年人犯罪倾向人群的积极干预；三是对轻微违法犯罪未成年人的有效矫正。

---

①郭建安著：《美国犯罪学的几个基本问题》，中国人民公安大学出版社 1992 年版，第 49 页。

第三节　未成年人犯罪预防方法

《联合国预防少年犯罪准则》（利雅得准则）提出"预防青少年违法犯罪政策的重点，应通过家庭、学校、社区、同龄人、职业培训、工作环境以及各种自愿组织起来的个人和组织，帮助所有青少年成功地走向社会。"未成年人犯罪预防是一项特殊的帮助未成年人实现健康成长的社会化系统工程，它受社会状况的发展变化而呈现不同的预防要求。因此，为有效实现未成年人犯罪预防目的，必须牢牢把握未成年人犯罪预防的独特规律，运用科学方法，采取先进技术，积极实施未成年人犯罪预防工作，从而最大限度地减少和消除未成年人犯罪现象，帮助所有未成年人健康成长。

一、立法预防

现代社会是一个法制社会，一切社会行为必须以法律规定为准则，一切违背法律规定的行为都是违法。未成年人犯罪预防是一个法的范畴概念，需要法律预防支撑，更需要法律规定予以保障。因此，未成年人犯罪预防须以立法为始端，完善未成年人犯罪预防立法体系。

（一）立法预防概述

新中国成立以来，我党和政府一直重视法制建设，虽然十年动乱严重破坏和阻碍了我国法制建设进程，但自十一届三中全会拨乱反正之后，我国又回到了法制建设轨道，尤其是青少年法制建设工作得以恢复。1979 年党中央转发中宣部等八部门《关于提请全党重视解决青少年违法犯罪问题的报告》。1980 年 3 月共青团中央在北京发起召开了"青少年保护法座谈会"，重申对于违法犯罪青少年要教育、感化和改造的政策。1985 年 10 月中共中央发出《关于进一步加强青少年教育，预防青少年违法犯罪》的通知，提出了青少年犯罪综合治理的十项措施，指出"要用法律手段来保障青少年的合法权利不受侵犯，防止资本主义、封建主义腐朽思想对青少年的引诱和腐蚀，保护青少年的健康成长"。1991 年 9 月第七届全国人大常委会第二十一次会议通过了《中华人民共和国未成年人保护法》，以国家基本法律确立了对未成年人特殊保护的原则，规定了一系列保护措施。1999 年 6 月九届全国人大常委会第十次会议通过了《中华人民共和国预防未成年人犯罪法》，明确规定未成年人犯罪预防的目的、原则和指导思想，以及预防未成年人犯罪的教育、矫正以及保护等措施。还有，最高人民法院公布的《关于办理未成年人刑事案件适用法律的若干问题的解释》和《关于审理未成年人刑事案件的若干规定》、最高人民检察院公布的《人民检察院办理未成年人刑事案件的规定》、公安部公布的《公安机关办理未成年人违法犯罪案件的规定》，以及分散于《刑法》、《刑事诉讼法》等法律之中的相关未成年人的法律规定等。由此初步形成了我国未成年人基本法律保护体系，为未成年人健康成长成为社会合格人才，提供了有力的法律保障。

但是，随着中国特色社会主义法律体系的逐步形成与完善，未成年人法制建设已远远滞后于我国法制建设的整体推进，尤其是面对当前严峻的未成年人犯罪问题，以及新出现的未成年人成长性问题，我国未成年人法制建设已是"漏洞百出"，如流浪未成年人的收养问题、留守儿童的法律保障问题、校园暴力问题、未成年人的"网络欺负"问题等，都需要有明确的立法规定，予以保护、保障和规范。还有，各法律法规之间的冲突与矛盾，都需统一与规范。

因此，作为预防未成年人犯罪的重要前提，必须加强未成年人的立法工作，全面完善和修订未成年人相关法律，一方面加强未成年人法律体系建设，加快有关未成年人在权益保护、成长规育、司法适用、程序操作等方面的立法工作步伐；另一方面还需加快构建适合未成年人成长特点的刑事司法体系，积极探索未成年人司法保护措施，并予立法规定，最大程度地保障未成年人的合法权益。

（二）立法预防重点

未成年人犯罪有别于成人犯罪，预防未成年人犯罪不是就"犯罪"而预防，其目的是保障未成年人的健康成长，顺利完成未成年人至成年的社会化过程，因而，我们在立法预防未成年人犯罪中需有所侧重。

1.成长性保护立法

确保未成年人健康成长是我们预防未成年人犯罪的终极目标，制定和修订未成年人法律也离不开这一原则。要以保护未成年人身心健康为核心，以促进未成年人在品德、智力、体质方面等全面发展为重心，以培养有理想、有道德、有文化、有纪律的社会主义建设者和接班人为主要任务，加强未成年人成长性保护立法。在具体立法内容上，既要立法规定未成年人的犯罪预防，更要以法律形式规定未成年人成长性相关要求和措施。

2.权益性保障立法

许多未成年人犯罪是其基本权益受到侵害而诱发，作为弱势群体的未成年人，其生存权、发展权、受教育权、参与权等基本权利受到保护和保障，不仅是人类社会健康发展的基本要求，更是谨防未成年人错误认知、不良行为促发的前提基础。未成年人犯罪预防立法必须以未成年人基本权益保障为基础，全面规定未成年人基本权利和权益保障范围，确保未成年人合法权益不受侵害，最大程度地为未成年人健康成长提供良好条件与环境。

3.约束性规范立法

未成年人是一个是非观念模糊、模仿能力强、自我控制能力薄弱的成长性群体，易受外界不良因素的感染与毒侵，对正处成长过程中的未成年人作一些社会行为限定，不仅有助于未成年人不良行为的控制，更有利于未成年人与不良环境的隔离。如相应制定一些适合未成年人成长需要的"养育令"、"宵禁令"、"禁止令"、"限止令"等，对于防治未成年人犯罪具有十分重要的意义。

4.责任性规定立法

未成年人犯罪预防是一个涉及全社会的综合性系统工程，不仅需要良好的成长环境，更需要全社会的责任落实。如未成年人的养育、监管、教育、社会活动以及初期不良行为的矫治，都需予以立法规定，否则，一切预防工作都会成为"空话"。在具体犯罪预防立法中，对于未成年人成长性义务、政府预防职责、社会预防责任等，都应以法律形式予以规定，明确责任主体、责任要求、责任范围，确保未成年人犯罪预防落到实处。

5.处置性程序立法

从对未成年人的成长保护与犯罪预防的双重考虑，未成年人犯罪预防的立法必须建立相应的处置性程序规定，以便于对未成年人最大限度的保护。一方面既要对不同年龄段的未成年人分别作出犯罪预防的处置性规定，另一方面必须倾向于未成年人违法犯罪的"恢复性司法"，对于未成年人刑事司法作为一种"例外"考虑，充分运用"监禁替代"措施。同时，对于未成年人的"保护处分"还应分情况作出分级使用的规定和程序。

（三）立法预防内容

法律不外实体法与程序法两种，对于未成年人法律体系的构建，也不外于实体立法与程序立法两个方面。未成年人犯罪预防立法不仅应置于我国整体法律体系来考虑，更应立足于未成年人的特点，予以专门作出规定。

1.相关未成年人犯罪预防的实体法

（1）关于未成年人刑事处遇方面的法律法规。它包括两个方面内容：一是未成年人刑法。根据我国《刑法典》专门规定有关未成年人违法犯罪的刑罚规定，如对未成年人违法犯罪的刑罚原则、犯罪类型、刑罚条件、刑罚适用、量刑幅度等作专门性法律规定；二是未成年人处分性规定。对于未成年人的违法行为或轻微犯罪行为，而制订的以矫正未成年人为目的的各种行政性处分规定，它是未成年人刑罚的补充性规定，如治安处罚、社区矫正、收容教养、劳动教养等。

（2）关于未成年人权益保护方面的法律法规。它包括三方面内容：一是未成年人的基本权利保障规定。根据一个社会公民应享有的基本权利，结合未成年人成长特点，科学合理规定未成年人的基本权利与义务；二是未成年人的民事权益保障规定。根据《民法》、《继承法》、《婚姻法》等民事法律法规，对未成年人相关民事权益的类型、范围、内容、责任等作出详尽的规定；三是未成年人社会保障方面的规定。立足于未成年人成长福利视角，加强未成年人成长性保护立法，如在儿童福利、父母责任、社会环境净化等权益方面内容的具体保护规定。

（3）关于未成年人司法处遇方面的法律法规。它是指涉及未成年人诉讼案件和非诉讼事件的相关刑事侦查、起诉、审判、刑罚执行等方面的法律规定，不仅包含未成年人违法犯罪案件办理、刑事案件办理与审理以及刑罚执行等规定，而且还涵盖刑事处罚外的各种法律处罚，如社会服务法令、向受害家庭道歉令、赔偿法令（可由监护人赔偿，也可由当事人强制劳动赔偿）、法庭警告令、宵禁令、逃学惩治令等。[1]

2.相关未成年人犯罪预防的程序法

未成年人犯罪预防离不开实体立法规定，更不能缺少程序立法。2012 年 3 月 14 日十一届全国人大五次会议表决通过了《关于修改〈中华人民共和国刑事诉讼法〉的决定》，修改后的刑事诉讼法，用 11 个条文对未成年人刑事案件诉讼程序作了专门的规定，对于涉及修改的未成年人审前社会调查、严格限制适用逮捕措施、附条件不起诉、不公开审理和法庭教育、罪犯记录封存制度等，不仅是我国刑事诉讼体系的完善，更是为预防未成年人违法犯罪和维护未成年人合法权益提供了良好的法制环境，体现了时代的发展和法治的进步。因此，必须加强未成年人立法与新《刑事诉讼法》的良性互动，保持与新《刑事诉讼法》的内在一致性和协调性，做好未成年人犯罪预防的程序立法。

（四）立法预防设计

建立完善的未成年人犯罪预防法律体系，已是当前未成年人工作者和有识之士的共识。围绕未成年人犯罪预防之需，以保护未成年人健康成长为总的指导思想，坚持统一协调、独立完整、契合操作的立法原则，顶层设计，加快未成年人犯罪预防的立法工作。

1.建立健全未成年人基本法律

未成年人作为一个特殊的群体，其成长性特点决定了基本权利和权益保障的特殊性，因此，必须从预防未成年人犯罪视角出发，相应建立和完善符合未成年人成长特点的基本法律体系，为未成年人健康成长保护提供法律准绳。一是制定《未成年人法》。立足于党和国家对未成年人成长保护的法律政策，全面规定未成年人基本权利和义务，形成维护未成年人健康成长需要的共同诉求和行为准则，从而促进未成年人健康成长，并为其他未成年人相关法律提供思想指导；二是修改《未成年

---

[1]李玫瑾：“构建未成年人法律体系与犯罪预防”，《法学杂志》2005 年第 3 期。

人保护法》和《预防未成年人犯罪法》。作为目前未成年人的两部主要基本法律，确实为未成年人的成长保护和犯罪预防发挥过巨大的作用，但随着未成年人问题的变化发展，已经出现了许多不相适应或滞后的现象，必须迎合当前未成年人的成长状况和犯罪问题，尤其要在《刑八修正案》和《刑事诉讼法修正案》的前提下，作出相应的调整和修改，以真正服务于未成年人成长需要，发挥未成年人犯罪预防的效能。

2.完善未成年人基本权益保障立法

未成年人因受未成年的特殊制约，在其成长过程中，存在区别于成年人的基本权益保障，而这些特殊权益的保障与否往往影响着未成年人的健康成长，因此，必须加强未成年人的基本权益保障立法。具体需从三个方面予以立法和完善：一是制定《家庭教育法》。对未成年人的抚养、监护、家庭教育、家庭权利等作出全面法律规定，切实净化家庭成长环境和保障受教育的权利；二是修订《义务教育法》。对未成年人的就学资格、学校暴力、学校处分，以及综合素质教育内容等作出明确规定，确保每一名未成年人享受并完成九年义务制教育；三是制定《未成年人社会保障条例》。对未成年人的社会保护、困难救助、社会管理、法律帮扶等作出相应规定，并在社会保障机构、职责行使、资金保障等方面明确具体保障内容，以确保未成年人社会保障有法可依。

3.建立和完善未成年人司法保护法律体系

大量事实证明，未成年人走上犯罪道路与国家司法保护有着密切的联系，未成年人犯罪前的严重不良行为、轻微违法行为，如果得到有效的司法保护，促其悔过自新，就能大量减少未成年人的犯罪发生率。因此，未成年人犯罪预防，必须建立和完善未成年人司法保护法律体系。一是制定《未成年人刑法》。根据未成年人犯罪特点和未成年人的特殊性，全面规定未成年人的犯罪性质、犯罪类型、刑罚标准以及相关预防未成年人犯罪的内容，严厉打击未成年人严重犯罪和危害未成年人健康成长的犯罪行为，从而达到未成年人特殊预防的目的；二是制定《未成年人案件处理法》。依据新刑诉法，全面修改和规范有关未成年人司法过程中的侦查、起诉、审理等程序，以及公、检、法、司机关处理未成年人相关刑事司法工作的权限与职责，从而完善未成年人刑事司法体系，确保未成年人的合法权利得到有效保障；三是制定《未成年人刑罚执行法》。在现有《未成年犯管教所管理规定》的基础上，修改和完善未成年人的刑罚执行法律，确保未成年人刑罚得到正确执行和和实现刑罚效果；四是制定《未成年人收容教养条例》、《未成年人社区矫正条例》、《未成年人专门教育条例》和《未成年人社会帮助条例》。以法规的形式，全面规范违法犯罪未成年人的收容教养、社区矫正、专门教育和社会帮教等工作，以便相关工作有法可依、有章可循。

4.制定未成年人成长保护性相关法律规定

除建立和完善未成年人基本法律和司法保护体系之外，还应围绕未成年人的健康成长保护，制定相关性的法律法规，或者修改分散于其他法律法规中的有关未成年人成长保护的规定。一是制定有关未成年人成长保护的法律法规。如制定成长保护方面的"临时家长"、居住地就学、家庭监管责任制等法律规定；二是制定适合未成年人成长需要的地方性法规。如制定限制保护方面的网络管理、未成年人宵禁、文化市场管理等地方性法律规定；三是完善和修订相关未成年人的其他法律规定。依据国家基本法律，全面修改和完善《劳动法》、《国家赔偿法》、《教师法》、《律师法》等法律中相关未成年人的内容规定或特殊条款，以体现未成年人成长保护的法律规定统一性。

二、教育预防

贝卡利亚说过："预防犯罪，最可靠但也是最艰难的措施是完善教育。[1]"未成年人时期是一个人的品德、个性、心理特征等形成的重要阶段，其社会意识的形成、行为方式的习得、社会技能的掌握都离不开教育，现代教育的各种功能能否在未成年人成长过程中得以有效实施，决定着未成年人的健康成长与否。因此，教育不仅是促进人类发展、培养未来合格社会成员的基本手段，更是预防未成年人犯罪的重要方法。

（一）教育预防概述

教育具有促进人与社会、人与自然共同发展的功能，从社会主义初级阶段这个特定的历史背景去考量，教育有两大主要功能：一是本体功能，即直接作用于教育对象，促进其身心和谐发展与个性特长充分发展，使之产生符合社会需要变化的功能；二是社会功能，即通过教育对象的成长发展与社会实践而转换为促进其社会变化的功能。[2]

未成年人是一个身体、心理、智慧及道德等正处全面成长与发展的时期，是一个全面接受教育，并内化为自身固定心智模式、价值观念、行为准则和生活方式的变化过程，这一时期的教育成功与否决定着未成年人一生的成长方向和发展道路。教育不仅帮助未成年人积累知识、掌握技能和确立基本社会观念，而且还具有主导和规训的作用，也就是驱使未成年人形成与社会目标一致的思想和行为。从这一层面上来理解，有效的教育能够促使未成年人形成现代主流社会规范和社会道德，驱逐和消除不符合社会目标的思想和行为。因而，教育对于未成年人犯罪预防有着固本强基的功能，它是未成年人犯罪预防的基础。

---

[1]［意］贝卡利亚：《论犯罪与刑罚》，黄风译，中国法制出版社2005年版，第128页。
[2]高中建主编：《当代青少年问题与对策研究》，中央编译出版社2008年版，第483页。

未成年人犯罪预防其实是一个全面教育的过程，其目的就是通过不同时期不同内容的教育，引导未成年人树立正确的人生观、价值观、世界观，主导未成年人培养符合当代社会主流文化价值的生活方式和行为准则，促进未成年人掌握社会生活基本技能。从未成年人成长教育范畴来看，未成年人犯罪预防教育可分为家庭教育预防、学校教育预防、社会教育预防三个层面，其主要目标分别为基本人生观与行为方式的确立、价值观念与行为准则的培育、道德观念与自我控制能力的强化。

总之，教育预防是未成年犯罪预防的基础性工程，是现代预防未成年人犯罪的主要方式，它对未成年人犯罪预防起着决定性作用。教育预防的成功与否，对保护未成年人健康成长具有重大的战略性意义。

（二）教育预防重点

1996 年，国际 21 世纪教育委员会向联合国教科文组织提交的《教育——财富蕴藏其中》报告中，曾提出"建立终身教育体系"，其支柱是"学会认知、学会做事、学会生存、学会共同生活"。这"四个学会"也可说是我们预防未成年人犯罪目标的通俗释义，即通过有效的教育手段，促使未成年人学会认知、做事、生存和共同生活，促进和谐发展。

1.学会正确认知

正确认知决定着一个人的人生观、价值观和世界观，它是一个人思想认识和行为方式的基础，有什么样的认知就有什么样的人生态度。帮助未成年人形成符合社会主流价值思想的社会认知和自我认知，分清是与非、对与错、真与伪、善与恶，不仅是未成年人健康成长的基础，更是预防未成年人犯罪的重要内容。它包括基本理想信仰的确立、人生价值目标的树立、社会道德和法律意识的养成，同时还包括基本文化知识的积累、社会生活技能的掌握和自我成长的认同。

2.养成良好性格

俗话说"性格决定命运"。一个人的性格个性在很大程度上决定着人的人格形成，良好的性格养成可促进稳定人格个性的形成，反之，就会出现性格缺陷的不健全人格。在未成年人幼期成长中，注重他们的良好性格培育，关系到未成年人健全人格的形成，关系到未成年人后期社会化的顺利过渡。预防未成年人犯罪必须从未成年人幼期个性培育开始，帮助他们养成良好的性格，塑造健全的人格。

3.培育爱的情感

人是一种感情动物，情感决定着人的社会活动态度。健康的爱的情感，能使人充满乐观、向上和感恩、责任，反之，消极的抵触情感，会促使人走向冷漠、自私、抑郁、仇恨。缺乏爱意的情感，往往会促发未成年人转移原有的家庭、学校、社会情感依附，走向不良交往或不良兴趣爱好。贝卡里亚曾提出"教育起着正本清源的作用，教育通过感情的捷径，把年轻的心灵引向道德"[①]。在未成年人犯罪预防过程中，必须注重未成年人爱的情感培育，增强未成年人的"亲社会"情感，塑造未成年人"爱的心灵"，帮助未成年人形成良好的情绪系统，并保持积极、健康、稳定的心态。

4.培养向上情趣

一个人的情趣爱好是个体情感投好的选择，每个人因个性和生活环境的不同，情趣爱好的选择也不一样。健康高雅的情趣爱好，不仅使人生活丰富、充实、多彩，而且对人的身心健康和全面发展都有益处。而低级趣味的情趣爱好，会使人精神颓废，使人迷失方向，甚至走上犯罪道路。营造积极向上的健康环境，培养未成年人的良好情趣，不仅是未成年人健康成长的需要，更是预防未成年人犯罪的重要内容。未成年人向上的情趣应包括文化学习、健康锻炼、参与社会主流文化活动以及力争上游的竞争意识等内容。

5.养成良好习惯

行为习性是人在一定思维定势下的习惯行为表现，表现为一种行为活动的惯性，是一种潜意识反映的条件反射，它影响和作用于日常行为方式和生活形式。良好的行为习性有助于未成年人趋向社会目标要求，反之，会促使未成年人趋向反社会倾向。未成年人犯罪的教育预防还需加强未成年人良好行为习性的养成，从小培养未成年人爱学习、爱劳动、守纪律的行为习惯，促其形成刻苦学习、勤劳勇敢、诚实担当、乐于奉献的良好行为品行。

（三）教育预防内容

未成年人的成长离不开家庭、学校和社会，三者对未成年人的教育和影响，决定着未成年人的成长方向和成长质量。未成年人预防犯罪教育必须立足于未成年人的家庭教育、学校教育、社会教育，促进未成年人健全人格的形成，从而提高自我预防犯罪的能力。

1.家庭教育预防

德国一项调查表明，家庭环境和谐、家长品行良好及教育方法得当的家庭，子女犯罪率只有 0.1%[②]。可见，家庭教育在未成年人成长中的重要作用与地位。家庭教育是一切教育的基础，是未成年人教育中最基本、最初级的教育。特别是对于正处思想形成、智力发展、品格形成的未成年人来说，它起着奠基性的作用，对其基本素质的形成起着教化、传导、规约的作用。未成年人的家庭教育内容广泛，它主

---

①［意］贝卡利亚：《论犯罪与刑罚》，黄风译，中国法制出版社 2005 年版，第 132 页。
②吴芳兰、朱国栋："防范青少年犯罪之盾"，引自网页 http://news.sina.com.cn/c/
  2005-12-05/11308493878.shtml，来源 2005 年 12 月 05 日《瞭望东方周刊》。

要包括以下方面：

（1）未成年人品德行为的养成教育。品德是一个人的行为基础。对未成年人启蒙教育就必须灌输良好品德教育的思想，帮助未成年人从小养成符合现代社会的良好品行，懂得对错、是非、美丑、真假。

（2）未成年人性格个性的形成教育。19世纪俄罗斯教育家乌申斯基曾说过，人的性格大都是在人的一生中最初几年内形成的，而且在这几年内，在人的性格中形成的东西是很牢固的。因而，在家庭幼期教育过程中，必须注重未成年人早期的人格个性培养教育，帮助未成年人在幼儿时期形成良好的性格个性。

（3）未成年人良好生活习性的教育。家庭是未成年人的主要生活场所，家庭生活方式和父母的行为习性都是未成年人潜移默化模仿参照。在家庭教育中，要注重未成年人的兴趣爱好、情感交流、生活习性、劳动习惯等的培养教育。

（4）未成年人基本人生观的教育。童年时期是形成一个人基本人生观、价值观、世界观的重要时期，未成年人人生观的初步确立是受家庭环境和家庭成员的直接影响。在未成年人家庭教育中，需发挥家庭教育的作用，帮助未成年人确立正确的人生观。

2.学校教育预防

学校是未成年人成长的重要场所，是接受科学文化知识的主阵地。学校教育是现代未成年人成长的必经途径，它不仅是未成年人积累文化知识、接受技能培训的主要渠道，更重要的是，学校教育还是未成年人价值观念定型、人生态度确立、健康心理形成的重要途径。通过有目的、有计划、有组织、有系统的学校教育，促使未成年人产生预期的发展变化，成为一个对社会尽责、有用的人。未成年人学校教育需注重以下几个方面：

（1）文化知识教育。文化知识是提高社会认知和自我认同的必要基础。学校教育必须围绕未成年人文化知识的增长，按照现代社会发展要求，加强未成年人的文化知识积累的学习，提高未成年人社会化的基础能力。

（2）心理健康教育。良好的心理素质是健全人格系统的重要组成部分，学校教育需注重未成年人心理健康教育，促进未成年人良好心理素质的形成，提高抗挫折、抗诱惑、抗压力意志，消除异常思维、异常情绪和心理障碍，促进健全人格的形成。

（3）基本社会道德和法律意识教育。未成年人在校接受教育时期是基本社会道德和法律意识形成的重要时期，学校教育需加强未成年人的思想品德和法律知识的教育，帮助未成年人形成爱国主义、集体主义思想，以及培育社会公德和法律至上意识。

（4）基本行为规范规训。学校教育还需从增强未成年人综合素质出发，加强未成年人的行为规范教育，规范未成年人基本言行，形成规则意识，从而提高自觉遵纪守法的能力。

（5）基本生活技能培养。未成年人学校教育时期刚好是未成年人从孩童到成人的社会化发展时期，学校教育除道德教化与知识传授外，还需帮助未成年人学会基本的社会生活技能。如基本的自我认知、人际交往、缓解情绪、换位思考、矛盾应对、言行自律等。

3.社会教育预防

未成年人虽然绝大部分时间在家庭、学校中度过，但现今的社会是开放型的信息社会，一个人不可能完全隔离于社会。在这信息影响占主导地位的今天，未成年人不可能脱离于社会，反而因接受能力强成为了现代社会文化信息影响最为深刻的人群。因此，加强对未成年人的社会教育已经是刻不容缓，并已成为了与家庭教育、学校教育并重的未成年人犯罪预防重要教育手段。其主要内容如下：

（1）对未成年人主流文化价值的教育。现代社会多元文化思想的发展，也出现了眼花缭乱的各种文化板块，并呈良莠不齐盛放的局面。因而，必须由国家政府为主导，加强未成年人的主流文化教育，帮助他们确立主流文化思想，以防颓废、堕落。

（2）对未成年人健康情趣的培养。努力开展未成年人"第二课堂"，拓展未成年人社会实践活动，激发未成年人广泛兴趣爱好，促进未成年人热爱生活、热爱学习，增强抗低级趣味的能力。

（3）对未成年人职业技能的培训。掌握基本的职业技能是未成年人社会化的基本要求，作为国家政府与社会，应满足未成年人掌握谋生一技之能的需要，扩大未成年人职业教育和职业技能培训，帮助未成年人今后真正成为社会主义劳动者。

（4）对特殊未成年人的特殊教育。对那些存在生理缺陷、严重不良行为、失足的特殊未成年人，应针对其不同特性，开展教化性、矫正性的特殊教育，让他们重新找回自尊、自爱、自强，帮助他们步入正常人的生活轨道。

（四）教育预防设计

未成年人犯罪教育预防是一项系统性工程，它牵涉家庭的成长教育、学校的素质教育、社会的认知教育，三者缺一不可。但如何来实现未成年人犯罪的教育预防目的，还需要有创新的思路、科学的方法、顶层的设计。

1.成长教育档案的建立

学生有档案、病人有档案、职员有档案，只要有社会关系的每个人都会留下个人行为轨迹的档案。档案有助于了解过去，有助于预测未来，有助于人们作出定性判断。同理，作为未成年人犯罪预防也应建立完整的成长教育档案，有便于掌握未成年人的成长教育情况和预测成长发展方向。具体未成年人成长教育档案建立：一是未成年人成长档案由所属社区综治部门负责管理和建档；二是未成年人成长档案由出生开始进行留档记载和归整；三是未成年人成长档案记录内容应包括：家庭基本情况、社会关系、幼期经历、家庭教育、学前教育、学校学习及行为表现、社会交往、身体状况、兴趣爱好、个体特长，以及是否有非常经历、不良行为、不良交往等情况；四是档案记录每半年汇总记录一次，记录情况由家长、学校提供，社区综治管理员负责收集与归档；五是未成年人成长档案为未成年人犯罪预防提供原始资料，并为其接受正确教育提供数据材料与方法；六是对于重点未成年人，必须每半年形成教育预防报告，对未成年当事人作综合分析和理性判断，并提出针对性的教育预防方案；七是家长、学校、社区以及未成年人成长教育相关人员，有义务及时提供未成年人成长的真实情况，为未成年人犯罪预防教育作出共同的努力。

2.依托不同载体构筑未成年人教育预防互联网络

未成年人犯罪预防教育分家庭教育、学校教育、社会教育三个方面，它们是不同教育重点的不同教育预防载体。要有效实现未成年人犯罪的预防教育功能，必须侧重家庭的育人功能、学校的学识教育、社会的保护控制，并形成统一的教育网络，互相联系，相互渗透，相互促进，从而促进未成年人大教育体系。

（1）充分发挥家庭教育的育人功能。抚养、教化、引导是家庭教育的基本功能，家庭教育要以育人为目的，促进未成年人健康成长。具体要求：一是树立正确的家庭教育理念，教育目的是促进孩子健康地成长，帮助孩子学会认知、学会做事、学会生存、学会共同生活；二是营造积极向上的家庭教育氛围。和谐、充满爱的家庭是孩子健康成长的港湾，以满足孩子健康成长需要，极力营造民主、平等、宽松的家庭教育环境；三是运用正确的教育方法。提高家长自身的教育素质，正确使用对路的家庭教育方法，实现最佳教育效能；四是做到言传身教。家长的形象是孩子耳濡目染的榜样，注重家长的示范作用，促使孩子形成良好的生活方式和行为习惯。

（2）充分发挥学校教育的化人功能。学校教育的职责是传道、授业、解惑，在预防未成年人犯罪预防教育中，必须充分发挥学校教育的化人功能，促进未成年人综合素质的提高。具体要求：一是树立正确的学校教学理念。学校教育的责任是培养社会主义社会的有用之才，必须以综合素质培养为首要目标，注重学生在价值观、道德情操、审美观念、健康心理等方面的教育培养；二是积极营造良好的学校教育环境。整洁的学校环境、厚德的学校文化、严格的校风纪律、求真的教学氛围，都是一所育人子弟的学校所必备的；三是运用科学的教育技术和方法。以求是的责任态度、创新教育方法，实现教育功效；四是提高学校教育者的素质。建设一支高素质的学校师资队伍，是实现最终教育目的的前提和基础；五是充分利用现代教育理念和教堂资源，拓展学校教育内容，帮助学生家长、社会教育工作者提高教育质量。

（3）充分发挥社会教育的导人功能。发展社会教育，净化社会环境，有助于未成年人形成正确的道德价值观念，强化自我控制能力，激发自我学习能力。做好未成年人社会教育的具体要求：一是清除社会不良资讯。净化和清理未成年人接触的不良信息源，让未成年人远离污染；二是开展社会大教育活动。加强社会公德、法律知识、公共安全等方面的教育，促使未成年人提高基本认知，遵守社会规范；三是组织开展各类未成年人社会实践活动。充分利用社会资源，组织未成年人参与各类有益社会活动，促进未成年人增长知识、开阔视野、强化纪律、强健体魄、磨炼意志；四是加强文明社区建设。文明社区建设是现代和谐社会构建的重要内容，通过文明社区的建设，提高全社会公民的文明素质，为未成年人成长提供良好的成人榜样。

3.科学选择教育方法

未成年人犯罪的教育预防必须选择科学的教育方法，以防盲目施教，而尽失教育预防效果。

（1）环境熏陶法。对于是非辨别能力弱、自控能力低、模仿性强、可塑性大的未成年人来说，环境的影响作用是巨大的，而且是深刻的。俗话说"篷生麻中不扶自直"，对于未成年人犯罪预防必须加强适合未成年人健康成长的环境建设，以良好的成长环境影响和感染未成年人，起到潜移默化的熏陶作用。具体环境建设，一方面须全面消除不利未成年人成长的负性因素；另一方面须全力构筑维护未成年人健康成长的良好环境，尤其是良好家庭环境的营造和良性交往同伴的选择。

（2）自我教育法。俗话说"强扭的瓜不甜"，对于正处于成长发育过程中的未成年人，随着自我认知能力的逐步扩展，自我独立意识也随之增强，靠强行的灌输，或者威逼利诱，是起不到教育效果的。因而，对于未成年人犯罪的预防教育，必须改变知识灌输式的教育模式，通过改变未成年人的自我概念及其认同，把犯罪预防思想内化为自我需要，再由自我需要转变为未成年人的自我教育，从而由里到外改变行为习惯，达到犯罪预防的效果。这是未成年人犯罪预防的治本之策。

（3）体验教育法。未成年人对待自我的社会认知往往是感性的，缺乏的是理性思考。因而，在未成年犯罪预防教育中，必须组织和引导未成年人亲身实践活动，加强未成年人的教育活动体验，增强感性认识，把做人做事的基本道理内化为健康的心理品质，并外化为良好的行为习惯。体验教育是一个实践的过程，是一个认知的过程，也是一个人的社会化过程。在其之中，必须把知识教育与行为教育、体验教育结合起来，达到理性认识与感性认识相结合，再经过未成年人的内在思想的统一，形成健康的心理和人格，达到知、情、行的统一。

（4）震慑教育法。对于未成年人的正面预防教育必不可少，能帮助未成年人正确认识违法犯罪和怎样预防，但它多是理性层面的，是一种局外人的认知，缺乏真正内心的感受认知。因此，对于不同的未成年人群体，可以采取一些适当的震慑教育手段，帮助未成年人通过"身临其境"的切身感受，真正从内心深处，激发自身的自我预防教育动力，从而达到预防教育的效果。

三、社会控制预防

美国管理学家莫纳汉所言："面对现代化社会的每一个主要问题，分析到最后，总是一个管理问题。[①]"从社会管理学来看，未成年人违法犯罪是社会管理系统失效与未成年人自身不健全人格相互作用的结果。社会的管理控制不仅直接影响着未成年人的犯罪环境条件，而且还与未成年人的成长人格形成有着密不可分的关系，失范的社会管理秩序对未成年人不健全人格形成起着极大的负性影响。因此，加强社会控制，消减社会负性因素，对未成年人犯罪预防有着重大的意义和作用。

（一）社会控制预防概述

赫希的控制理论认为，个人的犯罪行为取决于社会控制因素的强弱，未成年人之所以犯罪就是因为控制他们的各种"社会纽带"出现了松散或破裂，也就是社会对他们失去了有效的控制。美国犯罪学家沃尔特·雷克利斯的"遏制理论"认为，人在任何时候的社会行为都存在内、外遏制与反遏制的两种力量的均衡，亦即个人冲动的表现力量与社会控制的抑制力量的对比[②]。以上两种理论都说明了社会外部因素对未成年人犯罪起着很大的作用和影响。

未成年人成长离不开社会，未成年人犯罪离不开社会，加强社会管理和控制，改善有利于未成年人健康成长之需的社会秩序和社会环境，不仅是未成年人犯罪预防的需要，更是未成年人健康成长的基础。未成年人合法权益的保护和违法犯罪的预防是一项事关全社会的重要工程，需要政府组织的财力保障、政法机关的强力监管、社会组织的教育预防、社区公民的协助配合，它是一个以政府组织为中心、社会职能机构为主角、学校家庭为协助的集权益保护、信息预测、违法预防、犯罪预控为一体的联合联防体系。

预防未成年人犯罪的社会控制，是指国家、政府、社会组织和家庭、学校、社区的共同参与下，运用社会规范及其倡导的社会价值理念，采用多种方法，共同对有犯罪危险可能性的未成年人和滋生犯罪的社会环境进行有效控制，以及调节未成年人周围的各种社会关系，达到预防和控制未成年人犯罪的一个系统工程。它具综合性、管理性、教育性、服务性的特点。

（二）社会控制预防重点

引发未成年人犯罪和影响未成年人健康成长的社会因素多种多样，纷繁各异。为实现未成年人犯罪的社会控制效能，必须围绕重点加强社会控制预防。

---

①朱小蔓：《教育的问题与挑战：思想的回应》，南京师范大学出版社 2000 年版，第 405 页。
②Larry J. Siegel. *Criminoloy(5ed)*. New York. West Publishing. Company, 1995. P217.

1.不良家庭教育的控制

家庭是未成年人成长的第一场所，家庭教育在未成年人成长过程中的影响是至关重要的。据调查，有50.6%的未成年犯认为自己的犯罪是受家庭的不良环境和不良教育影响。因此，根据国家亲权理论，政府与社会有责任和义务对未成年人的家庭教育进行监管，尤其对于那些缺乏父母照顾和监护的未成年人，国家有责任代表未成年人权益保护，实施对未成年人不良家庭教育的控制。未成年人不良家庭教育的控制，不仅要实时监控或代管孤儿、流浪儿童和残缺家庭未成年人的教育，而且还应加强对"问题家庭"的监管和不良家庭家长的素质教育。

2.不良人员交往的控制

未成年人要实现社会化，离不开与人交往，离不开与人发生社会关系。正常的社会交往有助于未成年人健康成长，顺利实现社会化，而与不良人群的交往，往往会促发未成年人不良思想、不良行为的发生，甚至走上犯罪道路。因此，作为家庭监护、学校教育、社会监管都需要加强未成年人的不良交往控制，帮助他们选择"良师益友"，帮助他们形成稳定的人际交往圈，维持好一个成长交往支持系统，尤其对于与不良行为人员的交往，必须严格加以隔离和控制。

3.不良行为的控制

未成年人走上犯罪道路是一个渐变的发展过程，其中出现不良行为并形成习惯是其重要的关键环节。阻断未成年人的犯罪发生链，是预防未成年人犯罪的重要方法和手段。加强未成年人的不良行为控制，不仅有助于减少未成年人的犯罪现象，而且还有助于消灭未成年人犯罪于萌芽状态，及时纠正不良成长倾向。因此，作为社会控制预防，必须重视和关注未成年人的不良行为倾向，对未成年人的逃课逃学、迷恋网吧、打架斗殴等不良行为倾向，需及时予以教育、干预和控制，帮助未成年人"悬崖勒马"，重新走回正道。

4.重点人群的控制

随着我国的社会转型和经济发展，未成年人犯罪人群已经出现了新的变化，流浪儿童、留守儿童、失学无业未成年人、社会闲散未成年人、外来流动未成年人等已是当今未成年人犯罪的重点人群。据2010年"重点青少年群体摸底排查专项行动"调查显示，全国约有2820万名不在学、无职业的闲散青少年[①]。因此，加强以上这些未成年人重点人群的社会控制，不仅会大大降低未成年人犯罪率，而且还会消除许多潜在的社会性问题。

（三）社会控制预防内容

从社会管理学视角，未成年人犯罪是一个与现实"社会纽带"断裂的社会控制

---

①陈凤莉："重点青少年群体摸底排查专项行动"，《中国青年报》2012年3月8日第2版。

失败过程。预防未成年人犯罪还应立足于社会管理控制，运用正式与非正式社会控制，增强未成年人对社会的依附，从而控制和约束未成年人不良行为的发生，减少犯罪机会，减少犯罪现象。

1.加强未成年人的成长控制

未成年人犯罪往往发生于脱离正常社会控制之后，只要有效控制未成年人的成长思想和成长行为，就能大大限制未成年人越轨行为的发生。未成年人的成长控制就是建立高强度的未成年人"社会纽带"，增强正常社会关系依附，其主要内容如下：

（1）增强未成年人的家庭情感依附。随着年龄的增长和自身独立意识的增强，未成年人的家庭情感会逐渐减弱，如果家庭环境恶劣或家庭教育的错误，就会加快未成年人的家庭情感断裂，如出现离家出走、极端叛逆行为。因此，家庭必须建立健康的亲子关系，增强未成年人的家庭情感依附。

（2）提高未成年人的学习兴趣。兴趣是一种自我意识的趋向。未成年人大半时间在学校渡过，如果学校教育能够激发学生的学习兴趣，提高学生的自我学习动力，自然就会增强未成年人对学校的依恋，也就会减少学生的失学、辍学现象。

（3）加强未成年人社会活动的控制。未成年人成长控制除家庭、学校控制外，还需要获得社会对未成年人的社会活动的控制。如控制未成年人与不良人群的交往、控制未成年人接触不良文化、控制未成年人参与社会不良团体组织、控制未成年人网络成瘾等。

2.加强未成年人健康成长的环境控制

据调查，87.6%的未成年犯认为自己犯罪与社会环境有关。社会环境的优劣对未成年人的健康成长起着极其重要的影响作用，因而，从保护未成年人健康成长出发，还需加强未成年人成长环境的控制与净化。

（1）消除影响未成年人成长的负性资讯。从杜绝未成年人的色情、暴力文化影响，加强社会电影、电视、广播、报刊、书籍、网络等文化资讯载体的监管，出台文化资讯等级管理规定，严格控制未成年人接触限制级文化资讯。

（2）规范和整治社会文化娱乐场所。立足于未成年人成长保护需要，全面整治和规范社会各类文化娱乐场所，坚决消除和抵制不健康娱乐活动，还未成年人一个清静、健康、向上的社会文化娱乐氛围。

（3）加强治安秩序的社会管理。从构建和谐、文明的社区环境出发，加大社区治安秩序的监管和治理，消除违法犯罪行为和低级趣味活动，提高未成年人成长的安全感和归属感。

（4）严厉打击成人犯罪和危害未成年人成长的犯罪活动。严厉打击成人犯罪，提高整个社会的特殊预防效能，杜绝对未成年人的成长侵害，为未成年人提供良好的客观成长环境。

3.加强未成年人成长的非正式控制

未成年人犯罪的社会控制预防除对未成年人的成长保护和社会环境的有效控制，还应包括未成年人成长的非正式自我控制。未成年人犯罪的非正式自我控制是一种以"社会纽带"为关联的非正式的社会控制，它受未成年人周围人的制约和影响。从预防未成年人犯罪出发，通过发挥未成年人周围社会舆论的导向和制约作用，以及未成年人周围人的关联度，提高未成年人的非正式控制力，提高自我认同和自我克制，从而提高未成年人自我控制力，以减少未成年人的盲目行动和激情犯罪。

（四）社会控制预防设计

未成年人犯罪的社会控制预防是一项综合性防治工程，它需要全社会责任担当，不仅需要政府部门的主导、社会相关组织的参与，更需要学校、家庭的配合。未成年人犯罪的社会控制预防还需要综合治理，予以科学设计和贯彻落实。

1.建立和完善未成年人犯罪的社会防控网络

《预防未成年人犯罪法》第三条规定："政府有关部门、司法机关、人民团体、有关社会团体、学校、家庭、城市居民委员会、农村村民委员会等各方面共同参与，各负其责，做好预防未成年人犯罪工作，为未成年人身心健康发展创造良好的社会环境。"未成年人犯罪的社会控制预防需要一个完整的防控网络，并在统一的组织领导下，分工协作，互相配合。

2.建立和完善未成年人犯罪的预警机制

社会预警，即指根据本区域的未成年人成长的实际情况，对未成年人的犯罪倾向和犯罪可能性进行科学分析，并提出未成年人犯罪等级报警和预防措施，从而进行干预和控制的预防系统。建立科学的未成年人犯罪预警机制，有利于提前防控未成年人犯罪，及时消除未成年人犯罪倾向和苗头，对实现未成年人犯罪预防有着十分重要的作用。

3.创新和落实未成年人犯罪的有效预防措施

未成年人犯罪的社会控制最终的落脚点，在于如何通过有效的社会控制措施，有效消除未成年人犯罪或者犯罪倾向。因此，必须围绕未成年人健康成长，创新思路，有的放矢，全面防治和消减未成年人成长的不利因素，促使未成年人远离犯罪，顺利实现社会化。

4.严厉打击犯罪，净化社会风气

严厉打击犯罪是我国一贯坚持的社会管理政策。当前高发的犯罪活动，已经严重影响和危害着未成年人的身心健康，成人犯罪活动不仅成为未成年人的行为模仿，而且还有逐步向未成年人渗透的倾向，拉拢未成年人参加违法犯罪团伙，甚至有的把未成年人当做犯罪工具，如有的犯罪团伙利用未成年人不负刑事责任或相对负刑事责任的空子，威逼利诱未成年人去偷盗。因此，作为未成年人犯罪的社会控制预防，必须加大对成人犯罪行为的惩治，尤其是对于惯犯、累犯、流窜犯、教唆犯和横行作恶的犯罪团伙，采取从重、从快的严打政策，保持打击犯罪活动的高压态势，最大程度地消灭犯罪，净化社会风气，从而对未成年人犯罪预防形成威慑力，消除未成年人犯罪冲动和侥幸心理，瓦解未成年人犯罪思想，促使未成年人遵纪守法，远离犯罪。

四、保护预防

我们前面已经论述，未成年人走上犯罪道路一个很重要的原因，就是因为其合法权益受到侵害，并在维护自身权益过程中，越界或采取不当行为方式而导致犯罪。因此，不管是维护未成年人健康成长，还是保护未成年人合法不受侵害，都需要对未成年人进行成长性权益保护。

（一）保护预防概述

未成年人在社会中是一个特殊性群体，他们无论在生理上还是心理上均与成年人有着诸多的不同，在身体生理、自我认知、社会判断和自我保护等方面，都还处于一个成长和发展的阶段，如不加以保护预防，极有可能因外界各种因素的侵扰或权益侵害，反向发展走上犯罪道路。同时，未成年人又是国家和民族的未来，是社会主义事业的接班人，加强未成年人的基本权益保障和合法权益保护，不仅事关未成年人个人的成长发展，而且还事关国家的强盛、民族的复兴。

虽然，我国一直重视和关心未成年人的健康成长，对未成年人的基本权益都予立法保护，并付诸行动，但随着当前我国社会转型、经济转轨、文化变迁的影响，未成年人的健康成长环境受到了极大的冲击，其相应合法权益的保障与保护也受到了挑战，对未成年人犯罪带来了极大的负面影响。因此，保障未成年人权利，保护未成年人合法权益不受侵害，加强未成年人成长保护，不仅是未成年人健康成长的需要，更是预防未成年人犯罪的需要。

未成年人犯罪的保护预防，是指围绕未成年人健康成长的需要，立法规定未成年人的生存权、发展权、受保护权、参与权等基本权利，运用国家强制力量，全面保证未成年人合法权益得到保护，最大限度地消除未成年人成长权益受侵现象，从而促进未成年人健康成长。它具强制性、保障性、社会性的特点。

（二）保护预防重点

对于未成年人犯罪的保护预防内容很广，它涉及未成年人的基本权利保护、成长保护，还涉及未成年人的家庭保护、学校保护和社会保护。但从未成年人犯罪的预防需要出发，我们必须注重以下方面。

1.对不良家庭未成年人的保护。一个未成年犯背后都存在着一个"问题家庭"，家庭遗弃、家庭残缺、家庭不良教育都是极易形成未成年人不健全人格倾向的重要方面。因此，从未成年人犯罪保护预防视角，必须重点加强对不良家庭成长的未成年人的保护：

（1）对残缺家庭未成年人的保护。缺乏父爱或母爱都是人类情感发展的一种缺陷和不平衡，残缺家庭对于未成年人的健康成长都是一种伤害。残缺家庭未成年人包括孤儿、单亲未成年人、再婚家庭未成年人等。

（2）对不良家教未成年人的保护。良好的家庭教育有助于未成年人形成健全的人格，反之，不良的家庭教育却是引发未成年人不良性格、情感、情趣和行为习性的主要元凶。对于存在暴力、虐待、溺爱、放任不管等不良家庭教育的未成年人也是我们重点保护的对象。

2.对缺失义务教育未成年人的保护

据调查，有近八成的未成年犯未完成《义务教育法》规定的九年义务制教育，未成年人辍学过早地离开学校是未成年人引发犯罪的重要原因之一。因此，预防未成年人犯罪，还需加强对缺失义务教育未成年人的重点保护，全社会都有责任和义务保证未成年人完成九年义务制教育任务。

（1）对失学未成年人的保护。对于家庭经济困难、就学困难而失学的未成年人，国家和社会有责任和义务，创造条件确保这部分未成年人完成九年义务制教育。

（2）对辍学未成年人的保护。对于未成年人学习困难、不良行为发生、学校歧视而造成辍学的未成年人，学校有责任和义务帮助未成年人改变学习状况，继续完成规定的九年制义务教育。

（3）对进入司法程序的未成年人的保护。因违法犯罪而停止学业的未成年人，政府和社会应该创造条件，继续和恢复他们未完成的义务教育。如保障服刑未成年人继续进行义务教育，恢复刑释和劳教释放的未成年人的义务教育。

3.对权益受侵未成年人的保护

未成年人作为一个特殊弱势群体，在其成长过程中往往会发生合法权益受侵现象，如被遗弃、被拐卖、财产被侵占、身体健康被伤害等，而这些合法权益的被侵，不仅违背了我国法律对未成年人的保护原则，而且极易引发未成年人从"被害人"向"侵害人"转变。因此，全面保护未成年人合法权益的实现，有助于防范未成年违法犯罪行为的发生。

（1）避免未成年人基本权益受侵。从未成年人生存权、发展权、受保护权、参与权的实现出发，重点保护好未成年人的人格尊严、平等权、健康权、隐私权、受教育权。

（2）避免未成年人民事权益受侵。从确保未成年人健康成长需要出发，加大对未成年人的抚养、监护、财产继承等合法权益的保护。

（3）避免社会强势对未成年人的权益侵占。社会责任部门必须建立未成年人保护中心，对未成年人合法权益所侵提供保护帮助。如加强对暴力胁迫、使用童工、劳动所得被占等权益受侵现象的保护。

（三）保护预防内容

为有效预防未成年人犯罪，在营造有利环境确保未成年人健康成长的同时，必须相应建立适合未成年人成长需要的权益保护体系，对未成年人成长实施全面保护。

1.基本权益保护

我国《未成年人保护法》第三条规定，未成年人享有生存权、发展权、受保护权、参与权等基本权利，并根据未成年人身心发展特点给予特殊、优先保护。因此，必须立足于未成年人成长保护，加强未成年人合法权益的保护。一是对未成年人基本权益的保护。如未成年人的生命健康权、人身自由权、人格尊严权、隐私权、姓名权、肖像权、劳动权、智力成果权、遗产继承权、娱乐权、危机救援权、司法保护权等；二是对未成年人特殊权益的保护。如获得抚养的权利、获得卫生保健的权利、受教育的权利、特殊诉讼的权利、获得健康成长的权利等。

2.司法保护

司法保护，是指司法机关所实施的维护未成年人权益的活动。根据《联合国儿童权利公约》规定的实现儿童最大利益、尊重儿童基本权利、尊重儿童观点、无歧视的四大保护原则，加大未成年人的司法保护，确保未成年人特殊权益的实现，促进未成年人健康成长。一是实行处分保护。保护处分是通过对行为人的保护以实现特别预防目的的处分①。它包括训诫、家庭强化管教、保护观察、委托监护、收容教养、感化教育；二是实行司法程序保护。司法程序保护是国家司法机关对进入司法程序的未成年人进行的司法行为保护，以实现限制监禁为目的的一种司法保护。它包括社会调查、诉前考察、限制适用逮捕、暂缓审理、附条件不起诉、特别审判、不公开审理和法庭教育、犯罪记录封存、法庭禁止令等；三是实行社区矫正。社区矫正是指与监禁性刑罚方式相对的非监禁性刑罚执行活动。立足于教育、感化、挽救的原则，充分利用社区资源，在正常社会环境中完成未成年人的刑罚，减少因监禁所带来的负面影响，达到预防保护的目的。

（四）保护预防设计

未成年人犯罪的保护预防是一项权益性保护实现的综合工程，它涉及国家立法保护、家庭保护、学校保护、社会保护和司法保护，需要综合协调，多措并举，并予以有计划、有目的的科学设计，最终实现预防未成年人犯罪的目的。

1.加快未成年人保护立法进程

根据前面立法预防中提到的相关未成年人犯罪预防的立法内容，切合当前未成

---

① [日]大谷实：《刑事政策学》，黎宏译，法律出版社2000年版，第97页。

年人犯罪实际，加快未成年人成长性保护立法，完善未成年人基本权益，以及刑事、民事、司法等的立法保护体系，以最大程度地维护未成年人合法权益，促进未成年人健康成长。

2.成立未成年人保护、救助组织

围绕未成年人犯罪预防，以街道、社区、乡镇为单位，成立未成年人咨询、托管、救助、服务的权益保护组织，为未成年人成长提供困难帮助。具体可以成立以下组织：一是未成年人咨询、救助机构。以执法、面询为服务方式，对未成年人的家庭、生理、心理等问题的咨询、投诉或救助服务；二是未成年人"困难"托管机构。以街道、社区或乡镇为具体管理，对存在家庭困难的未成年人、"问题家庭"未成年人和流浪儿童等进行管理，政府保障经费；三是未成年人就学、就业帮助机构。以社区和乡镇为单位，成立帮助未成年人就学、就业为性质的专门机构，目的是帮助失学、辍学和学习有困难的未成年人完成学业，以及通过开办实用职业技能教育培训，帮助未成年人顺利就业；四是外来未成年人救助机构。以维护外来未成年人合法权益为重点，联合公安、劳动、工商等有关部门，着重帮助解决外来未成年人在劳资、工伤、劳动保护、职业保护等方面存在的困难和问题。

3.建立未成年人利益诉求机制

以维护未成年人合法权益为目的，以创建"青少年维权岗"为主要形式，相应建立未成年人利益诉求机制，以确保未成年人的合法权益和合理诉求得到保障和应求。具体机制建设如下：一是畅通未成年人向各级政府的人大、政协的合理诉求渠道；二是依托"12355青少年维权中心"，畅通未成年人合理诉求的热线服务，确保未成年人合法权益得到保障或权利得到救济；三是建立重点未成年人的帮扶机制。着眼于重点未成年人人群的教育、服务和管理，积极开展重点未成年人的"一对一"结对帮扶活动。重点帮扶未成年人群包括"问题"未成年人、农村留守儿童、社会闲散未成年人、流浪未成年人、困难未成年人以及外来流动未成年人。

4.建立未成年人法律援助机构

法律援助也称法律救助，是国家通过设立法律援助机构等方式，在诉讼、非讼、代书、咨询等法律事务中，对因经济困难或特殊案件的当事人，减免收费以提供法律帮助的司法救济制度。未成年人作为一个特殊社会群体，完全有必要为之建立专门机构，提供法律援助。具体建设上应注重五个方面：一是完善相关法律法规，建立独立的未成年人法律援助制度；二是建立未成年人法律援助基金；三是扩大司法救助范围，确保政府从法律上扶贫救弱；四是建立和推广中国未成年人法律援助律师志愿者网络；五是鼓励和支持民间法律援助事业的发展，并在政策中予以明确[1]。

---

[1]高中建主编：《当代青少年问题与对策研究》，中央编译出版社2008年版，第471页。

5.建立未成年人法院

未成年人法院作为未成年人刑事司法的一个重要机构，单独设立不仅是国家司法程序的完善，更重要的是，建立有别于成人审理程序的未成年人审理模式，有助于对未成年人的身心保护。因此，必须衔接于 2012 年 3 月 14 日第十届全国人民代表大会第五次会议通过的《刑事诉讼法修正案》，按其中的未成年人特别诉讼程序规定，建立未成年人法院。具体建设包括两方面：一是健全未成年人法院的内设机构。未成年人法院的内设机构应当与其受案范围相适应，也应与未成年的教育保护职责相适应，要突出对未成年人法庭教育保护的功能。按照台湾地区高雄少年法院，一般未成年人法院需设置刑事庭、保护庭、调查保护处、公设辅佐人室、心理测验、辅导室等机构[1]。二是规范未成年人法院的司法流程。未成年人法院司法流程一般为：接受起诉——审查起诉——开展社会调查——移交刑庭审理（不公开审理）。法庭审理可开展法庭教育、法庭调解、法庭判决等。

五、自我调适预防

提高未成年人的自我认知能力，学会并善于自我调适，是继未成年人立法预防、教育预防、社会控制预防、保护预防后又一重要预防方法，它不仅能够大大降低未成年人境遇性的激情犯罪，而且也是未成年人健康成长的重要内容。

（一）自我调适预防概述

从行为心理学理论来看，未成年人犯罪预防存在着一组心理防卫与心理对抗的作用机制，心理防卫强于心理对抗，就会驱使未成年人实施越轨或犯罪行为，反之，心理对抗强于心理防卫，就会断绝犯罪行为因果联系，中止犯罪。要实现未成年人犯罪预防目的，必须压制心理防卫，着力强化心理对抗。然而，这种心理机制形成需要有一种健康的心理基础作为前提。

未成年人健康心理的成长是一个自我意识发展、抽象思维能力逐渐加强的过程。在其中，随着未成年人身体的不断成长、心理的不断成熟，自然会形成独立性与依赖性矛盾、压抑性与开放性矛盾、冲动性与自制性矛盾的冲突，而这些成长性矛盾冲突若得不到正确的自我调适，就会形成心理问题或心理障碍，形成不健全人格倾向，容易趋向犯罪。

心理健康是指个体在各种环境中能保持一种良好的心理效能状态，并在与不断变化的外界环境的相互作用中，能不断调整自己的内部心理结构，达到与环境的平衡与协调，从而渐次提高心理发展水平，完善人格特质[2]。健康的心理状态是未成

---

[1]姚建龙著：《长大成人：少年司法制度的建构》，中国人民公安大学出版社 2003 年版，第 280 页。
[2]张承芬、孙维胜主编：《学生心理健康教育》，警官教育出版社 1997 年版，第 3 页。

年人犯罪预防的基础，是未成年人健全人格形成的要素之一，而这种能够与社会外部环境达到平衡与协调的心理健康机制，不是靠教育、控制、保护就能实现，它必须依托未成年人主观个体，进行长期不断的自我调适才能形成。

未成年人犯罪的自我调适预防，就是未成年人在自我正确认知的基础上，通过自我暗示、自我教育、自我调整，逐步调节自身的心理状态和情绪控制，达到与社会环境相平衡、相协调的自我预防犯罪的一种方法。它具内化性、教育性、平衡性、控制性等特点，一般可分为个体对自我的调控、个体在环境中的顺应、个体对环境的改变三个方面①。

（二）自我调适预防重点

围绕未成年人身心成长特点，以未成年人犯罪预防以及健康成长需要为根本目的，确立未成年人犯罪预防的自我调适机制，提高未成年人犯罪的自我调适预防能力。

1.正当需求的自我调适

需求欲望是人的一种本能，是人类满足自身生理、心理、社会发展需要的原始动机。按照马斯洛的需要层次论，人有生理、安全、情感与归属、尊重、自我实现等五个需要层次。未成年人在成长过程中，自然会产生适合未成年人成长特点的各种需求，有物质的，有精神的；有积极的，有消极的；有高级的，有低级的。不健康、不合社会价值规范的过度需求，往往会促发未成年人不正当需要动机的产生，继而形成犯罪动机。因此，从未成年人犯罪预防视角来看，必须建立起未成年人正当的心理需求系统。未成年人成长性正当需求的自我调适包括三个方面：一是满足未成年人成长需要的需求调适；二是正当物欲需求的调适；三是过度需求自我克制的调适。

2.情绪平衡的自我调适

未成年人受生理成长、心理过渡的影响，其心理情绪系统会因环境的变化而出现强烈的波动，其行为情绪冲动性往往高于自身的克制平衡力，未成年人往往会因为自我情绪冲动而难以平衡，继而出现越轨行为或极端犯罪行为。因此，加强未成年人自我情绪的主动调节，控制、平衡行为情绪，有助于未成年人保持平稳的心态，采取理智的行为。未成年人犯罪预防的自我情绪调适包括三方面内容：一是建立积极的人生态度；二是形成"有容乃大"的宽阔胸怀；三是加强"抓大放小"的自我暗示。

3.不良行为的自我调适

《预防未成年人犯罪法》第十四条规定了旷课、夜不归宿、打架斗殴、偷窃、强行向他人索要财物等九种未成年人不良行为。未成年人因自我认知的不全和社会阅历的缺乏，在实际成长过程中往往会不自觉地发生一些"不良行为"，虽然它还

①高中建主编：《当代青少年问题与对策研究》，中央编译出版社 2008 年版，第 283 页。

不是犯罪行为，但对于未成年人走上犯罪道路，有着体验积累式的促发作用。因此，加强未成年人对自身"不良行为"的自我调适或修正，不仅对未成年人犯罪起着中断"过程关系链"的作用，而且还有助于未成年人自我矫正不良行为，养成良好的行为习性。未成年人不良行为自我调适包括四个层面内容：一是不良行为的自我认知；二是不良行为的自我阻断；三是不良行为的自我修正；四是健康成长行为习性的养成。

4.人际关系的自我调适

调查表明，未成年人许多问题的呈现与人际关系的协调有着密切的联系，如不良的亲子关系、不良的师生关系、不良的同伴交往等都是引发未成年人犯罪的重要负性因素。积极健康的人际关系，和谐友善的人际氛围，不仅是未成年人健康成长的社会支持系统，还有利于未成年人增强归属感和安全感。人际关系由主观个体与他人双方相互作用形成，其关系的好坏、紧疏以及影响的正负，取决于未成年人主观个体，也就是说，有什么样的人际关系态度，就有什么样的人际关系。因此，未成年人人际关系的自我调适，发展和形成良好的人际关系，能帮助未成年人形成健康的成长心理和人生态度，更重要的是，良好的人际关系能为未成年人性格形成、情感依赖、情趣发展、习性培育等提供积极的环境和土壤。未成年人人际关系自我调适应注重四点：一是保持"与人为善"的关系态度；二是主动修正和完善与人关系；三是积极发展主流健康的人际关系；四是保持理性防范不良发展。

（三）自我调适预防内容

未成年人犯罪的自我调适预防，是以预防犯罪为目的，进行自我认识、自我管理、自我教育、自我控制的一个综合系统过程，它是一个渐进式不断变化调整的自我修正。具体内容分为三个方面：

1.自我认知

一个人从儿童到成年，需要面对无数的自我认同抉择，需要经历无数的认同危机与变数，正确而又符合社会现实的自我认知，可以帮助未成年人渡过成长危机，走上积极健康向上的成长之路，反之，会迷失自我，迷失前进的方向，继而随波逐流滑向深渊。古语说："人贵有自知之明"，说明自我认知对未成年人成长的极端重要性。未成年人不能客观、正确地进行自我认知，就会把"本我"脱离于现实，容易好高骛远，不切实际，容易发生挫折，形成心理落差。因此，作为成长过程中的未成年人，正确地认识自己，客观、准确地评价自己，调整自我状态，并切合实际规划自己的人生目标，将有利于未成年人自信心的树立，有助于未成年人健康成长。未成年人自我认知包括三个方面：一是"本我"的认识。即弄清"我是谁"的问题；二是自我的正确定位。即弄清自己"处于什么位置"，自己有什么优点和特长，有什么缺陷或不足；三是人生目标的确立。即结合自己实际情况，制定明确的"自我发展方向和目标",并为之不懈奋斗。

2.自我管理

自我的行为意识管理是未成年人自我调适的一个重要部分,它是通过有意识、有目的的自我意念,以一定行为标准为参照,予以积极调整自我良性行为发展、克制不良行为发生的内在自我调适过程。这种自我管理是一种自我行为意识的修正过程,它需要自我既定目标的确立,并加以一定意志强化才能实现。有效的自我管理能够防止未成年人不良行为的发生,或者制止不良行为的发展,对预防未成年人犯罪起着自我调适的作用。未成年人犯罪预防的自我管理包含三个层面:一是确立自我行为意识管理的目标。如确立"要做一个好孩子"的自我管理目标,就能促发未成年人自我行为意识调整的动力;二是需要一种自制的意志作为条件。自我管理存在正、负行为趋向的矛盾争斗,没有过强的意志力予以保证,未成年人自我管理往往会半途而废;三是自我管理不断修正。未成年人行为目标和标准是随着不同的成长阶段和成长环境的改变而不断变化,其自我管理也需不断调整与修正,才能真正实现自我管理效能,达到自我调适的目的。

3.自我教育

自我教育是人的自我意识发展的最高表现,是主体的我对客体的我实施的教育,是个体完善自己的个性、实现自我价值的重要途径[①]。它是一种自我意识发展为前提的自我调适过程,人的自我发展、自我提升离不开自我教育,是人类教育的一种最高境界。未成年人因为自我认知、自我意识的低弱,不仅对自我行为缺乏自我判断和自我控制,而且因社会实践经验的缺乏,不能形成健全的自我教育系统,缺乏自我教育,容易迷失成长方向或丧失发展动力,在社会各种诱惑影响下,很容易走上犯罪道路。因此,培养未成年人的自我教育能力,增强其自身的"抗病毒"免疫力,是未成年人犯罪预防的重要一课。发展未成年人自我教育需注重四方面建设:一是建立成长教育目标系统。深入未成年人内心世界,了解未成年人成长心理和成长需要,帮助未成年人建立一个切合实际的成长教育目标系统;二是确立自我成长价值判断系统。在自我认同的基础上,强化行为体验,形成正确的价值判断,并指导自己的行为;三是形成自我反馈系统。对每一个意识趋向或行为结果,进行及时的反馈与反省,趋利避害,形成正确的自我成长经验;四是自我正向强化。根据先前形成的自我认同意识,对自身的成长发展目标进行正向性自我强化,促使自我认同和社会认知再提高,向更高层次发展。

4.自我保护

自我保护作为一种特殊的未成年人犯罪预防的保护形式,不仅是其他保护预防

---

① 高中建主编:《当代青少年问题与对策研究》,中央编译出版社 2008 版,第 396 页。

措施的补充，更是实现保护预防的基础。现代社会是一个"权利的时代"，未成年人不仅是受保护的对象，其本身就是积极主动的权利主体。因此，要引导未成年人立足自身，自觉遵守法律、法规和社会公共道德规范，树立自尊、自律、自强意识，增强自我辨别是非和自我保护的能力，自觉抵制各种不良行为和违法犯罪行为的引诱和侵害。未成年人在自我保护过程中，须提高四种能力的培养：一是辨别是非的能力；二是抵御不良诱惑侵蚀的能力；三是自我控制行为的能力；四是自我防卫能力和维护自身合法权益的能力。

（四）自我调适预防设计

未成年人自我调适预防对于未成年人犯罪预防所起的作用，不用多述已是不言自明。那如何建立未成年人犯罪的自我调适预防体系，真正发挥自我调适在预防未成年人犯罪过程中的作用，这需要我们进行科学的设计、统筹的协调、合理的推进。

1.明确未成年人自我调适预防的目的和意义

开展未成年人犯罪的自我调适预防工作，有利于未成年人健康心理的形成，有利于未成年人综合素质的提高，更有助于未成年人的犯罪预防。《中共中央国务院关于进一步加强和改进未成年人思想道德建设的若干意见》也将"加强心理健康教育，培养学生良好的心理品质"作为青少年道德教育的重要内容。作为未成年人犯罪预防的一项重要内容，必须立足于当前未成年人成长发展的实际状况，开展一系列有效活动，落实相应措施，帮助未成年人形成相对完善的自我调适系统，为未成年人自我预防犯罪创造良好的环境和提供科学的技术支持。

2.科学构建未成年人心理调适工作体系

心理调适包括自我调适和外部的环境调适，未成年人自我调适预防必须立足于自我调适能力培养与外部环境优化，构建适合未成年人成长心理特点的自我调适体系。具体体系构筑如下：一是围绕重点形成统一协调的未成年人心理调适体系。一方面需围绕未成年人自我认知能力和心理卫生知识提高，加强未成年人外部成长环境的营造，以促进未成年人自我调适能力的培养；另一方面，以未成年人成长社区服务为基础，形成以未成年人社会工作者为主、学校教师参与、孩子家长配合的整体心理调适工作格局。二是建立"三位一体"的未成年人心理健康教育体系。以落实未成年人心理健康教育为目的，规范工作流程，制定辅导大纲，建立档案管理，加强信息交流，形成家长引导、学校教育、社区辅导为一体的未成年人心理健康教育体系。三是建立社区未成年人心理调适辅导站。根据本社区未成年人的心理健康情况，设立针对性的未成年人心理调适辅导机构，引入专业的心理咨询机构、高校专家学者、中小学心理辅导老师及社会招募的专业志愿者，为社区内未成年人提供无偿或低价有偿的心理调适服务，以满足未成年人心理咨询、自我调节的需要。

3.帮助未成年人提高和学会自我调适

未成年人的自我调适能力不是由生而来的，它是后天的教育灌输和自身实践所得。因此，我们必须根据未成年人的成长身心特点，以及接受教育的能力程度，给予环境熏陶和外情内化，帮助未成年人学会自我调适，提高自我调适能力。一是加以意志磨炼的训练。未成年人成长过程中，遇到困难与挫折在所难免，为提高未成年人的抗挫折、抗击打能力，必须注重未成年人的意志磨炼。如通过高强度的体能训练、耐力训练和"痛苦"训练，提高未成年人的坚强意志；二是加以自信心培育的训练。自信心是未成年人健康成长必具的一种心理素质，过强的自信心能够帮助未成年人克服困难，勇于进取，是取得成功的基础。如通过一些未成年人集体活动、社会实践活动和自我成功训练，帮助未成年人逐渐养成"我能行"、"我能成功"的自信心；三是加以自律克己的训练。保持自我克制和和自我控制是一个人成熟的标志。面对多彩的社会诱惑，未成年人必须加强这种自我约制能力的训练，强化对客观环境的自制力和不为环境所动的定力。

4.着重加强未成年人重点人群的心理调适工作

从未成年人犯罪来看，流浪儿童、留守儿童、社会闲散未成年人、特殊家庭未成年人以及外来流动未成年人等是未成年人犯罪的重点危险人群。也就是说，这五类未成年人群体是亟须进行自我调适预防的重点人群。作为社区未成年人心理调适服务中心，必须针对以上五类重点未成年人的各自特点，对他们进行"一对一"的自我调适帮助辅导。如对特殊家庭未成年人着重开展克服自卑和急躁情绪的心理调适，对闲散未成年人着重开展心理卫生常识和情感认同的心理调适，对外来流动未成年人着重开展正确就业和职业技能培训的心理指导，帮助这些未成年人重点人群形成健康的心理调适系统，从而促使他们树立正确的人生目标，自觉抵制诱惑，步入正轨，顺利完成社会化。

第四节　当前未成年人犯罪预防对策

未成年人犯罪是个复杂的社会问题，预防未成年人犯罪，不仅需要我们科学认识未成年人犯罪，把握未成年人犯罪预防规律，掌握科学的预防方法，更重要的还需要我们立足于当前未成年人犯罪之社会现状和文化背景，寻求未成年人犯罪预防良策，积极采取有效措施，保护未成年人健康成长，从而减少和消除未成年人犯罪。

一、重视家庭教育

家庭教育是人接受的最早期教育，是一切教育的基础。1990 年第八届联合国预防犯罪和罪犯待遇大会通过的《综合性预防措施汇编》曾指出："家庭能否有效地活动是预防犯罪的一个关键因素"。据调查，50.6%的未成年犯认为走上犯罪道路与自己的家庭环境有关。毋庸置疑，家庭教育的成功与否直接决定着未成年人是否健康成长与发展，良好的家庭环境和科学的家庭教育是未成年人健康成长的两个重要因素，它不仅关系到未成年人健全人格的形成，而且在很大程度上对未成年人是否走上犯罪道路起着决定性的作用。因此，从未成年人犯罪预防来看，重视和加强家庭教育是头等预防对策，是未成年人犯罪预防的第一道防线。

（一）家庭教育的立法保障

未成年人道德智能的培养、行为习惯的养成、情感归属的培育，都是在家庭环境中形成或打下基础，家庭教育承载着未成年人成长"养、教、育"的基本职能。然而，纵观我国相关未成年人立法状况，涉及未成年人家庭教育的仅仅只是分散于各法律法规之中的零星条款，而且其法律条款的规定也都相当的笼统与原则，缺乏法的威慑性和操作性，尤其在法律责任规定方面，缺乏明确的法律责任和违职受处的规定。因此，从未成年人健康成长保护的视角，需加强未成年人家庭教育立法，保障未成年人家庭教育的相关权益。第一，立法规定家庭教育职能。立足于未成年人成长保护，加强对未成年人的家庭抚养、监管、教育以及情感交流、心理沟通等基本家庭教育职能实现的规定，使得家庭教育有法可依。第二，立法规定家庭教育内容和职责。围绕未成年人健康成长需要，详尽规定未成年人家庭教育内容和职责，如家庭必须承担的幼儿启蒙教育、基本道德规范引导、基本行为习性规训、爱的情感培育等。第三，立法规定家庭教育法律责任。立法规定未成年人父母或监护人的家庭教育责任，对发生家庭暴力和虐待、遗弃或放任不管、导致失学辍学等行为的，给予相应的法律或行政处罚。如英国布莱尔政府时期曾规定，如果父母不能阻止孩子逃学乃至最后威胁到社区安全，他们从政府领取的子女补贴将减少或被取消；保加利亚在《反幼年及未成年人犯罪行为法》中规定，对犯罪的未成年人的父母罚款金额将在 50—200 列弗之间（约合 200—800 人民币）。

（二）开办家长学校

德国著名教育家波夫曾指出："儿童的教育应当主要在家庭中完成，父母缺乏教养，就不可能有良好的家庭关系，他们的孩子就很难成为一个良好公民。[①]"我国自 20 世纪 80 年代以来，家庭教育得到了重视和长足发展，几乎所有的中小学都有家

---

① [德] 巴拉诺夫：《教育学》，李子卓等译，教育出版社 1982 年版，第 362 页。

长学校，全国家长学校达 47 万所[①]。但我们从一个个未成年犯案例中可以看到，我们许多的年轻父母缺乏家庭教育素质，不懂得如何教育孩子，不懂得如何引导孩子，不懂得如何规训孩子，这当中除了家长自身过低的文化素质和不良生活示范外，还存在着一个教育方法的问题。因此，必须围绕未成年人不同成长阶段的家庭教育需要，由政府出面开办各种不同层面、不同内容的家长学校，以提高未成年人家长的家庭教育素质和教育能力。在具体开办家长学校上须注重五点：一是家长学校必须由政府职能部门主导，社区或村镇一级组织开办，从属于社会公益事业；二是家长学校需根据未成年人不同年龄的成长特点，分别开办不同阶段的家长班，如幼儿启蒙班、学前指导班、小学指导班、中学指导班、问题家教指导班等；三是推行家长培训"合格"证。把通过规定课时和相应考试后的"家长培训合格证"作为孩子上幼儿班、小学等的入学资格条件，以此来强化家长的家庭教育责任；四是推行强制就读家长学校。对于出现轻微行为问题的未成年人，作为政府相关职能部门必须强制其家长就读"家长学校"，以修正和改变家长的家庭教育理念和方法，消除不良家庭教育影响；五是家长学校培训内容包括端正育儿观、培养亲子关系、加强自身修养、强化教育责任、共同破解成长"问题"等。

（三）"问题"教育家庭的救济

大量事实证明，"问题"家庭是导致未成年人走上犯罪道路的重要原因。预防未成年人犯罪必须建立相应的"问题"家庭教育的救济通道，帮助"问题"家庭家长克服教育困难和解决教育问题。"问题"家庭教育的救济途径可以有以下几种：一是教育"困难"家庭的救助。如美国家庭教育纪实剧《保姆911》中所描述的，设立政府职能部门主导的由育儿专家或家庭治疗师组成的社会救助机构，对某些管理教育上存在困难问题的家庭，进行"诊断"式治疗，帮助"困难"家庭化解教育问题；二是不全家庭教育的补位。对父母双失、单亲或残缺家庭，政府职能部门必须建立相应的未成年人权益保护部门，对不全家庭的未成年人进行"补位"式家庭教育，如开展社会亲子活动、一对一帮教、爱心救助等形式的活动，以弥补不全家庭的教育缺位；三是特殊家庭未成年人的指导教育。现实社会中存在的留守儿童隔代抚养、亲友托管、无责任监护、服刑人员未成年人子女等特殊未成年人群体，必须由政府成立专门的教育指导机构，根据不同未成年人群体的家庭教育需求，开展具有针对性的家庭教育补课，以填补未成年人成长需要的家庭教育缺失，如社区社工的心理调适、村镇服务机构的专门辅导、社会团体组织的重点扶助等。

（四）家庭情感教育环境的营造

未成年人家庭教育需要一个良好的"家庭健康"环境，健康的家庭环境不仅有

---

①孙云晓："积极改进和加强家庭教育"，《法制日报》2012 年 3 月 19 日第 3 版。

助于未成年人道德品质和个性品质的形成，还有助于未成年人自我形象、价值观念和爱的情感的正确形成与发展。根据美国家庭顾问专家 Jacqueline Cook 提出的"健康家庭"标准：父母或权威人物必须抚养孩子，并为孩子提供温馨的情感环境；家庭成员间有良好沟通；家庭成员间有温馨的家庭共处时间；家庭成员间还有一直玩闹和相互开玩笑的时间①。那么，作为一个家长该如何来营造健康的家庭教育环境呢？我们可以按照孩子对于"父母应该怎样做和不该怎样做"问题的回答来营造：一是孩子在场，不要吵架；二是对每个孩子都要给予同样的爱；三是任何时候都不要对孩子说谎；四是父母之间要互相谦让，相互谅解；五是父母与孩子之间要保持平等关系；六是孩子的朋友来家做客时，要表示欢迎；七是对孩子提出的问题，要尽量全面答复；八是在孩子的朋友面前，不要讲孩子的过错；九是注意观察和表扬孩子的优点，不要过分强调孩子的缺点；十是对孩子的爱要稳定，不要动不动就发脾气②。

二、强化学校教育

学校是未成年人成长的重要场所，学校教育不仅是未成年人接受教育、储备文化知识的主要过程，而且还是未成年人初步形成人生观、世界观、价值观和社会道德意识的重要阶段。强化学校的教育作用，提高未成年人基础文化知识和综合素质能力，一方面可以提高未成年人的社会认知和自我认知能力，另一方面能够促进未成年人辨别是非能力和自我调适控制能力的提高。因此，预防未成年人犯罪，还需从学校教育入手，授之以"渔"，提高未成年人的自我预防犯罪能力，从而最大限度地降低未成年人问题行为的发生，继而达到预防犯罪的目的。

（一）转变教育理念

我国早于 1986 年就颁布实施了《义务教育法》，从中规定了学校教育必须施行素质教育，为国家和社会培养有理想、有道德、有文化、有纪律的社会主义建设者和接班人。然而，二十余年过去了，学校教育因受着"千军万马挤走独木桥"应试教育的影响，学校在某种程度上成了"考试淘汰人"的场所，当前学校教育体制弊病可见一斑。因此，预防未成年人犯罪，还应从教育体制改革入手，转变教育理念，以实现教育现代化为逻辑起点，全面推行素质教育。首先，应确立"教书育人"的学校教育理念。学校教育不仅有着"传道、授业、解惑"的职责，还应树立起"育

---

①［美］卡特考斯基等：《青少年犯罪行为分析与矫治》，叶希善等译，中国轻工业出版社 2009 年版，第 123－124 页。

②柯云路："今天我们怎样做父母"，引自网页 http://user.qzone.qq.com/622007433/blog/1308 090222#!app=2&pos=1308090222。

人"的理念，要跳出应试教育追求升学率的桎梏，坚持以人为本，构筑以提高未成年人高尚道德情操、丰富文化知识、良好心理素质和较强实践能力等为目的的教育体系，全面推行素质教育；其次，应确立培养"四有"新人的学校教育理念。从培养"四有"新人的高度，厘清现代教育应该培养什么样的人，从学会做人做事的基础之上，注入"爱国"和"创新"理念，并把社会主义核心价值融入于学校教育全过程；再次，应确立"防微杜渐"的犯罪预防教育理念。对于正处价值观形成、习性人格塑造、人生态度定型过程中的未成年人，还必须注入社会主流文化教育，帮助他们提高辨别是非、真伪、善恶、荣辱等能力，打下真、善、美的感知基础，减少"问题"行为的发生，自觉养成良好的行为习性。

（二）深化义务教育

从第二章的未成年人犯罪原因实证分析中可知，离开学校过早流入社会是未成年人走上犯罪道路的一个重要因素。因此，未成年人犯罪预防需深化教育体制改革，调整义务教育规定，保障未成年人的平等受教育权，杜绝未成年人学生流失，从而降低未成年人犯罪率。

1.保障未成年人平等受教育权

由于教育体制改革的不彻底，再加上现实教育资源的有限与不均衡，许多贫穷落后山区未成年人、外来流动未成年人以及"贫困生"，因平等教育权的丧失而失学、辍学，过早流入社会，成为未成年人犯罪的"预备生"。因此，必须从保障未成年人平等受教育权出发，深化未成年人义务教育体制改革，让每一名孩子都有书读。第一，标准投入，努力实现教育资源均衡。温家宝总理在 2012 年政府工作报告中提出的"2012 年五件大事"之一"将教育经费占 GDP 的 4%列入预算"，这不仅是教育体制改革的首要问题，更是各地政府的职责和责任。第二，调整当前义务教育入学政策，改"户籍地就近入学"为"自由选择就学地点"，使得外来流动人员子女享有平等教育选择权。第三，实现义务教育免费制，取消民办教育，从源头上制止借读费、赞助费等乱收费行为，加大对义务教育的经费支持力度。

2.推行十二年制义务教育改革

从当前未成年犯平均 16 周岁犯罪年龄来看，未成年犯犯罪行为多发生在离校半年内，若是建立十二年义务教育制，就可以大大降低未成年人因离校而走上违法犯罪道路的概率。因此，根据各地的社会经济发展状况，建议逐步推行十二年制义务教育改革。首先，修改《义务教育法》，建立十二年制义务教育改革新目标，如我国第二个国家人权行动计划提出了"到 2015 年高中阶段教育毛入学率达到 87%"的免费中等职业教育[①]；其次，制定改革计划方案，在经济发达地区或条件成熟省

①杜晓："中国第二个国家人权行动计划亮点解读"，《法制日报》2012 年 6 月 13 日第 8 版。

市，试点或分步推行十二年制义务教育；再次，逐步建立十二年一贯制义务教育制度，扩大普通高中招生规模，推迟高中阶段的分科、分学，确保人人享有十二年的普通义务教育。

3.保证义务教育学生的"零流失"

保证未成年人完成义务教育是国家、社会、学校以及家庭的义务与职责，尤其是家长和学校需从未成年人德、智、体、美全面发展出发，全力控制未成年人的在校义务教育，确保义务教育学生的"零流失"。其一，强化家长的助学责任，确保不让一名未成年人因家庭原因而中途辍学；其二，取消中学生开除处分制度，避免把"问题"学生推向社会成为"问题"未成年人；其三，改变应试教育模式，注重未成年人的综合素质教育，避免出现"双差生"，消除应试教育中的受歧视、受排斥、受遗弃现象；其四，按需建立专门学校，接收普通学校难以管教的有不良行为倾向学生，强制继续"留校"义务教育，帮助"问题"学生安全渡过犯罪危险期。

（三）拓展素质教育

导致未成年人走上犯罪道路的一个很重要的原因是认知的缺失，未成年人基本认知的缺失，往往会促使未成年人形成错误的人生观、世界观、价值观，继而促发犯罪思想和犯罪行为。因此，预防未成年人犯罪，必须从基本认知教育开始，强化未成年人的信仰、道德、法律、责任、敬畏、生命、心理健康、劳动等"八维"教育，完善未成年人知识结构，提高社会认知能力，从而提高未成年人抗犯罪能力。

1.信仰理想教育

信仰是人的精神、生命和行为的终极依据，它为实现终极价值目标给人提供一种内在的动力。但随着现代社会多元文化思想的冲击和影响，许多国人正处于信仰迷失之中，呈现出价值的迷茫、人生的失范、灵魂的虚无，带给未成年人的是理想追求的混乱和人生目标的错位。信仰理想教育对于未成年人犯罪预防来说，不仅急需而且紧迫，作为承担教育任务的学校，必须把未成年人的理念信仰教育列入重中之重。信仰理想教育需把握以下几点：一是帮助学生培育迎合时代发展需要的信仰；二是帮助学生确立远大的理想，并作为人生永恒的追求；三是及时纠正学生低级邪歪信仰和不良思想；四是帮助学生确立正确的人生价值观念，弄清人生的目的和意义，以及该如何度过一生等问题。

2.思想道德教育

一个人的思想道德水平决定着其社会行为的表现，未成年人走上犯罪道路在一定程度上是一个思想道德不正的问题。中共中央国务院出台的《关于进一步加强和改进未成年人思想道德建设的若干意见》，把增强爱国情感、确立远大志向、规范行为习惯、提高基本素质作为未成年人思想道德建设的四项主要任务。学校教育必须把学生的思想道德教育作为主课纳入整体教学大纲，并注重教学方法和形式，把传授知识同陶冶情操、培养良好的行为规范结合起来，促使未成年人真正形成社会主义思想道德观念，并践行于日常生活，养成符合社会发展主流的社会道德规范，做到遵守社会规则，遵守法律，不侵犯别人。

3.法律规则教育

据调查，59.9%的未成年犯认为自己走上犯罪道路的直接原因是"对法律的无知"。这说明当前未成年人法制教育的缺乏，同时，也表明了学校法制教育对未成年人犯罪预防的重要性。加强未成年人法制教育是学校义不容辞的职责，也是义务，具体需从以下方面予以强化：一是修改教学大纲，将中、小学生的法制教育正式纳入必修课和统考课目；二是国家需尽快出台适合中、小学生法制教学的统编教材，以满足未成年人法制教育的需要；三是建立学校法制教育责任制，制定考核量化标准，落实考评、考核；四是加强学校法制教育的组织领导和专职教师队伍建设，以提高学生法制教育教学质量；五是整合社会有效资源，充实学校法制教育内容，完善学校法制教育体系。

4.责任意识教育

责任意识是胜于能力的一种素质，它是现代人进行良性社会活动所必具的一种心理素质。未成年人综合素质的培养，首先应从基础的责任教育开始，通过学校的责任意识灌输和培育，促使未成年人成为孝顺父母、尊敬老人、尊重他人、遵守社会公德的人，从而促使他们学做一个高尚的人。学校责任意识教育需注重三个方面：一是责任思想的树立。着眼于服务和奉献，培养爱国主义和集体主义思想，做一个利国、利民的人；二是负责精神的培养。认清和了解自身的权利与义务，勇于承担和履行责任，克服以自我为中心和个人主义倾向，从而提高社会责任感；三是行为责任的承担。坚持学与做相结合，把行为与责任统一起来，勇于承担责任，勇于为自己的行为负责，从而增强责任心，培育责任感，提高责任意识。

5.敬畏意识教育

常见诸报端的未成年人弑母、弑师、弑亲报道，说明当前未成年人对伦理道德的沦丧和法律意识的缺乏，而且还缺乏一种基本的社会敬畏感，可说是"无法无天"。哈佛大学终身教授、北京大学高等人文研究院院长杜维明曾说过："一种道德的诉求一定要有敬畏感，一个没有敬畏感的社会，它的道德底线是很难维持的。"因此，在学校教育中必须加以敬畏意识的培育，促使未成年人敬畏自然、敬畏生命、敬畏法律，从而达到"有所为有所不为"的思想境界。学校具体教育中需注意四点：一是帮助学生认清敬畏意识的本质与价值所在，它是社会道德与规则意识形成的基础；二是在教育中必须厘清敬畏与恐惧、焦虑与迷信的混淆，敬畏不是无原则的畏惧，它一种内心的敬重；三是以榜样作用引导学生自觉确立敬畏感，形成敬畏意识；四是加大宣传，营造积极主流思想的敬畏意识氛围，促使未成年人在日常生活中自觉形成敬畏意识。

6.生命价值教育

印度大诗人、哲学家泰戈尔说："教育的目的是应向人类传递生命的气息。"应该说，让受教育者珍爱生命并更好地生活，是当代教育所要关注和解决的重大问题，也是教育的真正核心所在[1]。作为未成年人犯罪预防教育，必须带入生命教育，帮助未成年人了解和理解生命的真谛，促使未成年人珍爱生命，提高个体生命质量，实现生命价值。在学校生命教育中需着眼三点：一是加强对生命认知的教育。通过对生命认知的教育，帮助未成年人理解生命的内涵和价值，认清生命的唯一性，懂得敬畏生命、珍惜生命，懂得如何实现自身人生价值；二是拓展生命教育内容。坚持人本主义，着力以认识生命、保护生命、尊重生命、欣赏生命、感悟生命的价值与意义为内容的生命教育，具体课程内容可为敬畏生命、做我真好、生于忧患、应变与生存、敬业乐业、信仰与人生、良心的培养、人活在关系中、思考是智慧的开端、生死尊严、社会关怀与正义、全球伦理与宗教等[2]；三是注重生命体验教育。坚持理论与实践相结合的教学理念，如增设一些参观产房、殡仪馆、监狱、社会福利院和与残疾人交流的社会实践课，增加直觉体验感知，从而促发未成年人对生命的热爱、多彩人生的向往和生命责任的承担。

7.心理健康教育

健康的心理是健全人格和良好思想道德形成的重要基础，又是学生进行科学文化知识学习、开发智力资源和能力的基本条件之一。学校教育的目标是培养全面发展的人，而人的发展既包括生理的发展，也包括心理的发展。因此，加强学校的心理健康教育，不仅是保证未成年人健康成长的需要，更是未成年人适应生活、学习和社会环境的发展与变化的需要。在实际教育中，一方面要加强未成年人心理健康素质的培养，促进未成年人培育良好人格、良好性格、良好品格，促使未成年人自尊自爱、乐观开朗、积极进取，保持精神充实、情绪振奋和心理平衡；另一方面要加强未成年人的健康心理维护，帮助未成年人克服不平衡心理、逆反心理和孤独空虚心理，形成并维持认知正常、情感协调、意志健全、个性完整和适应良好的心理状态，从而适应社会的各种变化发展。

8.劳动意识教育

据调查，有61.3%的未成年犯认为"好逸恶劳"是导致自己走上犯罪道路的重要因素，说明当前未成年人劳动意识的严重缺乏。因此，作为学校素质教育的重要组成部分，须加强未成年人的劳动意识的培育，促使他们形成良好的劳动习惯，真

---

[1]高中建：《当代青少年问题与对策研究》，中央编译出版社2008年版，第438页。
[2]王学风："台湾中小学生命教育的内容及实施途径"，《教育评论》2001年第6期。

正成为社会主义事业的建设者和劳动者。未成年人劳动意识教育需立足四方面开展：一是重塑劳动信仰。通过对劳动本质的解读教育，让未成年人认识到劳动对人类社会发展的重要性，劳动是人类社会发展的源泉，对劳动的信仰与热爱是未来公民重要的素质之一，必须尊重劳动、敬畏劳动；二是激发劳动兴趣。把劳动与其他学科知识结合起来，激发学生的劳动兴趣，把书本知识用于劳动实践，在实践中感受劳动的快乐、成功的喜悦，从而激发学生对劳动的内在兴趣和需要；三是培养劳动习惯。在学校教育中增加劳动元素，如加入一些社会实践活动、公益劳动、劳动竞赛科目等，增强劳动体验，强化劳动习惯的形成；四是端正评价导向。建立综合的教育评价体系，把劳动观念、劳动习惯、劳动能力作为评价学生的一个重要标准，促进未成年人劳动意识的形成，从而提高未成年人的全面素质。

（四）发挥学校教育的预防矫治功能

学校教育的目的是培养社会主义的有用之才，它不仅承担着对未成年人文化知识和职业技能的教学任务，还承载着"育人"的历史使命。学校既是未成年人的保护者，又是控制流失生犯罪的一道防线，学校教育必须承担起预防和矫治在校未成年人不良行为的重要职责，充分发挥学校教育特有的矫治功能，加强对在校未成年人不良行为的预防、控制和矫治，减少违法犯罪，达到教育预防的目的。学校教育的预防矫治主要有三种形式：第一，警示性教育预防。在日常学校教育中，增加法制教育课程，融入犯罪预防警示性教育内容，如采取法制警示教育、案例说法、庭审旁观等形式，加大对未成年人学生普遍预警性教育，引导未成年人学生树立正确的道德是非观和法律意识，从而提高"免疫力"，远离犯罪；第二，不良行为的教育矫治。对于已有不良行为倾向的未成年人学生，学校必须充分利用学校教育的有效资源，动员家长、本人、学校教师、同学以及社会治安辅导员，共同予以保护性帮教，促使不良行为学生在积极环境中，消除不良行为倾向，转化为正常学生；第三，轻微违法犯罪未成年人的矫治。对于触犯刑法、治安管理处条例，但情节较轻、后果不严重，本身又有悔罪表现的未成年人，以及受刑罚处罚回归的未成年人，学校应主动协调司法机关、社区、家庭和未成年人保护组织，争取学校考察教育，尽最大努力帮助其继续就学，给予教育、挽救，给予悔过自新、重新做人的机会。

三、净化社会环境

未成年人犯罪除个体主观原因外，社会外部环境的影响作用是巨大的，甚至是致命的。现实不良的社会环境不仅给未成年人带来错误的认知和畸形的社会心理，而且还极易成为其犯罪行为的诱发因素或犯罪条件。因此，消除社会不良风气、不良文化和社会丑恶现象，营建积极、向上、健康、文明的社会环境，不仅是当今构建和谐社会和加强精神文明建设的需要，更是预防未成年人犯罪的重要保证。

（一）净化社会风气

毋庸讳言，随着我国改革开放和市场经济的初步发展，带来了许多令人生厌的社会丑恶现象，如信仰的迷失、道德的失范、贪污腐败的泛滥，不仅败坏了社会风气，成了社会文明进步的负面阻力，更是成了毒害未成年人健康成长的"毒药"。因此，消除社会不良现象，净化社会风气，相对于未成年人犯罪预防来说是一项刻不容缓的社会工程。

1.坚决消除社会丑恶现象

社会丑恶现象可使未成年人形成错误世界观和病态心理，全社会都有责任为未成年人的健康成长，消除和减少社会丑恶现象。首先，重塑社会诚信体系。有人曾做过"做好人成本"的民间调查，71%的人表示会被怀疑动机不单纯，77.9%的人痛感当下社会做好人的成本高[①]。当下社会需要重建人与人之间的诚信系统，大力弘扬真、善、美，提高社会失信成本，为未成年人成长提供一个与人为诚、与人为信的社会关系环境；其次，坚决打击社会丑恶行为。充分调动一切社会资源和有效力量，加大社会综治管理力度，严厉打击黄、赌、毒、黑、邪等社会丑恶行为，最大限度地消除社会负面因素，为未成年人营建良好的成长环境；再次，加强精神文明建设。大力弘扬社会主旋律，以构建和谐文明社会为主线，倡导社会主义核心价值观，尽力消除低级趣味，确立社会主流文化的是非观、荣辱观，为未成年人健康成长提供真善基础和夯实情感根基。

2.大力消除社会腐败现象

"没关系难办事"、"学习好不如有个好爸爸"、"有钱能使鬼推磨"等已经成为了社会公众的普遍心理，它给未成年人带来的不仅仅是对政府、对社会的怀疑和失信，更严重的是它促使了未成年人价值取向的倾斜。因此，无论是未成年人犯罪的预防，还是社会政府公信力的重建，都必须坚决消除腐败现象。首先，严厉惩治权力腐败现象，提高腐败成本，减少社会腐败发生率；其次，充分发挥权力监督作用，扩大政府信息公开，建立权力制衡体系，让腐败失去产生的土壤；再次，恢复廉政勤政形象，重建政府公信力，建立一个让社会民众可以信任、可以依靠的服务型政府；最后，榜样典型引路，营造社会公平正义氛围，逐步构建起德法相治、仁爱相融的和谐社会。

3.严厉打击成人犯罪现象

深究未成年人犯罪现象都可以从成人世界中找到影子，今天的成人社会行为都将成为明天未成年人的社会行为。就如温州平阳市的一位公安民警所说的，未成年

---

①卢迪迪："77.9%受访者痛感在当下社会做好人的成本高"，《中国青年报》2012年5月22日第7版。

人犯罪数与社会犯罪打击力度成反比，政府打击犯罪力度越大，未成年人犯罪比例越低，反之，就会提升。因此，要减少和降低未成年人犯罪率，一个重要措施就是严厉打击成人犯罪，扩大国家机器的专政威慑力，消除未成年人的犯罪侥幸心理和从众心理，从而起到预防犯罪的目的。打击成人犯罪包括两类：一类是有较大社会影响的成人犯罪行为，必须从重从快予以打击和惩处，体现国家政府打击和消灭犯罪的决心，发挥国家法律的震慑力；另一类是危害未成年人身心健康或教唆未成年人犯罪的成人犯罪行为，必须坚持"有一打一"的原则，从重从快打击，保护未成年人的合法权益，确保未成年人健康成长，减少犯罪。

（二）净化文化环境

据调查，诸多未成年人犯罪都是因受不良文化的刺激或毒侵而走上犯罪道路，社会不良文化的负面影响作用已成了未成年人犯罪的重要犯罪原因。良好的文化环境促生未成年人健康发展，反之，就有可能促使未成年人趋向低级趣味，甚至走向犯罪。因此，为了未成年人健康的成长，必须综合社会各方力量清除文化垃圾，营造积极向上的主流文化，为未成年人撑起一片晴朗的文化天空。

1.加强文化市场监管。不用多述，目前我国的文化市场处于一个唯利是图、监管不力的混乱状态，文化品类杂乱从多，资讯信息良莠不齐，暴力、色情、恐怖等内容的文化制品随处可见，消极下流的文化娱乐活动遍及四周。从未成年人犯罪预防出发，必须加大我国文化市场的监管力度，为未成年人健康成长营造良好的文化氛围。第一，分类规范监管书刊、杂志等读物市场。建立适合未成年人成长文化需要的专门书店和文化市场，另一方面政府必须强力监管社会各色文化读物商店，坚决清除在中小学校和社区沿周带有淫秽色情、凶杀暴力、封建迷信等内容的不健康书籍，以隔离未成年人接触社会亚文化；第二，大力监管各类影视制品市场。政府必须定期或不定期清理和检查各类影视制品市场及街头零星卖场，坚决杜绝涉黄、涉赌、涉暴等毒害未成年人健康成长的影视制品，还未成年人一个影视制品纯净环境；第三，大力监管社会游戏娱乐市场。加大对社会各娱乐休闲场所的整治力度，尤其是对于学校周边"红线之内"[①]的可能扰乱教育秩序、骚扰校园治安、教唆学生犯罪的各类娱乐休闲场所，坚决予以清理和取缔，杜绝未成年人浸染其中。

2.消减不良资讯影响。青少年对社会秩序规则和社会游戏规则的把握及其人生观、价值观的形成，90%以上不是由传统社会、学校教育或者家庭来完成，而是由传媒媒介来完成的[②]。现代社会是一个信息爆炸时代，大量不良资讯充斥于未成年

①国家工商总局为中小学设定"红线"，学校周围禁止开设电子游艺室、歌舞厅等娱乐场所和成年人性用品商店，200米内禁开网吧。
②高中建主编：《当代青少年问题与对策研究》，中央编译出版社 2008 年版，第 19 页。

人视听范围之内，对于未成年人人生观确立、人格塑造、习性形成，发挥着巨大的负面影响，甚至直接诱发未成年人走向犯罪。出于对未成年人犯罪的预防和成长保护，需要全社会共同努力，全力消减不良资讯，营造文明、健康、先进的文化环境，减少因不良资讯的影响而使未成年人受到毒害。具体措施如下：一是建立国家文化资讯核准制。各级政府必须建立统一的文化管理审核部门，对所有发行和传播的影视作品、广告新闻、纪实报道、广播声讯、网络信息及书刊进行严格审查、核准，在提高社会资讯质量的同时，控制不良资讯的传播；二是建立国家影视作品分级管理制。可参照国外相关影视产品分级管理，根据影片内容划定不同等级，对于有可能危及未成年人成长的，都必须明确标明"少儿禁止"、"少儿不宜"等，防止限制级影视在未成年人中传播；三是建立特殊时段限播制。国家广电总局曾下发过通知，要求全国所有的电视台在收视最为集中的黄金时段，不得播放渲染凶杀暴力的涉案题材影视剧。仅此通知还不够，应该以法律的形式作出规定，在学生寒暑假、节假日和晚间收视高峰时段，不得播放有碍于未成年人身心健康的影视，尤其是一些渲染暴力、情爱、恐怖和犯罪纪实、庸俗广告等的影视；四是出台《大众传媒管理条例》。当前我国缺乏专门的大众文化管理法律，对文化资讯的管理政出多门，呈现一派乱象。从有利于保护未成年人成长和规范社会大众文化秩序出发，出台专门的大众文化管理法律规定，确保社会大众传媒和文化传播有法可依，规范有序，健康发展。

3.宣扬优秀文化作品

对于未成年人求知若渴的文化需求，我们在抵制不良文化的同时，必须极力为未成年人创造优秀文化作品，并为未成年人营造良好的先进文化环境，从而促进未成年人提高自身品位、提高审美情趣、提高抵御各种不良思想侵袭的能力。一方面，大力创作满足未成年人健康成长之需的优秀文化作品。围绕未成年人身心成长之特点，倡导和鼓励当代文学家创作、编辑、出版未成年人喜闻乐见的小说、诗歌、影视作品、流行曲目、公益广告和报刊栏目等优秀文化产品，以丰富未成年人成长之文化市场；另一方面，大力宣扬和普及未成年人健康成长之需的优秀文化。充分利用报刊、广播、电视、网络等媒体，大力弘扬以爱国主义为内容的民族精神和创新发展的时代精神，大力宣传社会公德、政治法律以及社会人文精神，用先进文化占领未成年人文化娱乐市场，从而促使未成年人武装科学理论、塑造高尚人格、激发进取精神。

4.发展健康文化事业

发展健康的文化事业不仅是满足人们日益增长的文化生活需要，更是确保未成年人健康成长的文化环境之需。虽然我国历来重视公共文化事业的建设，截至2011年，全国共有县级以上独立建制公共图书馆2952个，文化馆（含群艺馆）3285个，乡镇（街道）文化站 40390 个，基本实现了"县有图书馆、文化馆，乡有综合文化站"的建设目标[①]。但这相对于 3 亿基系的未成年人来说，远远不能满足其现实文化的需求。因此，从未成年人犯罪预防实际出发，在整体推进公共文化服务体系建设的同时，还应着眼于未成年人社区文化环境的建设，以满足未成年人课余文化生活的需求。具体需从以下三个方面予以建设：一是加快社区文化设施建设。立足于未成年人课余文化活动的需求，积极发展社区公共文化设施，如校外课堂、文化活动室、图书阅览室、网上图书馆等，让未成年人课余活动学有所处、玩有所地；二是建立社区文化活动学校。以满足中小学生放学后的课余文化需求，街道社区或村镇建立专门接收放学之后和寒暑假、节假日期间的中小学生的文化活动学校，提供免费活动场所、兴趣教学、特长训练，一方面解决家长对放学后子女盲目游荡的后顾之忧，另一方面为未成年人提供一个社区教育的平台，也为未成年人增添一个思想道德教育阵地；三是建立社区未成年人文化服务中心。从解决未成年犯实际困难、倾听心声、咨询解答角度出发，建立如 12355 青少年服务台性质的文化服务中心，帮助未成年人解决困难、解惑释疑、排忧解困，为未成年人健康成长营造一个良好的社会文化大环境。

（三）加强网络管理

随着信息网络时代的到来，网络游戏和网吧已是现代未成年人课余活动和场所的首选，同时，未成年人因网瘾、网络不良信息诱导和利用网络技术而实施犯罪的人数比例在日益攀高，网络诈骗、网络盗窃、网络黑客、网络欺负以及网络成瘾次生犯罪，可说是层出不穷，花样百出，未成年人网络犯罪不仅是千千万万未成年人家长所焦虑的教育问题，更是当今社会所面临的一大严重社会问题。因此，在这计算机信息网络时代，如何进行堵疏结合，加强社会网络管理，净化未成年人网络生活环境，将直接关系到我们下一代的健康成长。

1.完善网络管理立法

我国虽然自 1994 年 2 月 18 日第 147 号国务院令《中华人民共和国计算机信息系统安全保护条例》发布至今，已出台三十余个网络管理相关行政法规，但对于网络犯罪和预防网络犯罪等方面的立法规定，相对显得滞后，尤其对于未成年人的上网保护管理还存在诸多缺失，不利于未成年人网络管理和网络犯罪预防。因而，未成年人网络犯罪预防立法还得从以下方面加以健全和完善：一是未成年人上网的安全问题；二是未成年人上网限制的技术管理问题；三是未成年人上网控制的社会监管；四是社会、学校以及家庭对未成年人上网的责任保护；五是侵害未成年人身心健康的非法网络行为的法律责任；六是未成年人网瘾的救济。

---

①胡建辉："人均文化事业费 4 年增幅 93.49%"，《法制日报》2012 年 6 月 14 日第 6 版。

2.加强网络信息游戏的限制管理

现代网络世界是一个多彩"万花筒",一张因特网足以把整个世界"一网打尽",而相对于辨别能力尚低、自控能力尚弱的未成年人来说,可说是一个充满迷惑、陷阱的"沼泽地",往往陷入不能自拔。因此,从预防未成年人网络犯罪的视角,必须有责任地对网络信息和游戏加以限制管理,为未成年人营造一个有利身心健康、有利学习进步的绿色网络环境。具体可从以下几方面入手:一是加以网络技术限制。加装网络过滤器,过渡不良网站和不良信息,消除不利于未成年人健康成长的内容和画面,净化荧屏声屏,创建绿色网络环境;二是加以未成年人网络游戏内容和时间的技术限制。中国教育学会中小学信息技术教育委员会、中国青少年网络协会近日联合发布了《未成年人健康参与网络游戏提示》,倡议社会各界一致行动起来,从主动控制游戏时间、不参与可能花费大量时间的游戏设置、注意保护个人信息、不要将游戏当做精神寄托、养成积极健康的游戏心态五方面促进未成年人健康游戏健康成长[①]。三是加大非法网络行为的惩处力度。公安、海关、文化、信息产业等部门要建立公众举报机制,开展非法网络信息清网行动,坚决查处传播淫秽、色情、凶杀、暴力、封建迷信、邪教内容和伪科学的出版物、玩具、饰品以及游戏软件、手机短信、电子邮件等信息产品,为未成年人营造气正色纯的网络环境;四是积极发展社区公益性网络服务。在校园、社区等场所开办一些公益性网吧,组织力量研发适合广大未成年人参与的健康游戏软件,积极为未成年人的健康成长创造良好的网络环境。

3.加大社会网吧的监管力度。据调查,72.3%的未成年犯选择网吧为课余或业余的活动去所,社会网吧不仅成了未成年人活动聚集的主要场所,而且还成了促发未成年人犯罪的重要温床。因此,加大对社会网吧的监管力度,控制未成年人上社会网吧频率,对未成年人犯罪预防将起到积极的防范作用。具体监管措施如下:一是建立"实名制"上网。依托网络技术,建立身份证号核实上网制度,以控制未成年人上社会网吧;二是建立社会网吧连锁制。如上海市于2002年实施的"东方网点"工程,实行社会网吧统一连锁,施行统一管理、统一模式,规范网吧业务经营行为,消除因网吧管理无序而对未成年人上网所带来的消极影响;三是建立"虚拟警察"。据公安部网站消息,全国公安机关推出"虚拟警察"互联网公开管理,不仅使得网上的有害信息下降了70%,而且网上违法犯罪减少了30%[②];四是严厉取缔黑网吧。建立严格的社会网吧审批制,并落实经营管理责任制,对接纳未成年人

[①]新华社北京6月2日电:"学生每周玩游戏勿超2小时",《南方日报》2012年6月30日第A07版。

[②]网易新闻:"'虚拟警察'上网网络有害信息下降七成",http://news.163.com/08/0227/16/45NLOOT0000120GU.html,来源2008年2月27日中国新闻网。

和超时经营的网吧给予重罚，对非法经营网吧坚决取缔。

四、加强社会预控

世上没有一个人天生就是罪犯，未成年人走上违法犯罪道路是一个不断学坏、不断堕落的渐变过程，如与不良人员的交往、不良行为的形成、犯罪思想和犯罪动机的产生，都是未成年人犯罪形成的过程链，如若实现有效的社会预控，切断其中的一链或数链，就能阻断未成年人的犯罪产生。因此，发挥政府社会管理职能，整合一切有效社会资源，做好未成年人犯罪的事前预警、困难扶助、专门教育，防患于未然，必将大大减少未成年人违法犯罪行为的发生，为未成年人健康成长起到保驾护航的作用。

（一）社会预警建设

社会预警就是以政府有关部门牵头，以社区、村镇为单位，联合学校、家庭、社会共同参与，对所辖未成年人进行全面信息监测，分析未成年人犯罪趋向和重点，并对未成年人不良行为进行提前式的"有效阻断与干预"，及时将未成年人的违法犯罪动机消除在萌芽状态，从而有效控制未成年人犯罪的发生。它不仅是有效预防未成年人犯罪的重要手段，更是现代社会管理创新的重要内容。

1.构筑多位一体的预警管理体系。未成年人犯罪预警是事关全社会的一项综合性管理工程，它不仅需要政府、社会、学校、家庭的多方配合协调，还得相关配套制度、管理机制、运行责任等的基础支撑。构筑科学、有效的未成年人犯罪预警管理体系，需从以下三方面加以建设：一是组建预警管理网络。建立以县市一级政府为领导，分管政法工作的县市副书记为负责，政法委为牵头的集公安、检察、法院、司法、教育、关工委、共青团等部门为一体的未成年人犯罪预警管理网络。并落实相应预警管理职责，制定预防措施，形成有效管理预警体系；二是建立相应配套预警制度。根据未成年人犯罪预警工作需要，建立预警信息管理、预警监测运行、联席会议、联动预警和突发事件责任制等制度，保证预警管理工作规范、高效运作；三是建立预警管理评价体系。围绕"平安村镇"、"文明社区"建设，量化指标，评估考核，并建立村镇、社区、单位、学校等捆绑式责任分解，实行综治一票制，确保预警管理到位。

2.建立犯罪预警管理机制

有力的机制建设有助于预警管理效能的实现，从未成年人犯罪预警管理的整体运行出发，需着力加强以下四个机制建设：一是预警管理联动机制。着力于家校联动、社校联动、社区群防，构筑一个全方位的配合协调、共同参与的预警机制；二是预警信息监测机制。建立学校、社区重点部位监测站，重点收集未成年人非常规活动信息，并汇总未成年人预警信息库，为正确分析、判断未成年人犯罪动向和趋势，提供第一手资料；三是分级预警机制。根据未成年人日常行为表现的犯罪可能性程度，进行不同程度级别的分级预警，并提出相应的预警援助方案；四是信息发布机制。在准确获取预警信息的基础上，预警管理中心必须以第一时间，发布未成年人犯罪可能性预警，并按不同程度级别实施相应等级的预警应急措施。

3.落实社会预控措施

未成年人犯罪预防社会控制，它是一个多方位、多维度的社会保护体系，须从维护未成年人健康成长出发，积极落实各项社会预控措施。一是成立未成年人合法权益保护中心。以未成年人合法权益保护为出发点，建立一个热线电话模式的未成年人"110保护中心"，方便未成年人生活困难的求助、心理问题的疏导与化解、权益受侵的法律救助等；二是成立未成年人福利服务中心。未成年人福利服务中心的作用，是为有问题的家庭或未成年人提供帮助，以免身处不利成长环境的未成年人受到权益侵害。福利形式可以提供保护帮助、"一对一"帮教、法律援助、生活学习救助等；三是开展多种形式的未成年人法律宣传教育活动。利用各种宣传教育手段，加强对青少年的道德教育、法制教育，引导未成年人树立正确的人生观、价值观、世界观，培养良好的个人情操，提高法律意识，养成懂法、守法的生活习惯；四是强力净化社会文化环境。成立以政法委牵头、文化管理部门为主、其他相关部门为配合的社会文化管理办，明确职责，落实责任，大力整治不利未成年人健康成长的社会文化环境，着重解决黄、赌、毒、灰、黑等对未成年人成长不利影响的问题；五是开展未成年人"零犯罪"社区创建活动。以社区为单位，按照一般预防与特殊预防相结合的原则，围绕中小学生、留守儿童、闲散未成年人、流浪儿童、进城务工人员子女、罪错未成年人等重点群体，开展生活上帮困、学习上帮助、心理上辅导、行为上纠偏等形式的创建活动，帮助未成年人顺利成长，提高社区适应能力。

4.加强重点人员管控

推行未成年人犯罪预警管理的目的就是通过监测、控制、干预等手段，对未成年人犯罪可能性进行事前式控制，从而达到降低未成年人犯罪行为的目的。为实现未成年人犯罪预防效果，社会预警管理须围绕三个层面加强管理：一是对不良行为未成年人的教育。以学校为主体，建立学校老师、校外治安辅导员和未保组织为成员的预警教育，以谈话、沟通、教育引导为手段，对有不良行为发生或倾向的未成年人进行预警控制，建立起预防犯罪第一条缓冲带；二是对严重不良行为未成年人的管控。以社区为主体，建立以社区民警、家长、未保组织和社区服务为成员的预警管控，以规训、行为控制和心理咨询为手段，对有严重不良行为未成年人进行帮教，为阻止未成年人犯罪建起第二道屏障；三是对轻微违法行为未成年人的挽救。以司法机关为主，建立以家庭、社区矫治和专门学校为成员的预警救治，以行为矫治、心理干预、感化挽救为手段，对轻微违法未成年人进行矫治，为未成年人严重犯罪筑起最后一道防火墙。

（二）提供社会帮扶

从当前未成年人犯罪情形来看，"问题"家庭未成年人、失学辍学未成年人、社会闲散和流浪未成年人、外来流动未成年人等已成为未成年人犯罪高发群体。而这部分未成年人群体却又是社会弱势群体中的弱势群体，如果得不到社会的关心和帮扶，极有可能成为未成年犯的"预备队"。因此，从社会管理创新和未成年人犯罪预防角度，建立健全社会帮扶救助体系，帮助他们解决实际生活困难和化解成长困惑，顺利实现社会化。

1.引入社工服务

社会工作是以利他主义为指导，以科学知识为基础，运用科学的方法进行的助人活动，是一种帮助解决社会问题的工作。作为待成长的未成年人，尤其是有着健康成长"问题"的未成年人，社会有责任，也有必要引入社工服务，帮助这些未成年人解困化难，顺利渡过成长"危险期"。如上海市成立的"阳光社区青少年事务中心"，就是由市政府购买服务的社会工作机构，其主旨就是"预防青少年犯罪"。社工服务内容可以包括"问题"家庭的干预、学校不良行为学生的帮教、社会闲散和流浪未成年人的就业指导和职业训练、心理疾病或障碍未成年人的心理疏导、轻微罪错未成年人的教育引导、刑满解教未成年人的再就业再就学指导、外来流动未成年人的登记管理和困难帮助等。

2.提供成长帮扶

对于有成长困难的各类流浪和残疾儿童、缺损家庭失学子女、父母双下岗子女、进城务工农民子女、服刑人员困难家庭子女以及归正后失业未成年人等群体，政府必须建立未成年人事务工作局和成长援助基金，为这些特殊未成年人提供帮助与帮扶。同时，还应加强未成年人帮扶政策的制定，进一步落实重点未成年人群体的帮扶工作。如2012出台的消灭街头流浪儿童、免费午餐计划两项政策行动，以及2012年"两会"政府工作报告中提出的"积极稳妥推进户籍管理制度改革，推动实行居住证制度，为流动人口提供更好的服务"都为未成年人健康成长帮扶提供了国家层面的政策支持。

3.开展社会帮教

社会帮教就是依托社区、村镇等基层组织，利用全社会各方力量，对有不良行为、轻微违法行为和明显心理问题等的重点未成年人，实行"一对一"、"多对一"的管理服务、关怀帮扶，以达到教育矫治"问题"未成年人、降低和消除犯罪可能性的目的。现实操作中，可从四个层面开展社会帮教：一是对有违法犯罪可能的在校生，以学校老师和家长为主，采取相应教育措施，切断其与社会的不良交往；二是对有不良行为闲散未成年人，以社区未保办为主，制定综合帮教措施，安排专人开展结对帮教，矫治其不良行为；三是对有违法劣迹未成年人，结对政法干警定期开展法制教育、警示教育；四是对微罪不移不诉未成年人，由政法干警、乡镇干部或社区干部等组成帮教组，进行重点帮教。

（三）强化专门学校建设

专门学校是我国一种正规的矫正型的未成年人教育制度，是未成年人基础教育的重要组成部分。我国多年的实践证明，用专门教育这种非司法手段解决"问题"未成年人的问题是卓有成效且不可或缺。资料显示，我国工读学校对违法和轻微犯罪学生教育挽救的成功率（依国家教委的标准，毕业或结业离开学校后，一年内未发现违法犯罪行为的视为成功），一般都在85%以上，不少高达90%以上[①]。但近些年来，受就学生源非强制性的法律规定，许多地方专门学校规模在缩小，甚至无法办学而撤销或撤并。另一方面，许多家长无力管、学校无法教的未成年人，因无处可就学过早流失混迹于社会，成为犯罪的"预备生"，或者个别家长盲目求助于社会非法训练机构，非但受不到正规的矫正教育，反而身心受到摧残。因此，从当前未成年人犯罪现状看，必须重新加强专门学校的建设，对有违法或轻微犯罪但尚未达到劳动教养或刑事处罚程度，而又不适宜在原学校学习且必须施以特殊教育的未成年人，实施强制性的专门教育，使"问题"未成年人在尚未完全走上犯罪道路之前受到及时干预和挽救，减少其犯罪的可能性。

1.应制定一部专门的《专门教育法》

立法确定专门学校的法律地位，以及专门学校办学目标、任务和程序，使得专门教育有法可依，办学工作更有针对性和可操作性。

2.修改非强制的专门教育学生的送读规定

对于如何送读专门学校，必须有一个明确的送读程序，不能由家长的意志为转移。建议成立一个由教育、公安、民政、财政、工会、共青团、妇联等部门组成的专门学校送读委员会，并建立专门的送读程序，以解决当前存在的家长不愿送、公安部门以罚代教、普通学校"问题"学生流失等问题。具体程序可以是，由原读普通学校提出申请，再由教育行政部门向送读委员会提请裁定，最后由专门学校送读委员会合议裁决是否送读专门教育。

3.明确送读专门学校对象范围

对于什么样的未成年人可以送进专门学校，要有一个明确的界线范围规定，不能无原则的人为决定。建议有以下情形的可以送读专门学校：一是有严重不良行为的；二是有违法或轻微犯罪行为的；三是不适宜于原学校就读的；四是有明显心理问题或障碍的。

---

①鲁礼堂："谈工读教育的重要性与对策"，《湖南公安高等专科学校学报》2004年第6期。

4.加强专门学校的建设

各地政府必须从预防未成年人犯罪和促进未成年人健康成长出发,大力加强专门学校的建设。一是每一县市至少建一所专门学校,并按相关政策予以财政经费保障;二是教育部门必须将专门学校列入义务教育系列,或纳入职业教育体系,确保就读未成年人完成国家规定的义务教育;三是加大职业高中类的职业技术培训办学,以满足高中阶段专门教育未成年人职业技术的学习需要,把专门学校建设成特殊未成年人文化知识达标和职业技术教育的基地;四是加强专门学校教育队伍的建设。加强专门学校教师的专业培训和职业操守培养,要高于普通学校的职业待遇以稳定专门学校教师队伍,同时,可利用社会资源,与团委、"关工委"、公安局、法院、司法局等联合办学,提高教学技术力量。

第九章

未成年犯重新犯罪问题

　　重新犯罪有广义和狭义之分。从广义上而言，任何人在第一次实施犯罪行为之后再一次实施犯罪行为都应当属于重新犯罪；从狭义上而言，重新犯罪，是指因实施犯罪行为受到刑罚处罚者在刑罚执行完毕后一定期限内再次实施犯罪行为。关于期限，1985 年司法部《关于刑满释放、解除劳教人员重新犯罪、违法问题的几点意见》中将重新犯罪率间隔期限定为三年。为便于论述，本章将未成年犯罪人员在刑罚执行完毕三年内或在社区矫正场所再一次实施的触犯我国刑律的犯罪行为，统称为"未成年犯重新犯罪"。至于未成年犯在监禁场所再次违法犯罪，由于不具典型意义，故不列入本章探讨的话题范围。

第一节　未成年犯重新犯罪基本特点

　　重新犯罪是犯罪学研究用语而非刑法概念。未成年犯重新犯罪，是多种因素融合、作用的产物。未成年犯重新犯罪率比成年犯重新犯罪率要低得多。据媒体披露，2007 年第三季度，按照全国在押人员 150 万人为基数，全国监狱中被判刑 2 次以上的罪犯达到 15.98%[1]。探讨未成年犯重新犯罪问题，有助于为新时势下全面构建未成年犯行刑矫正及刑释后监管机制提供思路指引。

一、2002—2010 年间全国未成年犯重新犯罪概况

　　据最高人民法院新闻发言人孙军工在 2011 年以未成年人司法保护为主题的

---

[1] 黄河："重新犯罪率居高不下　刑释人员面临制度性歧视"，引自网页：http://www.jcrb.com，发布日期：2012 年 1 月 10 日，访问日期：2012 年 6 月 15 日。

"12·4"公众开放日上介绍，2002—2010 年间，中国未成年罪犯的重新犯罪率基本控制在 1%—2%之间，未成年人犯罪上升势头得到有效控制[①]。另据北京市海淀区法院少年法庭统计，1987 年 9 月至 2007 年 9 月，该院判处的 1200 余名非监禁刑未成年犯中，重新犯罪率仅占判处非监禁刑未成年犯总数的 1%。

上海市第一中级人民法院少年审判庭，曾于 2010 年对上海市未管所关押的 50 名（占在押犯总数的 8.24%）具有两次以上犯罪经历的未成年犯开展过专项调查，结果显示：（1）从案由构成看，原是盗窃第二次还是盗窃的有 7 人，转为抢劫的有 4 人，原是抢劫第二次还是抢劫的有 11 人，转为盗窃的有 8 人；（2）从间隔时间看，相隔三个月、三至六个月、六个月至一年、一至两年第二次犯罪的，分别有 6 人、13 人、17 人和 9 人；（3）从再犯年龄看，两次犯罪都是 14 岁的有 9 人，两次犯罪都是 15 岁的有 19 人，两次犯罪都是 16 岁的有 13 人；（4）从重新犯罪主要原因看，前三位分别是"结交不良朋友"、"出去玩要钱"和"一时冲动"，分别有 24 人、15 人和 5 人[②]。上海第一中院少年庭的实证调查，为我们揭示了近年来上海区域未成年犯重新犯罪之概况。

四川省检察机关在专题调查中发现，2004—2010 年，四川未成年人再犯问题比较突出。七年间四川省共有 1514 名未成年犯罪嫌疑人在审查起诉前有前科，占未成年人犯罪案件审查起诉受案总数的 3.53%，其中累犯 726 人，占 1.69%，有 297 人受过劳教处分，占 0.69%[③]。四川检察机关的调查统计数据，为从检察层面了解我国西南区域未成年犯重新犯罪问题提供了重要标注。

广东省未管所 2008 年 7—10 月，对 2003—2007 年全所刑满释放人员进行了调查。结果显示，刑释人员中表现良好无任何违法行为的有 3069 人，占 83.2%；表现一般有轻微违法行为的有 284 人，占 7.7%；表现较差被劳教或治安拘留的有 169 人，占 4.6%；重新犯罪的有 166 人，占 4.5%。[④]

二、浙江省未成年犯重新犯罪主要特点分析

据资料记载，1985 年 11 月，浙江省未管所曾对浙江省 7 个市、27 个县 119 名刑满、解教人员进行了调查，发现重新违法犯罪率为 11.7%；1988 年 7 月，浙江省未管所又对杭州、宁波、温州三市 42 名刑满释放少年进行了调查，得知重新犯罪

---

①赵琬微、陈菲："最高人民法院首次向未成年人开放"，引自网页：http://www. xinhuanet. com，发布日期：2011 年 12 月 4 日，访问日期：2012 年 6 月 15 日。

②张军（主编）：《中国少年司法》（2011 年第 2 辑），人民法院出版社 2011 年版，第 84—86 页。

③四川省人民检察院未成年人刑事案件课题调研小组："四川省检察机关 2004 年—2010 年办理未成年人刑事案件分析"，《预防青少年犯罪研究》2011 年第 4 期。

④第二十一届全国未成年犯管教所工作研讨会《论文集》，2010 年 8 月，第 93 页。

率为 13.43%。如今，20 多年过去了，浙江区域未成年人的生存环境及处世理念发生了深刻的变化，未成年犯重新犯罪出现了一些新的趋势与特征。

（一）1992 年浙江省 24 名重新犯罪未成年犯基本情况

在撰写此论题时，我们搜集到了一本 1992 年民警对 24 名重新犯罪未成年犯的个别谈话记录。在整理归纳 20 年前未成年犯的重新犯罪背景资料时，我们深刻地感受到了一个老民警严谨而又质朴的工作作风。现对这 24 名重新犯罪个案作一个分析：

1.从籍贯构成看，24 人全部是浙江籍，遍布浙江 11 个地市。另据了解，1992 年，浙江省未管所的外省籍人员比例尚不到 5%，故外省籍未成年犯重新犯罪数量极少。

2.从文化程度看，文盲和半文盲是主流。其中，小学三年级以下 15 人，小四至小毕 4 人，初中文化 5 人（初中毕业仅 1 人）。可见，当时未成年犯文化层次普遍低下。

3.从罪行构成看，盗窃罪数量居第一位。在首次犯罪中，犯盗窃罪有 19 人，流氓罪有 2 人，抢劫罪有 1 人，故意伤害罪有 1 人；在第二次犯罪中，犯盗窃罪有 16 人，强奸罪有 4 人，抢劫罪有 3 人，流氓罪有 3 人，其中有 2 人犯两个罪。可见，未成年犯二次犯罪罪行种类在增多，社会危害性在加大。

4.从刑事处置看，少年教养是最常见方式。在未成年人首次犯罪中，拘役 2 人，缓刑 4 人，有期徒刑 2 人，少年教养 16 人；在二次犯罪中，再次被少年教养 5 人，被判处有期徒刑 19 人。从中可看出，法院对未成年人重新犯罪量刑上的一些趋势。

5.从家庭情况看，单亲家庭占三分之一。24 人中，离婚家庭 2 人，一方病亡 6 人，父母双亡 1 人。双亲中，父亲属于能人型的有 9 人，其中，父亲职业既有曾经的镇党委书记，有企业技术骨干、工程师，也有一些企业的厂长等。可见，当时家庭主角缺损、教育缺失、监管缺乏给未成年人成长带来的负面影响。

6.从再犯原因看，交友不慎是主要诱因。深刻剖析 24 人的重新犯罪原因，发现属于生活困难、走投无路犯罪的有 3 人，属于滥交朋友、走入歧途犯罪的有 13 人，属于父母脱管、爱慕虚荣从而走上犯罪的有 5 人，属于完全不懂法、乱搞男女关系走上犯罪的有 3 人。

通过梳理这 24 人的重新犯罪轨迹，可以得出以下几点结论：一是在生活比较寒酸的年代，未成年犯重新犯罪还是以盗窃为第一选择；二是很多未成年人的父母忙于生计，无暇照顾和教育子女，造成他们的孩子过早失学，过早和社会上的人来往；三是单亲家庭成长的孩子有心理缺陷及交往障碍，盗窃作案成为满足他们内心虚荣的一大重要途径；四是对少年教养人员的后期帮教与生活关爱工作做得还不够，导致一些人解教后不到一年又重蹈覆辙。

（二）近年来浙江省未成年犯重新犯罪总体状况

2006 年以来，随着宽严相济刑事政策在法院系统得以贯彻落实，浙江未成年犯重新犯罪指数有上升趋势，但从总体上看仍处于一个较低的比率。2006—2010 年，从浙江法院年判决情况看，未成年犯重新犯罪率呈连续上升态势，五年中虽然 2010 年总刑事处罚人数最低，但是这一年重新犯罪人数却最高，比率达 6.05%，是 2006 年的 2.2 倍。从刑罚执行机关年收押情况看，2006 至 2010 年未成年犯重新犯罪率与法院审理情况完全相反，呈连续下降态势，其中 2010 年比 2006 年下降了 4.32 个百分点（见表 9-1）。至于其中的原因，不外乎以下几种：一是法院量刑上更趋从轻化，使得许多重新犯罪人员在看守所就服完余刑；二是重新犯罪时虽未成年，但经过起诉、审判一个流程下来，已接近或超过 18 周岁，看守所最后将其送入成年犯监狱执行劳动改造；三是法院对一些重新犯罪未成年人予以拘役、罚金或免予刑事处罚等制裁，使得很多有前科的罪犯最后没有被监禁改造。

表 9-1　2006—2011 年浙江省未成年犯重新犯罪率对照

年　份	2006	2007	2008	2009	2010	2011
浙江法院判决比率	2.72%	2.88%	4.05%	4.76%	6.05%	4.89%
浙江省未管所收押比率	5.75%	4.36%	4.09%	3.63%	1.18%	2.29%

另据调查，2011 年浙江省未管所收押的未成年重新犯罪人数已从 2006 年的 94 人下降至 43 人，下降了 54.3%。表 9-2 清晰地反映了每一年收押的未成年重新犯罪人员基本情况。从表中，可得出以下几个特点：一是在重新犯罪人员刑事处罚既往史中，"服刑"比例总体上看是最高的，平均占 51.5%，超过拘役平均比例 30 个百分点；二是在重新犯罪人员籍贯分布方面，本省籍人员比例基本呈下降趋势，六年间下降了近 30 个百分点；三是少数民族重新犯罪人员比例不容忽视，2009 年竟达到了 18.92%。

表 9-2　2006-2011 年浙江省未管所收押重新犯罪人员基本情况

类别 年份	刑事处罚				籍贯分布		民族构成	
	管制	拘役	缓刑	服刑	本省	外省	汉族	少数 民族
2006	1.06%	17.02%	39.36%	41.49%	56.38%	43.62%	93.62%	6.38%
2007	1.27%	17.72%	36.71%	44.30%	65.82%	34.18%	98.73%	1.27%
2008	2.78%	17.57%	40.54%	39.19%	45.95%	54.05%	91.89%	8.11%
2009	0.00%	32.43%	27.03%	40.54%	25.68%	74.32%	81.08%	18.92%
2010	0.00%	5.26%	0.00%	94.74%	31.58%	68.42%	94.74%	5.26%
2011	0.00%	39.53%	11.63%	48.84%	27.91%	72.09%	90.70%	9.30%

（注：以上比例均为占当年收押重新犯罪总人数之比例）

（三）当前浙江省在押未成年犯重新犯罪主要特点

为了解当前浙江省在押未成年犯重新犯罪的倾向性特点，我们对 114 名曾被法院判过刑的未成年犯进行了问卷调查，有关情况归述如下：

1. 从既往处罚方式看，曾被判处有期徒刑者占六成。据统计，114 名未成年犯中，曾被判处有期徒刑的共有 68 人，占 59.65%；曾被判缓刑[①]的有 14 人，占 12.28%；曾被判拘役的有 34 人，占 29.82%。这说明短期的监禁改造，并没有使他们吸取教训，相反成为他们更加胡作非为的"炫耀资本"。

2. 从作案手段取向看，选择盗窃作案比例增大。本次调查，未成年犯重新犯罪案由中，犯抢劫罪的占 42.10%，犯盗窃罪的占 28.95%，犯故意伤害罪的占 8.77%，犯强奸罪的占 4.39%，其他罪占 15.79%；一人犯两个以上罪名的占 16.67%。而同期全所在押未成年犯构成中，犯盗窃罪的占 13.63%。未成年犯重新犯罪，盗窃作案机率增大一倍，从一个侧面说明了部分未成年犯在重新犯罪过程中更加注重寻求隐蔽作案的心路历程。

3. 从作案时间间隔看，出狱后六个月至一年比例最高。统计中获悉，这些有既往犯罪史的未成年人，在恢复人身自由后，在不到六个月时间内重新犯罪的占 14.04%，在六个月至不满一年内重新犯罪的占 47.37%，在一年至一年半内重新犯罪的占 21.05%，在一年半后重新犯罪的占 17.54%。由此可知，未成年犯在刑罚执行完毕抑或是在缓刑考验期一年之内，如果缺少正确的人生价值观之引导，缺少家庭的必要关爱和监管，有些人可能会引发再次犯罪。

---

① 从广义角度看，将未成年犯在缓刑期间再次违法犯罪列入重新犯罪人员进行统计，与本章要探讨的主题并不冲突。

4. 从作案人员组成看，单独作案比率超过五分之一。未成年人在初次犯罪时，由于缺少经验，也缺少胆量，经常彼此撑腰、相互壮胆，故团伙犯罪现象比较明显，约占了总数的四分之三；但在重新犯罪时，由于年龄的增长、经验的积累，多数人不需要他人的协助，单独实施犯罪的机率明显增大。这次重新犯罪的 114 人中，单独一人作案的占 21.93%，而全所另外 2300 余名未成年犯中，单独作案的占 12.02%，两者相差近 10 个百分点。调查中还获悉，2 人作案的占 20.18%，3 人以上作案的占 38.60%，有时一人、有时多人的则占 19.29%。

5. 从作案次数选择看，五次以上竟占三分之一。本次调查，获得了一组让人深思的数据，即重新作案次数，一次的占 32.45%，二至四次的占 35.1%，五次以上占 32.45%。可见，三分之一的未成年犯在回归社会后尚没有做好充分的心理准备，就再次误入歧途；而另外三分之一的未成年犯则视法律为白纸，视监禁为资本，走上了更加疯狂的违法犯罪之路。

6. 从作案动机起源看，再次犯罪的动机比较复杂。未成年人之重新犯罪，其内心的出发点即作案动机多种多样。有的出于对新式作案手段之实践尝试，有的出于对哥们义气的加深巩固，有的出于对社会偏见的连环报复，有的出于对财富分配不公的恶意掠夺，有的出于消极为人处世观的继续张扬等。故同样的抢劫抑或是盗窃作案，首次作案动机和第二次乃至第三次作案动机，有时会有很大的差别。因为心境决定了态度，态度决定了行动，行动决定了罪恶，罪恶决定了未来。

7. 从导致犯罪主因看，三分之一者认为犯罪思想未得到扭转。在导致 114 人重新犯罪的主观原因方面，认为犯罪思想未得到扭转、犯罪恶习未得到矫正、守法思想未得到确立、错误认识未得到转变的分别占 34.21%、23.68%、22.81%和 19.30%；在客观原因方面，列居前三位的分别是学到了新的犯罪知识、找工作受到不公正待遇、家庭缺少关爱和温暖，分别占 28.95%、24.56%和 20.18%。可见，对犯罪思想利弊分析不透彻、不深入，监禁期间犯罪思想又出现交叉感染，往往会对年轻人今后人生之路产生很大的负面影响。

8. 从家庭成员构成看，二成家庭存在教育监管方面的严重缺失。调查中获悉，114 名重新犯罪人员中，父母离婚或一方死亡的有 22 人，占 19.29%；从小由隔代抚养长大的有 39 人，占 34.21%。在这些离异、单亲或留守家庭长大的未成年人，由于家长疏于对他们的管理或是只知嘘寒问暖、对其内心世界知之甚少，导致其首次犯罪后，家长依然不能给予孩子足够的关心和正确的施教，从而助长了其重新违法犯罪的气焰。

第二节　未成年犯重新犯罪主要原因

从未成年人违法犯罪中，我们可以寻找到很多诱因，有的给人以理性思考。但是，针对那些在 18 周岁以前就已接受过法律审判和刑罚制裁、依旧执迷不悟、重新犯罪的人员而言，我们在广泛关注同时，更应该探究引发其重新犯罪的缘由和因素，并对其归正社会后可能面临的社会消极支撑体系作一全面的检视。关联未成年犯重新犯罪原因，主要有以下三个方面：

一、从司法审判与监禁矫正维度看

（一）法律制裁一味从宽，让 5%的违法犯罪未成年犯执迷不悟

很多未成年人第一次走上犯罪道路，法官考虑其成长环境、犯罪原因，本着"不一棍子打死"的指导思想，在刑事处置上给予了最大的宽容。据统计，2006—2011年，浙江法院判决的未成年人刑事案件中，每年判处免予刑事处罚、拘役、缓刑、管制、单处罚金这五类刑罚的人数占总人数的比率平均值为 35.9%。如果加上那些被判处两年以下有期徒刑的罪犯，可以推断出这些年每年至少有超过四分之三的未成年犯受到了法院特别从宽之处理。由此带来一个现实问题是，有极少一部分未成年犯视法院之宽容为理所当然，将司法机关给予的各种区别对待弃之脑后，继续走唯我独尊、我行我素之路。2008—2011 年浙江法院判决的未成年犯中，曾犯罪人员年平均比率是 4.94%（这一数字让人想到美国犯罪学家马汶·E.沃尔冈 20 世纪70 年代提出的"6%职业犯罪现象"，前面内容已提及，在此不予以展开），是2004—2007 年平均比率的 2 倍，这充分说明了有相当一部分触法少年对法院之恩泽不领情、不醒悟、不悔改。从某种程度上而言，针对那些行为恶习较深、家境较差或管教缺失、人格发育不健全之未成年犯，一味地从宽，最后可能会引致其案情更大、次数更多的重新犯罪。

（二）监禁管教不得力，使刑罚执行难以发挥应有的威慑效力

多年以来，受体制、机制等因素影响，对未成年犯的教育改造、缓刑监管、社会帮教等，尚存在一些问题，从而制约了刑罚应有的威慑力。针对刑罚执行机关而言，首先，从管教模式看，虽然法律规定以教育改造为主，但在当今国家财政拨款还有限的情况下，很多省（市）未管所依然视生产劳动为改造未成年犯的主要载体在运作，教育改造工作实际上处于"讲起来重要，做起来次要，忙起来不要"的尴尬境地；其次，从办学模式看，虽然各省（市）未管所对未成年犯施以了大量的政治、文化、技术教育，但由于未成年犯文化低、刑期短，民警师资力量有限，加之

习艺项目具有地域性、季节性、低附加值性等特点，有相当一部分未成年犯主动学文化、学技术意识不高，期望通过短期监禁改掉恶习是不现实的；再次，从服刑期限看，由于未管所对未成年犯百分考核和行政奖励习惯上从宽，加之中级人民法院对未成年犯的减刑、假释裁定也从宽对待，故现实生活中，面对相同或相似的犯罪行为，一个 17 岁的少年接受的刑罚制裁可能不及一个 19 岁青年接受刑罚制裁的一半。短刑犯改造期间交叉感染，对刑罚之威严缺少更多理性的认识，已成为未成年犯归正社会前的一大普遍性问题。另外，针对那些被判缓刑的未成年犯而言，很多父母由于自身文化、道德、家教上的缺陷，对失足孩子管教一无经验、二无方法，最终这些失足少年轻易摆脱了父母的管教束缚，在追求人生梦想的过程中又走上了犯罪之途。

二、从个性心理缺陷维度看

（一）个人认知低下，使未成年犯在社会复杂场景中不能明辨是非

上述提到的 1992 年 24 名重新犯罪未成年犯中，文盲、半文盲占 62.5%，这固然是那个年代犯罪人群特有的文化景象；到了 2012 年，本所调查的 114 名重新犯罪未成年犯中，小学都没毕业依然高达 39.5%，这说明九年制义务教育在一些经济欠发达地区或家境困难型家庭，对"读书改变命运"在理念认同和行动支持上还存在一些误区。文化低，涉世浅，年龄轻，造成广大未成年人对纷繁复杂的世态万象缺少客观、理性的分析，对生活中发生的一些事物或现象难以从本源上去判断和剖析。他们放荡不羁之个性，在触法之路上受到法律惩罚回归社会后，由于没有接受过系统规范的法制与德育教育，故对特殊情境下自己该如何立身处世、该如何处理好各种社会关系依旧是一片茫然，甚至是分外的鲁莽和武断。即便告诉其哪些行为是法律的"高压线"，但局限于其文化层次和社会阅历，在条规理解和行为恪守上依旧是一知半解。从某种程度上而言，文化层次低下，对事物认识肤浅，造就了一大批未成年人在成长及成熟过程中付出了沉重乃至惨痛的代价，他们用青春年华最宝贵的时光去交了一笔学法明理、如何做人的学费。有的人缴了一次就吸取了教训，有的人却要缴两次甚至多次才有所悔悟，才明白基本的法理。

（二）个人对比落差，使未成年犯对物质需求与精神追求恶性膨胀

当今"90 后"犯罪未成年人，不论其成长环境是农村、乡镇或城市，从电视、网络等媒介中或多或少了解到了一些现代化的生活元素与信息，其在成长过程中常会面临一些渴望走近都市、感受现代生活的迷茫与困惑。特别是一些偏远村落未成年人，看到乡邻纷纷外出打工，尝到打工带来的实惠与甜头后，人生观、世界观、价值观会受到很大的冲击。一些外省未成年人来到浙江打工，尚没有充分做好自食其力乃至适应无所依靠生活的心灵准备，便走上了犯罪道路。如果说其初次犯罪，

是对一些社会问题及处世技能在认识及行动上出了偏差，那么其重新犯罪则完全可从心理缺陷与人格障碍上找到根源。据调查，114 名重新犯罪未成年犯中，47.34%的人"想过一种有权有势的生活"，58.77%的人认为"商品社会，金钱万能"。这种错误的金钱观，导致了一些未成年人重新犯罪时不择手段，期望通过不劳而获这种走捷径方式来达到逍遥度世的目的。32.45%的人作案次数在五次以上，深刻说明了一些未成年人的犯罪恶习已成心理定势，已初步养成"不出手"如坐针毡的心理。对这些人的心理矫治，需要管教民警及有识之士共同努力，科学施教，对症下药，方能有所见效。

（三）个人交往困顿，使未成年犯生活圈子常游离于正常社会人之外

家庭和学校，对于一个人成长而言是小环境。拘役所、管教所，对于一个曾犯错少年人格的重塑而言也是小环境。一个人，只有在社会上经受各种考验和挫折，才能日渐成熟。俗话说，物以类聚，人以群分。当今时代，80 后、90 后们和父辈们相比，在价值观念、行为处事等方面有很大的代沟，这是社会发展必然出现的现象。未成年犯回归社会后，指望父母将其带在身边，很不现实，毕竟年轻人有年轻人的圈子。大量重新违法犯罪个案告诉我们，曾犯罪之人，如果依旧回到原来的生活居住地，如果没有一份稳定如意的工作，他必定会和原先的那帮朋友来往，甚至会建立更加紧密的联系，他会把坐牢经验和朋友们分享，在他人的指点下，会本着"堤内损失堤外补"的思想，谋思更大的攫财行动。一个有人格污点的人，要想融入社会，被勤劳、善良之人内心接纳，需要付出很多的辛劳，但一些年轻人往往没有这种耐心。于是，社会上一种很普遍的现象，便是"两劳人员"生活圈子大聚集。如果由政府或企业以集中就业形式进行安置帮教，这是幸事；然生活中，更多的是意会式的自然集聚。虽然"两劳人员"大集聚，危险指数并非成倍递增，但毋庸讳言，针对一些涉世不深的未成年人而言，为人处世观很易受到误导和冲击。有时，在从众心理和哥们心理的驱使下，很难摆脱情义的纠缠，从而在身不由己中再次触犯法网。

三、从社会环境支撑维度看

（一）亲情支持乏力，促使未成年犯在哥们圈中寻求情感寄托

家庭是社会的细胞。家庭稳定是社会和谐的基石。未成年人走上犯罪，从外因而言，第一大催生因素，必定是家庭组成、教育或监管上出了问题。父母离异，受伤害最大的往往是孩子；父母一方去世，受冲击最明显的也往往是孩子。如果一个曾犯罪少年，以诚惶诚恐之心期求家长的原谅，然而却得不到应有的关爱，反而招来更多的训斥，这无异于关上了孩子为家担当的大门。很多未成年犯经过监禁改造生活，深刻体悟到父母亲情的至真和大爱。据调查，在 2335 名未成年犯中，心中最崇拜的人，选择"父母"的占 37.5%；在改造中，最看重谁的来信时，选择"父母"的占 73.5%；哪些事会令你伤感乃至流泪，选择"父母因我受苦受累"的占 67.4%。可见，父母的亲情和关爱是未成年犯改恶从善的根本保证。如果未成年犯回归社会后，感受不到父母的亲情呵护和家庭温暖，就会日渐对家庭失去角色认同，最终在朋友圈中寻求情感根基，为了追求某种价值和利益，再度步入犯罪的泥潭不能自拔。如刘某自称是个遗腹子，父亲挖煤时死了，母亲在其两岁时离家出走，从小由爷爷带大，12 岁时出来打工，跟老乡挑砖，混口饭吃。由于从小未读书，又不懂事，第一次稀里糊涂就因抢劫触犯了法律，拘役时才 14 岁。自此后，刘某本该由家庭加强教育和监管，然而他不愿回家，因为他找不到一个可以托付的亲人。出去后，他只能和原来那帮所谓的朋友在一起，不到半年，刘某又走上了抢和偷的路子，一起玩的人中十有八九都被抓进去了。刘某的再次犯罪，让人反思，当今社会总该有一个部门或组织，来对那些家庭难以担当亲情监护的未成年人，履行必要的后续监管和教育责任，否则任其随波逐流，社会将面临很多不稳定、不和谐因素。

（二）民众认同低迷，导致服刑无畏观在未成年犯内心持续发酵

受"标签效应"之影响，广大民众对那些有人格污点的人总爱评头论足，总会有一种习惯性的偏见。他们对一个曾在社会上犯下不可饶恕罪行的人，经过大墙高网的管束和"熏陶"，能否以一种全新的形象呈现在大众面前，大多表示出怀疑的态度。这也是未成年犯出狱后最大的顾虑。据调查，在押未成年犯中，出狱后最大的困惑是被人歧视，占 34.0%，其次是找工作无技能，占 28.1%。民众言论的唾沫，制度规则的阻抗，导致一些未成年人出狱后不能端正自己的角色，聆听纷乱的杂音，树立良好的心态。调查中获悉，5.7%的未成年犯认为"坐过牢，没啥顾虑了，回归社会后可以作为'资本'"。有这种心态的人，为人处世可能会因坐过牢而更加张狂。从社会主流看，虽然很多人理解服刑人最终一天要回归社会，其和家人之间的亲情关系还得延续，但在言谈举止以及谋生就业等方面还是对他们设置了很多的门槛，还会有很多的桎梏。这对那些涉世不深的未成年犯而言，可能是一种很大的打击，最终使一小部分人在服刑无畏观之理念驱使下又重新踏入犯罪泥潭，服刑无畏观深度发酵。

（三）就业谋生碰壁，催使未成年犯选择犯罪收益作为生存依靠

未成年犯刑满释放后，要避免其在人生路上再"摔跟头"，让其"有事干"而不是整天在社会上乐逍遥，"有人管"而不是如一匹脱缰的野马到处闯荡，无疑是极其重要之举。一旦其就业无门，谋生无能，成为一个家长不愿管、企业不愿用、组织不愿帮之人，为了生存，他们可能会继续选择以往极端的生活方式，以犯罪来得到精神上的安慰和物质上的满足。这样的例子不胜枚举。如 16 岁的董某因抢劫在浙江温州某看守所服刑一年八个月后，抱着一颗开怀之心开始了新的生活。想起

自己很小的时候父亲就在坐牢，父子都坐过牢，这在村子里是很没面子的。故董某出狱后，一心想让别人看得起，一心想赚些钱在村里人及哥们面前有个好的名声。然而，他错估了自己的能力。虽然长得眉清目秀，帅哥一个，但是他一没文化、二没技术、三无社会经验，上班又嫌钱来得慢，在娱乐场所上班的大哥指点下，他走上了一条组织、容留妇女卖淫从而牟取不义之财的罪恶之路。在和警官的对话中，他有几句肺腑之言："自己必须先搞到钱，才能去做点生意；做坏事被人抓，算我倒霉，抓不住，有时钱来得实在快！为了生活，我不敢保证今后还会不会进来，也许会有第三次、第四次……但是，不到万不得已我不会去犯罪。"犯罪收益观无形滋生。

（四）社会帮教疲软，引致未成年犯刑释后信心指数上升迟缓

列宁曾经说过，青少年犯错，连上帝都会原谅。问题是，原谅也有底线，那就是错误不能是罪恶滔天，且下不为例。否则别人不会一而再地给你原谅的机会，即便是亲生父母，也会有心理容纳的限度。给犯错少年一个宽容的制度，一个包容的空间，于组织与个人而言，有时并不难，难就难在细水长流，一以贯之。现在，有很多县（市）组成帮教团，不定期对犯罪少年进行爱心帮教，让广大未成年犯心存感激。但事实是，集体帮教常占了大头，这其中还存在两大主要问题：一是每年走马观花式的帮教，虽然带来了当地政府的关心和鼓励，但也带有一些形式与作秀的成分；二是只把帮教对象局限于本县（市）籍，让那些当地判决的外省籍未成年犯有些辛酸，这与其说是一种制度上的规定，不如说是一种文化上的歧视。针对那些家境困难、家教缺损的未成年犯，抑或是刑释后不想回原籍的外省籍未成年犯，刑释后若能和他们通通话，为人处世观及时提个醒，给他们一些力所能及的帮助，不仅能巩固前期的教育改造成果，更重要的是有助于恢复和振作他们重新生活的信心。真正的帮教，应着眼于失足少年之未来，在他心里迷茫、困惑时，在他失落、潦倒时，能指一下路、解一下围、救一下急，当是功德无量之事。正如《菜根谭》中所说，"士君子贫不能济物者，遇人痴迷处，出一言提醒之；遇人急难处，出一言解救之，亦是无量功德。"一些未成年犯出狱后，之所以重操旧业，一大主要诱因便是，家中无人管，社会上也无人管，凭他们的文化、年龄和阅历，要想在一个城市站稳脚跟，是何其艰难。和一帮不务正业的朋友在一起，成为犯罪队伍中的一支"生力军"也许是早晚的事。

第三节　未成年犯重新犯罪预防对策

防范未成年犯重新犯罪，这是一个系统工程，需要国家、社会、家庭多方施力，

齐抓共管。要通过法律保障、机制构建、创新管理，着力构建"五层法"预防模式，即坚持以教育为先导，在未成年犯脑海中植入主流文化价值因子；以培育为基础，更新未成年犯心智模式，重塑其健康人格；以断念为关键，隔绝其原有犯罪关系网，阻断其重新犯罪意念；以控制为重点，完善社会中介组织对未成年犯的监管与服务效用；以发展为根本，促进未成年犯身心全面发展，不断提高其自新自强能力。

一、将未成年重点人群纳入规范管理轨道

（一）理顺和创新未成年犯社区矫正管理体制

据统计，2006—2009 年，浙江省未管所收押的重新犯罪未成年犯中，属于在缓刑考验期间或期满后又犯罪的占 35.91%。这一数字背后，印证出当前对未成年犯在缓刑监管特别是在社区矫正管理上尚存在一些问题。2012 年 3 月，新修订的《刑事诉讼法》第二百五十八条明确规定，对被判处管制、宣告缓刑、假释或者暂予监外执行的罪犯，依法实行社区矫正，由社区矫正机构负责执行。从社会发展看，社区矫正工作已成为我国全面贯彻落实宽严相济刑事政策、充分利用社会力量对罪犯进行教育改造、从源头上遏制和减少重新违法犯罪、最大限度地增加社会和谐因素的一项重大法治举措。从实地走访中获悉，当前尚存在一些制约社区矫正工作健康运行的消极因素，如机构不健全、人员不专一、经费不到位等。很多司法所工作人员一人身兼数职，由于没有专职的社区矫正员，造成对社区矫正工作习惯上处于应付状态。被判处缓刑和被裁定假释的未成年犯，作为社区矫正中的两大重要人群，如何对其有效监管，防范其重新犯罪，值得深入探讨。从长远看，社区矫正工作在我国的实践空间非常广阔。针对未成年社区矫正人员较多的地区，当地政府可以通过聘任制，吸收一些懂法律政策、身体健康、志愿报名的退休人员加入社区矫正员行列，这些同志大多责任心强、工作细致又具有丰富的实践经验，让他们从事对未成年犯的社区矫正管理工作，应该是极好的人选。这方面，江苏省徐州市司法局在选聘社区矫正志愿者队伍时就作了很好的尝试①。在不增加人员编制的情况下，政府通过购买服务的方式，以最小的付出去稳妥地开展好一项工作，这是未成年犯社区矫正工作创新发展的应然选择。

（二）完善和革新外来流动未成年人管理体制

2009 年以来，浙江省未管所收押的曾犯罪人员中，71.6%的未成年犯是外省籍人员。其实，很多外省未成年犯本质并不坏，至于其出狱不久又在浙江重新犯罪，

---

① 据《法制日报》2009 年 10 月 21 日报道，江苏省徐州市司法局聘请了 6000 多名懂法律、懂政策、会做思想工作的老党员、老教师、老支书、老模范、离退休政法老干部组成了一支社区矫正志愿者队伍。

追根溯源涉及这些户籍在老家、暂住在浙江的打工族、游荡族背后的社会管理问题。据 2012 年 2 月本书课题组对浙江部分经济发达乡镇之调查，切身感受到了外来人口的大集聚，给当地社会管理带来的压力和挑战。如杭州市江干区九堡镇，现有本镇居民 3.6 万人，在册登记外来人口 11 万人，每天流动人口 20 万人；绍兴县柯桥街道，在册本地人口 5 万余人，而外来流动登记在册人数达 16 万人；慈溪市天元镇，本镇常住人口 2.7 万人，在册外来人口 1.9 万多人，其中外来未成年人达 3597 人等。如何对外来流动人口进行有效的管理，防范其违法犯罪和重新犯罪，成了当地综治管理部门的当务之重。这方面，不少地区总结出了一套行之有效的方法。如杭州市江干区九堡镇推出了"五联"工作机制，即矛盾联调、治安联防、事件联勤、问题联治、平安联创，为防范各类人员违法犯罪提供了有利的机制保障；又如慈溪市天元镇，针对大量的外来民工子女，敢于冲破各种阻碍，坚持外来民工子女与本镇居民子女入学一律平等对待的政策，为该镇近 3600 名外来未成年人带去了福音[①]。在创新组织机构方面，2007 年 9 月 1 日，浙江省玉环县成立了流动人口管理局，这是全国首个政府部门专门管理流动人口的常设机构，标志着该县流动人口管理由偏重公安部门的防范式管理向政府主导的服务型管理转变[②]。近年来，浙江一些县（市）还在对流动人口管理上推出了许多创新举措，如成立诸如新市民联谊会、和谐促进联谊会等，加深本地民众和外来人员的沟通与联络。从组织、机制上加强对外来流动人口之长效化管理，让那些不想去老家谋生就业的外省失足少年日渐融入浙江的地域和文化生活，这对于完善对外省未成年犯罪人员的社区矫正模式，加强对其刑释后正当监管，防范其重新违法犯罪应是治本之举。

二、注重对未成年犯开展多角度矫正与激励教育

心理学上有一效应叫"火炉效应"，说的是任何人只要靠近燃烧的火炉，必定会受到炉温之辐射与灼伤，同一时间火炉赐予每个人均等的火力，任何人在火炉面前都没有特权。如果把刑罚视作为一只"高温火炉"，未成年人第一次触碰后，以后一想起或一靠近"火炉"就会远离，这并非易事、也非难事，关键是要通过潜移默化的教育，帮助其提升识别和远离"火炉"的思想觉悟和实际能力。

（一）通过思想引导，重塑未成年犯向上与向善的理念

未成年人第一次犯罪，有的是不知法、不懂法，有的是哥们义气催生使然，有的是走投无路、一时冲动所致，有的是特定情境中不知如何应对引发的激情犯罪等。

---

①据了解，2011 年该镇小学生中外来人员已占 52%，初中生中外来人员已占 26%。
②张乐："全国首个流动人口管理局在浙江玉环县成立"，引自网页：http://www. xinhuanet. com，发布日期：2007 年 9 月 8 日，访问日期：2012 年 6 月 8 日。

这些人经过监禁、矫正后，绝大部分成为了遵纪守法、自食其力的新人，另有一小部分人走上社会后又重新犯罪，这与其思想意识中一些错误、消极、腐朽的观念有很大的关系。如有些未成年人不信父母信老乡，滥交朋友最后再次走上了歧途；有些未成年人怕苦怕累，好逸恶劳，总想靠走捷径去获取不义之财；有些未成年人一切以自我为中心，在与人交往中容不得他人一点批评与异议就大打出手；有些未成年人侥幸心理严重，把上次被抓归结为技能欠缺，以致一再去冒险……有上述思想的人，言行丧失理智以致再次被捕入狱也就不难理解。因此，在刑罚执行环节，有关部门应针对未成年犯的身心特点，围绕其再社会化过程中可能碰到的一些心理困惑，着重就金钱观、消费观、交际观、荣辱观、幸福观、家庭观等内容，进行一些比较、剖析、引导式教育，匡正其扭曲的人生价值观，培育其健康向上的生活情怀，帮助其理性对待今后可能遇到的各种挑战，通过思想上给他打"预防针"，为其归正谋生奠定心理基础。

（二）通过挫折教育，增强未成年犯自立与自强的勇气

未成年犯出狱后，受"犯罪标签"的影响，其社会化过程难免会碰到很多的负面刺激，遭受常人难以想象的挫折。如有的未成年犯经过民警苦口婆心的教育已痛改前非，但出狱后却依旧遭受家庭的冷落和亲友的冷视；有的未成年犯出狱后在找工作、找对象时，一旦对方知道自己的"人格污点"便会予以无情的拒绝；有的未成年犯出狱后报着一颗守法、和善之心，本想好好做人却一连多日找不到工作，最后生活陷入困境等。针对未成年犯归正社会后可能经受的遭遇和挫折，管教人员应借助正面个案引路、困境临场应变、情景对策选择等典型个案，在他们心中埋下自立与自强的种子，让他们思想上受到点拨，行动上受到激励，方法上受到启发，以便归正社会后不致因一度迷茫而破罐子破摔，将各种不利因素都归结为社会并伺机报复以求精神上的某种"安慰"。通过开展多种形式的挫折情境化解教育，有助于消除未成年犯的焦虑与自卑情结，最终为防范其重新犯罪打下良好的铺垫。

（三）通过技能训练，提高未成年犯立身与谋生的技能

一个人要生存，要讲生活品质与幸福指数，必须有立足社会的常规或独特技能，必须对社会有所创造与贡献。劳动改造，其根本出发点是培育罪犯的劳动意识，使其养成劳动光荣的理念，使其学会通过自己的双手去创造物质与精神财富。江苏对1000名两次以上服刑的罪犯调查发现，74.8%的人刑满后因为没有谋生技能和一技之长而再次犯罪[①]。有学者提出，"职业技能"是预防刑释人员重新犯罪的第一防线，是"就业能力"的核心要素[②]。未成年犯侵财型犯罪比例高达70%以上，一大重要因

---

①江苏省监狱管理局："'首要标准'研究报告"，《江苏警视》2009年第3期，第10页。
②周耕妥："论特殊学校向监狱技校转型"，《中国监狱学刊》2011年第6期，第94页。

素是自身缺乏相应的劳动技能，社会对其劳动能力评价又十分低下。要防范未成年犯出狱后重新犯罪，必须对其在服刑期间进行基本的劳动技能强化训练。十多年来，浙江省未管所把技能培训作为深化教育改造工作的重要抓手，推出的计算机操作、中式面点制作、制冷设备维修、缝纫加工等课程，深受未成年犯的欢迎；推出的"技术帮教"举措，更是得到了浙江各地政府帮教团以及爱心人士的大力支持。一些反应敏捷、技能过硬的未成年犯，有的企业在其释放前就抛来"橄榄枝"，愿意为其提供出狱后的工作岗位。解决刑释人员后顾之忧，为其提供一个能显示自己才能的平台，这在很大程度上是隔离和净化了未成年犯重新犯罪的"土壤"和"气候"。

（四）通过场景模拟，促使未成年犯良知与人性的觉醒

针对一些情节轻微的未成年犯罪分子，有的因判决前一直处于取保候审故对所谓的监禁改造印象不深，有的虽有短暂的看守所拘禁史但缺乏对高墙电网有更多的刻骨印记。针对一些玩世不恭与家教缺损的犯罪少年而言，对其量刑与管教上轻缓与人道化，有时并没有使其涌生应有的感激与感恩，相反却助长了其"未成年人犯罪法律很宽容"之类论调不知天高地厚地传播。因此，针对那些没有经受过适度刑罚威严体验、没有表现过真诚忏悔的未成年惯犯、有一定反社会人格的未成年犯等，司法及社区矫正机关应对其开展一些触及心灵的威慑与震撼类教育。其内容可以是：让其观看灾难类纪录片（如汶川地震、印尼海啸纪录片），使其感受痛失亲人那种撕心裂肺的伤感；带其实地或电视中观看服刑罪犯生活情况，使其了解监禁改造的种种束缚与制约；带其进行"惊悚"或极限式身体挑战训练，让其明白所谓的军人气质与男子汉勇气等。通过倡扬未成年犯觉醒旗帜行动，让各类有潜在再犯罪危险人群远离犯罪，告别旧我，热爱生活。

三、全面提升未成年犯罪人员的法制素养

无论是监内还是监外，有关部门都应本着主题鲜明、形象生动、通俗易懂、寓教于乐的指导思想，力所能及地做好对未成年犯罪人员的普法宣教工作。

（一）普法宣教内容选择

1. 深化以刑法为主纲的刑事法律体系教育。打击犯罪、惩治罪犯，维护和保障人民的合法权益，历来是统治阶级之重大职责。对未成年犯开展刑事法律教育，根本目的是让他们学法知法、认罪服判，认清犯罪危害，明确改造目的，走好今后的人生之路。主要内容应包括：一是以1997年《刑法》为蓝本，向未成年犯系统讲授我国刑法一些重要的总则条款及分则章节，使其明确法院对自己犯罪行为定罪量刑之合法性与合理性；二是以八个《刑法修正案》为重要补充，向未成年犯讲解国家权力机关及立法机关对关联国家安全、经济、法律、民生等重要领域之热点关切与法律规定；三是以最高人民法院、最高人民检察院、公安部、司法部出台的一些

重要司法解释及规范性文件为切入点，对我国刑事法律之法条细化与实践适用作一专门的导读，以使未成年犯能更加深入了解我国刑事法律之基本精神与主要原则。

2. 加强以民生保障为热点的基本法律知识教育。注重普适性法律宣传，不断提高未成年犯的法律知识储存量，是当前普法宣教工作之重要目标。实践中，宣教员应通过专题讲评、个别谈话、电化教育等，对关乎民生的一些重要法律精神及内容进行适当的诠释。具体包括：一是行政类法律，如《治安管理处罚法》、《行政处罚法》、《食品安全法》、《环境保护法》等；二是经济类法律，如《合同法》、《公司法》、《产品质量法》、《反不正当竞争法》等；三是社会类法律，如《道路交通安全法》、《妇女权益保障法》、《消费者权益保障法》等；四是其他重要法律，如《婚姻法》、《物权法》等。这些法律，很多涉及普通民众之权利、责任与福祉，宣讲员若能有选择、有重点、有技巧地加以导读，并给予未成年犯一定的点拨和引导，有助于他们在今后的人生路上少走歪路、歧路和罪恶之路。

（二）普法宣教方式选择

1. 广开渠道，积极为广大家长教子育人提供法制食粮。从在押未成年犯父母法制知识储养看，很多可以归入法盲、半法盲行列。未成年犯接受社区矫正或回归社会后，家长作为监护人担当了重要的后期帮教职责。实践中，可借助党校、团校、技校或专修学校等办学资源，精心筹建"家长法制学校"。通过举办各类家教论坛、法制讲座、法制文艺汇演等，提高家长对年幼子女特别是违法犯罪子女的监护管理和法制教育能力。在普法宣教方面，针对行业相对集中的经商家庭，可由行业商会或市场管委会牵头承办；对外来流动人口家庭集中的地区，可由街道、乡镇综治办牵头承办；对一些特殊类家庭如单亲、困难、离异家庭，可由妇联、法院或民政部门牵头进行。针对当前家教典型误区及未成年人犯罪现状，及时向广大家长传递一些警示信息，必将会对家长更好地履行监护及教育职责、防范未成年犯刑释后重新犯罪产生积极的影响。

2. 各司其职，加大对违法犯罪现象的普法宣传力度。具体建议：其一，由政法委牵头，组建"法制宣讲团"深入学校、社区、公共场所定期、不定期地开展普法宣传；其二，由文明办牵头，组织文艺骨干，借助热心社会公益事业企业搭台之东风，积极开展"法制文艺下基层"活动；其三，由司法局牵头，在街道、乡镇、社区公共活动场所制作法制宣传橱窗，也可在各类小区、公用设施或建筑外围墙以动漫形式就青少年犯罪热点进行普法宣传；其四，由团委或妇联牵头，联系社会各界帮教志愿者、人文社科学会、图书馆等单位和个人，对犯罪少年、吸毒少年及被收容教养少年开展"送法进高墙"活动；其五，由"关工委"牵头，组织离退休老同志组建"夕阳红关爱工作团"深入社区开展未成年人法制宣传教育。关联未成年人健康成长的一些部门若能各司其职，分工协作，有所作为，则整个社会的讲正气、讲法制、讲道德氛围就会日渐浓厚，未成年人的违法犯罪及重新犯罪现象就会大为减少。

四、认真排摸未成年犯罪人员归正后需重点干预对象

研究表明，重新犯罪罪犯是心理健康的弱势群体，在人格方面是异质的；重新犯罪罪犯在反社会人格和偏执人格方面整体偏离正常人群；犯罪次数越多，反社会人格障碍越严重，年纪越轻，反社会人格越明显[1]。对在监内服刑或在社区矫正的未成年犯，应通过再犯预测性评估，排摸、确定需重点干预对象，以早日将其纳入重点帮教、监控网络。其实，再犯可能性预测评估是一门专业性很强的学科，涉及教育学、心理学、社会学、法律学等学科知识，我国目前尚没有一个权威的再犯预测量表和再犯预测机构。

（一）国内外学者对犯罪人员重新犯罪预测研究概况

1928年，美国学者巴杰斯对伊利诺伊州三个矫正机构被假释的3000名犯罪人的行为表现与其以前的生活经历进行了广泛的调查，从中筛选出了21项（如犯罪性质、婚姻状态、服刑时间、性格类型等）与犯罪有关的因素，将其作为判断犯罪人是否会重新犯罪的重要依据。巴杰斯研制了世界上第一份犯罪预测量表，为后人开展相关专题研究作了思路指引。1935年，德国犯罪学家希德通过调查500名犯罪人员，总结出了与再犯相关的15个因素；到了1946年，日本犯罪与精神病学家吉益脩夫调查了800名青少年犯罪者后，仿照德国希德的研究方法，列出了7类再犯因素，其中包括精神病质人格、缺损家庭、不良的遗传素质等；1951年，瑞士犯罪学家胡雷着重对少年犯罪问题进行了深入研究，他从前期预测、后期预测和终结预测三个阶段，列出了24项与再次犯罪有关联的因素。这之后，世界上许多国家和地区的专家学者纷纷开展对犯罪人员重新犯罪之研究，并取得了丰硕的成果。如1964年，我国台湾地区的学者韩忠谟、周治平和张甘妹共同对200名刑释人员重新犯罪问题进行了研究，从中筛选出了28项与重新犯罪有关联的因素。

近年来，我国学者针对刑释人员重新犯罪问题开展了多重研究。比较有代表性的有：一是在2003年11月至2004年5月间，由浙江警官职业学院黄兴瑞、孔一与曾赟合作开展的再犯预测研究，此课题组立足700名在押罪犯，围绕与再犯相关的61个社会因素与16个心理因素开展了大量的问卷调查，并制定了判刑前、入狱前、服刑中、释放前之预测因子对照表[2]；二是2004年，由江苏省监狱管理局推出的罪犯出监前重新犯罪预测性评估，此评估主要分为群体预测和个体预测两种，测

---

[1]刘运福、杨胜娟："重新犯罪罪犯人格特征分析"，《中国监狱学刊》2009年第3期，第49页。
[2]黄兴瑞、孔一、曾赟："再犯预测研究——对浙江罪犯再犯可能性的实证分析"，载《犯罪与改造研究》2004年第8期。

试的主要工具是 CX（重新犯罪）简评表和 XT（刑罚体验）简评表，前者由 25 道题目组成，后者则由 50 道题目组成。从目前监狱系统内部资料看，上海市监狱管理局组织有关人员在大量实证研究基础上编制了刑释人员重新违法犯罪预测量表，并制成电脑测试软件；广西壮族自治区监狱管理局在认真调研基础上，制定了包括 7 个一级、27 个二级评估指标的罪犯出监前危险性评估标准及其评价指标体系。

（二）对未成年犯刑释后重新犯罪预测标准的构建

未成年犯刑释前再犯可能性预测，和成年犯之相关预测有些差别。当前，从国内外相关研究看，尚未有权威的针对未成年犯刑释后重新犯罪预测量表。本书课题组经过大量调研，归纳出了关联未成年犯重新犯罪的三大因素即自身因素（包括心理状况和行为表现）、家庭因素与社会因素，并拟定了相应的评估指标、评估因子与评价方法（具体见指标一至指标四）。我们深知，此套预测未成年犯重新犯罪的指标仅是一些理论上的求索，肯定存在一些不完善之处，也有待实践之检验，但本着摸着石头过河的思想，也是本书课题组之一大心愿，期盼这套不成熟的预测指标能给当前的未成年人犯罪研究带去一些新的思索，真诚欢迎专家学者与实务部门同仁能给予批评与指正。

1. 未成年犯重新犯罪预测指标

表 9-3：未成年犯心理状况与重新犯罪评估（25 分）

分值	评估指标[①]	评估因子与评价方法	得分
25 分	精神状况（5 分）	①没有心理障碍（0 分）；　②有轻度心理障碍（1 分）；	
		③有中度心理障碍（3 分）；　④有严重心理障碍（5 分）；	
	人格倾向（5 分）	①没有异常人格（0 分）；②有分裂样人格（1 分）；	
		③有偏执性人格（2 分）；④有冲动性人格（2 分）；	
		⑤有反社会性人格（3 分）；	
		⑥有两种以上异常人格（5 分）；	
	心理调节（6 分）	①面对物质诱惑占有欲望强烈程度（0—2 分）；	
		②面对言语刺激内心冲动激烈程度（0—2 分）；	
		③面对情境挫折心理悲观失望程度（0—2 分）；	
	常规认知（5 分）	①对金钱作用认知（1 分）；②对友情观念认知（1 分）；	
		③对自我地位认知（1 分）；④对幸福内涵认知（1 分）；	
		⑤对荣辱评价认知（1 分）；	

①五项评估指标构成中，精神状况由心理咨询师根据专业量表测试评估，人格心理依据卡特尔 16 种人格因素测验表结果评估，另外三项指标尚需通过具体选题来评判；其中，心理调节指标，可视心理反应程度如高、中、低分别设定为 2 分、1 分和 0 分。

分值	评估指标[①]	评估因子与评价方法	得分
	罪行认知 （4分）	①对犯罪构成认知（1分）；　②对法院判决认知（1分）； ③对刑罚执行认知（1分）；　④对法律威严认知（1分）；	

表 9-4：未成年犯行为表现与重新犯罪评估（25分）

分值	评估指标	评估因子与评价方法	得分
25 分	不良行为 （5分）	①捕前是否有超过常规的吃喝嫖赌等行为（是1分，否0分）； ②捕前是否经常结交一帮不务正业的朋友（是1分，否0分）； ③捕前是否参加过帮派、教派等组织（是1分，否0分）； ④捕前是否参加过传销、黑社会等组织（是2分，否0分）；	
	既往处罚 （4分）	①捕前是否有被学校处以警告以上处罚（是1分，否0分）； ②捕前是否有被处以拘留、罚款等处罚（是1分，否0分）； ③捕前是否有被收容教养或法院判决历史（是2分，否0分）；	
	犯罪情况 （4分）	①作案一次且刑期在三年以下（1分）； ②作案二次或作案一次但刑期在三至七年（2分）； ③作案三次或作案一次但刑期在七至十年（3分）； ④作案四次以上或作案一次但刑期在十年以上（4分）；	
	矫正表现 （4分）	①矫正期间很少有违规违纪行为（1分）； ②矫正期间虽无大违规，但小违规比较多（2分）； ③矫正期间受过戴铐、关禁闭或一次扣5分以上处罚（3分）； ④矫正期间受过警告、记过或法院加刑等处罚(4分)；	
	劳动技能 （4分）	①矫正期间是否受过系统的劳动技能教育（是0分，否1分）； ②矫正期间是否参加过专题就业指导培训（是0分，否1分）； ③矫正期间是否获得劳动部门发的技术等级证书（是0分，否2分）；	
	今后打算 （4分）	①刑释后是否会立即去学一门实用技术（是0分，否1分）； ②刑释后是否会到亲友为其找的单位上班（是0分，否1分）； ③刑释后找不到工作是否会到社会上去混（是2分，否0分）；	

[①]五项评估指标构成中，精神状况由心理咨询师根据专业量表测试评估，人格心理依据卡特尔 16 种人格因素测验表结果评估，另外三项指标尚需通过具体选题来评判；其中，心理调节指标，可视心理反应程度如高、中、低分别设定为 2 分、1 分和 0 分。

表 9-5：未成年犯家庭因素与重新犯罪评估（30 分）

分值	评估指标	评估因子与评价方法	得分
30 分	父母状况（4 分）	①双方健在（1 分）；　②离异或一方去世（2 分）；	
		③父母长期分居（3 分）；　④父母双亡或不知去向（4 分）；	
	抚养主体（4 分）	①父母或养父母抚养长大（1 分）；②母亲抚养长大（2 分）；	
		③爷奶或外公外婆抚养长大（3 分）；④父亲抚养长大（4 分）；	
		⑤其他人抚养长大（视情给 1—2 分）；	
	家庭收入（4 分）	①在当地属较富家庭（1 分）；②在当地属中等家庭（2 分）	
		③在当地属较差家庭（3 分）；④在当地属困难家庭（4 分）；	
	父母劣行（4 分）	①没有违法犯罪史（1 分）；	
		②一方曾因违法被处以罚款或拘留等处理（2 分）；	
		③一方曾因违法犯罪被劳动教养或被法院判刑（3 分）；	
		④双方都被公安或法院处罚过（4 分）；	
	亲情关系（4 分）	①和监护人沟通较多（1 分）；②和监护人沟通一般（2 分）；	
		③和监护人之间沟通很少（3 分）；	
		④和监护人之间有严重对立情绪（4 分）；	
	家教方式（5 分）	①不严格也不宠爱（1 分）；②比较宠爱（2 分）；	
		③经常会受到监护人的言语训斥（3 分）；	
		④除了言语训斥，还经常会受到监护人的殴打体罚（4 分）；	
		⑤基本上是不管不问（5 分）；	
	出狱居所（5 分）	①会和监护人一起干活、居住（1 分）；	
		②会和监护人晚上住一起，但白天会各管各（2 分）；	
		③会和监护人生活在一个城市，但会分开生活（3 分）；	
		④会远离监护人，但偶尔会和他们保持联络（4 分）；	
		⑤会远离监护人，尽量摆脱他们的纠缠（5 分）；	

表 9-6：社会因素与未成年犯重新犯罪评估（20分）

分值	评估指标	评估因子与评价方法	得分
20分	社会关爱（5分）	①居住地有关部门有无对其帮教（有0分，无1分）；	
		②居住地政府有无对刑释人员政策支持（有0分，无2分）；	
		③居住地企业对刑释人员就业关爱接纳程度（较好1分，一般2分）；	
	社会管控①（6分）	①居住地文体娱乐设施管理概况（较好0分，一般1分）；	
		②居住地社会治安防控管理概况（较好0分，一般1分）；	
		③居住地刑事案件发生及破案情况（较好1分，一般2分）；	
		④居住地少年司法制度贯彻落实情况（较好1分，一般2分）；	
	生活交往（5分）	①刑释后是否会远离犯罪地去居住生活（是0分，否1分）；	
		②刑释后是否会和以前的朋友继续交往（是2分，否0分）；	
		③刑释后是否会和狱中的好友深入交往（是2分，否0分）；	
	谋生依靠（4分）	①主要依靠监护人帮忙安排（1分）；	
		②主要依靠亲戚同学牵线帮忙（2分）；	
		③主要依靠自己，到社会上去闯（3分）；	
		④主要依靠朋友，和他们同甘共苦（4分）；	

2. 未成年犯重新犯罪评估指数综合分析

上述四大类预测指标，在评估过程中，有些需要具有专业知识的人员用量表方式考评，有些需要监管人员用问卷方式测评，有些则需要监管人员通过查阅资料、对照分析方式评估。

将上述22项2级指标88个评估因子进行量化评分后，就可以对结果作一个总体分析（见表9-7）。

表 9-7：未成年犯重新犯罪分值评估预测表

重新犯罪危险程度	基本无危险	低危险	危险	高危险
分值范围	0—22	23—54	55—74	75—100

---

①此项指标主要根据未成年犯刑释后可能去的区域，在查阅相关资料后进行预测评估。

针对预测评估为重新犯罪"高危险"的未成年犯，在其刑满释放前，监管人员应对其开展心理强化干预辅导，着眼其心理及人格障碍，对其开展一些对症性的化解与治疗，尽力消减其对犯罪的冷漠感；同时，应通过监管信息平台，及时将重点人员的相关信息报送户籍地或居住地公安机关和司法行政机关，以便加强对其进行后续帮教与监管。当然，一些列为"高危险"的潜在重新犯罪人员，如果其刑释后家庭、社会对其加强了管控，其危险指数也会有所下降；相反，那些"低危险"的青少年刑释人员，如果后续监管放任松懈，也有可能在社会各种亚文化之浸染下，出现人生价值观的重新滑坡。因此，在未成年犯刑满一年后，再对其开展重新犯罪可能性评估，其可信度与准确度比未成年犯在刑释前综合评估更为科学。

第四节　未成年犯重新犯罪典型个案分析

未成年犯重新犯罪原因错综复杂。不同的生活年代、家庭环境与交往圈子，所引发的未成年犯重新犯罪，其内在机理、主要诱因与催化因素也迥然不同。深度解读各种未成年犯重新犯罪典型样本，有助于从微观环境改善与管教机制重构中找寻更为有效的预防与矫治之道。在剖析当今未成年犯重新犯罪典型个案同时，本文选取了二十年前本所收押的未成年犯重新犯罪两个案例，但愿通过成长环境透视、犯罪原因探究、犯罪背景对照，以给读者一些理性的思考。

一、1992 年未成年犯重新犯罪典型个案分析

（一）家境困难犯重新犯罪个案

1. 基本情况回顾

黄某，1973 年 5 月生，小二文化，浙江临安人，家有父亲，两个姐姐已出嫁。母亲在其 6 岁时水里淹死。大姐 18 岁出嫁（当时他 8 岁），二姐 16 岁出嫁。大姐 20 岁时离家出走了六年。整个村子 100 来户人家算他家最穷。母亲去世之前，父母经常吵架，他和大姐跟妈妈，二姐跟爸爸。黄某从小穿的衣服都是村里人不要穿送给他的。两个姐姐出嫁后，他没人管，自己烧饭吃，经常半熟就吃。后来不想自己烧，就去偷人家晒在外面的熟东西吃。黄某从 8 岁一直偷到 14 岁，一共偷了 6 年，在被少教之前，他被送进看守所关过两个月。

黄某第一次犯罪是盗窃，被少教三年。1986 年 10 月 2 日入所，1989 年 5 月 22 日出所，减期四个月。期间，其父一次都没来看过，也没有来信，更没寄钱来，只有表哥来看过一次。出所后，他在家干了十几天农活。村里人对其很好，叫他好好干活，不要去偷，没有人看不起他。可是父亲总是不理睬他，黄某几次叫他他都

不应，也不跟他说话。在家里待不下去了，黄某就到外面找工作。到了一个纸盒加工厂，他对厂长说，"我会糊纸盒，我来做好不好？"厂长说好的。厂长问他原来是做什么的，他说是少管所（即浙江省少年管教所，下同）出来的，厂长摇摇头说，"少管所出来不好"；接着又问他文化，他说"文化不高，小学二年级"，厂长又摇摇头。找工作无着落，村里人也不帮他，他只好再次去偷。

第二次，是在 1989 年 9 月 9 日因盗窃被抓，先后偷了六次，钱物 3400 余元，粮票 900 斤。后被法院判刑三年半，1990 年 1 月 17 日入所。第二次进少管所后，表哥来看过他一次，并寄来五十元钱。

第一次进少管所，黄某给父亲大约写了十几封信，父亲就是不来看他。第二次进来后，他再也不给爸写信了。黄某说，"这次出去，若没工作，我就去找临安法院少年庭的审判长，他答应过我，出来后若找不到工作，会帮助我找一份工作。"

黄某最后说，"我在这里很难过，每逢接见日心里很难受。晚上我常躲在被窝里哭……"

2. 犯罪原因剖析

黄某的犯罪，在那个时代农村孩子群体中有一定的代表性。其第一次犯罪，原因可归述为四个方面：首先是家境贫困，整个村子中他家最穷，这是导致他后来饥不择食，从 8 岁就走上偷盗之路的直接诱因；其次是家庭不全，6 岁时母亲去世，8 岁时大姐出嫁，10 岁时二姐出嫁，从小生活在单亲家庭，粗看黄某还可以和父亲相依为命，实际上却成了一个缺少监管的孤儿；再次是家庭不和，黄某小时父母经常吵架，这使得他从小就感觉不到家的温暖，更谈不上对家的认同，以致过早厌倦家庭生活、走上社会；最后是文化低下，由于生活穷困，他上学无望，在家庭道德传承严重缺失、个人文化知识极度困乏下，要想在脑海中培育"法制意识"无异于痴人说梦。少教出所三个半月黄某又重新"回炉"，从材料记载看，有其现实必然性。黄某少教期间，其父亲"三不来"即不来会见、不来书信、不寄钱物，可见其父对儿子情感上的极度冷漠，教育上的极端不负责任。由于大姐出嫁后离家出走多年，故在少教期间，在会见上只有极少的二姐和表哥的关心，致使年幼的他会见日前晚上"常躲在被窝里哭"。出所后，面对父亲的"冷暴力"，他只能选择离家出走。在寻找工作过程中，厂长对解教人员心理上的排斥，对文化程度之过高要求，使得他只好到社会上去游荡。亲戚、村邻没有人帮他，为了糊口，他再次走上盗窃之路，也就不言而喻了。

3. 监管对策思考

黄某的两次犯罪经历，固然是二十年前浙江个别少年凄惨成长史的印证，但于当今之人依旧有警示之义。现实中，针对那些特困型、孤儿型违法犯罪未成年人，在监管、矫治、帮扶上应重点把好以下几个环节：

一是确定好监管、帮教主体。一个违法犯罪未成年人，如果缺少亲情的呵护，其人格社会化必会有严重的缺陷。通过开办各种形式的家长学校，通过有关组织或个人的牵线搭桥，帮助违法犯罪未成年人找回或重新感受失落的人间亲情，这对于鼓励他们勇敢面对现实，重新点燃生活信心非常有必要。生活中，除了直系亲属，一些有爱心与责任感的旁系亲属，都应纳入违法犯罪未成年人之亲情关爱圈，让他们担当一些必要的关爱与帮教责任，也是构建和谐社会应有之义。

二是启动相应的政府救助机制。帮助家境困难型未成年人完成九年制义务教育学习，维护和保障其基本的生存权益，应是政府有关职能部门应尽之职责。认真落实好教育费减免、生活最低保障与医疗补助等事项，有助于为那些弱势家庭未成年人健康成长消除后顾之忧。特别是那些曾有犯罪史的未成年人，在其回归社会后，如果家庭监护严重缺失，基本生活得不到持续保障，政府有关部门应立即启动关爱帮扶行动，着眼解决他们现实层面的暂时安家糊口问题，这对于防范他们重新违法犯罪，帮助他们更好地适应社会，意义重大。

三是加强对其人生价值观的引导教育。对各类遭遇成长困惑或具有人格缺陷之未成年人，除了政策上倾斜、经济上帮扶外，更重要的还是精神上鼓励、心理上疏导。要通过各种主题的道德法制观教育，尤其是要借助榜样的示范与激励效应，帮助这些特殊未成年人树立"人穷不可穷志气"、"穷人的孩子早当家"、"幼时苦难是今后之财富"、"浪子回头金不换"等生存理念，促使他们正视现实、痛改前非，早日走上自食其力的阳光正道。

（二）高级知识分子之子重新犯罪个案

1. 基本情况回顾

陈某，1973 年 9 月生，初中毕业，杭州人，父亲和母亲都是杭州某企业的工程师，都是大学文化。从小父母对他管教很严格，做什么事都得照他们的意愿。初中毕业后，陈某考上了杭十五中，父母起初很不满意，后来也就默认了。

高中读了一个多月，一次放学时打台球，陈某同社会上几个游手好闲的人认识了。他们都 20 多岁，平时经常干些偷鸡摸狗的事情。同他们交往多了，陈某就开始学会了逃学。后来，陈某不想读书，跟父亲吵了一架，被赶出了家门。陈某走出家门后，既不去上学，也不回家。

辍学后，陈某整天和那些朋友们生活在一起，吃、住、用都是他们的钱（这些人后来有十多个因犯流氓罪都被判了刑）。后来，经母亲苦苦相劝，陈某回家了。但他不想待在家里，觉得和社会上的人玩很有味道，每天可以吃喝玩乐。家里的钱拿过两、三次，总共五、六百元，后来怕父母知道，便偷偷把钱拿出来。家人知道这钱肯定是陈某拿的，父亲也没有打骂他，只是叫他不要再跟社会上的人来往。

为了回报那帮朋友的关照，为了搞点娱乐钱，陈某想了一个歪招。他叫了另一个读高中的同学，先后白闯了六次，一次是陈某单独一人去的。1990 年 3 月 20 日，陈某在销赃彩电时被公安人员当场抓获。当年 8 月，陈某因犯盗窃罪（数额总计为4500 元）被判处有期徒刑三年、缓刑三年。结果生效后，陈某被放了出来。

陈某从看守所出来后，在家待了一个多月。此时，父母对其已是期望不高，只希望其平安过日子，以不出事为限。后来，陈某在杭州电视机厂找了一份临时工，每月工资 150 元。临近春节，陈某身边只有 100 多元，心想不够化，决定偷最后一次。最终他偷到了一台彩电和一件皮夹克。1991 年 2 月 19 日，陈某再次被抓，在看守所里关了半年。后来，杭州西湖区人民法院撤销缓刑，对其决定执行有期徒刑三年。1991 年 8 月 5 日入所。

2. 犯罪原因剖析

陈某的两次犯罪促人深思。在 20 世纪 90 年代初，父母都是大学学历，又都是工程师，这样的家庭很少见。由于从小父母管教十分严格，什么事都得按照父母的意愿办，在这种具有高压式、专断式管教环境中成长起来的孩子，其童年的幸福指数并不高。陈某从小生活得很压抑，很没有自主性，一旦其羽翼渐丰，青春期叛逆心理得以张扬，便会把以前积聚的所有怨恨和愤怒全部爆发出来。高中读了一个多月，因多次逃学，加之和父亲激烈地吵了一架，陈某被赶出家门，这是促使他中途辍学、寻求在朋友圈中立足安身的直接诱因。和那些不务正业的社会闲散人员在一起，人的懒惰性、虚荣心、冒险感便会与日俱增，最终为了面子、为了所谓的尊严，陈某豁出去了，用白闯方式盗窃作案，其根本目的是为了能和朋友继续过花天酒地的生活，可惜，这毕竟不是正当的生存之道。在看守所关了五个月，陈某因为被法院判处缓刑而得以释放。面对法律上的宽大处理，陈某本该吸取教训。可是，陈某毕竟只有 17 岁，这一年龄段人的不良行为习性容易出现波动和反复。经过这一次折腾后，一方面，父母已对其期望不高，只求其安稳地过日子，以往的严厉管教味没了；另一方面，过惯了以前逍遥自在的生活，总想找个机会再"潇洒一回"。想起自己以前多次白闯作案的经历，陈某决定最后一搏，再"金盆洗手"。第二次被抓，离看守所释放日刚好六个月。可见，刑释后一年之内对这些违法犯罪少年加强思想教育和行为监管，使其原有的贪婪、消极之念得以遏止和消释，是极其重要之事。

3. 监管对策思考

针对那些出身于经济比较富裕、父母文化底蕴较深厚家庭的违法犯罪未成年人，为防范其重新违法犯罪，在对其开展常规教育、管理同时，应围绕其犯罪原因，着重加强以下环节的思想观重塑教育：

一是消费观引导教育。消费观是人生观之重要组成部分。很多未成年人走上歧途，一大重要诱因，便是在消费观上出了问题。据对 2000 余名未成年犯之调查，发现捕前三个月每月消费在 600—1000 元的占 24.1%，每月消费额在 1000 元以上的竟占 40.7%。过度消费一方面容易导致未成年人与父母之间亲情关系紧张，另一方面易使一些未成年人在心理需求冲突中产生非法敛财观。因此，针对那些因高消费而走上犯罪之路的未成年人，监管人员应通过利弊分析、典型引路，使他们逐步树立起经济消费、适度消费、理性消费之理念，懂得将钱用在合适、必要、有意义的事项上。

二是交际观告诫教育。在押未成年犯中团伙犯罪占七成以上，从中说明一个问题，绝大多数未成年人犯罪和交友有着千丝万缕的联系。现实生活中，朋友有很多种，如忠友、难友、诤友、挚友、善友、密友、畏友等。细观未成年犯之交友种类，大多是在社会上混的所谓酒肉之交、娱乐之友，这些人不务正业、臭味相投，往往是社会公平正义、安定良序的干扰者和破坏者。管教民警要通过对未成年人犯罪原因的分析，深刻揭示"不辨菽麦"滥交友的严重危害，使他们充分认识到正是所谓的"哥们义气"、"江湖情结"最终葬送了自己美好前途。

三是劳动观强化教育。达·芬奇说过，"劳动一日，可得一夜的安眠；勤劳一生，可得幸福的长眠。"未成年人特别是那些出身富贵名门家庭者，他们从小就接受了优质教育，凭其智能、潜能将来本可以为家庭乃至家族增光添彩，但他们却把聪明才智用在了歪门邪道上。一些未成年人走上盗窃、抢劫之路，其犯罪原因，与其说是头海中畸形的贪欲需求在恶性膨胀，不如说是一种扭曲的劳动致富观在深层发酵。因此，强化未成年犯的劳动观念，努力提高其劳动技能，全力培育一个具有责任、规则、法纪意识的劳动者，对于防范其重新违法犯罪意义重大。

二、2012 年未成年犯重新犯罪典型个案剖析

（一）隔代抚养长大未成年犯重新犯罪个案

1.基本情况回顾

谭某，1995 年 3 月生，小二文化，抢夺、盗窃罪，七年，广西环江县人，曾因犯抢劫罪被判处有期徒刑一年半、缓刑两年。以下是该犯和警官对话中的部分陈述内容：

父母一直在广东打工，从小到大基本上是由爷爷奶奶带大。我小时候很调皮，读小学二年级时，就经常和人争吵，并多次逃学，受到老师批评后，就不想读书而中途辍学了。在与我玩的小朋友中，都是要面子的人，而且都是比谁强、比谁狠。如果他们出去玩了而自己不去就会被瞧不起。

印象中，老家那边很多人说说是在外打工，其实干的事，大家心里都明白——不是偷就是抢，因为这钱来得快。有些人还以此为职业，经常流窜作案，并且是跨省的，打一枪换一个地方。在他们老家，很多人靠犯罪造起了房子，买了车子，而且很风光。

第一次犯罪我根本不知道那是抢劫，是犯罪，只感觉钱来得快，很刺激。案发地法院认为我年纪轻（只有14岁），又是初犯，判了我一个缓刑。其实，在浙江自己离不开那帮老乡和朋友，和他们在一起虽然我知道迟早有一天要坐牢，但生活在那个圈子中，你无法摆脱那份情义。从里面出来后，感觉没钱无法生存，又不敢问家里去要。第二次犯罪，现在想想是必然的。坐牢，这是我应得的报应。

2. 犯罪原因剖析

从谭某的上述成长及犯罪经历中，可以看到几点：一是谭某从小生活在隔代家庭，由爷奶抚养长大，他们只管吃和住，不管教育和学习，以致其只读小学二年就逃学继而辍学，远在广东打工的父母只顾自己打拼生活，对谭某读书之事竟然漠然置之；二是谭某从小生活圈的玩伴，大多是留守儿童，很多还是常逃学的孩子，由于缺少一定的道德教养，性格上大多有些偏强、自私，这些人生活在一起，便慢慢形成了非常态的好胜观、要强观、打拼观，一些严重不良习性便相互影响；三是村邻很多人靠在外干些非法勾当，造了房子，买起了车子，这让人想起了可恶的"犯罪村"，虽然这些人到头来大多受到刑事追究，但的确有些人"先走一步"，靠非法所得改善了家庭生活，这对于似懂非懂未成年人而言诱惑、刺激很大；四是谭某不到14岁就和老乡从贵州来到浙江，幼稚单纯的他要想在浙江生存，一味指望老乡和朋友施舍是不行的，在没有至亲无私的帮助下，一旦就业无门，即使知道犯罪会带来很大危害，但为了在浙江长期立足，除了犯罪，恐没有良好的化解之策。

3. 监管对策思考

针对谭某这类长期经历留守生活、文化低下、性格偏强的少年，要想使其改恶从善、重做新人，出所后最大程度地不再次违法犯罪，需要社会各方高度关注，共同施力，共治共管。服刑期间，刑罚执行机关对其管教工作重点：一是对其大力开展讲道德、讲法制、讲正气为主题的思想教育，消除其一些错误、肮脏、庸俗的价值观念；二是要对其开展循序渐进的小学文化教育，鉴于其可能的服刑刑期，进行针对性的课堂化编班学习与个别化学习辅导，力求使其在刑释前能达到小学毕业水平；三是对其开展有一定技术含量、简单易学又符合就业发展趋势的技术教育，使其在刑释前能获得一门以上技术等级证书。这类人员释放后，一方面应督促其直系亲属在两年内认真履行对其必要的日常监管责任，防止其一个人再出远门，再和以前那帮朋友过度来往；另一方面，有关单位和组织以及其父母和亲友，应积极为这些曾犯罪人员在培训、就业、心理疏导等方面提供力所能尽的帮助，让他们回归社会后有一份事可干，能通过自身劳动显现人生的价值。

（二）有吸毒史的未成年犯重新犯罪个案

1. 基本情况回顾

陈某，1993 年 10 月 8 生，贵州省凤冈县人，抢劫、盗窃罪，五年，曾因抢劫罪被判刑一年三个月，有吸毒史。以下是该犯自述片段：

三岁时父亲因参与打架被人用枪打死，四岁时母亲改嫁，从小由爷爷奶奶带大。由于没爸妈，从小有自卑感，也很少有朋友。长大后，看着村子里的人相继外出打工，自己很矛盾是否要中途辍学。爷爷奶奶再三央求我要好好读书。于是，我勉强读完了初中。

16 岁时跟随老乡来浙江温州打工。由于从小生活在贫穷落后地区，从未在外见过世面。见到别人大手大脚地花钱很羡慕。有时常常怀疑自己是否生错了地方，为什么别人能做的自己不能做，别人有的为何自己没有，一切只能怪自己生错了地方。

一次，见朋友在吸毒，看他吞云喷雾、自我陶醉的样子，我抱着好奇心尝试了一口，后来竟也会上瘾。有些人染上毒瘾后没毒品吸心情很狂躁，身边有什么都会乱打乱砸。一个人一旦吸毒成瘾，如果不吸，膝盖上就好像蚂蚁在爬，浑身不自在。

老家一半的人出来打工，第一次犯罪在瑞安看守所时碰到同镇、同村的就有三个。看守所出来后，朋友想吸毒，没有钱只能去偷和抢。你和他们在一起，如果你不去，你会被人看不起，会说你是胆小鬼。有些人总是想着法子干一票，想着发大财。人与人之间都是钱的关系。以前的那个圈子里，十个人有七个在吸毒。一般都是有钱了就进一批货，自己吸又贩卖。很多人认为吸毒一般是拘留、戒毒，最多是劳教，法律惩罚不严会给他们钻空子。

自己走上犯罪道路最重要的原因还是自己比较懒，干活吃不消。同时，自己第一次犯罪进去，没有彻底地改好。出来时，原来的朋友来接，自然又融入到他们那个圈子里去了。不少人有这样的想法：自己坐牢失去的要加倍补偿回来……

2. 犯罪原因剖析

陈某的犯罪揭示了一个吸毒人员普遍的生存样态——因好奇而吸毒，因吸毒而钱财尽空，因染上毒瘾而铤而走险。陈某的成长环境让人心寒，一个出生于贫穷落后村落的孩子，又过早遭遇了家庭双亲一死一走的状况，幼嫩的心灵可谓过早担当了生活不堪之重。在成长路上，他最大的希冀便是走出村子，赚钱改变自己也包括爷爷奶奶的命运，在向现代都市奔涌过程中，没有人给其理性的指点，也没有给其无私的帮助，一个人摸着石头过河，对于一个 16 岁少年而言，背后隐藏着怎样的风险？其第一次犯罪便给出了答案，这种答案也是许多外省籍未成年人到远方一个城市立足不久便选择的生活方式——没钱就去抢。从看守所出来，他依旧生活在以前结识的那帮朋友圈子中，即便他已幡然悔悟，可是他面对的却是一批为了吸毒而无所顾忌的极度危险人群，没有人阻止其继续交往，其再次走上犯罪之路只是时间而已。加之在"堤内损失堤外补"的思想误导下，一个人若想不冲动、保持一份平常心有时都很难。

可见，与吸毒人员交往，其人生常掺杂着太多的冒险与悲惨的色彩。

3. 监管对策思考

针对陈某这类有吸毒史的犯罪少年，在矫治期间，应重点强化以下几大内容：一是毒品危害性教育，要通过图片演示、典型引路、现身说法，让其知悉吸毒害人害己，明确吸毒既是对人物质财富的极度消耗，也是对人身体健康、精神状态的极度摧残；二是友情观提醒教育，要告诉其社会上不务正业的朋友有很多种，结交对象中要尽量排斥那些"瘾君子"，否则会犯交友导向性错误；三是兴趣观培养教育，一个人务必要培养一种健康向上、有群众基础抑或光明正大的兴趣爱好，千万不要用吸毒方式来麻醉自己，寻求所谓精神刺激；四是自立观激励教育，要告诉他：一个人的家境差不可怕，犯罪坐牢也并不可怕，关键是人到一定时候、经历一定挫折、接受一定考验过后要振作精神，扬帆起航，战胜劣势，追逐梦想！出监后，监狱和地方应及时做好信息沟通与帮教衔接工作，将这类有吸毒前科人员纳入社会重点人群进行管理，并做好必要的跟踪考察与社会帮抚工作。

第十章

未成年人犯罪处置政策

　　未成年人犯罪的治理,不仅是一个单纯的法律问题,也是一个复杂的社会问题,还是一个国际关注的热点问题。关于未成年人犯罪的处置政策历来是各国刑事政策的核心内容。倡导对未成年人犯罪非刑罚化、轻刑罚化、非监禁化,是众多专家学者和社会民众的共同呼吁和热切期盼。

第一节　未成年人犯罪处置政策概述

　　所谓政策,即治理国家、规范民众的谋略或规定。政策之内涵与外延极其广泛。关注未成年人犯罪的处置政策,可管窥一个国家司法制度之谦抑、文明与理性程度。

一、联合国关于未成年人犯罪处置的规定与倡议

(一)《儿童权利公约》相关规定

　　1989 年 11 月通过的《儿童权利公约》是目前世界上最重要的保护儿童权利的纲领性法律文件。该公约以儿童的最大利益为首要考量,文件中的一些条款对于各缔约国开展针对未成年人犯罪的刑事立法有一定的指导意义。如该公约第三条第一款规定,"关于儿童的一切行动,不论是由公私社会福利机构、法院、行政当局或立法机构执行,均应以儿童的最大利益为一种首要考虑。"第三十七条(a)项规定,"对未满 18 岁的人所犯罪行不得判以死刑或无释放可能的无期徒刑";第四十条第四款规定,缔约国"应采取多种方法,诸如照管、指导监督令、辅导、察看、寄养、教育和职业培训方案及不交由机构照管的其他办法,以确保处理儿童的方式符合其福祉并与其情况和违法行为相称。"

（二）有关国际刑事司法文本的规定

1985 年 11 月 29 日批准的《少年司法最低限度标准规则》（又称为《北京规则》），其宗旨是各会员国应努力促进少年的福利，尽量减少司法干预，对触法少年应给予有效、合理、人道的处理，确保诉讼程序公正。《北京规则》在涉及审前拘留、社会调查、审判、非监禁与监禁处理等方面都作出了较为详尽的规定，有些内容对各会员国制订少年刑事政策及刑事立法有颇多的启示。如第 16.1 规定，所有案件除涉及轻微违法行为的案件外，在主管当局作出判决前的最后处置之前，应对少年生活的背景和环境或犯罪的条件进行适当的调查，以便主管当局对案件作出明智的审判。第 18.1 条规定，"应使主管当局可以采用各种各样的处置措施，使其具有灵活性，从而最大限度地避免监禁。有些可以结合起来使用的这类措施包括：（a）监管、监护和监督的裁决；（b）缓刑；（c）社区服务的裁决；（d）罚款、补偿和赔偿；（e）中间待遇和其他待遇的裁决；（f）参加集体辅导和类似活动的裁决；（g）有关寄养、生活区或其他教育设施的裁决；（h）其他有关裁决。"第 19.1 条规定，"把少年投入监禁机关始终应是万不得已的处置办法，其期限应是尽可能最短的必要时间。"第 25.1 规定，"应发动志愿人员、自愿组织、当地机构及其他社区资源在社区范围内并且尽可能在家庭内为改造少年犯作出有效的贡献"等。

为了帮助《北京规则》的实施，1990 年 12 月 14 日，第 45 届联合国大会批准了《预防少年犯罪准则》和《保护被剥夺自由少年规则》两部关联少年犯罪的指导性文本。其中，《预防少年犯罪准则》内容涉及家庭、教育、社区、大众传媒预防以及相应的社会政策。在关于立法和少年司法工作方面，该准则倡议，各国政府应制定防止青少年进一步受到污点烙印、伤害和刑事罪行处分的法规；应考虑设立一个监察或类似的独立机关，确保维护青少年的地位、权力和利益并适当指引他们得到应有的服务；应培训一批男女执法人员及其他有关人员，尽可能地使他们熟悉和利用各种方案和指引办法，不把青少年放在司法系统中处置[①]。制订《保护被剥夺自由少年规则》的宗旨则是维护少年权利和安全，增进少年身心福祉，促进社会融合。在基本原则中，该规则强调：监禁办法只应作为最后手段加以采用；剥夺少年的自由应作为最后的一种处置手段，时间应尽可能短，并只限于特殊情况。针对被逮捕扣押的少年或待审讯的少年，应假定是无罪的并当作无罪者对待；在不得已采取预防性拘留情况下，少年法院和调查机构应最优先给予最快捷方式处理此种案件；这些少年应有权得到法律顾问，并应能申请免费法律援助。在少年设施的管理方面，规则主要从少年入所与登记、分类和安置、住宿条件、接受教育和职业培训、享有娱乐、医疗护理等方面作出了详细的阐述。在惩戒方面，规则呼吁各成员国应严格禁止任

---

①程味秋等：《联合国人权公约和刑事司法文献汇编》，中国法制出版社 2000 年版，第 292—293 页。

何构成残酷、不人道或有辱人格待遇的惩戒措施；禁止以任何理由减少膳食和限制或不准与家人接触的做法等。全篇规则，包含着丰富的关联未成年人的行刑矫正原则，显示了各会员国对被剥夺自由少年权利的关注和维护。

（三）有关国际会议的倡议

2000 年 4 月，第十届联合国预防犯罪和罪犯待遇大会通过了《关于犯罪与司法：迎接二十一世纪的挑战的维也纳宣言》。宣言中指出：每个国家均有责任建立和保持一个公正、负责、讲道德和有效率的刑事司法系统(第 3)；必要时在国家发展计划和国际发展战略中列入有关少年司法的内容，并将少年司法列入各国发展合作的公共政策之中(第 24)；各国应"优先考虑控制审前拘留和监禁人数的增长和监狱人满为患现象，为此而酌情采用安全而有效的非监禁措施。"(第 26)2004 年 9 月，在北京召开的第十七届国际刑法大会通过的《国内法与国际法下未成年人刑事责任的决议》中指出，"未成年人需要社会的特殊保护，尤其需要立法者、社会制度及司法制度的特殊保护。"在法律适用上，该决议主张对未成年人"禁止任何形式的终身监禁"，"监禁最长不超过 15 年"，"必须严格限制徒刑的判处和徒刑的期限"。这一决议虽不具有法律拘束力，但充分表明了国际社会对未成年人犯罪的高度关注。从决议内容中可看出，联合国对未成年人犯罪在司法处置方面倡导以非监禁方式为主，以尽可能避免监禁关押对未成年人身心造成的负面影响。

二、我国对未成年人犯罪处置的指导原则

鉴于未成年人的身心特点以及未成年人犯罪的特殊性，我国针对未成年人犯罪的处置政策也经历了一个不断调整与完善的过程。建国六十余年来，我国着眼于未成年人犯罪预防、处置政策主要表现为以下三大指导原则：

（一）教育为主，惩罚为辅

早在 1934 年，《中华苏维埃共和国惩治反革命条例》就规定，年龄在 16 岁以下的未成年人，犯本条例所举各罪者，得按照该条文的规定减轻处罚；如为 14 岁以下的幼年人，得交教育机关实施感化教育。可见，在新民主主义时期，我国就确立了对未成年犯罪分子实施感化教育的政策。

1954 年，最高人民法院、司法部联合发布的《关于城市中当前几类刑事案件审判工作的指示》中，提出"对未成年人犯，必须贯彻教育为主、惩罚为辅"的原则。1979 年，中共中央第 58 号文件即《提请全党重视解决青少年犯罪问题的通知》中首次提出了对违法犯罪未成年人实行"预防、教育、感化"的方针。1981 年，《第八次全国劳改会议纪要》上提出了对青少年犯要实行"三个对待"，即要像父母对待患传染病的孩子、医生对待病人、老师对待犯错误的学生，从而极大地充实了未成年人犯罪刑事政策的人文内容。1982 年，中共中央在《关于加强政法工作的指示》中明确指出，对

违法犯罪的未成年人，"必须坚持实行教育、感化、挽救的方针，着眼于挽救"。到了 1991 年，我国颁布的《未成年人保护法》第三十八条（2006 年修订后变为第五十四条）规定，"对违法犯罪的未成年人，实行教育、感化、挽救的方针，坚持教育为主、惩罚为辅的原则。"1999 年，《预防未成年人犯罪法》第四十四条第一款再次规定，"对犯罪的未成年人追究刑事责任，实行教育、感化、挽救的方针，坚持教育为主、惩罚为辅的原则。"2012 年，新颁布的《刑事诉讼法》第二百六十六条延续了以前的法制精神与立法政策，明确规定"对犯罪的未成年人实行教育、感化、挽救的方针，坚持教育为主、惩罚为辅的原则。""教育为主，惩罚为辅"作为一条处置未成年人刑事案件的根本性指导原则，从以往的党内及行政文件中上升到三部法律文本之重要法条，深刻彰显了我国法律以人为本的司法理念，有力印证了我国法律对犯罪未成年人的特殊关爱。

（二）四位一体，注重保护

未成年人司法的最终目标是预防未成年人犯罪和保护未成年人正当合法权益。我国目前基本上形成以《宪法》为指导、以《未成年保护法》与《预防未成年人犯罪法》为主体、以《刑法》、《刑事诉讼法》等法律法规为重要补充的未成年人保护法律体系。特别是《预防未成年人犯罪法》和《未成年人保护法》，均规定了家庭保护、学校保护、社会保护、司法保护"四位一体"的预防未成年人犯罪工作机制，这种独特的立法推动机制已成为我国预防和处置未成年人犯罪社会政策之重要指导原则。

在司法保护方面，一方面，我国法律要求公安机关、人民检察院、人民法院以及司法行政部门，应当依法履行职责，在司法活动中保护未成年人的合法权益。如 2012 年 3 月新颁布的《刑事诉讼法》专列一章规定了"未成年人刑事案件诉讼程序"，主要内容有：未成年刑事案件处置的基本原则；未成年刑事案件办案人员专业化分工；对未成年犯罪嫌疑人与被告人实行强制辩护、社会调查制度；对未成年犯罪嫌疑人与被告人严格适用逮捕措施和分案处理制度；讯问和审判未成年人时合适成年人在场制度；对未成年人附条件不起诉制度等。这些规定，使未成年人刑事程序在立法体例上相对独立，进一步完善了我国未成年人刑事司法制度。另一方面，我国刑法对侵犯未成年人合法权益的违法犯罪行为施予更为严厉的刑罚制裁。如我国刑法第二十九条规定，对教唆不满 18 周岁人犯罪的，应当从重处罚；第二百三十六条第二款规定，奸淫不满十四周岁幼女的，以强奸论，从重处罚；第三百零一条第二款规定，引诱未成年人参加聚众淫乱活动的，依照聚众淫乱罪的规定从重处罚；第三百六十四条规定，向不满十八周岁未成年人传播淫秽物品的，从重处罚等。两方面虽然司法保护内容不同，但都体现了我国法律注重对未成年人正当权益保护的价值取向。

（三）宽严相济，以宽为先

十一届三中全会后，我国针对违法犯罪人员的刑事政策经历了一些调整，从惩办与宽大相结合，到"严打"再到宽严相济刑事政策，每一次调整都有其特定的现实背景。2004年12月，时任中共中央政治局常委、中央政法委书记罗干在全国政法工作会议上提出，"正确运用宽严相济的刑事政策，对严重危害社会治安的犯罪活动严厉打击，绝不手软，同时要坚持惩办与宽大相结合，才能取得更好的法律和社会效果。"这是中央领导人首次提出宽严相济刑事政策。2005年12月，全国政法工作会议上对此作了进一步的阐述，其基本内涵一言以蔽之，即在刑事活动中当宽则宽，当严则严，宽严结合。2006年10月，党的十六届六中全会通过的《中共中央关于构建社会主义和谐社会若干问题的决定》，明确提出"实施宽严相济的刑事司法政策，改革未成年人司法制度，积极推进社区矫正"。

近年来，最高人民法院、最高人民检察院、公安部、司法部围绕宽严相济刑事政策，对诸多工作制度、流程、规程作出了重新规范和调整，很多内容涉及未成年人犯罪之司法处置。这可以从2006年1月23日施行的《最高人民法院关于审理未成年人刑事案件具体应用法律若干问题的解释》（以下简称《解释》）和2006年12月28日发布且同日施行的《人民检察院办理未成年人刑事案件的规定》（以下简称《规定》）可见一斑。从专家解读及民众反响看，最高人民法院《解释》和最高人民检察院《规定》之出台，是宽严相济刑事政策在关联未成年人犯罪司法干预领域之纲领性法律文献。两院的司法解释，着眼以宽为主、以宽为先的法治求索，通篇涵盖了对未成年人刑事案件"可捕可不捕的不捕、可诉可不诉的不诉、可判可不判的不判、可关可不关的不关"的思想精髓。

2011年5月1日起施行的《刑法修正案（八）》对未成年人犯罪着眼从宽容视角作了三项大的立法调整。其一，是将刑法第六十五条第一款修改为："被判处有期徒刑以上刑罚的犯罪分子，刑罚执行完毕或者赦免以后，在五年以内再犯应当判处有期徒刑以上刑罚之罪的，是累犯，应当从重处罚，但是过失犯罪和不满十八周岁的人犯罪的除外。"即将累犯从未成年犯罪主体构成属性中排除。其二，是将刑法第七十二条修改为："对于被判处拘役、三年以下有期徒刑的犯罪分子，同时符合下列条件的，可以宣告缓刑，对其中不满十八周岁的人、怀孕的妇女和已满七十五周岁的人，应当宣告缓刑……"从而为今后扩大对未成年犯的缓刑适用起了较好的立法保障。其三，是在刑法第一百条中增加一款："犯罪的时候不满十八周岁被判处五年有期徒刑以下刑罚的人，免除前款规定的报告义务。"用立法的形式，免除了部分未成年人刑事犯罪前科报告义务。这三大规定，顺应了专家学者及广大民众的期盼与呼吁，体现了我国法律对未成年犯罪人员的深层关爱，为完善我国未成年人刑事法律体系作了实质性的推动。

第二节　对未成年犯罪人员的司法政策

自从 1899 年美国伊利诺伊州颁布世界上第一个《少年法院法》，并建立世界上第一个少年法院以来，现代少年司法制度已走过了 110 多年的历史。著名法学家庞德把美国少年法院之诞生评价为自 1215 年英国大宪章以来，英美司法史上最重大的进展。我国的少年司法体系建设步伐较晚，但初步摸索出了一套虽不完善但有些特色的少年司法体系。本节主要从广义层面，对我国近三十年少年司法之探究与实践作一梳理与分析。

一、我国对未成年犯罪人员司法政策的实践运用

我国司法机关严格依照刑法、刑事诉讼法及有关司法解释的规定，认真贯彻对未成年人犯罪案件的刑事立法政策，对未成年犯依法从宽处理并积极保障其诉讼合法权利，充分注重法律效果和社会效果的有机统一。如针对未成年人案件由专门机构、专门人员负责办理；坚持寓教于审、惩教结合原则；规定分案起诉与审理制度；落实审前、审中、审后法制教育制度等。实践中，公安、司法机关还根据国情、省情、市情积极探索各种未成年人犯罪案件的办理模式与机制，主要表现在：

（一）组织架构方面

1.长宁模式。1984 年 10 月，上海市长宁区人民法院建立了中国第一个少年刑事案件合议庭，从而开启了探索、构建中国特色少年司法制度的征程。1988 年 5 月，最高人民法院在上海召开"全国法院审理未成年人刑事案件经验交流会"时明确指出，"成立少年法庭是刑事审判制度的一项改革，有条件的法院可以推广。"之后，全国各地法院积极酝酿，迅速跟进，纷纷成立少年法庭。1994 年，最高人民法院设立少年法庭指导小组。1995 年，第三次全国法院少年法庭工作会议召开，对少年法庭机构设置、工作范围等问题作了进一步规范。截止到 2009 年 5 月底，全国共有少年法庭 2219 个，少年审判法官 7018 名[①]。

2. 天宁模式。1991 年，我国第一个未成年人案件综合审判庭在江苏常州天宁区人民法院成立。该院在开展对未成年人刑事案件审判方面，做到寓教于审，惩教结合，讲求庭审艺术，正确运用刑罚程序，科学确定刑罚措施。在判决过后，该院十分重视做好延伸帮教工作，如对每一个未成年犯都建立回访考察档案，对于服刑未成年犯采用结对帮教、信函联系等方式对其进行勉励教育；对于缓刑未成年犯，及时确定帮教单位，签订帮教协议，落实帮教措施。"天宁模式"强化了我国少年司

---

① "中国法院共有 2219 个少年法庭少审法官 7018 名"，引自网页：http://www.dffz.org，发布日期：2009 年 6 月 2 日，访问日期：2012 年 7 月 16 日。

法在维护未成年人合法权益方面的职能作用，为中国特色少年司法制度的构建起到了较好的模式引领作用。

2001年11月，上海高院首次就设立少年法院问题向最高法院提交请示报告。2008年，最高法院提出，"上海在加快建设现代化国际大都市的进程中，在探索建立包括少年法院在内的完善的少年司法制度上可以考虑先行一步，为全国作出示范，积累经验。"为此，上海市高院课题组在深入调研基础上，专门形成了论证报告，就审级设置、收案范围、主要内设机构和职能、办公场所作出具体设想。其中收案范围包括：被告人为未成年人的刑事案件；被害人为未成年人的刑事案件；涉及未成年人合法权益保护的案件；当事人为未成年人的行政诉讼案件；涉及未成年人权益的执行案件等。在机构设置中，上海高院提出要设立观护庭，下设社会调查组、心理治疗组、非监禁刑考察联络组等[①]。相信不久的将来，中国少年法院一定会在上海诞生。

（二）机制建设方面

近年来，全国各地司法机关在探索针对未成年人的刑事司法制度过程中，除了在实践中试行指定管辖、社会调查、暂缓起诉、暂缓判决等举措外，一些政法部门在借鉴吸收国外先进少年司法制度基础上，以非凡的智慧和勇气积极进行本土化探索。

1. 推行社会服务令机制

2001年5月，河北省石家庄市长安区人民检察院受港澳地区司法制度之启发，出台了《关于实施"社会服务令"暂行规定》，对符合不起诉的未成年人犯罪嫌疑人，检察机关对其下达社会服务令，并将其推荐到社会公益机构，由检察机关聘用的辅导员对其进行思想感化教育，使其在规定时间内从事一定的补偿性无薪工作的一种制度。长安区人民检察院规定，下列三种情况可以下达"社会服务令"：一是已满16周岁不满18周岁的未成年人作案，情节显著轻微，危害不大，不认为是犯罪的；二是已满16周岁不满18周岁的未成年人作案，犯罪情节轻微，危害不大，或有主动投案、退赃、退赔等情节的；三是刚满18周岁的犯罪嫌疑人，尚正在就学或就业的，属于初犯、偶犯的，且犯罪情节轻微，危害不大的。根据该规定，长安区人民检察院向一名涉嫌盗窃的17周岁未成年犯签发了我国内地首份社会服务令。据不完全统计，截止到2009年全国已有四川、安徽、广东、上海、新疆、湖南、江苏等七省（市）20多个市（县、区）对未成年犯罪嫌疑人试行了社会服务令举措，取得了较好的社会效果。

---

① 上海市高级人民法院课题组："上海率先建立少年法院论证报告"，《青少年犯罪问题》2010年第5期。

2. 实行考察教育机制

2005 年初，上海市综治办等 8 家单位联合出台了《关于对违法犯罪情节较轻的未成年人实行考察教育制度的意见》，从而在全国首创对违法犯罪未成年人考察教育制度之先河。所谓考察教育制度，是指对违法犯罪情节较轻的未成年人，在其经历行政处罚或刑事诉讼时，公安机关、人民检察院、人民法院与家庭、学校及社会组织密切开展的"缓处考察"、"诉前考察"和"社会服务令"的制度。其中，"缓处考察"是指公安机关对违反《治安管理处罚条例》，符合治安处罚条件，但违法情节较轻、有被监护和教育条件的未成年人，可以暂不裁决处理，给予 3—6 个月时间进行考察教育；"诉前考察"是指人民检察院对侦查终结移送审查起诉的未成年人，经审查认为确已构成犯罪，但情节较轻，又有明显悔罪表现且有条件落实帮教措施的，可以结合案件的实际情况采取取保候审，进行 3—6 个月的诉前考察教育；"社会服务令"是人民法院在审理未成年人刑事案件中，对尚不具备免刑或者缓刑条件的未成年人可暂缓判决，并以《司法建议书》的形式，要求其在社区或者指定的场所完成 1—3 个月的社会公益性服务[①]。目前，此项工作主要是由社会工作者（简称社工）完成。社工的主要职责是对违法犯罪的未成年人开展再犯罪可能性评估、悔罪表现观察、心理测试、社会公益劳动教育等一系列服务，考察教育结束后向司法机关提供书面报告，为司法机关做出最终决定提供依据。考察教育范围包括：取保候审考察、诉前考察教育、社会调查以及合适成年人参与[②]。在整个考察教育介入过程中，社工作为专业工作者扮演着使能者、教育者、中介者、调停者、倡导者等角色，发挥着独特的作用。[③]

3. 实行刑事和解机制

刑事和解，是指在刑事诉讼程序运行过程中，加害人通过认罪、赔偿、道歉等方式得到被害人的谅解，国家专门机关不再追究加害人刑事责任或者对其从轻处罚的一种案件处理方式。这种诉讼制度是对调解制度的发展和创新，其实现途径是当事人之间通过直接商谈，尽可能地达成赔偿协议，继而修复犯罪所带来的损害。通过面对面的商谈，有利于使加害人了解到自己行为所造成的危害后果，也有助于被害人借机倾诉感受，宣泄情绪，降低因犯罪行为所带来的痛苦和不安。对加害人而言，刑事和解为其当面向被害人认错道歉，弥补犯罪行为所造成的损害以获得被害人的谅解提供了机会；对被害人而言，刑事和解为其宣泄内心痛苦情绪、接受加害

---

① 郑法玮、刘建："上海将全面推进未成年人考察教育制度"，引自网页：http://sina.com,cn，发布日期：2005 年 4 月 7 日，访问日期：2012 年 7 月 15 日。

② 当涉罪未成年人进入司法程序后，如监护人不能到场或不能有效履行监护责任时，办案机关可以申请社工以合适成年人身份参与司法程序，由社工承担一部分监护人职责。

③ 蔡忠、杨峻："考察教育制度与社会工作者的角色及任务"，《青少年犯罪问题》2010 年第 3 期。

人的当面道歉，在获得精神安慰同时获得相应的物质赔偿提供了"管道"。2002年，北京市朝阳区检察院制定了《轻伤害案件处理程序实施规则（试行）》，里面就包含了有关刑事和解的内容。从全国范围看，大规模的未成年人刑事和解试点出现在2003年之后，北京、上海、重庆、湖南、四川等九个省级政法机关都出台了刑事和解相关规定，当前全国至少有24个省、自治区、直辖市有关于未成年人刑事和解的试点[①]。2012年3月14日，第十一届全国人大第五次会议通过修改后的《刑事诉讼法》"特别程序"中，专列一章就"当事人和解的公诉案件诉讼程序"作出规定，从而为各级司法机关今后更好地办理未成年人刑事和解案件提供了权威的法律保障。

4. 尝试实行监管令机制

向未成年人及其法定监护人发出监管令，这是对违法犯罪未成年人进行教育和监管的有效方法之一。监管令是指人民法院在刑事案件的判决或暂缓判刑的决定生效后，对未监禁或已解除监禁的失足少年及其监护人发出的，要求他们在一定的期限内必须遵守和履行某些限制性规定的书面指令。监管令的时间一般为一至六个月。在监管令规定的期间，公安机关负责对未成年人的生活行为进行监督，法院则负责对未成年人的帮教考察。监管令针对未成年人其主要内容是：未成年人不得游荡社会，夜不归宿；不得脱离监护人单独居住；不得吸烟酗酒；不得进入营业性网吧、歌舞厅、迪厅、洗浴城等不适合未成年人进入的场所等。针对监护人其主要内容是：不得让监护对象单独居住；发现监护对象擅自外出、夜不归宿的，应及时查找并向公安机关报告；在生活、交友等方面严格要求监护对象，防止其不良行为发生；积极指导和帮助监护对象读书学习、及早就业等。2000年7月，上海市长宁区人民法院少年法庭率先作了有益尝试，对一个犯有故意伤害罪的在校学生签发了我国第一个监管令。此后，广东、江苏、重庆、福建等地人民法院均发布过针对未成年犯及其监护人的监管令。作为一种预防未成年人重新犯罪行之有效的非刑罚处罚方法，监管令在实践中得以不断完善，成为我国未成年人司法特色制度之一。

5. 实行前科消灭与封存机制

前科消灭是指曾受有罪宣告或被判处刑罚的人具备法定条件时，注销其有罪宣告或者罪及刑记录的制度[②]。针对未成年犯而言，其身上的"前科标签"所带来的罪名惩罚效应，一定程度上给他们的就学、就业、生活带来了诸多困难。2003年12月，石家庄市长安区人民法院在全国率先制订了《未成年人前科消灭实施办法》，由于引起了社会上的广泛争议，该"办法"并未真正实施。2007年5月，四川彭州市法院审时度势，在启动"前科消灭"方面迈出了可贵的一步。据报道，17岁的

---

① 郎松庆："我国刑事和解制度中对未成年人的保护"，引自网页：http://jcrb.com，发布日期：2011年4月28日，访问日期：2012年7月20日。
② 马克昌（主编）：《刑罚通论》，武汉大学出版社1999年版，第771页。

彭州学生刘某通过自学在家制造出一支具有杀伤力的手枪,因此被法院判处有期徒刑一年、缓刑一年,考虑其明年将参加高考,遂被法院列为"前科消灭"试行方案第一人,这也是全国第一个"浪子回头"污点不入档的少年犯[①]。"彭州破冰试验",得到了专家学者与普遍民众的一致肯定,从一个侧面反映出广大民众对未成年人发展前程及命运福祉的深刻关切。此后,全国其他基层法院纷纷效仿这种做法。与此同时,一些部门也在进行类似的探索。据《检察日报》2009年6月17日报道,上海市人民检察机关自2006年开始试点"未成年人案件刑事污点限制公开制度",即在未成年人犯罪诉讼的审查起诉阶段试行未成年人刑事污点限制公开,在对涉案未成年人作相对不起诉处理后,其《不起诉决定书》可以不进入人事档案,予以有条件的封存。截止至2009年5月,上海全市共有65名未成年人刑事污点被封存,其中有46人顺利就业,有17人续学。2012年3月,新颁布的《刑事诉讼法》第二百七十条就"未成年人犯罪记录封存制度"作出了明确规定,从而为违法犯罪未成年人更好地回归社会、重做新人创造了有利的法治环境。

6. 建立涉诉未成年人司法救助机制

社会救助被视为"最后一道社会安全网",或被称为社会保障的"最低纲领"。当前,社会救助内涵已由最初的基本生活救助,拓展到医疗、失业、灾害、司法、心理救助等范畴。未成年人救助有其自身特殊性。在许多发达国家,专门针对未成年人救助制定了相关法规。如德国既有宏观的《少年保护法》、《少年法院法》,也有专门的《儿童与少年救助法》,对儿童与少年救助的任务与种类、救助执行主体、救助管辖、救助费用、法律责任等问题作出相应规定[②]。我国在对未成年人司法救助制度建设方面起步较晚。2004年9月,江苏省常熟市法院尝试建立"青少年维权基金",对急需抚育费用而案件一时又无法执结的未成年人当事人实行司法救助,确保他们的正常学习、生活获得保障[③]。2006年10月,北京市海淀区法院设立全国首例"未成年人判后专项救助基金",专门帮助刑满释放的特困未成年人解决生活、康复、教育和就业等方面的基本需求,促其平稳回归社会[④]。为更好地维护未成年人的合法权益,2009年11月,北京市高院出台了《"涉诉未成年人救助基金"使用管理办法》,针对六类未成年人予以一定的金钱救助:一是受到重大人身伤害、

---

① 王仁刚:"四川彭州法院计划启动少年犯前科消灭试行方案",《华西都市报》,2007年6月7日。

② 孙云晓、张美英(主编):《当代未成年人法律译丛》(德国卷),中国检察出版社2005年版,第3页。

③ 陆文波:"设立'青少年维权基金'保障未成年人合法权益",《人民法院报》2004年10月22日。

④ 傅沙沙:"海淀法院首设'判后救助基金'",《京华时报》2006年10月13日。

无法得到实际赔偿、家庭贫困的未成年人；二是受到性侵害、急需心理治疗、家庭贫困的未成年人；三是无法得到实际赔偿的已死亡被害人的贫困未成年子女；四是监护人缺失、身体残疾或患有其他严重疾病，且家庭无力抚养、自身又不具备独立生活条件的非监禁刑未成年犯、刑满释放未成年人；五是认罪态度好并有悔改表现，具备一定文化基础、愿意继续求学或接受技能培训、家庭贫困的非监禁刑未成年犯、刑满释放未成年人；六是其他处于特殊困境的未成年人。①

此外，我国一些司法机关还根据未成年人刑事案件的特点，进行了其他探索，如举行圆桌审判、实施缓刑听证②、进行心理鉴定、建立帮教基地等，以求未成年人司法实践与国际通行做法相接轨，体现我国未成年人刑事司法政策之变革性、人文性与时代性。

二、完善我国对未成年犯罪人员司法政策的若干建议

经过近三十年的立法与司法探索，我国已初步建立起一套针对未成年人犯罪的司法干预与预防治理机制，成绩有目共睹。但也应清醒地看到，一些好的机制，受各种因素影响，在实践中尚不能发挥其应用的作用，故积极进行司法机制之变革已是形势所迫。

（一）对未成年犯罪人员刑罚处置方法的完善

1. 变革未成年犯罚金刑执行方式

对未成年犯是否能适用罚金刑，在专家学者中存在着一些争议。赞成者认为，罚金刑有利于惩罚那些贪财、贪欲型犯罪；能避免未成年人在狱中受到交叉感染；能减少国家为改造罪犯所需的必要支出；发现不当判决，容易纠正；不会给当事人的名誉或社会关系造成很大的负面影响等。反对者认为，对未成年人适用罚金刑，有悖刑法罪责自负原则，非但难以使当事人受到应有的惩罚，反而易滋生以钱赎刑、以罚代刑之心理；另外，由于未成年罪犯大多没有独立的经济能力，如果其父母或其他监护人不愿代为履行或者没有支付能力，容易导致罚金刑成为"白刑"，从而有损法律之严肃性。现实中，很多未成年人接受赠予（如压岁钱）、以自己劳动获得财产收入现象越来越多，一些未成年监护人自认管教失责愿意缴纳罚金情形也颇为普遍，因而对未成年犯罪人员适用罚金刑应符合法理且是利大于弊。针对一些专家的指责，有学者提出了四种罚金刑的变革方式：一是为避免罚金刑不能得到实际

---

① 张军（主编）：《中国少年司法》（2011 年第 3 辑），人民法院出版社 2011 年版，第 208 页。
② 如 2006 年 4 月，宁波市海曙区人民法院推出了缓刑听证制度，即对有条件判处缓刑的未成年被告人，邀请检察机关、社区代表、派出所等单位的代表对该案是否适用缓刑作公开听证。在实践的基础上，该院还制定了《缓刑听证规则》，对听证的适用范围、参与主体、听证内容等做了规范。

履行，应完善未成年犯选科罚金制；二是对主观恶性不深的未成年犯判处罚金刑缓刑；三是罚金刑可以由自由劳作即社区服务来抵免；四是确立日额罚金刑[①]。这些建议充分借鉴了外国少年司法之通行做法与成功实践，与我国而言非常具有现实指导之义。针对那些触犯了应当被判处罚金刑、自身没有经济能力、家境又十分困难的未成年犯罪人员，如何确保法律之威严又能教育惩罚违法者，值得深入研究。从行刑发展趋势看，对不具备罚金缴纳能力的特殊未成年犯，与其让罚金判决成为形式上的"法律白条"，不如让其通过公益性社区服务（如卫生保洁、关爱护理、河道清理等）以作抵免，也未尝不是一种司法上的创新与突破。

2. 提高未成年犯缓刑适用率

缓刑制度集行刑人道化、个别化、社会化于一身，对未成年人身心健康保护有积极意义。对未成年犯适用缓刑，有助于避免短期自由期的弊端，更好地发挥刑法的最优化功能。1958 年英国《剑桥研究》中指出，受缓刑之宣告者中有 79%的成年犯及 73%的少年犯成功地渡过了缓刑期间，而未再受撤销缓刑的宣告；对于缓刑期满后三年内再犯研究发现，有 70%的成年犯及 58%的少年犯，于缓刑期满后三年内未有再犯罪的情形[②]。《刑法修正案（八）》进一步扩大了未成年罪犯的缓刑适用范围，规定只要符合缓刑条件的应当宣告缓刑。针对浙江一些经济发达地区而言，外省籍未成年人犯罪已占了总数的七成以上，如果对他们判处缓刑，后续工作如何监管，如何防范他们不再重新犯罪，已成为制约政法部门办案思维之一大心结。提高缓刑适用率主要针对本地人员，而对外来人员则从严控制，似乎成了一条不成文的司法规则。从严格意义上而言，这是当前司法不公的一种主要表现方式。为打破这种执法上的歧视与偏见，浙江宁波市海曙区人民法院做了有益的探索。2009 年，该院出台了《同城待遇操作规程》，对于在宁波有相对固定的工作单位或亲属在本地有相对固定的工作、住址，或者其户籍所在地的公安机关愿意接收，具备相应的缓刑监管条件的外地未成年人，只要符合缓刑条件均适用缓刑。该制度推行以来，宁波海曙法院对外地未成年人适用缓刑比例从以前的不足 20%上升至 70%以上[③]。2010 年 10 月，上海市闸北区人民法院为解决非沪籍未成年被告人判缓刑难问题，联合宝山区综治办、宝山区人民检察院、宝山区职业技术学校、迈浩实业公司共同建立了缓刑教育考察基地"未成年人成长之家"。实践中，应积极探索委托异地司法行政机关、行业中介组织[④]、各类商会自治组织监管新模式，让更多外省籍未成

---

① 沈玉忠著：《未成年人犯罪特别处遇研究》，中国长安出版社 2010 年版，第 146 页。

② 林山田：《刑罚学》，台湾商务印书馆发行 1975 年版，第 225－226 页。

③ 张军（主编）：《中国少年司法》（2011 年第 2 辑），人民法院出版社 2011 年版，第 112 页。

④ 如 2005 年成立的上海市"新航"社区服务站、北京市西城区新街口阳光矫正服务中心等，都是专门的参与社区矫正的行业组织。

年犯罪人员享受公正宽大的司法处遇，不断推进未成年人刑事司法制度向前发展。

3. 完善未成年犯社区矫正机制

社区矫正是人类对犯罪原因进行深入解读以及对传统刑罚执行方式进行深刻反思过后作出的一种理性选择。根据 2012 年 3 月新修订的《刑事诉讼法》，我国社区矫正的适用对象主要包括四种罪犯，即被判处管制、宣告缓刑、假释或暂予监外执行的罪犯。虽然我国法律体系上对未成年犯实施社区矫正没有给予特别规定，但随着 2012 年国家《社区矫正实施办法》的出台以及近年来少年司法之发展，对适格未成年犯实施社区矫正已日趋得到专家学者的首肯。当前，我国对未成年人实施社区矫正的项目主要有公益劳动、教育项目、技能培训和心理矫正，其实施方式还有很大的局限性。为使针对未成年犯的社区矫正工作更具教育效果，有关部门要循应时势，积极出台《未成年犯社区矫正实施条例》，对矫正对象、矫正项目、矫正方法、矫正经费等问题作出明确规定。在实践中，以司法行政机关为主的执法部门，应以借鉴、吸收、创新、务实的思路，努力开创未成年犯社区矫正工作的新局面。具体切入点有：一是拓展劳动的目的与范围，注重从社会公益性劳动向社区服务性劳动转变，以弥补未成年犯对社会造成的危害；二是开展激励性的体能训练，如通过组织未成年犯远途跋涉、负重行走等，培养他们面对困境、逆境应有的信心与勇气；三是开展广而博的专题讲座，帮助未成年犯增长科普知识，消释心理压力，提升生活信心。

（二）对未成年犯罪人员非刑罚处置方法的完善

所谓"非刑罚处置方法"，又称为"非刑事处理方法"，我国刑法学界通常认为，非刑罚处置方法是指人民法院根据案件的不同情况，对于犯罪分子直接适用或者建议主管部门适用刑罚以外的其他处理方法的总称[①]。相对于刑罚措施，它不剥夺或不完全剥夺未成年人的人身自由，能尽量减少刑事处罚在未成年人身上留下的阴影，因而是当今世界各国处理未成年人犯罪的最常用手段。

1. 通过立法增设一些新的非刑罚处置方法

我国刑法第三十七条规定，"对于犯罪情节轻微不需要判处刑罚的，可以免予刑事处罚，但是可以根据案件的不同情况，予以训诫或者责令具结悔过、赔礼道歉、赔偿损失，或者由主管部门予以行政处罚或者行政处分。"根据该条规定，我国对犯罪未成年人非刑罚处置方法主要有以下七种：一是训诫；二是责令具结悔过；三是赔礼道歉；四是赔偿损失；五是行政处罚或行政处分；六是责令父母或监护人严加管教；七是收容教养。这七种方法，从总体上看，涵盖面有些窄，也没有体现出

---

① 马克昌：《刑罚通论》，武汉大学出版社 2001 年版，第 731 页。

一个轻重有别的非刑罚处置层级结构，有必要从立法上作进一步完善：

其一是创设"法制警告"方式。从法意看，训诫、责令具结悔过、赔礼道歉这三种措施都含有让人反思自己的过错，表示歉意与悔过之意，彼此在内容上有重合之处；从实践看，这些措施大多是口头式表述而非书面陈述，因而缺乏一定的惩戒力。为此，可将上述三种措施合并为一种"法制警告"。在立案侦查阶段，可使用"公安法制警告"方式；在起诉逮捕阶段，可使用"检察法制警告"方式；在法庭审理阶段，可使用"法院法制警告"方式。另外，在实施时要尽量采用书面形式，这对违法犯罪的未成年人更有约束力。

其二是增设"担保释放"方式。所谓担保释放是指由法院责令违法犯罪的未成年监护人提供一定数额的金钱或财物作担保，从而免除其刑事处罚，由其监护人严加管教的法律制度。其适用对象应该是那些犯罪情节轻微，可以不予收容教养的未成年人；或是由于父母管教严重不当或疏于管教以致走上犯罪道路的未成年人。担保释放应规定一定的时限（一般以三年为宜），超过时限未成年犯罪人没有违反相关规定，司法机关应全额退还保证金；在规定时限内未成年犯罪人有再次实施应予治安拘留以上行政处罚行为的，保证金应予没收且上缴国库。这一措施对违法犯罪的未成年人及其监护人都是一种责任上的约束。

其三是建立宵禁令制度。宵禁原指政府、军队机关颁布的禁止平民于特定时间外出的命令，一般在战争、国内紧急状态或者戒严时期使用。现在有的国家已将其作为一种维护社会管理秩序的法律制度在应用，其主要内容是禁止特定人员夜间外出或限制其夜间进入某种场所[①]。我国一些人员流动频繁、治安管控复杂地区或场所，抑或是某一重大活动时期，政府部门可尝试发布宵禁令，对各种违反宵禁行为进行行政干预或治安处罚。针对未成年人而言，宵禁内容可以规定为：禁止离家外出、夜不归宿；禁止进入有关场所；禁止在特定区域逗留等。这有利于对一些"问题少年"、亚犯罪少年之日常监管，也有利于对一些社会重点场所和重要时段之管控，有助于降低和阻止未成年人违法犯罪现象之发生。

2.将收容教养进行司法化改造

收容教养是当前存在问题较多、备受诟病的一种非刑罚处罚方法。1982 年，公安部发布了《关于少年犯管教所收押、收容范围的通知》，对收容教养的期限、审批机关、执行场所等问题作出了具体规定，这是我国有关未成年人收容教养最早的系统性文件。1993 年，公安部又制定了《关于对不满十四周岁的少年犯罪人员

---

①如 2004 年 2 月，泰国政府批准了对 18 岁以下青少年实施宵禁令，规定从晚 10 点至次日凌晨 4 点，禁止未满 18 岁青少年在没有成年人陪同下外出，该规定从当年 3 月 29 日起在全泰国施行。

收容教养问题的通知》，重申了对不满十四周岁少年犯罪人员适用收容教养问题。从上述规定可以看出，我国的收容教养制度显然是一种限制人身自由的行政处罚措施。然而，根据2000年全国人大通过的《立法法》第八条之规定，对公民政治权利的剥夺、限制公民人身自由的强制措施和处罚只能制定法律。可见，我国收容教养制度从根本上而言是与《立法法》要求相冲突的。

解决我国收容教养制度与《立法法》相冲突问题，其根本途径是对原有的收容教养制度进行司法化改造，通过制订《未成年人收容教养法》，将16周岁以下触法未成年人之违法犯罪行为纳入刑法的调整范围。应明确将收容教养制度定位为一种司法处罚而非行政处罚方式。这样一来，收容教养的决定机关就从以往的公安机关转为人民法院，从而彻底改变了公安机关既当"运动员"又当"裁判员"的执法模式。一旦制订专门的法律，应重点明确以下内容：一是关于收容教养年龄界限，一些专家提出是年满12周岁至不满16周岁，从当前未成年人生长发育总体状态看，起点年龄也可向前延伸至10周岁，至于实践中能否执行则另当别论。二是关于收容教养组织机构，可成立专门的少年观护所或收容教养院。这方面，日本设立的少年鉴别所就很有借鉴价值。作为日本法务省领导的少年收容机构，少年鉴别所主要是为由家庭裁判所作出决定需要采取观察保护措施而解送来的少年进行"观护"，"观护"时间原则上是2周，累计最长可达到8周。截止到2010年4月，日本全国共有52所少年鉴别所[①]。三是关于收容教养主管部门，考虑未成年人之生理与心理特点，收容14周岁以下未成年人宜由教育或民政部门主管为妥，收容14—16周岁未成年人宜由司法行政机关主管为妥。四是关于收容教养执行方式，应以法制教育、文化学习、德育教育及技能培训等为主，既要与以前的劳动教养制度有所区别，也要体现行政处罚与司法制裁的一些属性。

3.将社会帮教进行法制化设计

社会帮教作为一种对特定对象进行帮助教育的非处罚性管理措施，在教育、感化和挽救触法未成年人方面，发挥着极其重要的作用。在香港，社会帮教常以跟进辅导的方式出现。如针对触犯轻微罪错的未成年人，在被警司以上警务人员施以警诫后，有多种跟进辅导服务方式，如家长跟进辅导、社工跟进辅导、警察跟进辅导，此外还有以"家庭会议"形式开展的跟进辅导等。[②]

社会帮教在我国司法实践中得以广泛运用，最早可从1983年4月公安部等七个单位联合发布的《关于做好有违法或轻微犯罪行为青少年教育工作的几点意见》

---

①吴海航著：《日本少年事件相关制度研究》，中国政法大学出版社2011年版，第231页。
②俞国花、王小建："香港警司警诫跟进服务与上海考察教育工作之比较"，《青少年犯罪问题》2006年第1期。

中找到相关依据。该文件中明确指出，"凡 13—28 岁的青少年，确有违法或轻微犯罪行为，但不够或不予刑事处罚、劳动教养、少年管教的，经教育没有悔改表现，仍可能继续进行违法犯罪活动，需要做好思想工作的，应当列为帮教对象"。1999年 6 月通过的《预防未成年人犯罪法》第四十七条，则对犯罪的未成年人实施帮教作出了具体规定："未成年人的父母或者其他监护人和学校、城市居民委员会、农村居民委员会，对因不满十六周岁而不予刑事处罚、免予刑事处罚的未成年人，或者被判处非监禁刑罚、被判处刑罚宣告缓刑、被假释的未成年人，应当采取有效的帮教措施，协助司法机关做好对未成年人的教育、挽救工作。"

从上述法律制度看，我国对社会帮教措施规定得比较含糊和笼统，很多问题没有具体规定，这非常不利于帮教工作的法制化和规范化。当前，有必要将社会帮教纳入非刑罚处罚方法之范畴，明确社会帮教在矫正未成年人犯罪中的地位和作用。有学者提出了我国应构筑"四横四纵"的未成年人社会帮教网络，其中"四横"指依托公安机关、人民检察院、人民法院、未成年人矫治机构分别对被宣告缓处考察、被宣布酌定不起诉、被实施社会服务令以及刑满释放（外加专门学校毕业与解除收容教养）的未成年人实施帮教；"四纵"指国家、省、县、乡设立四级关联未成年人社会帮教的工作机构[①]。这一帮教体系目前存在的主要问题是组织机构建设上尚缺乏足够的人力、财力保障。针对当前未成年人犯罪高发地区，有关部门应出台可操作且有一定前瞻性的《社会帮教实施办法》，就指导方针、机构建立、职能分工、帮教期限、奖罚措施等作出细化规定。实践中，可通过"政府购买服务"方式，充分发挥政法委、关工委、团委、妇联等部门以及各类公益性社会组织在关爱未成年人方面的作用，让社会帮教、心理咨询、帮困扶助成为职责序列应有之义；在广泛调研基础上，可在关工委或司法局内成立人民帮教委员会，为那些热心社会公益事业、有责任感的爱心人士抑或是精力充沛、想发挥余热的退休干部提供一个"说教帮带"的平台。

第三节　对未成年犯罪人员的矫正政策

自从 20 世纪 50 年代中国建立少年管教所以来，我国在废除旧的少年刑罚执行体系同时，经过几十年的不懈探求和实践，初步建立起了具有时代与中国特色的未成年犯行刑矫正制度体系。

---

①张蓉著：《未成年人犯罪刑事政策研究》，中国人民公安大学出版社 2011 年版，第 206 页。

一、当前对未成年犯矫正政策的基本内涵

所谓未成年犯矫正政策，即指导和调节未成年犯刑罚执行全过程的政策。目前，我国对未成年犯的矫正政策主要体现在以下一些方面：

（一）以人为本，彰显政府人文关爱

1981 年，《第八次全国劳改工作会议纪要》，提出"对青少年罪犯，要像父母对待患了传染病的孩子、医生对待病人、教师对待犯了错误的学生那样，做耐心细致的教育、感化、挽救工作"，中央这一重要指示为基层单位做好对违法犯罪青少年的挽救工作指明了方向。1985 年 11 月，第二次全国少年犯管教工作会议在武汉召开，会议提出要把贯彻"以教育改造为主，轻微劳动为辅"方针与中央提出的对失足青少年"教育、感化、挽救"方针相衔接，把少管所真正办成挽救人、造就人的特殊学校。上述指导方针与行为要求之提出，为后续未成年犯矫正思想指导体系之确立奠定了基础。

1986 年 1 月，司法部颁布了《少年管教所暂行管理办法》，第一次以部门规章形式把少管工作方针政策作了规定，从而为开创有中国特色的未管工作理论体系作了良好铺垫。1994 年 12 月出台的《监狱法》则专列一章强调对未成年犯的教育改造问题。其中，第七十五条规定对未成年犯执行刑罚应以教育改造为主，劳动应以学习文化和生产技能为主，这一规定强调了惩罚的教育、学习属性。1999 年司法部 56 号令提出，未成年犯管教所要贯彻"惩罚和改造相结合，以改造人为宗旨"和"教育、感化、挽救"的方针，将未成年犯改造成为具有一定文化知识和劳动技能的守法公民。2007 年 6 月 1 日起实行的我国新的《未成年人保护法》第五十四条规定，"对违法犯罪的未成年人，实行教育、感化、挽救的方针，坚持教育为主、惩罚为辅的原则。"2012 年新颁布的《刑事诉讼法》第二百六十六条再次明确规定，"对犯罪的未成年人实行教育、感化、挽救的方针，坚持教育为主、惩罚为辅的原则。"这一系列来自法规层面的刚性规定，深刻体现了我国针对未成年犯罪人员实行教育为主、教育为纲的矫正指导思想。

（二）依法矫正，保障未成年犯合法权益

1.在关押环境上显现宽松性

对未成年犯与成年犯执行刑罚，两者重大差别之一在于改造环境之设计与布置上。无论是建筑装饰、警戒设施、监区文化、习艺环境等，都会在监禁宽松度方面有所区别对待。1965 年 5 月 15 日，公安部、教育部联合发布的《关于加强少年管教所工作的意见》中指出，对年满十八周岁而管教期限或剩余刑期在三年以内的，一般不要转到劳改队或劳教队，以免受成年犯的影响。1994 年 12 月通过的《监狱法》第七十六条则规定，"年满十八周岁余刑在二年以下的可继续在未成年犯管教

所服刑"。这些规定，其根本出发点，是为了给未成年犯一个相对稳定宽松的改造环境，有利于减少对未成年犯的恶行交叉感染，有利于未成年犯个性与品行的矫正与重塑。

2.在管教手段上体现人道性

1965 年公安部、教育部联合发布的《关于加强少年管教所工作的意见》中指出，"管教犯罪少年必须采用循循善诱、艰苦细致的方法，绝对禁止带戒具和打骂虐待。少管所要取消禁闭室、集训队、严管队，也不要使用武装看守，原来设有岗楼、电网的，要一律拆除。家属接见不要限制过严，使他们不断得到家属的规劝。"这一规定虽然过去了 47 年，但至今看来仍有鲜明的实践指导意义。1999 年 12 月，司法部出台的 56 号令则对此作了概要性规定，"对未成年犯原则上不使用戒具。如遇有监狱法第四十五条规定的情形之一时，可以使用手铐。"这一规定主要是着眼当时的未成年人犯罪背景，原则性过强，已不符合当今行刑发展主旨，有待进行修改完善。

3.在权益保障上凸显责任性

司法部 56 号令有许多涉及对未成年犯的权益保障条款。如第七条规定，未成年犯管教所所需经费由国家保障，未成年犯的教育改造费、生活费应高于成年犯；第二十五条规定，未成年犯管教所应当依法保障未成年犯的申诉、控告、检举权利；第四十七条规定，未成年犯的生活水平，应当以保证其身体健康发育为最低标准；第五十一条规定，未成年犯管教所应当合理安排作息时间，保证未成年犯每天的睡眠时间不少于八小时；第五十五条指出，要"做好未成年犯的防疫保健工作，每年进行一次健康检查"。这些规定，从人本管理维度对行刑机关开展特殊人员之矫治管理提出了务实要求，从中蕴含了诸多涉及监管上的人文关爱责任。

（三）教育为本，突现特殊学校教育元素

1.注重对未成年犯的思想政治教育

思想是行动的先导。司法部 56 号令提出，应对未成年犯开展包括法律常识、所规纪律、形势政策、道德修养、人生观、爱国主义、劳动常识等内容的思想教育；为使广大未成年犯能以健康的心态改造与生活，未成年犯管教所"应当建立心理矫治机构，对未成年犯进行生理、心理健康教育，进行心理测试、心理咨询和心理矫治"，还应当"对未成年犯进行生活常识教育，培养其生活自理能力"。除此，未成年犯管教所"应当开展文化、娱乐、体育活动，办好报刊、黑板报、广播站、闭路电视等"。这些规定大大拓宽了对未成年犯的思想教育主题和内涵，符合国际行刑的主流价值索求。

2.重视对未成年犯的文化与技术教育

司法部 56 号令对未成年犯开展文化、技术教育提出了一系列要求，其中涉及文化教育的内容最多。如第三十条规定，"未成年犯的文化教育列入当地教育发展的总体规划，未成年犯管教所应与当地教育行政部门联系，争取在教育经费、师资培训、业务指导、考试及颁发证书等方面得到支持。"第三十二条规定，"未成年犯管教所应当设立教学楼、实验室、图书室、运动场馆等教学设施，配置教学仪器、图书资料和文艺、体育器材。各管区应当设立谈话室、阅览室、活动室。"第三十四条规定，"对未成年犯的文化教育应当根据其文化程度，分别进行扫盲教育、小学教育、初中教育。""有条件的可以进行高中教育。鼓励完成义务教育的未成年犯自学，组织参加各类自学考试。"2006年12月修订的《未成年人保护法》第五十七条规定，羁押、服刑的未成年人没有完成义务教育的，应当对其进行义务教育。上述规定充分考虑了未成年犯的身心特点、年龄构成、文化层次，为行刑机关开展相关工作指明了方向。

3.明确规定对未成年犯的教育时间

司法部56号令第三十三条规定，"对未成年犯进行思想、文化、技术教育的课堂化教学时间，每周不少于二十课时，每年不少于一千课时，文化、技术教育时间不低于总课时数的百分之七十"。2003年6月，司法部发布的《监狱教育改造工作规定》第二十四条专门就未成年犯、成年犯教育时间作了对照规定："成年罪犯的教学时间，每年不少于500课时；未成年犯的教学时间，每年不少于1000课时。"2007年1月，司法部《教育改造罪犯纲要》中，再次重申了这一问题，"对未成年犯进行思想、文化、技术教育的教学时间，每年不少于1000课时。"对未成年犯的教学时间是成年犯的一倍，国家作出这样的制度安排，有利于提高未成年犯的品德修养与文化层次，更好地矫正未成年犯扭曲、消极的人生价值观。

（四）管理从宽，显现对未成年犯的区别对待

1.日常管理上从宽

会见权是服刑罪犯最为关注的一大改造权利。司法部56号令为此作了特别规定，"未成年犯会见的时间和次数，可以比照成年犯适当放宽。对改造表现突出的，可准许其与亲属一同用餐或者延长会见时间，最长不超过二十四小时"。另外，针对离所探亲问题，有关规定也充分体现了行刑人道之内涵。如司法部56号令规定，未成年犯遇到直系亲属病重、死亡以及家庭发生重大变故时，经所长批准可以准许其回家探望及处理。2001年9月，司法部发布的《罪犯离监探亲和特许离监规定》中指出，"每年离监探亲罪犯的比例不得超过监狱押犯总数的2%。女子监狱和未成年犯监狱的离监探亲比例可以适当提高。"至于如何适当放宽，目前尚未有具体规定，全靠职能部门灵活掌握应对。

2.考核奖惩上从宽

司法部56号令规定，对未成年犯的减刑、假释，可以比照成年犯依法适度放宽；对判处有期徒刑、无期徒刑确有悔改表现的未成年犯，分别在执行一年及一年六个月以上即可提出减刑建议；对未成年犯有《监狱法》第二十九条规定的重大立功表现情形之一的，可以不受前三款所述时间限制，及时提出减刑建议。另外，2012年7月1日起施行的最高人民法院《关于办理减刑、假释案件具体应用法律若干问题的规定》第十九条规定，"未成年罪犯的减刑、假释，可以比照成年罪犯依法适当从宽。未成年罪犯能认罪伏法，遵守法律法规及监规，积极参加学习、劳动的，应视为确有悔改表现，减刑的幅度可以适当放宽，起始时间、间隔时间可以相应缩短。符合刑法第八十一条第一款规定的，可以假释。"关于违规罪犯的禁闭期限，成年犯一般为七至十五天，而未成年犯则为三至七天。

（五）轻微劳动，维护未成年犯的身心健康

1. 对未成年犯实行轻微劳动政策具有历史传承性

1957年1月11日，公安部、教育部发出的"关于建立少年犯管教所的联合通知"中，开宗明义对几年来各地执行对未成年犯半天学习半天劳动办法之成效进行了充分肯定，继而提出，"为了把犯罪少年教育改造为后一代的建设者，对少年犯应当贯彻执行以教育改造为主，以轻微劳动为辅的方针。"这是我国政府首次正式提出对少年犯改造的基本工作方针。1958年4月，公安部在武汉召开的第一次全国少年犯管教工作会议上，进一步肯定了"以教育改造为主，轻微劳动为辅"的工作方针。1965年5月，公安部、教育部联合下发的《关于加强少年管教所工作的意见》中指出，少管所应当在认真贯彻改造教育为主的方针下，实行半耕（工）半读的制度。当今，我国对未成年犯的基本劳动改造政策，也是较好地传承了以前的方针，并赋予了它一些新的内涵。

2. 重视对未成年犯劳动合法权益的保护

考虑到未成年犯生理与心理之特殊性，我国法规制度对关联未成年犯的劳动项目、劳动强度、劳动保护、劳动时间等方面作出了明确规定。如司法部56号令第四十三条规定，"组织未成年犯劳动，应当在工种、劳动强度和保护措施等方面严格执行国家有关规定，不得安排未成年犯从事过重的劳动或者危险作业，不得组织未成年犯从事外役劳动。未满十六周岁的未成年犯不参加生产劳动。未成年犯的劳动时间，每天不超过四小时，每周不超过二十四小时。"2007年1月，司法部《教育改造罪犯纲要》中则对未成年犯劳动时间作了进一步的限制性规定，指出未成年犯的劳动"每天不超过4小时，每周不超过20小时。16周岁以下的未成年犯不参加生产劳动。"未成年犯劳动时间从以往的每周24小时压缩为每周20小时，有力印证了国家对未成年违法犯罪人员合法权益的深层维护。

二、新形势下完善未成年犯矫正政策的若干思考

纵观美国、日本、英国、德国等发达国家的少年矫正模式与机制，可圈可点之处较多，消极缺陷之处也不少。在扬长避短、与时俱进、借鉴吸收中，构建适合我国国情的未成年犯矫正规则体系与实践模式，当是今后一个时期未管工作有待破解的重大理论与实践命题。

（一）以行刑模式的创新引领矫正政策的思变

1.试行恢复性行刑模式

所谓"恢复性行刑"，乃是恢复性司法的拓展和深化，指通过受刑人与受害者及社区的联络与沟通，以及受刑人积极负责任的行为，使受害者因犯罪所造成的损失得以补偿，因犯罪受到的伤害得以弥补，从而使受刑人、受害者与社区三者关系和秩序得以修复、愈合和改善的一种行刑矫正模式。在未成年犯中试行恢复性行刑，实践路径很广。如针对受害者损失补偿这一问题，可探索建立以未成年犯劳动报酬为取向的救赎机制。因为根据恢复性行刑之要求，受刑人给受害者及社会造成的损失，受刑人理应承担相应的赔偿责任。由于未成年犯捕前很少有独立的经济支配权，故针对未成年犯的罚金支付及民事赔偿主要由其监护人或近亲属承担。在服刑阶段，通过组织未成年犯习艺劳动，使得他们在履行赔偿义务方面变得切实可行。现以华东某省押犯单位 2500 名未成年犯为统计口径，该单位未成年犯每月劳动报酬发放率为 85%（另外 15%不能获得者主要为新入队犯及消极改造犯），人均 75 元，从获得者中每人每月提取劳动报酬 15 元计算，该押犯单位一年即可提取罪犯劳动报酬 38.25 万元。这笔刑罚制裁下带有奖励性质的"救助金"，一旦以集体忏悔的形式支付，每年就可对 50—100 名受害者或社区急需帮助之人进行一定的经济补助，即便没有明确的受害者，个人或集体将款项捐向慈善机构也是一件很有意义之事。这方面，德国法律就有相关规定[①]。当前，随着未成年犯权利保障力度的不断加大，积极建立由劳动改造而衍生的救赎基金，有助于为恢复性行刑举措的稳健推进提供必要的财力支持。另外，在回报社会方面，当前有一种方案可以尝试，即行刑机关让社会上的无偿采血车来监所，为一些身强体壮志愿献血之罪犯提供报答社会、奉献爱心之机会。针对未成年犯管教所而言，让部分年满十八周岁尚在该所服刑的罪犯志愿承担一份作为公民应尽的社会责任，即便会招来一些置疑声，但其正向赎罪效应不容否定。

---

① 《德国少年法院法》第 15 条规定，法官可对违法少年规定下列义务：（1）尽力补救因其行为所造成的损害；（2）亲自向被害人道歉；（3）施以一定内容之工作；（4）向公益机构支付一定数额的金钱。

2.施行开放式行刑模式

鉴于未成年犯之主体构成与社会关注度，在未成年犯管教所大力推行开放式行刑模式，对于展现我国少年行刑矫正政策，展示我国行刑之文明与科学程度，展现监狱民警之执法形象与执法自信，很有必要。据了解，目前我国只有上海、广东、成都三家未成年犯管教所为对外开放单位，这对于宣传未管工作方针政策，让更多的人参与对未成年犯的帮教与矫治工作，还远远不够。通过未成年犯管教所这一窗口，有助于洞察和检视我国教育改造工作之矫治理念、实践创新与监禁成效。开放式行刑，其根本出发点是充分动员社会资源，弥补监管民警在矫正功能发挥上的不足，为各类有精神乃至人格障碍的未成年犯在信念树立、心理疗伤、行为矫正等方面提供必要支持，以为其顺利归正社会奠定心理与技能基础。开放式行刑其内涵十分丰富，尤以教育改造为最大亮点。如可积极联系社会上的一些高职院校，通过合作方式①，使未成年犯获得各类技术等级证书，以提高其就业谋生信心；可通过广发邀请帖，让社会各行各业的先进、模范人物来所作励志类主题讲座，帮助未成年犯树立自尊、自强的人生信念；可借助爱心人士结对帮教、心理解惑、就业支持等方式，为一些未成年犯揭开改造心理症结，抑或为一些家境凄惨未成年犯消除刑释前的后顾之忧；可借助未成年犯监内外现身说法、文艺表演这一说教平台，让广大年轻人（重点是学生）感悟犯罪之各种危害，让广大家长、老师及民众思索犯罪之缘由，更好地承担教育、监管及关爱职责；可借助报刊、电视、网络等媒介平台，积极宣传一些关联未成年犯的矫治典型个案，不断消释和减少社会大众对未成年犯的片面评价等。至于开放式行刑的手段与方式，限于篇幅，不一一展开。

（二）以行刑机制的变革引领行刑实践的创新

1.革新教育机制，不断提升未成年犯矫正质量

德国著名刑法学家李斯特有句名言：教育是对未成年人犯罪的主要手段②。从当前关于未成年犯的矫正法规体系主要内容看，"教育"是"关键词"，也是"核心词"。如何使教育改造成为矫正未成年犯之首要与治本手段，做大做精未成年犯教育改造之"蛋糕"，全力开创教育改造工作的新局面，需要理念之突破，机制之推进，实践之尝试。从目前行刑执法态势看，很多押犯单位大力围绕未成年犯的教育问题做文章，有的还走出了一条有全国影响的教育改造之路，但从总体上看，未管工作的深化尚缺乏有力的法规保障和机制支撑。主要表现在：其一是关于未成年犯享受

---

① 如 2010 年 5 月，郑州未成年犯管教所在监内成立了中原科技教育学校分校，这一专门针对未成年犯的"中专学校"属于全国首创。根据双方协议，分校主要面向年满 15 周岁、两年以上刑期、初中文化程度的服刑人员开展三年制教学。第一年文化课，由未管所安排老师授课；后两年专业课和实践课均由中原科技教育学校老师授课。

② [德]李斯特：《德国刑法教科书》，徐久生译，法律出版社 2000 年版，第 403 页。

国民教育问题。据了解，绝大部分未成年人走上犯罪之途，和其没有受到系统、规范、完整的九年制义务教育不无关系。2004年10月，江西省政府批准省司法厅、省教育厅、省财政厅联合发布的《关于在未成年犯中实施义务教育的意见》。2005年9月1日，全国首所对未成年犯实施义务教育的学校"江西启明学校"，在江西省未成年犯管教所正式开学[①]。江西启明办学模式，为全国众多省份未成年犯义务教育何去何从提供了管理范式。截至目前，全国共有湖南、河南、重庆、上海、江苏、海南、福建[②]等八省（市）已将未成年犯义务教育工作纳入国民教育管理范畴，这是一种行刑矫正机制上的重大突破。其二是关于未成年犯教育组织机构问题。既然国家一直强调对未成年犯执行刑罚以教育改造为主的方针，但在教育机构设置、人力配备上鲜见有法规层面的特别或专门性规定。现实中，未成年犯管教所在机关科室设置时，除个别省份有教育改造处（如江西，但其行政级别依旧是正科级）外，几乎全是由一个教育改造科在履行和担当繁重的教育任务，这与国家对未成年犯之管教工作定位极不相符。为此，甚为必要在未成年犯管教所内设立副处级的机关科室——教育改造处（或有别于省监狱管理局之内设机构，可称为教务管理处），其下可设政治教育科、文化教育科、技术教育科、心理矫治科，这就为提升教育改造之地位，更加凸现教育改造之功能提供了有力的组织保障。其三是关于未成年犯教育手段创新问题。没有创新就没有发展。在创新过程中难免会走歧路、会有置疑，只要对未成年犯身心健康有益，只要对未成年犯感化挽救有利，只要对未成年犯归正谋生有帮助，就该大胆地去尝试。近年来，一些押犯单位大力开展以《弟子规》为代表的传统国学教育、以《三字经》为代表的孝文化教育、以《唐诗宋词》为代表的经典诗文教育，教育效果十分明显。

2.完善假释机制，不断改进未成年犯监禁处遇

英国犯罪学家莫里森在《少年犯罪人》一书中论述道，监禁会将一个天真的少年犯罪人变成一个顽固的、习惯性的犯罪人，只有在迫不得已时才可以使用监禁[③]。《北京规则》第28条规定，有关当局应尽最大可能并尽早采用从监禁机关假释的办法。作为一种附条件提前释放的刑罚执行制度，假释既可以减少国家大量的人力、物力和财力支出，对受刑人而言也是帮助其提高刑释后社会适应能力的良好途径。作为一种备受国外倡扬的司法制度，假释在国内监狱系统实施情况很不乐观。华东某省统计数据表明，2005—2010年，该省未成年犯平均减刑率为33.55%，假释率为3.14%，

[①]朱雪军："江西设立启明学校 对未成年犯实施义务教育"，《江西日报》，2005年8月23日。

[②]如2010年，福建省将对未成年犯、未成年劳教（戒毒）人员教育统一纳入当地九年义务教育体系，该省将未成年犯、未成年劳教（戒毒）人员接受义务教育的费用纳入教育经费中列支，其人均经费与当地义务教育的普通学生人均经费标准一致。

[③]吴宗宪：《西方犯罪学史》，警官教育出版社1997年版，第601页。

两者相差 10 倍多。假释适用率偏低，而减刑得以大量适用，这与法律预期存在一些差距。近年来，随着宽严相济刑事政策的贯彻落实，未成年犯的假释率有了很大的提升。如浙江省未成年犯管教所，2010 年、2011 年未成年犯假释率分别达到了 5.93% 和 7.76%。当前，制约未成年犯假释适用的最主要瓶颈，莫过于监狱管理层对刑法第 81 条之"不致再危害社会"这一实质性要件的判断上。未成年犯其身心特点决定了其承受社会刺激与打击能力比较弱，面对各种非主流文化是非辨别能力比较差，故其假释后的生存走向较成年人可能有更多的不确定性。打破思维的桎梏和制度的壁垒，大力提高对未成年犯的假释率，理应成为新形势下未成年犯刑事政策的一个重要组成部分予以贯彻落实。其推进路径主要有三个方面：一是在启动环节，应通过未成年犯人身危险性评估，确定一定额度的假释保证金，联系监护人户籍地或居住地社区矫正部门，正确筛选合适的拟呈报假释人选，从源头上把好关；二是在监管环节，要本着信息共享、责任互担、志愿帮教、及时介入的原则，将假释人员纳入社区矫正、公益组织、公安机关等的视野，尤其是要发挥行业中介、自治组织等部门的关爱、监督作用；三是在惩戒环节，要视未成年犯违法情节，采取灵活的处置对策，如对轻微违法行为者可扣罚保证金、增加新的特定义务；对严重违法者也可给予治安处罚，在万不得已时才可提请法院启动假释撤销程序。

3. 深化听证机制，不断推进依法治所进程

作为一种绝对公权至上的执法组织体，刑罚执行机关推行的每一种监管矫正制度，从某种程度上而言，是时代法治发展的一个印记。将听证从社会事务管理移植到行刑执法管理领域，在中国大概走过了十年的路程[①]。随着国家法治环境的日趋改善，公众法治意识的不断提升，听证作为一种重要的行政法治手段，已日渐融入行刑机关之思维脉络与工作框架。近年来，随着刑罚执行功能得以厘正本位，如何构建因人而异、科学理性的未成年犯行刑矫治模式？如何打造具有时代亮色与区域特色的未成年犯行刑社会化方阵？如何定位未成年犯习艺改造之功能与模式？在运作过程中，如果能借助于听证，集聚民智民意，一方面能提高行刑决策的民主性与科学性，另一方面也能增强监管民警及在押罪犯对重大举措的响应力与执行力。在未成年犯刑罚执行领域推行听证，其主要切入点：一是规划布局类，如警戒设施改建与扩建，不同戒备度管区监管与矫正、矫正体制的根本性调整等，这些事项关联未管所的长远发展，关联民警的工作调整，关联罪犯的行刑处遇，必须因地制宜，慎思决策，广纳民意，精心谋划；二是刑罚执行类，包括日常重要刑务的处理（如未成年犯保外就医、离所探亲人员之确定等）、罪犯重要奖惩的办理（如给予未成年犯

---

① 据网络搜索，早在 2002 年 5 月，沈阳市中级人民法院就在全省率先推出减刑、假释案件公开听证制度，对全部假释案件和 10% 减刑案件进行公开听证。

单项或综合性行政奖励、给予未成年犯警告、记过处罚、提请中院减刑或假释裁定等）、矫正医疗设施之更新、矫正主流文化之定位等，这些事项若能有选择地启动听证程序，必将对民警执法理念、执法手段与执法方式以很大的促进。当然，作为一种新颖的执法理念与机制，要提高听证的实际效能，避免走入形式主义之怪圈，最为重要的是建立一种持久有效的听证保障机制，如听证主持人之培训、听证程序之确定、听证过程之监督、听证笔录之效用等，这有待行刑机关在实践中不断得以探索与完善。

第四节　对未成年犯罪人员的社会政策

德国著名犯罪学家李斯特有一句名言：最好的社会政策就是最好的刑事政策。未成年人犯罪问题，依靠刑罚及刑事政策很难从根本上得以根治，只有消除产生犯罪现象的气候和土壤，才是治本之道。因此，在关注未成年人犯罪刑事政策同时，我们应将触角伸向与之关联的社会政策。

一、我国关联未成年犯罪人员社会政策的基本内容

社会政策是指通过国家立法和政府行政干预，解决社会问题，促进社会安全，改善社会环境，增进社会福利的一系列政策、行动准则和规定的总称；而刑事社会政策则是指国家为了预防犯罪、减少犯罪以至消灭犯罪，采取的各种旨在从根本上铲除犯罪现象的社会政策。从我国法律规定看，针对未成年违法犯罪人员的社会政策主要体现在：

一是保护未成年犯罪人员的隐私权。隐私权是一个人权利谱系中涉及人格尊严的一项权利。让一个沾染污点的未成年人毫不遮掩地暴露在公众面前，接受人们的道德评判，会对其今后为人处世产生一定的心理负面影响。为此，我国《预防未成年人犯罪法》第四十五条第三款规定，对未成年人犯罪案件，新闻报道、影视节目、公开出版物不得披露该未成年人的姓名、住所、照片及可能推断出该未成年人的资料。《未成年人保护法》则对此作了进一步的补充，该法第五十八条规定，对未成年人犯罪案件，新闻报道、影视节目、公开出版物、网络等不得披露该未成年人的姓名、住所、照片、图像以及可能推断出该未成年人的资料。不扩大未成年犯罪案件的传播媒介种类及信息披露范围，顺应了当今社会对未成年人权益维护的法治要求，有利于营造适合失足未成年人健康成长的文化氛围。

二是维护未成年犯罪人员正当的学习与就业权。受教育权与就业权，是一个人的基本权利。国家应确保一个国民基本权利不被随意剥夺和限制。我国《预防未成年

人犯罪法》第四十四条第三款规定，对于被采取刑事强制措施的未成年学生，在人民法院的判决生效以前，不得取消其学籍；第四十八条规定，依法免予刑事处罚、判处非监禁刑罚、判处刑罚宣告缓刑、假释或者刑罚执行完毕的未成年人，在复学、升学、就业等方面与其他未成年人享有同等权利，任何单位和个人不得歧视。《未成年人保护法》第五十七条规定，解除羁押、服刑期满的未成年人的复学、升学、就业不受歧视。这两大规定，着眼从社会保护层面，对各类教育主管、就业招聘等部门在关联未成年人权益保护问题上提出了务实要求，具有十分重要的现实指导之义。

三是引入监外资源助推未成年犯矫正工作社会化。运用社会资源参与对未成年犯的教育矫正，帮助未成年犯改变思维模式，提高就业谋生技能，是关联未成年犯社会政策之重要一环。司法部 56 号令规定，未成年犯管教所应当加强与社会各界的联系，争取更多的社会力量参与对未成年犯的教育帮助；对未成年犯的社会教育，采取到社会上参观或者参加公益活动，邀请社会各界人士及未成年犯的父母或者其他监护人来所帮教的方法；未成年犯管教所可以聘请社会知名人士或者有影响的社会志愿者担任辅导员。这些规定，大大丰富了社会帮教的内涵，为各类有责任、有爱心、有影响的社会志愿者从事对未成年犯的帮教工作，提供了较好的法制保障。另外，司法部《监狱教育改造工作规定》第五十七条规定，监狱应当邀请当地公安、劳动和社会保障、民政、工商、税务等部门，向罪犯介绍有关治安、就业、安置、社会保障等方面的政策和情况，教育罪犯做好出监后应对各方面问题的思想准备，使其顺利回归社会。这一规定，为刑罚执行机关加强与社会有关部门之密切联系，进一步推进行刑社会化方略提出了硬性要求，有助于未成年犯刑释后更好地适应社会。

四是依托社会力量完善未成年犯罪案件司法处置模式。近年来，国家及各省政法机关，为使未成年人犯罪案件司法处置工作更加合乎法意，顺乎民心，纷纷依托社会力量，解决人力资源紧张与公正规范执法之矛盾，取得了较好的成效。如 2003 年上海市高级人民法院出台规定，对可能判处缓刑的被告人，应征求所在街道、乡镇社区矫正机构的意见，街道、乡镇社区矫正机构应会同社工，到公安派出所、居委会、学校等地开展调查工作。根据此精神，上海市建立起了公、检、法、司四方联动，依托政府部门和社会组织，以社会化为导向的未成年刑罚处置司法支持体系。2009 年 3 月始，重庆市沙坪坝区检察院推出了以律师介入未成年人刑事案件审查逮捕阶段为突破口的检察制度改革。将律师介入从法庭审判阶段向前延伸至逮捕审查阶段，虽然是一小步，但却是司法改革进程中的一大步，有助于从源头上建立起不同恶性未成年犯罪分子司法干预机制。通过律师提前介入，该区未成年人刑事案件非犯罪化处理取得了明显效果。[①]

五是对特殊情况未成年犯落实刑释后政府帮教责任。我国《监狱法》第三十七条规定，刑满释放人员丧失劳动能力又无法定赡养人、扶养人和基本生活来源的，由当地人民政府予以救济。这一规定，为现实中部分孤儿型（双亲全亡或不知去向）、残疾型与家境困难型（如双亲都在服刑）未成年犯罪人员，在其服刑期满后获取一定的政府与社会救济提供了法制保障。近年来，为使广大刑满释放人员能充分纳入户籍地有关部门后续监管网络，很多省、市出台了监所与社会"无缝对接"机制，其中尤以江西省在安置帮教工作中创下的六个全国第一机制[②]最为引人注目。"江西模式"为广大未成年犯罪人员解除刑释后短时后顾之忧，防范其重新违法犯罪，明确政府与社会组织帮教职责，为其他省份带去了思想指引和管理范式。

二、完善我国未成年犯罪人员社会政策的若干建议

我国学者叶海平等人编著的《社会政策与法规》一书中，提出了六大社会政策，即社会保障、社会保险、社会救济、社会优抚、社会福利以及社区工作政策。从预防和减少未成年人违法犯罪，维护未成年人合法权益和应有福祉的角度，我国应建立与完善以下一些制度：

（一）构建针对特定未成年人的福利保障制度

1.建立针对重点未成年人群的社会救助制度

社会救助是指国家与社会面向贫困人口与不幸民众组成的社会脆弱群体提供精神安慰、物质接济、岗位扶助等内容的一种生活保障政策。中国人民大学副校长、著名民法学家王利明指出，制定社会救助法，可以更好地保护弱势群体和未成年人的权利，也可以体现党和国家对弱势群体和未成年人权益保护的高度重视[③]。2005年，国家相关部委开始着手社会救助法的起草工作；2008年8月，中国政府网发布关于《中华人民共和国社会救助法(征求意见稿)》，公开征求意见；2010年3月，十一届全国人大三次会议上，汪夏、王保存等96名代表提出议案，要求制定社会

[①]据调查，从2009年3月至2010年12月，沙坪坝区检察院未检科共办理171件案件231人，其中涉案未成年人189人，共有186人获得律师帮助，占未成年犯罪嫌疑人总数的98.41%。同时，批捕率从2007年1月至11月的84.21%降至46.32%。

[②]据《法制日报》2012年4月5日报道，江西开创的全国"六个第一"分别是：研发建设全省刑释解教人员安置帮教数据库；建立监所与社会"无缝对接"机制；落实服刑人员职业技能培训经费；落实人员接送、半年生活困难补助和企业过渡安置补助经费；出台对刑释解教人员全部由村（居）委会干部陪同亲属接送制度；建立监所、司法局与企业安置帮教基地机制。

[③]于呐洋："王利明：制定社会救助法 确保人人有尊严"，引自网页：http://www.legaldaily.com.cn，发布日期：2011年3月4日，访问日期：2012年7月8日。

救助法。在该法还一时无法出台的情况下，当前针对违法犯罪的"五类重点人群"即农村留守儿童、闲散青少年、流浪乞讨儿童、刑释解教青少年、服刑人员未成年子女，国家和省、市有关部门围绕关爱、救助、监管等核心元素，完全应在制度建设与机制保证等方面有更多的作为，这对于彰显国家民生保障方针，化解社会矛盾，构建和谐族群，更好地保护未成年人合法权益具有十分重要的作用。实践中，针对有些省份未成年犯服刑期间医疗经费十分紧缺的现象，刑罚执行机关也可以借鉴四川监狱系统立足罪犯劳动报酬建立"大病统筹基金"的做法①，解决患重病未成年犯的医治问题。从长远看，解决罪犯医疗难题，还得依赖社会医疗保险体系。

2.建立未成年犯服刑期间失业保险制度

建立未成年犯服刑期间失业保险制度。目前，受科技进步、劳动生产率提高以及国内外整体环境之影响，我国一些地区面临经济转型、结构转轨等状况，以致出现经济发展不均衡、劳动力过剩等情况。服刑人员在刑释后常面临制度与人为的歧视，其犯罪标签使其在就业谋生方面处于弱势地位。针对许多服刑人员而言，在其刑满后两年之内，能否领到失业救济金，直接关联到他们刑释后的基本生活保障，关系到他们是否会因生活之压力而重新走上违法犯罪之途。现在，很多企业都为员工缴纳"五险一金"，其中有一险便是失业保险，但在为服刑人员办理失业保险方面目前还是一块空白。未成年人其文化构成、身心特点、技能积累，决定了为未成年犯罪人员启动失业保险工程，是一项极有意义之举措。1999 年 1 月 22 日起施行的我国《失业保险条例》第二条明确了缴纳失业保险的对象是城镇企业事业单位及其职工，那么依照此条例之规定，未成年犯罪人员能否成为失业保险的受惠人群呢？当前，全国除个别省份外，未成年犯管教所都挂有两块牌子，一块是行政建制单位，另一块是国有性质的企业建制。虽然企业的管理方与员工（主体是罪犯）之间不存在劳动合同关系，彼此不具备平等的民事法律关系，管理方没有为员工缴纳失业保险之强制性规定，但是刑罚执行机关出于为未成年犯刑释后生活之多重考量，以当地职工最低工资标准，以劳动报酬形式自愿为未成年犯缴纳一定额度的失业保险费，作为刑罚执行与民生保障领域的创新探索，各级政府劳动保障主管部门应予以支持。

（二）出台对未成年违法犯罪人员的责任监护制度

当今，很多国家都对监护制度作出了详细的规定。如《德国民法典》第四编第三章以 130 个法条规定了监护制度；《法国民法典》第十编第二章以 87 个法条规定了监护制度；《日本民法典》第四编第五章以 39 个法条规定了监护制度。在这些国家的监护制度中，有很大一块内容涉及对未成年人的监护。如《德国民法典》规定，

---

① 曹一莎："全国首创大病统筹　服刑人员有医保"，《华西都市报》，2012 年 1 月 6 日。

可以充任未成年监护人的有三种：一是自然监护人；二是官方监护人，即各地的青少年局；三是社团监护人，以福利性社团为主①。《法国民法典》第 427 条规定，"监护是对儿童的保护，属于公共性质的责任"。法国未成年人公权监护的主要特点是：未成年人无亲属可作为监护人时，被监护人交由社会援助儿童部门监护；监护法官主持亲属会议；监护法官监督监护的执行。②

关于监护制度，我国《民法通则》中只有四个条款，且内容高度概括，可操作性差。如根据《民法通则》第十六条之规定，如果父母、祖父母、外祖父母、兄姐都不能充当未成年人的监护人，则由未成年人的父母所在单位或者未成年人住所地的居民委员会、村民委员会或者民政部门担任监护人。这一规定有两大弊端：一是规定太笼统，各监护人职能不明确；二是没有规定监护发起部门，也没有规定监护监督机构。现实生活中，很多未成年人的父母怠于监护，疏于履行亲权监护职责，造成未成年人到处游荡，过早走上社会或外出打工。要从根本上防范未成年人违法犯罪，必须动员有监护能力的父母，承担应尽的监护及教育之责。事实上，很多父母以就业谋生忙、管教能力弱、孩子与自己有代沟等为借口，对有违法犯罪行为的子女没有充分履行和担当监护职责。因此，我国应适时出台针对未成年人的责任监护制度，明确各监护人的监护事由、监护发起、监护监督、监护运作、监护责任等事项，特别是针对失足少年的后续监护与教育之责要上升到法律规范之高度，以便为未成年人今后成长与发展创造良好的家庭及组织监护环境。

（三）建立适合我国国情的未成年违法犯罪人员保护处分制度

所谓保护处分，一言以蔽之，即少年罪错司法处遇中具有替代刑罚性质的措施。保护处分不仅超越刑罚，也超越保安处分，这是刑法进化史上的革命，也是人类摆脱善恶相报之原始本能而走向更高境界的标志③。当前，很多国家和地区在涉及少年刑法制度设计时，几乎都会在刑罚之外另行规定一些保护处分措施。如 2003 年修订的俄罗斯《联邦刑法典》第 87 条第 2 款规定，"对实施犯罪的未成年人，可以适用强制性教育感化措施或者判处刑罚，而在法院免除其刑罚时，也可以将他们送往教育管理机关的封闭型专门教学教养机构。"第 90 条第 1 款规定，"对实施轻罪或中等严重犯罪的未成年人，如果认为通过适用强制性教育感化措施可以使他得到矫正，则可以免除刑事责任。"日本则是对违法犯罪少年实施保护处分做得比较规范的一个国家。日本全国共有 50 所保护观察所，有 1000 名政府工作人员担任保护观察官，5 万名社会民间人士担任保护司④。这些人员，一方面对违法犯罪少年正常的社

①王竹青、杨科著：《监护制度比较研究》，知识产权出版社 2010 年版，第 34 页。
②王竹青、杨科著：《监护制度比较研究》，知识产权出版社 2010 年版，第 96 页。
③姚建龙著：《少年刑法与刑法变革》，中国人民公安大学出版社 2005 年版，第 170 页。
④卢琦著：《中外少年司法制度研究》，中国检察出版社 2008 年版，第 171 页。

会生活进行教育；另一方面，对其进行指导监督、辅导援助，使其更生。我国香港地区的《少年犯条例》所规定的"特别刑罚"立法精神看，显示出诸多对少年的保护处分内容。如该条例第 15 条列出了法庭可以对犯罪儿童或少年采用的 12 种处理方式，其中第 12 种方式为：若罪犯是 14—15 岁的未成年人，可根据《社会服务令条例》命令其在 12 个月内，作出不超过 240 小时的社会服务，在感化主任督导下完成。社会服务的类别包括园艺、清洁及维修、为老年人和残疾人服务等。2003—2004 年度，香港接受社会服务令的违法者共有 2655 人，其中 11%是 18 岁以下的未成年人[①]。

我国对违法犯罪未成年人的司法处置措施中，有许多属于非监禁化的保护处分举措，如对他们实行"四缓制度"（缓处、缓诉、缓判和缓刑）、判处管制、实施社区矫正等，针对那些不被法律追究抑或在社会上"服刑"的未成年犯罪人员，全国有很多地方一直在探索防范其重新违法犯罪的管治措施，但与日本、新加坡、香港等少年保护处分做得比较有特色的国家和地区比尚有一些差距。构建我国特色的未成年人保护处分体系，今后有许多工作有待在实践中去创新和突破。首先是法制上的突破，如对违法犯罪未成年人在社会上的生活、学习、工作纪律要在法律制度层面作出明确规定，对社工、少年保护官及帮教志愿者的工作要求也要作出指导性规定；其次是组织上的突破，包括组建少年保护官队伍、青少年社工队伍、青年志愿者义工队伍，成立未成年人关爱基金等，要切实改变众多部门都可管但最后都无人管的这种局面，对社会上的各种组织和机制创新，广大民众应多一份肯定，多一些赞声，少一些指责；再次是机制上的突破，要充分利用社区矫正这一司法资源，组建庞大的社区服务岗位资源库，让违法犯罪未成年人通过定量的社区服务，培养其感恩、责任、宽容、勤劳等品格，帮助其走上遵纪守法、自食其力之正道。

[①]姚建龙著：《少年刑法与刑法变革》，中国人民公安大学出版社 2005 年版，第 200 页。

参考文献

一、中文著作类

[1] 马克昌（主编）. 刑罚通论. 武汉：武汉大学出版社，1999.

[2] 林山田著. 刑罚学. 台北：台湾商务印书馆发行，1975.

[3] 孙宏艳（主编）. 中国少年儿童十年发展状况研究报告. 北京：人民日报出版社，2011.

[4] 陈兴良（主编）. 宽严相济刑事政策研究. 北京：中国人民大学出版社，2007.

[5] 吴海航著. 日本少年事件相关制度研究. 北京：2011.

[6] 赵秉志（主编）. 未成年人犯罪专题整理. 北京：中国人民公安大学出版社，2010.

[7] 崔会如著. 社区矫正实现研究. 北京：中国长安出版社，2010.

[8] 席小华著. 少年司法社会工作理论与实务研究初探. 北京：中国人民公安大学出版社，2012.

[9] 沈玉忠著. 未成年人犯罪特别处遇研究. 北京：中国长安出版社，2010.

[10] 张承芬，孙维胜（主编）. 学生心理健康教育. 北京：警官教育出版社，1997.

[11] 高中建著. 当代青少年问题对策研究. 北京：中央编译出版社，2008.

[12] 梅传强著. 犯罪心理生成机制研究. 北京：中国检察出版社，2008.

[13] 孔一著. 犯罪预防实证研究. 北京：群众出版社，2006.

[14] 朱小蔓著. 教育的问题与挑战：思想的回应. 南京：南京师范大学出版社，2000.

[15] 邱兴隆著. 刑罚理性导论. 北京：中国政法大学出版社，1998.

[16] 张理义（主编）. 青少年犯罪心理. 北京：人民卫生出版社，2009.

[17] 黎国智，马宝善著. 犯罪行为控制论. 北京：中国检察出版社，2002.

[18] 吴铎，张人杰著. 教育与社会. 北京：中国科学技术出版社，1997.

[19] 冯卫国著. 行刑社会化研究. 北京：北京大学出版社，2003.

[20] 姚建龙著. 少年刑法与刑法变革. 北京：中国人民公安大学出版社，2004.

[21] 张蓉著. 未成年人犯罪刑事政策研究. 北京：中国人民公安大学出版社，2011.

[22] 郭建安，邓霞泽（主编）. 社区矫正导论. 北京：法律出版社，2004.

[23] 吴宗宪等著. 非监禁刑研究. 北京：中国人民公安大学出版社，2003.

[24] 吴宗宪著. 监狱学导论. 北京：法律出版社，2012.

[25] 沈德咏（主编）. 中国少年司法（2009 年第 2 辑）. 北京：人民法院出版社，2010.

[26] 张军（主编）. 中国少年司法（2011 年第 1 辑）. 北京：人民法院出版社，2011.

[27] 张军（主编）. 中国少年司法（2011 年第 2 辑）. 北京：人民法院出版社，2011.

[28] 张军（主编）. 中国少年司法（2011 年第 3 辑）. 北京：人民法院出版社，2011.

[29] 吴宗宪著. 西方犯罪学史. 北京：警官教育出版社，1997.

[30] 王竹青，杨科著. 监护制度比较研究. 北京：知识产权出版社，2010.

[31] 夏宗素著. 罪犯矫正与康复. 北京：中国人民公安大学出版社，2005.

[32] 卢琦著. 中外少年司法制度研究. 北京：中国检察出版社，2008.

[33] 赵志宏著. 未成年人违法犯罪处置措施研究. 北京：群众出版社，2011.

[34] 孙云晓，张美英(主编). 当代未成年人法律译丛（德国卷）. 北京：中国检察出版社，2005.

[35] 陈世海著. 青少年社会工作. 北京：中国社会出版社，2011.

[36] 朱建军著. 意象对话心理治疗. 北京：北京大学医学出版社，2006.

[37] 朱建军著. 我是谁：心理咨询与意象对象技术. 北京：中国城市出版社，2001.

[38] 于爱荣等著. 矫正技术原论. 北京：法律出版社，2007.

[39] 于爱荣（主编). 罪犯个案矫正实务. 北京：化学工业出版社，2011.

[40] 张同延，张涵诗著. 揭开你人格的秘密：房、树、人绘画心理测验. 北京：中国文联出版社，2007.

[41] 马志国著. 心理咨询师实用技术. 北京：中国水利水电出版社，2005.

[42] 申荷永，高岚著. 沙盘游戏：理论与实践. 广州：广东高等教育出版社，2004.

[43] 吴鹏森著. 犯罪社会学. 北京：社会科学文献出版社，2008.

[44] 唐新忠，刘晓梅著. 社区防控犯罪研究. 天津：天津社会科学出版社，2006.

[45] 蔡应明著. 犯罪预防学. 上海：上海三联书店，2010.

[46] 张学超著. 罪犯矫正学概论. 北京：中国人民公安大学出版社，2011.

[47] 宋行（主编）. 服刑人员个案矫正技术. 北京：法律出版社，2006.

[48] 张婧著. 监狱矫正机能之观察与省思. 北京：中国人民公安大学出版社，2010.

[49] 郭念锋（主编）. 心理咨询师（三级）. 北京：民族出版社，2005.

[50] 卫广来译注. 老子. 太原：山西古籍出版社，2004.

[51] 逯宏编著. 易经一日一解. 哈尔滨：哈尔滨出版社，2006.

[52] 卢小永编著. 启迪学生心灵 211 个哲理故事. 北京：人民日报出版社，2008.

[53] 朱建军著. 爱本来可以不这样痛苦：意象对话心理咨询札记. 太原：山西

人民出版社，2010.

[54] 朱建军著.心灵的年轮.合肥：安徽人民出版社，2009.

[55] 卢勤著.卢勤谈如何爱孩子.西安：陕西师范大学出版社，2008.

[56] 黄煜峰，雷雳著.初中生心理学.杭州：浙江教育出版社，1993.

[57] 郑和钧，邓京华等编.高中生心理学.杭州：浙江教育出版社，1993.

[58] 韩进之主编.儿童个性发展与教育.北京：人民教育出版社，1994.

[59] 赵中建编.教育的使命：面向二十一世纪的教育宣言和行动纲领.北京：教育科学出版社，1996.

[60] 鱼霞著.情感教育.北京：教育科学出版社，1999.

[61] 张天宝著.主体性教育.北京：教育科学出版社，1999.

[62] 于建福著.素质教育.北京：教育科学出版社，1999.

[63] 金生铉著.规训与教化.北京：教育科学出版社，2004.

[64] 靳玉乐，陈静等编译.设计与大脑相协调的教学.杭州：浙江教育出版社，2008.

[65]联合国教科文组织总部中文科译.教育——财富蕴藏其中：国际 21 世纪教育委员会报告.北京：教育科学出版社，1996.

[66] 祝宇红，方华基（主编）.现代教育技术.杭州：浙江大学出版社，2011.

[67] 杨九民，梁林梅编著.教学系统设计理论与实践.北京：北京大学出版社，2008.

[68] 程味秋等编.联合国人权公约和刑事司法文献汇编.北京：中国法制出版社，2000.

[69] 丛占修著.确证正义：罗尔斯政治哲学方法与基础研究.北京：人民出版社，2011.

[70] 安维复著.科学哲学新进展：从证实到建构.上海：上海人民出版社，2012.

[71] 刘崇亮著.本体与维度：监狱惩罚机能研究.北京：中国长安出版社，2012.

[72] 高文，徐斌艳，吴刚（主编）.建构主义教育研究.北京：教育科学出版社，2008.

[73] 安维复著.科学哲学新进展：从证实到建构.上海：上海人民出版社，2012.

[74] 叶松庆著.青少年思想道德素质发展状况实证研究.芜湖：安徽师范大学出版社，2010.

[75] 郑金洲等（主编）.中国教育研究新进展 2010.上海：华东师范大学出版社，2012.

[76] 王文静著.创新的教育研究范式：基于设计的研究.上海：华东师范大学出版社，2010.

[77] 冯建军著.生命与教育.北京：教育科学出版社，2004.

[78] 张学超（主编）.罪犯矫正学概论.北京：中国人民公安大学出版社，2011.

[79] 黄书光（主编）.价值观念变迁中的中国德育改革.南京：江苏教育出版社，2008.

[80] 杜时忠，卢旭著.多元化背景下的德育课程建设.南京：江苏教育出版社，2009.

[81] 余维武著.冲突与和谐：价值多元背景下的西方德育改革.南京：江苏教育出版社，2009.

[82] 魏宏聚著.偏失与匡正：义务教育经费投入政策失真现象研究.北京：中国社会科学出版社，2008.

[83] 林宇著.家庭文化资本与农民工子女成就动机内驱力.厦门：厦门大学出版社，2011.

[84] 李德昌著.信息人教育学：势科学与教育动力学.北京：科学出版社，2011.

[85] 冯建军，周兴国等著.教育哲学.武汉：武汉大学出版社，2011.

[86] 石亚军主编.人文素质论.北京：中国人民大学出版社，2008.

[87] 李祖超著.教育激励论.北京：中国社会科学出版社，2008.

二、中文译著类

[1]（意）贝卡利亚著.论犯罪与刑罚.黄风译.北京：中国法制出版社，2005.

[2]（意）恩里科·菲利著.犯罪社会学.郭建安译.北京：中国人民公安大学出版社，2004.

[3]（美）卡特考斯基等著.青少年犯罪行为分析与矫治.叶希善等译.北京：中国轻工业出版社，2009.

[4]（美）比格兰著.青少年行为问题与心理干预.黄秀琴等译.北京：人民卫生出版社，2011.

[5]（德）李斯特著.德国刑法教科书.徐久生译.北京：法律出版社，2000.

[6]（美）富兰克林·E.齐姆林著.美国少年司法.高维俭译.北京：中国人民公安大学出版社，2010.

[7]（法）米歇尔·福柯著.规训与惩罚.刘北成等译.北京：生活·读书·新知三联书店，1999.

[8]（美）萨提亚（Satir,v.）著.客体关系治疗理论.聂晶译.北京：世界图书出版公司北京公司，2007.

[9]（美）博伊科（Boik,B.L.）等著.沙游治疗：心理治疗师实践手册.田宝伟等

译. 北京：中国轻工业出版社，2012.

[10]（美）萨默斯-弗拉纳根（Sommers-Flanagan,R.），萨默斯-弗拉纳根（Sommers-Flanagan,J.）著. 心理咨询面谈技术. 陈祉妍等译. 北京：中国轻工业出版社，2001.

[11]（英）韦伯斯特（Webster，F.）著. 信息社会理论（第3版）. 曹晋等译. 北京：北京大学出版社，2011.

[12]（南非）斯米特，（德）邓克尔编著. 监禁的现状和未来：从国际视角看囚犯的权利和监狱条件（第2版）. 张青译. 北京：法律出版社，2010.

[13]（苏）B. A. 苏霍姆林斯基著. 怎样培养真正的人. 蔡汀译. 北京：教育科学出版社，1992.

[14]（德）O-F·博尔诺夫著. 教育人类学. 李其龙等译. 上海：华东师范大学出版社，1999.

[15]（美）詹森（Jensen，E.）著. 适于脑的教学. 北京师范大学"认知神经科学与学习"国家重点实验室，脑科学与教育应用研究中心译. 北京：中国轻工业出版社，2005.

[16]（荷）邦格著. 犯罪学导论. 吴宗宪译. 北京：中国人民公安大学出版社，2009.

[17]（英）吉登斯著. 社会的构成：结构化理论大纲. 李康，李猛译. 北京：生活·读书·新知三联书店，1998.

[18]（美）加涅著. 学设计原理. 皮连生等译. 上海：华东师范大学出版社，1999.

[19]（美）加涅著. 学习的条件和教学论. 皮连生等译. 上海：华东师范大学出版社，1999.

[20]（加拿大）戴斯等著. 认知过程的评估：智力的Pass理论. 扬艳云，谭和平译. 上海：华东师范大学出版社，1999.

[21]（英）乌斯怀特（Outhwaite，W.），（英）雷（Ray，L.）著. 大转型的社会理论. 吕鹏等译. 北京：北京大学出版社，2011.

[22]（美）萨瑟兰，（美）克雷西，（美）卢肯比尔著. 犯罪学原理（第11版）. 吴宗宪等译. 北京：中国人民公安大学出版社，2009.

三、论文类

[1] 佟季，马剑. 未成年犯罪非监禁刑适用情况分析. 法制日报，2010-11-4.

[2] 乐宇歆. 未成年被告人非监禁刑适用实务问题研究. 青少年犯罪问题，2011（3）.

[3] 徐志林. 上海工读教育面临的问题与对策研究. 青少年犯罪问题，2010（1）.

[4] 浙江省联合课题组. 浙江在押未成年犯基本现状与防范对策研究. 青少年

犯罪研究，2008（6）.

[5] 黄河. 重新犯罪率居高不下刑释人员面临制度性歧视. 正义网，2012-1-10.

[6] 四川省人民检察院未成年人刑事案件课题调研小组. 四川省检察机关 2004 年——2010 年办理未成年人刑事案件分析. 预防青少年犯罪研究，2011（4）.

[7] 孙春雨. 构建我国的出狱人社会保护制度. 检察日报，2009-12-21.

[8] 曹定良等. 论出狱人重新犯罪——以出狱人保护为视角. 中国监狱学刊，2009（3）.

[9] 江苏省监狱管理局. "首要标准"研究报告. 江苏警视，2009（3）.

[10] 周耕妥. 论特殊学校向监狱技校转型. 中国监狱学刊，2011（6）.

[11] 刘运福，杨胜娟. 重新犯罪罪犯人格特征分析. 中国监狱学刊，2009（3）.

[12] 黄兴瑞，孔一，曾赟. 再犯预测研究——对浙江罪犯再犯可能性的实证分析. 犯罪与改造研究，2004（8）.

[13] 上海市高级人民法院课题组. 上海率先建立少年法院论证报告. 青少年犯罪问题，2010（5）.

[14] 郑法玮，刘建. 上海将全面推进未成年人考察教育制度. 新浪网，2005-4-7.

[15] 蔡忠，杨峻. 考察教育制度与社会工作者的角色及任务. 青少年犯罪问题，2010（3）.

[16] 郎松庆. 我国刑事和解制度中对未成年人的保护. 正义网，2011-4-28.

[17] 陆文波. 设立"青少年维权基金"保障未成年人合法权益. 人民法院报，2004-10-22.

[18] 俞国花，王小建. 香港警司警诫跟进服务与上海考察教育工作之比较. 青少年犯罪问题，2006（1）.

[19] 梁根林. 当代中国少年犯罪的刑事政策总评. 南京大学法律评论，2009（2）.

[20] 徐晓婧. 论罪犯再社会化. 淮南职业技术学院学报，2008（2）.

[21] 张迎宪. 教育公平：构建和谐社会的基础——四川省农民工子女教育问题的调查. 调研世界，2005（12）.

[22] 皮艺军. 中国少年司法理念与实践的对接. 青少年犯罪问题，2010（6）.

[23] 关颖. 预防未成年人犯罪工作中监护人的作用和责任——兼谈《预防未成年人犯罪法》的修订. 青少年犯罪问题，2011（4）.

[24] 姚建龙. 远离辉煌的繁荣：青少年犯罪研究 30 年. 青年研究，2009(1).

[25] 杨义芹. 公正、善、正当辨析. 山东社会科学，2010（5）.

[26] 李慧民等. 犯罪青少年心理健康状况与个性特征的相关研究. 中国临床心理杂志，2002（10）.

[27] 李俊丽. 未成年犯的人格特点研究. 中国学校卫生，2007（27）.

[28] 张远煌，姚兵. 中国现阶段未成年人犯罪的新趋势—— 以三省市未成年犯问卷调查为基础. 法学论坛，2010（1）.

[29] 翟中东. 西方矫正制度的新进展（二）——矫正需要评估与矫正项目实施. 犯罪与改造研究，2010（10）.

[30] 盛永慧等. 违法犯罪少年与正常少年个性特征差异及其家庭社会因素. 中国临床康复，2005（9）.

索 引

后　记

　　一辆囚车驶入我所，又有几名未成年犯被带入高墙。尽管几乎每天都有这一幕，但我们的心情还是特别沉重，焦虑于社会问题积聚污染未成年人的成长环境，痛心对未成年人的基础教育失误，担忧社会管理服务和家庭教育的缺失，感叹未成年犯矫正之路的艰辛。为此，我们说了前面那么多的话，但绝没有艰苦劳动后如释重负的感觉，因为，我们深感教育挽救未成年犯需要全社会的力量，各方面有协同的责任。未成年人犯罪与矫正的研究是一个具有挑战性的课题，我们的大视角可能仅仅看到了一个侧面，该如何避免盲人摸象呢？又该如何拒绝平庸与肤浅呢？

　　刑事政策总是建立在一定的人性论基础上的，我国古代法家荀子认为人性本恶，所以法家主流的刑事主张是"严刑峻法"；而儒家孟子则认为人性本善，因此儒家推崇"德主刑辅"，"仁政"是以"教"为先的。近代以来，世界上对未成年人的刑事政策总的趋势是轻缓慎监，保护和教育的份量不断加大。清末沈家本修订《大清新刑律》，他在奏折中陈述："夫刑为最后之制裁，丁年以内乃教育之主体，非刑罚之主体。"并进一步论证："幼者可教而不可罚，以教育涵养其德性，而化其恶者，使为良善之民，此明刑弼教之义也。"在当今价值多元、生活多样、社会环境复杂多变的现代情境下，很有必要就如何看待未成年人犯罪、如何对待未成年犯罪人、如何矫正未成年犯、如何预防未成年人犯罪等方面进行系统研究。研究最后归结为一点，对未成年人的人性该如何科学认识，让未成年人得到应有的尊重、教化和保护。

　　课题研究人员对贵州、四川、江西等重点省份和浙江省的重点地区或单位进行走访，比较深入系统地调查了本单位——浙江省未成年犯管教所在押的未成年犯，获得了大范围、大跨度、有一定深度和价值的第一手数据资料，根据自身掌握的数据和大量个案进行叙述归纳、推理演绎。全书以多学科理论为指导，以大视角、多维度对未成年人犯罪、预防与矫正进行整合式的研究，从未成年人犯罪的现象、原因分析入手，认真解答了科学认识未成年犯的问题，进而深入探讨未成年犯的矫正和未成年人犯罪的预防，不求面面俱到，但求重点突出，紧密联系自己的业务工作，以建构主义为理论指导，对未成年犯的矫正仔细辨析，在矫正模式、矫正设计、矫正技术运用方面提出具体可行的行动方案。从犯罪到矫正、到预防的大跨度研究，最终目的是呼吁建立专门而系统的未成年人刑事法，把未成年人的保护和教育进一步推向文明与进步。

当然，本书还有遗憾之处，相关研究数据尚可作进一步挖掘，犯罪的实证研究方法需进一步规范，矫正的研究还需充实内容以求完整，有关理论研究成果有待实证的检验，但瑕不掩瑜，这是一本值得相关理论界和司法、教育等实务部门同仁参阅的业务用书。作为一线执法单位的浙江省未成年犯管教所，重视学术研究，组织课题组进行集体攻关，试图从文化建设的战略高度提升执法的社会效益和矫正质量。因为系统研究最容易激发学习力、聚焦专业化、合成创新力，走出一条未成年犯矫正的科学发展之路。

自 2011 年 8 月 17 日浙江省监狱管理局下达研究任务开始，为扎实有序地推进课题研究，浙江省未成年犯管教所成立了未成年人犯罪与矫正研究指导委员会，戴相英任主任，方剑良任副主任（前期为马守晓），成员为赵仁林、张仁浩、张达仁、胡忠南、邢越敏。专门成立《未成年人犯罪与矫正研究》课题组，课题组组长由戴相英、方剑良（前期为马守晓）担任，胡忠南、裘佳其任副组长，成员包括张怀仁、钟明德、周荣瑾、张权等同志，课题组办公室设在本单位研究所（法制科），负责具体组织落实工作。课题组组长、副组长和成员张怀仁提出了研究的思路、框架和具体计划，课题组多次进行修改讨论。9 月 26 日研究课题通过了浙江省监狱工作研究所组织的专家评审，正式立项。随后，浙江省监狱工作研究所与浙江省未成年犯管教所签订了课题研究协议。11 月 4 日课题研究指导委员会审议了课题组提交的研究思路、框架、计划和调查问卷。随后，课题组修改调查问卷，六易其稿，并开展了大规模、长时间的所内外调查工作。张权、吴万春、章海峰、钟山等同志承担了大量的数据统计、整理工作。2012 年 5 月 11 日，再次召开了课题研究专家认证会。9 月 21 日课题组召开了全书初稿统稿会，浙江省监狱工作研究所所长马卫国、杭州师范大学教授白彦指导统稿，对全书修改提出了很好的意见。10 月 8 日，课题研究指导委员会召开会议审议了全书初稿。10 月 17—19 日，课题组召开了全书二稿统稿会，马卫国、白彦全程指导统稿。钟明德承担了书稿汇总工作。全书最后由戴相英审定。各章执笔人是：

绪论，戴相英；

第一章，周荣瑾；

第二章，钟明德；

第三、四、五章，张怀仁；

第六章，胡忠南、张权；

第七章，张权；

第八章，裘佳其、钟明德；

第九章，周荣瑾；

第十章，方剑良、周荣瑾。

在调查研究和本书的写作过程中，承蒙全国众多相关单位和热心人士的厚爱，得到了无私的支持与帮助，在此一并深表感谢。非常感谢四川省未成年犯管教所、宜宾市司法局、筠连县司法机关、贵州省未成年犯管教所、毕节市司法机关、赫章县司法机关、江西省未成年犯管教所、鄱阳县司法机关和江苏、山西、内蒙古、云南、福建、河南、湖南、海南、北京、上海等省市未成年犯管教所的有关领导和人员，他们为调查研究提供了诸多帮助，在此不作一一署名，表示歉意。特别感谢浙江省委政法委、浙江省高级人民法院、浙江省法学会、文成县公安局、文成县司法局、文成县教育局、平阳县政法委、平阳县教育局、平阳县司法局、平阳县公安局、平阳县人民法院、乐清市人民法院、慈溪市司法局、慈溪市古塘街道、慈溪市人民法院、绍兴县司法局、绍兴县人民法院、绍兴县柯桥镇镇政府、桐乡市司法局、桐乡市职业技术学校、桐乡市人民法院、杭州市江干区司法局、九堡镇镇政府等单位的有关领导和人员，他们为调查研究提供了诸多支持，在此不作一一署名，谨表愧疚。衷心感谢共青团浙江省委统战部部长李谙、省发改委法制处处长尹剑斌、省社会科学院研究中心主任杨建华、浙江工业大学法学院院长于世忠、浙江警官职业学院郭明和高寒教授、浙江大学副教授陈学军、江苏省司法警官高等职业学校副教授宋行等专家，他们为课题研究和专著写作进行了多方面指导。再次感谢北京师范大学卢建平教授欣然为本书作序，并给予了认真指导。

本书部分引用了网络、报刊的资讯与报道，在此一并向原作者和刊发机构致谢，对没有注明引用来源的，祈求原作者和刊发机构原谅。由于著者水平有限，书中不妥之处在所难免，恳请读者批评指正。

著者记

2012 年 11 月 18 日

图书在版编目(CIP)数据

未成年人犯罪与矫正研究 / 戴相英等著. — 杭
州：浙江大学出版社，2012.12
ISBN 978-7-308-10876-8

I. ①未… II. ①戴… III. ①青少年犯罪—研
究—中国 IV. ①D669.5

中国版本图书馆 CIP 数据核字(2012)第 286873 号

未成年人犯罪与矫正研究
戴相英　等著

责任编辑　张　琛
责任校对　李　晨
出版发行　浙江大学出版社
　　　　　　(杭州市天目山路 148 号　邮政编码 310007)
　　　　　　(网址: http://www.zjupress.com)
排　　版　墨华文化创意有限公司
印　　刷　富阳市育才印刷有限公司
开　　本　710mm×1000mm　1/16
印　　张　26
插　　页　4
字　　数　524 千
版 印 次　2012 年 12 月第 1 版　2012 年 12 月第 1 次印刷
书　　号　ISBN 978-7-308-10876-8
定　　价　70.00 元